AN GLACIAL ARCTIQUE
Cercle P
RUSSIE
Moscou
UKRAINE
KAZAKHSTAN
MONGOLIE
Pékin
CORÉE DU NORD
Séoul
CORÉE DU SUD
JAPON
Tokyo
Osaka-Kobe
OCÉAN PACIFIQUE
Istanbul
TURQUIE
GÉORGIE
ARMÉNIE
AZER-BAÏDJAN
OUZBÉKISTAN
KIRGHIZSTAN
TURKMÉNISTAN
TADJIKISTAN
CHINE
Wuhan
Chongqing
Shanghai
CHYPRE
SYRIE
LIBAN
ISRAËL
JORDANIE
IRAK
IRAN
AFGHANISTAN
Delhi
PAKISTAN
NÉPAL
BHOUTAN
Le Caire
ÉGYPTE
KOWEÏT
QATAR
ÉMIRATS-ARABES-UNIS
ARABIE SAOUDITE
Karachi
Dhaka
Kolkata
Canton
Shenzhen
TAÏWAN
Tropique du Cancer
MYANMAR (BIRMANIE)
INDE
Mumbai
BANGLA-DESH
LAOS
OMAN
SOUDAN
ÉRYTHRÉE
YÉMEN
THAÏLANDE
Manille
PHILIPPINES
CAMBODGE
VIETNAM
DJIBOUTI
SOUDAN DU SUD
ÉTHIOPIE
SOMALIE
SRI LANKA
MALDIVES
BRUNEÏ
MALAISIE
SINGAPOUR
OUGANDA
KENYA
RWANDA
BURUNDI
Équateur
SEYCHELLES
OCÉAN INDIEN
INDONÉSIE
Jakarta
TANZANIE
TIMOR ORIENTAL
PAPOUASIE-NOUVELLE-GUINÉE
ÎLES SALOMONS
COMORES
ZAMBIE
MALAWI
MOZAMBIQUE
ZIMBABWE
MADAGASCAR
MAURICE
SWAZILAND
LESOTHO
Tropique du Capricorne
AUSTRALIE
NOUVELLE-ZÉLANDE
2 500 km
échelle à l'Équateur

Géographie 2de

Sous la direction de

Annette CIATTONI
Professeur honoraire au lycée Louis-le-Grand à Paris

Anne FRÉMONT-VANACORE
Professeur aux lycées Jean-Pierre Vernant à Sèvres
et Jacques Prévert à Boulogne

Antoine MARIANI
Professeur au lycée Fénelon à Paris

Coordination pédagogique

Sarah GUYONNET
Professeur au lycée Georges Brassens à Évry-Courcouronnes

Auteurs

Stéphanie BEUCHER-AUJOL
Professeur au lycée Montaigne à Bordeaux

Marie-José EYSSETTE-LOUVEAUX
Professeur au lycée Chaptal à Paris

Eloïse LIBOUREL
Enseignant-chercheur à l'Université Paris-Est

Gérard RIGOU

Florence SMITS
Professeur au lycée Louis-le-Grand à Paris

Véronique ZIEGLER
Professeur au lycée Lakanal à Sceaux

Hatier

Le Programme — B.O. du 29 avril 2010

Sociétés et développement durable

Thème introductif : les enjeux du développement — 7-8 h

Question obligatoire	Mise en œuvre *L'étude de cette question prend appui sur les problématiques indiquées et intègre des exemples.*	Dans le manuel
Du développement au développement durable	• Un développement inégal et déséquilibré à toutes les échelles. • De nouveaux besoins pour plus de 9 milliards d'hommes en 2050 • Mettre en œuvre des modes durables de développement.	**Chapitre 1** ▶ Enjeu 1 p. 18 ; cours 1 p. 20 ; cours 2 p. 22 ; exemple 1 p. 24 ▶ Enjeu 2 p. 26 ; cours 3 p. 28, cours 4 p. 30 ; exemple 2 p. 32 ▶ Enjeu 3 p. 34 ; cours 5 p. 36 ; cours 6 p. 38 ; exemple 3 p. 40

Thème 2 : Gérer les ressources terrestres — 14-15 h

On choisit deux questions parmi les trois proposées	Mise en œuvre *Chaque question est abordée à partir d'une étude de cas mise en perspective et prend appui sur les problématiques indiquées.*	Dans le manuel *Pour chaque chapitre, le manuel propose deux études de cas au choix*
Nourrir les hommes	• Croissance des populations • Assurer la sécurité alimentaire • Développer des agricultures durables ?	**Chapitre 2** ▶ Étude de cas l'Inde p. 54 ou les États-Unis p. 62 ▶ Cours 1 p. 70 ▶ Cours 2 p. 72 ▶ Cours 3 p. 74
L'eau, ressource essentielle	• Inégalité de répartition et d'accès à la ressource • Maîtrise de l'eau et transformation des espaces • Gérer une ressource convoitée et parfois menacée ?	**Chapitre 3** ▶ Étude de cas la RDC p. 86 ou l'Espagne p. 94 ▶ Cours 1 p. 102 ▶ Cours 2 p. 104 ▶ Cours 3 p. 106
L'enjeu énergétique	• Besoin en énergie et gestion des ressources • Impacts environnementaux et tensions géopolitiques • Quels choix énergétiques pour l'avenir ?	**Chapitre 4** ▶ Étude de cas l'Alberta p. 118 ou le Nigeria p. 126 ▶ Cours 1 p. 134 ▶ Cours 2 p. 136 ▶ Cours 3 p. 138

Achevé d'imprimer par Loire Offset Titoulet à Saint-Etienne - France
Dépôt légal : 96193-9/01 - avril 2014
© Hatier, avril 2014

ISBN : 978-2-218-96193-9

Sous réserve des exceptions légales, toute représentation ou reproduction intégrale ou partielle, faite, par quelque procédé que ce soit, sans le consentement de l'auteur ou de ses ayants droit, est illicite et constitue une contrefaçon sanctionnée par le Code de la Propriété Intellectuelle. Le CFC est le seul habilité à délivrer des autorisations de reproduction par reprographie, sous réserve en cas d'utilisation aux fins de vente, de location, de publicité ou de promotion de l'accord de l'auteur ou des ayants droit.

Thème 3 — Aménager la ville *9-10 h*

Question obligatoire	Mise en œuvre	Dans le manuel
	L'étude de cette question est abordée à partir de deux études de cas mises en perspective, l'une choisie dans les pays développés, l'autre prise dans les pays émergents ou en développement. Elle s'appuie sur les problématiques indiquées.	*Pour ce chapitre, le manuel propose le choix entre deux villes de pays développés et deux villes de pays émergents ou en développement.*
Villes et développement durable	• Croissance urbaine, étalement urbain, inégalités socio-spatiales • Transports et mobilités • Aménager des « villes durables » ?	**Chapitre 5** ▶ Étude de cas New York p. 152 et Lagos p. 156 ou sur Dubaï p. 162 et Curitiba p. 166 ▶ Cours 1 p. 174 ▶ Cours 2 p. 176 ▶ Cours 3 p. 178

Thème 4 — Gérer les espaces terrestres *14-15 h*

On choisit deux questions parmi les trois proposées	Mise en œuvre	Dans le manuel
	Chaque question est abordée à partir d'une étude de cas mise en perspective et prend appui sur les problématiques indiquées.	*Pour chaque chapitre, le manuel propose deux études de cas au choix*
Les mondes arctiques, une « nouvelle frontière » sur la planète	• Un milieu contraignant, un nouvel espace en voie d'intégration • Des ressources convoitées, des tensions entre les États • L'Arctique, un enjeu pour les équilibres mondiaux ?	**Chapitre 6** ▶ Étude de cas l'Arctique américain p. 192 ou l'Arctique russe p. 200 ▶ Cours 1 p. 208 ▶ Cours 2 p. 210 ▶ Cours 3 p. 212
Les littoraux, espaces convoités	• La concentration des hommes et des activités • La concurrence pour l'espace • Quels aménagements durables pour les littoraux ?	**Chapitre 7** ▶ Étude de cas le littoral du Yucatán au Mexique p. 222 ou les littoraux de la Manche p. 230 ▶ Cours 1 p. 238 ▶ Cours 2 p. 240 ▶ Cours 3 p. 242
Les espaces exposés aux risques majeurs	• L'exposition aux risques naturels et technologiques • L'inégale vulnérabilité des sociétés • Quelles capacités d'adaptation, quelles politiques de prévention ?	**Chapitre 8** ▶ Étude de cas le bassin des Caraïbes p. 254 ou le Japon p. 260 ▶ Cours 1 p. 268 ▶ Cours 2 p. 270 ▶ Cours 3 p. 272

Sommaire

les documents en géographie
- Projections, cartes et croquis 8
- Les outils statistiques et les graphiques 10
- Les photographies 11

Thème 1 Les enjeux du développement

CHAPITRE 1 • Du développement au développement durable 14

Les enjeux du développement 16

Enjeu 1 Un développement inégal et déséquilibré 18
1. Un constat : des pays riches et des pays pauvres 20
2. Des inégalités à toutes les échelles 22

Exemple 1 L'inégal développement au Brésil 24

Enjeu 2 De nouveaux besoins pour plus de 9 milliards d'hommes en 2050 26
3. L'évolution de la population jusqu'en 2050 28
4. Croissance de la population, croissance des besoins 30

Exemple 2 Le vieillissement de la population et les défis démographiques de demain 32

Enjeu 3 Mettre en œuvre des modes durables de développement 34
5. Le développement durable, des objectifs pour mieux gérer la planète ? 36
6. Du développement durable aux développements durables ? 38

Exemple 3 La ville durable 40

Points de vue L'empreinte écologique est-elle un bon indicateur pour mesurer le développement durable ? 42

Exercices et méthodes 43

Réviser 48

Thème 2 Gérer les ressources terrestres

CHAPITRE 2 • Nourrir les hommes 52

Étude de cas 1 Nourrir plus d'un milliard d'Indiens 54

Changer d'échelle De l'Inde au contexte mondial 60

Étude de cas 2 Les États-Unis face au défi de la qualité alimentaire 62

Changer d'échelle Des États-Unis au contexte mondial 66

Carte 68
1. Croissance des populations et des productions 70
2. Assurer la sécurité alimentaire 72
3. Des agricultures durables sont-elles possibles ? 74

Points de vue Dans quelle mesure l'alimentation est-elle mondialisée ? 76

Exercices et méthodes 77

Réviser 82

CHAPITRE 3 • L'eau, ressource essentielle 84

Étude de cas 1 L'eau en République démocratique du Congo 86

Changer d'échelle De la RDC au contexte mondial 92

Étude de cas 2 L'eau en Espagne : gestion et tensions 94

Changer d'échelle De l'Espagne au contexte mondial 98

Carte 100
1. L'eau, une ressource inégalement disponible 102
2. Maîtrise de l'eau et transformation des espaces 104
3. Gérer une ressource convoitée et parfois menacée 106

Points de vue L'eau, un nouveau droit de l'Homme ? 108

Exercices et méthodes 109

Réviser 114

CHAPITRE 4 • L'enjeu énergétique 116

Étude de cas 1 L'Alberta canadien, un front pionnier énergétique 118

Changer d'échelle De l'Alberta canadien au contexte mondial 124

Étude de cas 2 Le Nigeria : entre abondance pétrolière et pénurie énergétique 126

Changer d'échelle Du Nigeria au contexte mondial 130

Carte 132
1. Besoins en énergies et gestion des ressources 134
2. Impacts environnementaux et tensions géopolitiques 136
3. Quels choix énergétiques pour l'avenir ? 138

Points de vue La pénurie de pétrole est-elle pour demain ? 140

Exercices et méthodes 141

Réviser 146

Thème 3 Aménager la ville

CHAPITRE 5 • Villes et développement durable ... 150

- Étude de cas 1 New York, une mégapole de pays développé 152
- Étude de cas 2 Lagos, une mégapole de pays en développement 156
- **Changer d'échelle** Des études de cas aux mégapoles du XXIᵉ siècle 160
- Étude de cas 3 Dubaï, une ville durable ? 162
- Étude de cas 4 Curitiba : une expérience pionnière de ville durable 166
- **Changer d'échelle** De la ville à la ville durable 170
- **Carte** 172
- 1. Croissance urbaine, étalement urbain et inégalités socio-spatiales 174
- 2. Transports et mobilités 176
- 3. Aménager des « villes durables » ? 178
- **Points de vue** Pourquoi la ville est-elle souvent rejetée ? ... 180
- Exercices et méthodes 181
- Réviser 186

Thème 4 Gérer les espaces terrestres

CHAPITRE 6 • Les mondes arctiques, une « nouvelle frontière sur la planète » 190

- Étude de cas 1 L'Arctique américain : un nouveau front pionnier 192
- **Changer d'échelle** De l'Arctique américain au contexte mondial 198
- Étude de cas 2 L'Arctique russe 200
- **Changer d'échelle** De l'Arctique russe au contexte mondial 204
- **Carte** 206
- 1. L'Arctique : un milieu contraignant 208
- 2. L'Arctique : une nouvelle « frontière » 210
- 3. L'Arctique, un enjeu pour les équilibres mondiaux ? 212
- **Points de vue** La mise en valeur de l'Arctique met-elle en danger sa biodiversité ? 214
- Exercices et méthodes 215
- Réviser 218

CHAPITRE 7 • Les littoraux, espaces convoités 220

- Étude de cas 1 Le littoral de la péninsule du Yucatán (Mexique) 222
- **Changer d'échelle** Du littoral du Yucatán au contexte mondial 228
- Étude de cas 2 Les littoraux de la Manche 230
- **Changer d'échelle** Du littoral de la Manche au contexte mondial 234
- **Carte** 236
- 1. La concentration des hommes et des activités 238
- 2. La concurrence pour l'espace 240
- 3. Quels aménagements durables pour les littoraux ? 242
- **Points de vue** La mer monte : une catastrophe pour demain ? 244
- Exercices et méthodes 245
- Réviser 250

CHAPITRE 8 • Les espaces exposés aux risques majeurs 252

- Étude de cas 1 Les risques dans le bassin des Caraïbes 254
- **Changer d'échelle** Du bassin des Caraïbes au contexte mondial 258
- Étude de cas 2 Le Japon face aux risques 260
- **Changer d'échelle** Du Japon au contexte mondial 264
- **Carte** 266
- 1. L'exposition aux risques naturels et technologiques 268
- 2. L'inégale vulnérabilité des sociétés 270
- 3. Comment les sociétés s'adaptent-elles aux risques ? 272
- **Points de vue** Existe-t-il un lien entre catastrophes naturelles et changement climatique ? 274
- Exercices et méthodes 275
- Réviser 280

Annexes

- Lexique 282
- Atlas des cartes mondiales 284
- Corrigés des exercices de révison 287

Capacités et méthodes d'après B.O. du 29 avril 2010

Maîtriser des outils et méthodes spécifiques

Exploiter et confronter des informations

Cartes			Espace étudié
• Lire une carte thématique	**Chapitre 1**	p. 43	Monde
• Lire et exploiter une carte par anamorphose	**Chapitre 4**	p. 141	Monde

Textes			
• Analyser un texte long	**Chapitre 4**	p. 144	Cameroun
• Lire et exploiter un texte	**Chapitre 6**	p. 215	Russie

Images			
• Confronter deux photographies	**Chapitre 2**	p. 77	Équateur, Angleterre
• Analyser un message publicitaire	**Chapitre 2**	p. 78	France
• Lire et exploiter une photographie de paysage	**Chapitre 3**	p. 112	Indonésie
• Lire et confronter des images satellitales	**Chapitre 6**	p. 216	Arctique
• Commenter des tableaux	**Chapitre 7**	p. 248	Monde

Données statistiques			
• Lire et exploiter un graphique	**Chapitre 1**	p. 44	Monde
• Lire et confronter deux graphiques	**Chapitre 2**	p. 80	Monde
• Lire et exploiter un tableau statistique	**Chapitre 4**	p. 142	Monde

Corpus documentaire			
• Exploiter deux documents de manière critique	**Chapitre 5**	p. 182	Angleterre
• Exploiter un corpus documentaire	**Chapitre 8**	p. 275	États-Unis

→ Voir aussi « Les documents en géographie », pages 8 à 11

Organiser et synthétiser des informations

Réaliser des croquis			Espace étudié
• Construire la légende d'un croquis	**Chapitre 3**	p. 109	Chine
• Réaliser un croquis	**Chapitre 3**	p. 110	S.-O. des États-Unis
• Réaliser un croquis à l'échelle d'un pays	**Chapitre 4**	p. 143	Nigeria
• Analyser un paysage urbain et réaliser un croquis	**Chapitre 5**	p. 181	Indonésie
• Construire un croquis de paysage	**Chapitre 7**	p. 246	Australie
• Réaliser un croquis	**Chapitre 8**	p. 276	Espace méditerranéen

Rédiger			
• Extraire des informations d'un texte et rédiger un paragraphe argumenté	**Chapitre 1**	p. 46	Afrique
• Analyser un sujet de composition	**Chapitre 6**	p. 215	Arctique
• Bâtir un plan et rédiger une introduction	**Chapitre 7**	p. 245	Monde
• Rédiger une composition	**Chapitre 8**	p. 278	Monde

Présenter à l'oral			
• Réaliser un exposé	**Chapitre 8**	p. 279	La Réunion

Utiliser les TICE

			Site support
• Faire des simulations statistiques	Chapitre 1	p. 47	Ined
• Compléter et illustrer son cours à l'aide d'un site Internet	Chapitre 2	p. 81	FAO
• Réaliser un graphique à partir de données Internet	Chapitre 3	p. 113	Aquastat
• Avoir une approche critique face à Internet	Chapitre 4	p. 145	EDF / Le Monde
• Utiliser le site Géoportail	Chapitre 5	p. 184	Géoportail
• Développer son regard critique face à Internet	Chapitre 6	p. 217	66° Nord / ONU
• Utiliser un SIG (Système d'Information géographique)	Chapitre 7	p. 249	Marine traffic
• Réaliser un exposé avec diaporama	Chapitre 8	p. 279	Météo France

Maîtriser des méthodes de travail personnel

Développer son expression personnelle et son sens critique

			Espace étudié
• Avoir une approche critique face à Internet	Chapitre 4	p. 145	France
• Exploiter deux documents de manière critique	Chapitre 5	p. 182	États-Unis
• Développer son regard critique face à Internet	Chapitre 6	p. 217	Arctique

→ Voir aussi la rubrique « Points de vue » (p. 42, 76, 108, 140, 180, 214, 244 et 274)

Préparer et organiser son travail de manière autonome

			Espace étudié
• Construire une fiche de révision	Chapitre 2	p. 79	Monde
• Compléter et illustrer son cours à l'aide d'un site Internet	Chapitre 2	p. 81	Monde
• Réaliser un exposé avec diaporama	Chapitre 8	p. 279	La Réunion

→ Voir aussi les rubriques « Réviser » et « Vérifier ses connaissances » (p. 48, 82, 114, 146, 186, 218, 250 et 280)

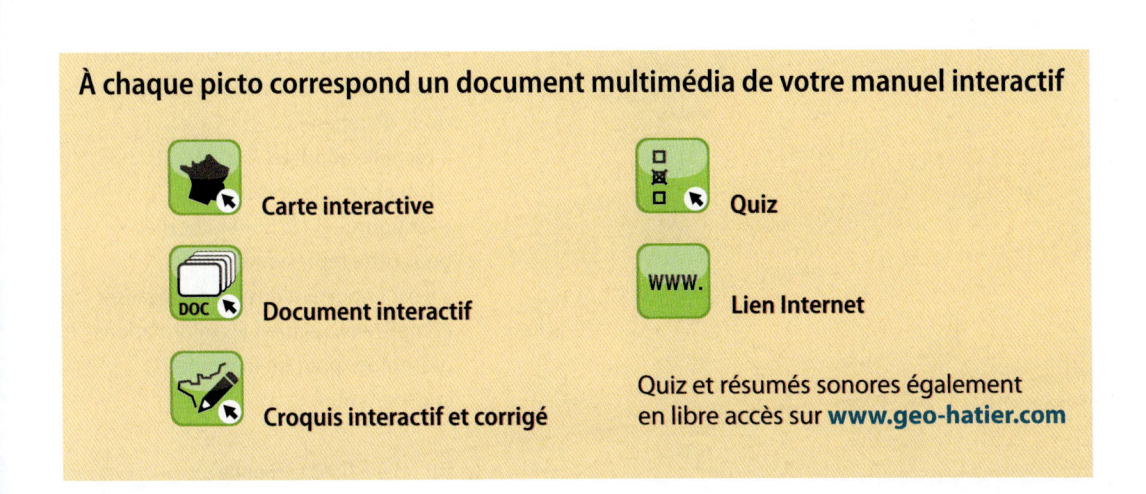

À chaque picto correspond un document multimédia de votre manuel interactif

- Carte interactive
- Quiz
- Document interactif
- Lien Internet
- Croquis interactif et corrigé

Quiz et résumés sonores également en libre accès sur www.geo-hatier.com

Les documents en géographie

Projections, cartes et croquis

Les projections cartographiques

Représenter une sphère sur une surface plane nécessite de faire le choix d'une projection qui déforme les distances, les angles et les superficies. Il existe ainsi plusieurs types de planisphères qui favorisent l'un ou l'autre de ces éléments. La projection n'est donc pas neutre dans la lecture et l'interprétation que l'on peut faire d'une carte.

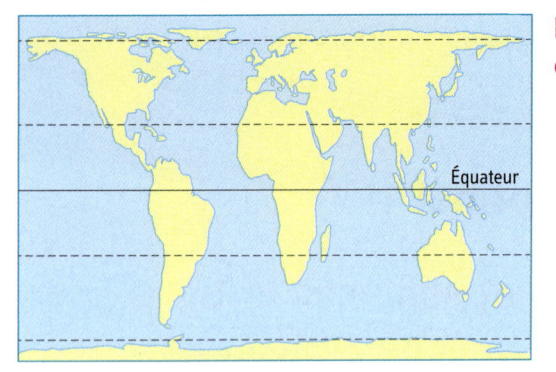

Planisphère de Peters

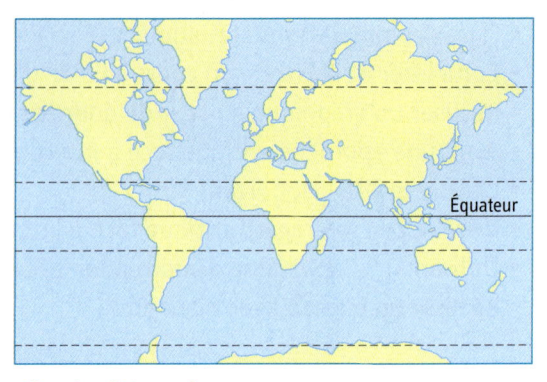

Planisphère de Mercator

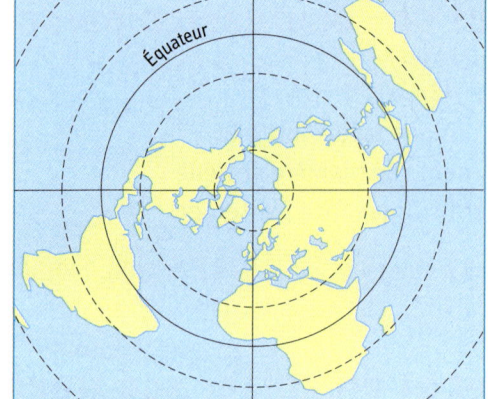

Projection polaire

Les cartes

La carte thématique montre un thème spécifique traité le plus souvent à partir de données statistiques.

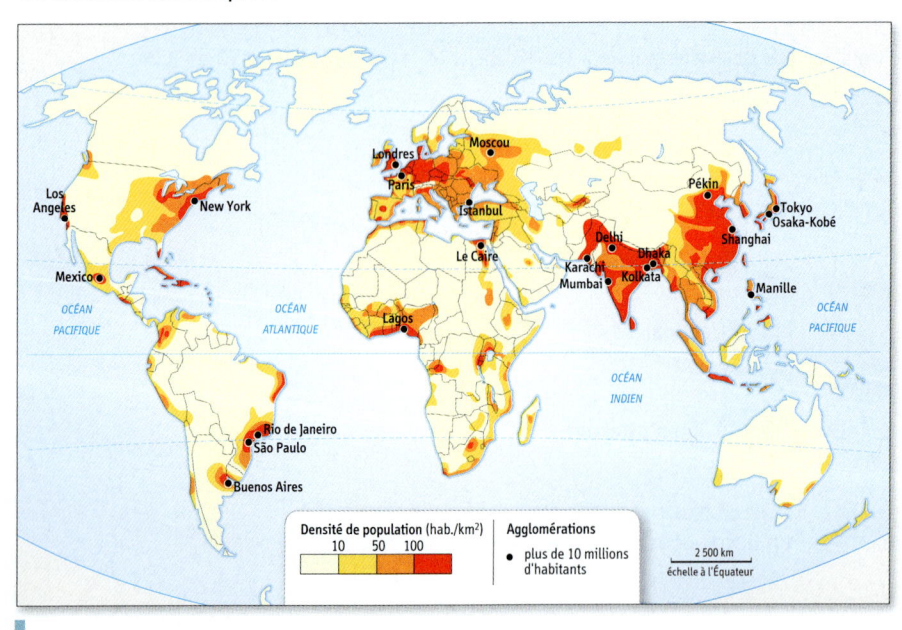

◀ Le fait urbain dans le monde

Méthode

Lire une carte
- La carte est une représentation faite de conventions (légendes) et de choix qu'il faut savoir identifier.
- La lecture d'une carte nécessite donc de repérer :
  – l'échelle adoptée,
  – l'objet de la représentation,
  – les figurés et les unités choisies pour cette représentation.
- Il est important ensuite de localiser et mettre en relation les informations présentées pour en faire une interprétation.

les figurés pour une carte ou un croquis

Pour un devoir ou un examen, il faut utiliser des figurés permettant une représentation claire et schématique des phénomènes représentés. C'est le langage cartographique composé de trois grands types de figurés : le figuré de surface, le figuré ponctuel, le figuré linéaire.
À partir de ces trois types de figuré, on joue sur le choix des couleurs, des formes et de leur grosseur pour représenter des phénomènes de nature différente et procéder à des hiérarchisations.

▶ Croquis sur la ressource en eau en Chine

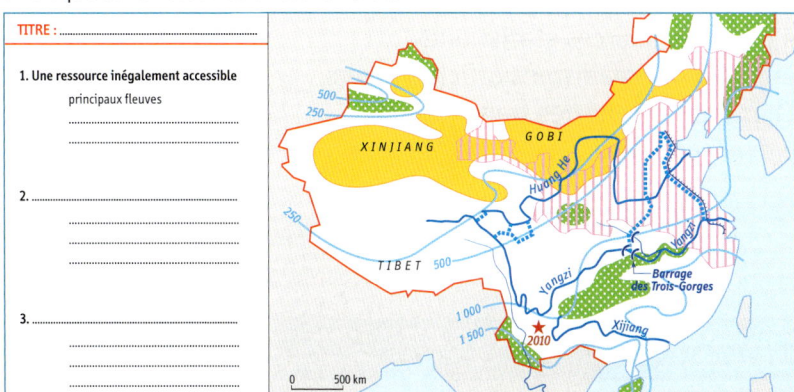

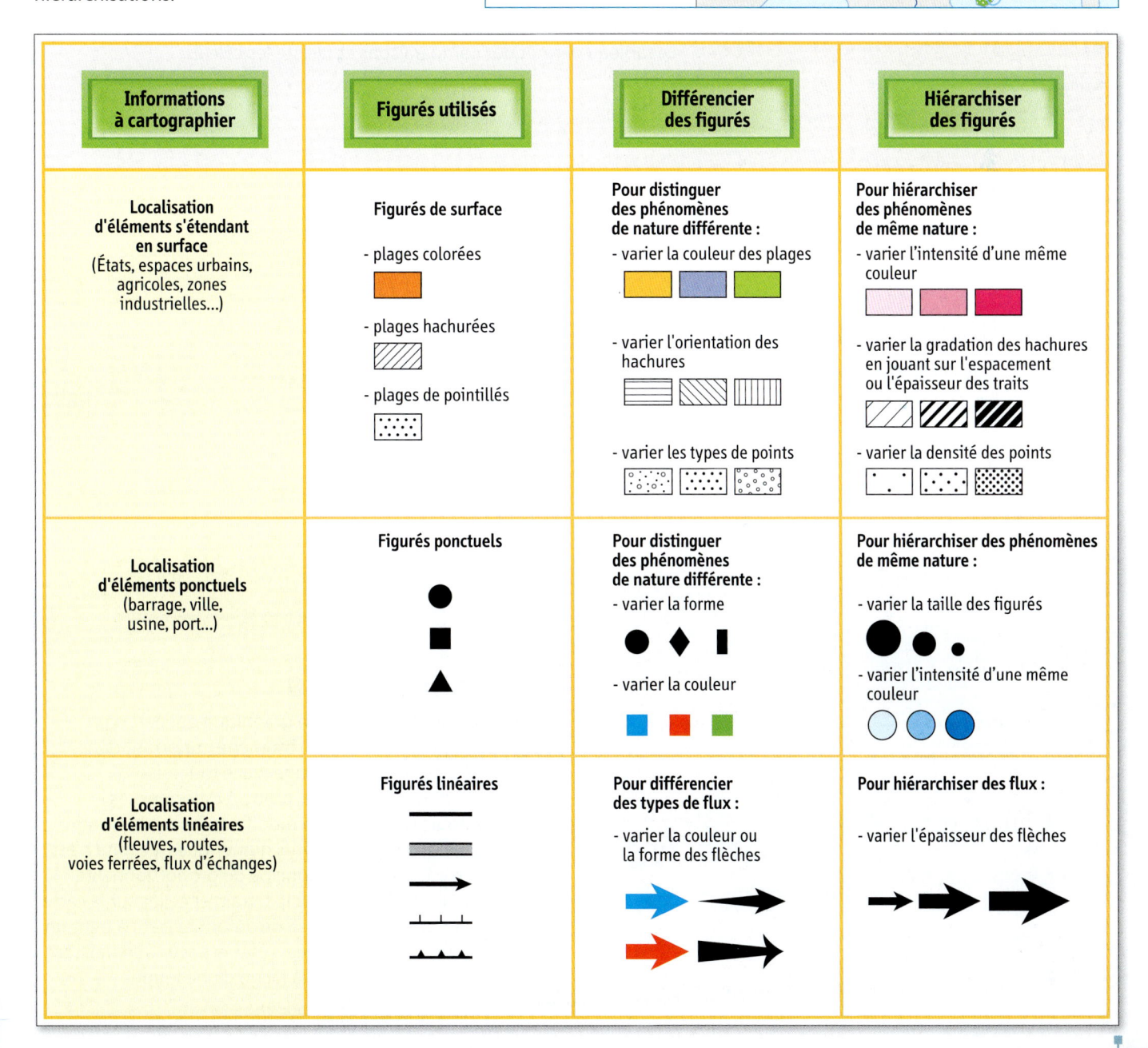

Informations à cartographier	Figurés utilisés	Différencier des figurés	Hiérarchiser des figurés
Localisation d'éléments s'étendant en surface (États, espaces urbains, agricoles, zones industrielles...)	Figurés de surface - plages colorées - plages hachurées - plages de pointillés	Pour distinguer des phénomènes de nature différente : - varier la couleur des plages - varier l'orientation des hachures - varier les types de points	Pour hiérarchiser des phénomènes de même nature : - varier l'intensité d'une même couleur - varier la gradation des hachures en jouant sur l'espacement ou l'épaisseur des traits - varier la densité des points
Localisation d'éléments ponctuels (barrage, ville, usine, port...)	Figurés ponctuels	Pour distinguer des phénomènes de nature différente : - varier la forme - varier la couleur	Pour hiérarchiser des phénomènes de même nature : - varier la taille des figurés - varier l'intensité d'une même couleur
Localisation d'éléments linéaires (fleuves, routes, voies ferrées, flux d'échanges)	Figurés linéaires	Pour différencier des types de flux : - varier la couleur ou la forme des flèches	Pour hiérarchiser des flux : - varier l'épaisseur des flèches

les documents en géographie

Les outils statistiques et les graphiques

La réalisation des graphiques se fait à partir de sources statistiques émanant d'organismes officiels divers. Elles permettent des traitements à diverses échelles.

> **Méthode**
>
> **Lire des statistiques et des graphiques**
> - Il est tout d'abord important de repérer la source, la nature des données et les unités choisies.
> - Il faut ensuite identifier les informations qui permettent de **comparer** des situations, des pays ou de **montrer une évolution** dans le temps.
> - **À savoir** Pour interpréter une comparaison, il peut être intéressant de faire des calculs de proportion si nécessaire.

Tableau statistique

(en millions d'habitants)	1989	1995	2003	2009	2025 (prévisions)
Burkina Faso	8	10,1	11,2	15,8	23
Mali	9,1	10,6	11,9	13	20
Mauritanie	1,9	2,3	2,7	3,3	5
Niger	6,9	9,2	12,8	15,3	20
Sénégal	7	8,3	10,2	14	18
Tchad	5,5	6,4	7,8	10,3	16

Ensemble de données chiffrées représentées sous forme de tableau en colonnes ou en lignes.
Le tableau permet des comparaisons et facilite les calculs.

◀ La croissance démographique au Sahel

Diagramme en bâtons ou histogramme

Représentation graphique d'une série statistique.
Il est constitué de segments de droite verticaux ou horizontaux dont les hauteurs sont égales aux effectifs. Sur l'un des axes, figure une échelle.

La croissance de la population mondiale depuis 1800 ▶

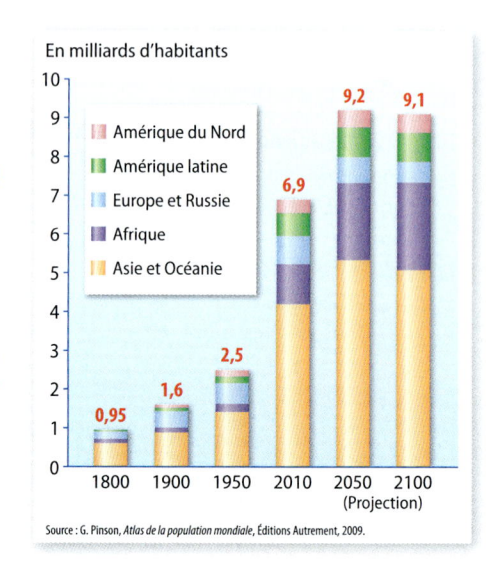

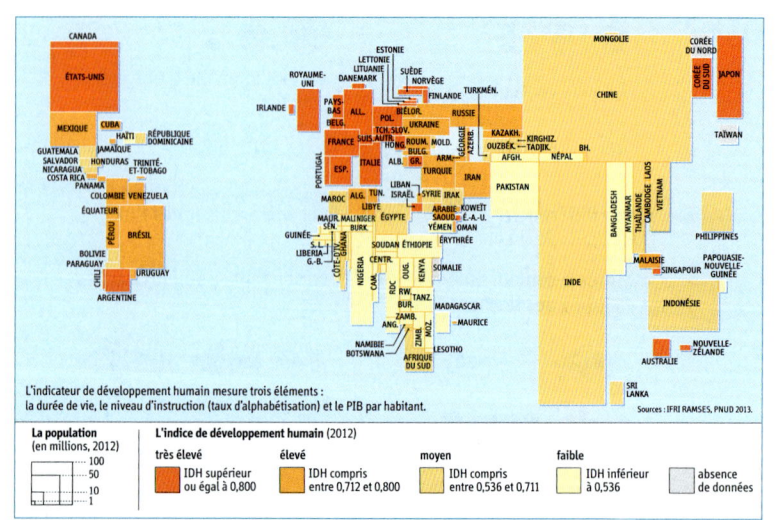

Anamorphose

Type de représentation graphique qui part d'un principe simple : un phénomène important dans la réalité doit prendre une place tout aussi importante sur la carte, quitte à déformer ses contours habituels. On modifie le fond pour rendre visible une ou des valeurs numériques. Le fond n'est pas tracé d'après un principe de proportionnalité entre les superficies sur le terrain et celles sur la carte. L'anamorphose suppose de déformer petit à petit un fond de carte « classique » (des espaces apparaissent de plus en plus gros à la façon d'une loupe).

◀ L'IDH dans le monde

Les photographies

La photographie de paysage ou la photographie aérienne

La photo, à la différence de la carte, est plus fidèle à la réalité du terrain. Les objets photographiés sont restitués dans leur configuration, tels que l'œil humain peut les percevoir.
Elle peut être prise depuis le sol, ou par exemple depuis un avion pour une photo aérienne oblique ou verticale (photographies IGN).

Deauville en Normandie ▶

Méthode

Lire une photographie
- Elle rend de nombreux objets directement identifiables sans qu'il soit nécessaire de proposer une légende ou un code particulier : cours d'eau, forêts, zones bâties, paysages, aménagements... sont à **repérer**.
- Il est important de discerner la saison de la prise de vue, de **faire des comparaisons** quand on dispose de clichés de date différente (analyse diachronique).
- Il convient pour sa lecture de **distinguer les différents plans** (premier plan, second plan, arrière-plan).

L'image satellitale

Elle complète, voire remplace la photo aérienne : sa précision est excellente ; l'espace représenté est important (une image SPOT correspond à un espace de 120 × 60 km).
On peut observer les différences de nature ou de densité des paysages, ce qui permet de délimiter avec plus de précision les formes d'utilisation des territoires.

La banquise en 1975 ▶

Méthode

Lire une image satellitale
- Des codes couleurs sont nécessaires pour sa lecture, car elle est composée de « fausses couleurs » qui symbolisent respectivement les différentes radiations électromagnétiques émises par le sol.
La couleur rouge renvoie à la végétation, le vert aux zones habitées, le blanc bleuté aux routes.
- Pour permettre une lisibilité plus évidente, la couleur de certaines images peut être retravaillée pour représenter la végétation en vert par exemple.

Le texte

Plusieurs sources sont utiles et riches en géographie : un texte scientifique issu du travail de recherche d'un géographe, un texte d'une institution officielle (ONU, FAO...), un extrait de presse, un texte issu d'une œuvre littéraire...

Méthode

Exploiter un texte
- Il faut commencer par **identifier** la nature du texte, son auteur, sa date.
- La lecture du texte doit vous amener à **prélever des informations** à **mettre en relation** avec ses connaissances.
- Il est important d'exercer un regard critique sur le texte.

Thème 1 Les enjeux du

Une école dans l'État du Kerala en Inde
L'éducation est un facteur de développement pour tous les pays dans le monde car elle est un vecteur de développement social, de progrès humain. Il existe une corrélation entre le taux d'alphabétisation d'un État, son niveau d'éducation et son niveau de développement.

développement

1 Du développement au développement durable

Les inégalités sociales, économiques, les inégalités face à un environnement souvent dégradé existent partout dans le monde et à toutes les échelles spatiales. Vont-elles s'accroître au cours du XXIe siècle avec une population plus nombreuse qu'aujourd'hui ou seront-elles corrigées par une autre forme de développement, le développement durable ?

❱ **Qu'est-ce que le développement durable ?**

❶ Un quartier résidentiel sur les hauteurs de Hong Kong (Chine)

Dans ce quartier dont le prix au m² est le plus cher de Hong Kong, une population très aisée bénéficie de conditions de vie exceptionnelles dans un territoire insulaire densément peuplé. La ville est représentative d'une société à haut niveau de vie, alors que la Chine continentale présente de vastes espaces de pauvreté.

Un espace naturel protégé dans un pays développé : l'Australie

2 **Un quartier populaire à Quito (Équateur)**

Des habitations denses sont construites sur un versant sujet aux glissements de terrain lors d'abondantes pluies. Ce sont des populations pauvres très vulnérables.

Introduction

Les enjeux du développement

Les sociétés se caractérisent par un inégal développement. Quelles solutions peut-on envisager pour un développement plus durable qui réduise les inégalités entre les populations ?

Les constats

1 Qu'est-ce que le développement ?

« Ce terme désigne un processus d'amélioration des conditions et de la qualité de vie d'une population. Le développement doit être distingué de la croissance qui mesure la richesse produite sur un territoire en une année et son évolution d'une année à l'autre (le Produit intérieur brut, PIB). La croissance n'implique pas toujours une augmentation du niveau de vie et de la qualité de vie. Il existe des modes de croissance sans développement quand la production de richesse ne s'accompagne pas de l'amélioration des conditions de vie. L'économiste indien Amartya Sen a mis au point un Indicateur de développement humain. »

B. Bret, site www.hypergeo.eu, 2013.

Question

Quelle est la différence entre le développement et la croissance ?

• Un développement inégal et déséquilibré à toutes les échelles

Les inégalités du PIB par habitant

Afrique du Sud	7 508 $
Allemagne	41 853 $
Chine	6 091 $
États-Unis	51 749 $
Inde	1 489 $
Indonésie	3 557 $
Mexique	9 749 $
Nigeria	1 555 $
Pologne	12 708 $

Source : PIB par habitant 2009-2013, Banque mondiale, 2014.

• Les besoins vitaux à satisfaire d'une population croissante

La croissance de la population mondiale depuis 1800

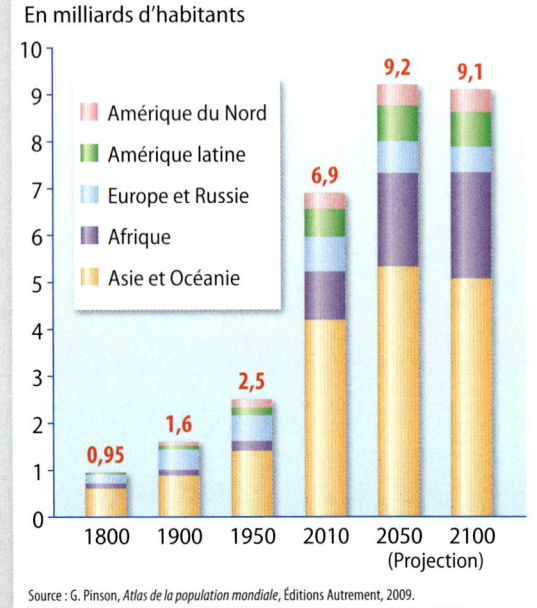

En milliards d'habitants : 1800 : 0,95 ; 1900 : 1,6 ; 1950 : 2,5 ; 2010 : 6,9 ; 2050 : 9,2 ; 2100 : 9,1 (Projection)

Catégories : Amérique du Nord, Amérique latine, Europe et Russie, Afrique, Asie et Océanie

Source : G. Pinson, *Atlas de la population mondiale*, Éditions Autrement, 2009.

• La pression sur les ressources

40 ans de déforestation au Brésil

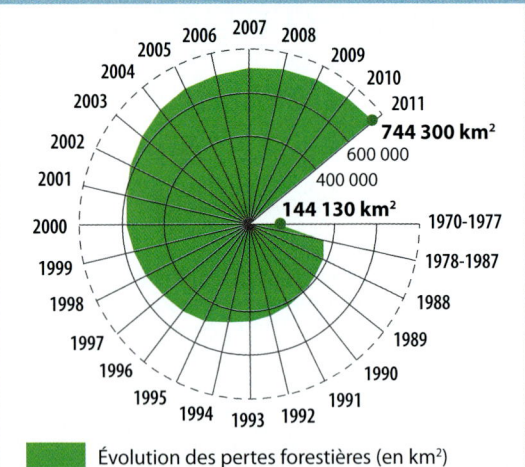

1970-1977 : 144 130 km²
2011 : 744 300 km²

Évolution des pertes forestières (en km²)

Source : L. Laslaz, *Atlas mondial des espèces protégées*, Éditions Autrement, 2012.

Les défis du développement durable

Réduire les inégalités entre les populations
→ Enjeu 1, p. 18-19

Faire face aux nouveaux besoins croissants de l'humanité
→ Enjeu 2, p. 26-27

Mettre en œuvre des modes durables de développement
→ Enjeu 3, p. 34-35

2 Qu'est-ce que le développement durable ?

« La notion de développement durable n'est pas synonyme d'environnement ou d'écologie. Le rapport Brundtland (1987) le définit comme "le développement qui répond aux besoins des générations actuelles sans compromettre ceux des générations futures". Il s'appuie sur trois piliers, économique, social et écologique, auxquels s'ajoute la dimension culturelle. Il s'agit d'un compromis entre des aspects souvent contradictoires :
– les intérêts des générations futures et ceux des générations actuelles ;
– les intérêts des pays industrialisés et ceux des pays en développement, y compris les pays émergents ;
– les besoins des êtres humains et la préservation de la nature et de ses ressources.

L'échelle retenue pour la mise en œuvre du développement durable lors des conférences internationales réunies sous l'égide de l'ONU (Sommet de la Terre à Rio en 1992, sommet de Johannesburg en 2002...) est l'échelle globale, planétaire. Ces conférences mettent en avant des thèmes majeurs : déforestation, désertification, réchauffement climatique, biodiversité. Ces thèmes, qui font une large place au pilier écologique au détriment des aspects sociaux, ont justifié de la part des ONG de protection de la nature des discours parfois dramatisés, dénonçant quasi systématiquement toute action anthropique sur les milieux.

Le développement durable est aussi partie prenante dans les politiques d'aménagement des territoires. Il nécessite également de s'interroger sur la situation des pays en développement et sur leur possibilité d'intégrer le développement durable. »

Y. Veyret, © Hatier, 2014.

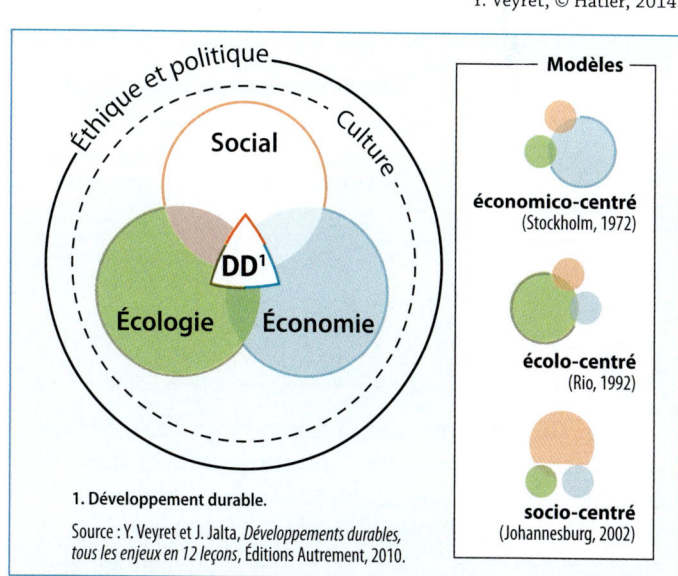

1. Développement durable.
Source : Y. Veyret et J. Jalta, *Développements durables, tous les enjeux en 12 leçons*, Éditions Autrement, 2010.

Modèles
- économico-centré (Stockholm, 1972)
- écolo-centré (Rio, 1992)
- socio-centré (Johannesburg, 2002)

Question

Comment le développement durable peut-il répondre aux défis de l'inégal développement et permettre une meilleure gestion des ressources ?

Enjeu 1

Un développement inégal et déséquilibré

> Quels sont les types d'inégalités dans le monde ? Comment les mesurer ?

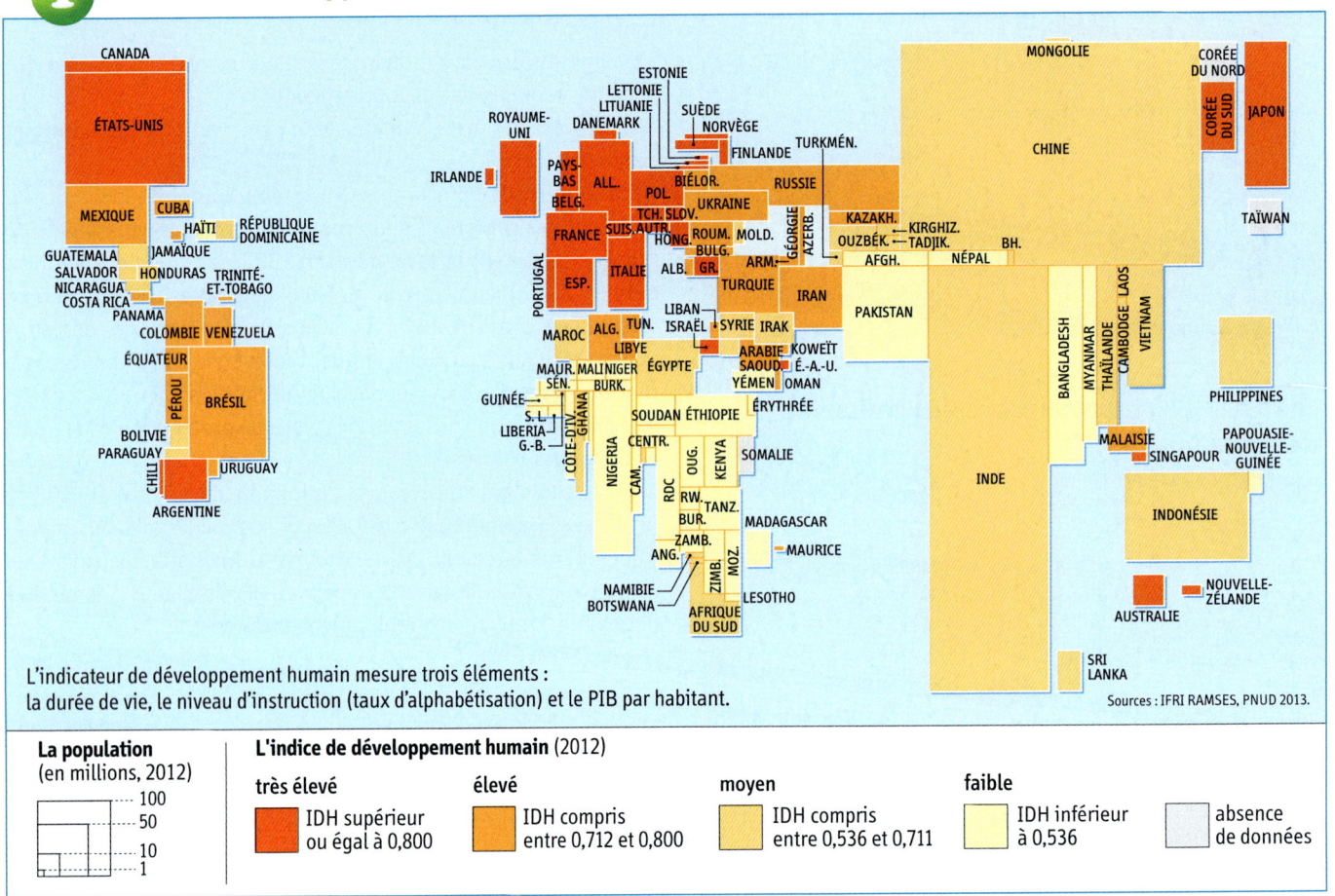

1 L'indice de développement humain (IDH) dans le monde

L'indicateur de développement humain mesure trois éléments : la durée de vie, le niveau d'instruction (taux d'alphabétisation) et le PIB par habitant.

Sources : IFRI RAMSES, PNUD 2013.

La population (en millions, 2012) : 100, 50, 10, 1

L'indice de développement humain (2012)
- **très élevé** : IDH supérieur ou égal à 0,800
- **élevé** : IDH compris entre 0,712 et 0,800
- **moyen** : IDH compris entre 0,536 et 0,711
- **faible** : IDH inférieur à 0,536
- absence de données

2 L'inégalité d'accès aux ressources

« L'accès aux ressources, eau, différents types d'énergie (bois, énergies fossiles, électricité...) constitue un indicateur des inégalités entre les populations mondiales. Ainsi, en 2012, environ 1,6 milliard d'êtres humains n'avaient pas d'électricité, notamment en Afrique, en Inde et à un moindre degré en Chine. Environ cinq cents millions d'hommes n'ont pas accès à l'eau potable et un milliard ne dispose pas de système d'assainissement. L'accès à l'alimentation pose aussi problème. Aujourd'hui, on compte 836 millions de personnes sous-alimentées dans les pays en développement, 25 millions dans les pays émergents et 9 millions dans les pays industrialisés. »

Y. Veyret, *Géographie et géopolitique de la mondialisation*, © Hatier, 2011.

Questions

1. **Doc. 1** À quelles parties du monde correspond chacun des quatre niveaux de développement humain ?

2. **Doc. 1, 2 et 3** Quel est le continent le plus touché par la pauvreté ? Montrez-le en utilisant les différents indicateurs mis à votre disposition.

3. **Doc. 3 et 4** Observez-vous une relation entre la pauvreté et les dépenses de santé dans le monde ? Quelles en sont les explications et les conséquences sur les populations ?

BILAN Quels sont les critères mesurant les inégalités de développement ?

Du développement au développement durable

3 L'indice de pauvreté dans le monde

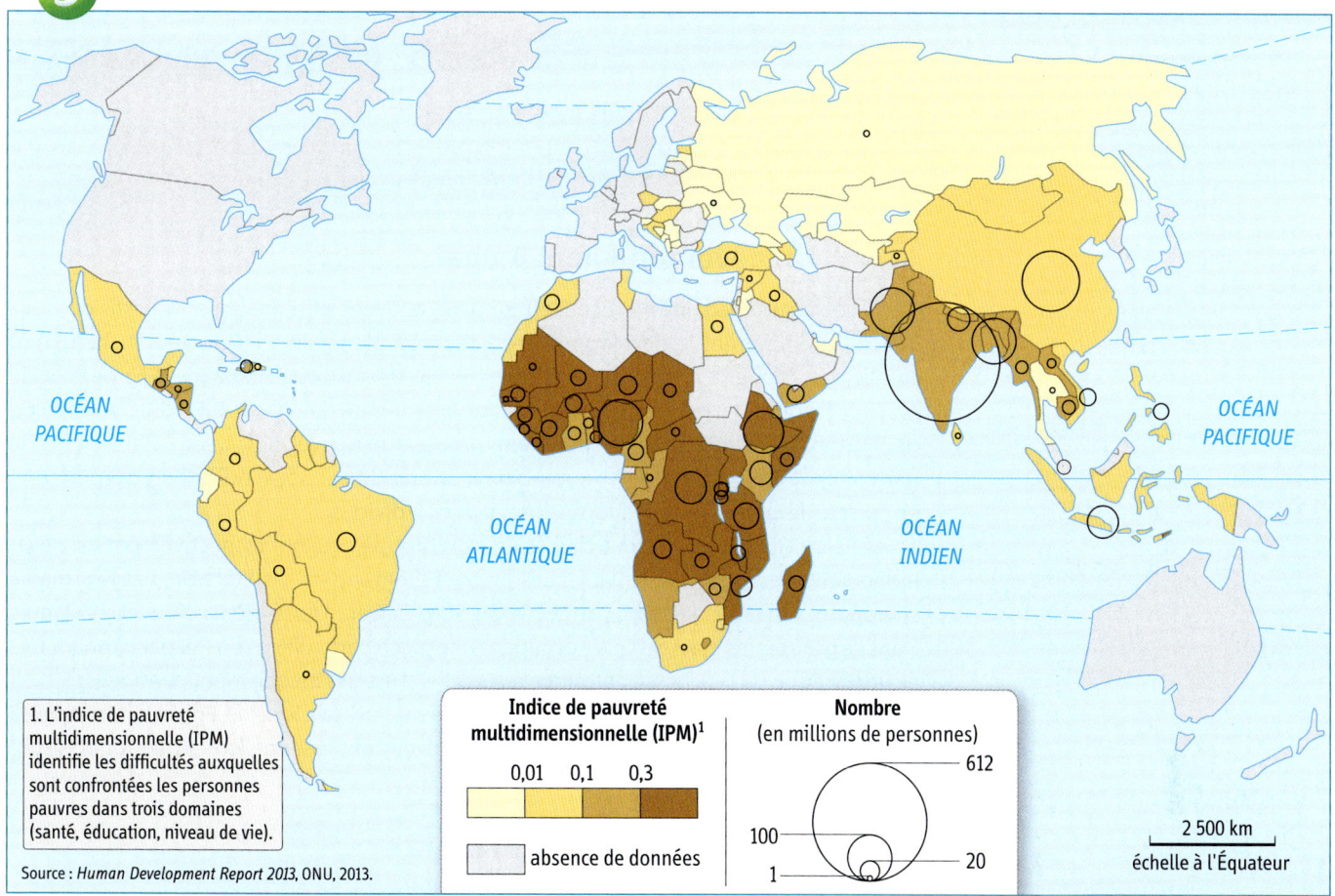

1. L'indice de pauvreté multidimensionnelle (IPM) identifie les difficultés auxquelles sont confrontées les personnes pauvres dans trois domaines (santé, éducation, niveau de vie).

Source : *Human Development Report 2013*, ONU, 2013.

Indice de pauvreté multidimensionnelle (IPM)[1]
0,01   0,1   0,3

absence de données

Nombre (en millions de personnes)
612
100
20
1

2 500 km — échelle à l'Équateur

4 Les disparités de dépenses de santé dans le monde

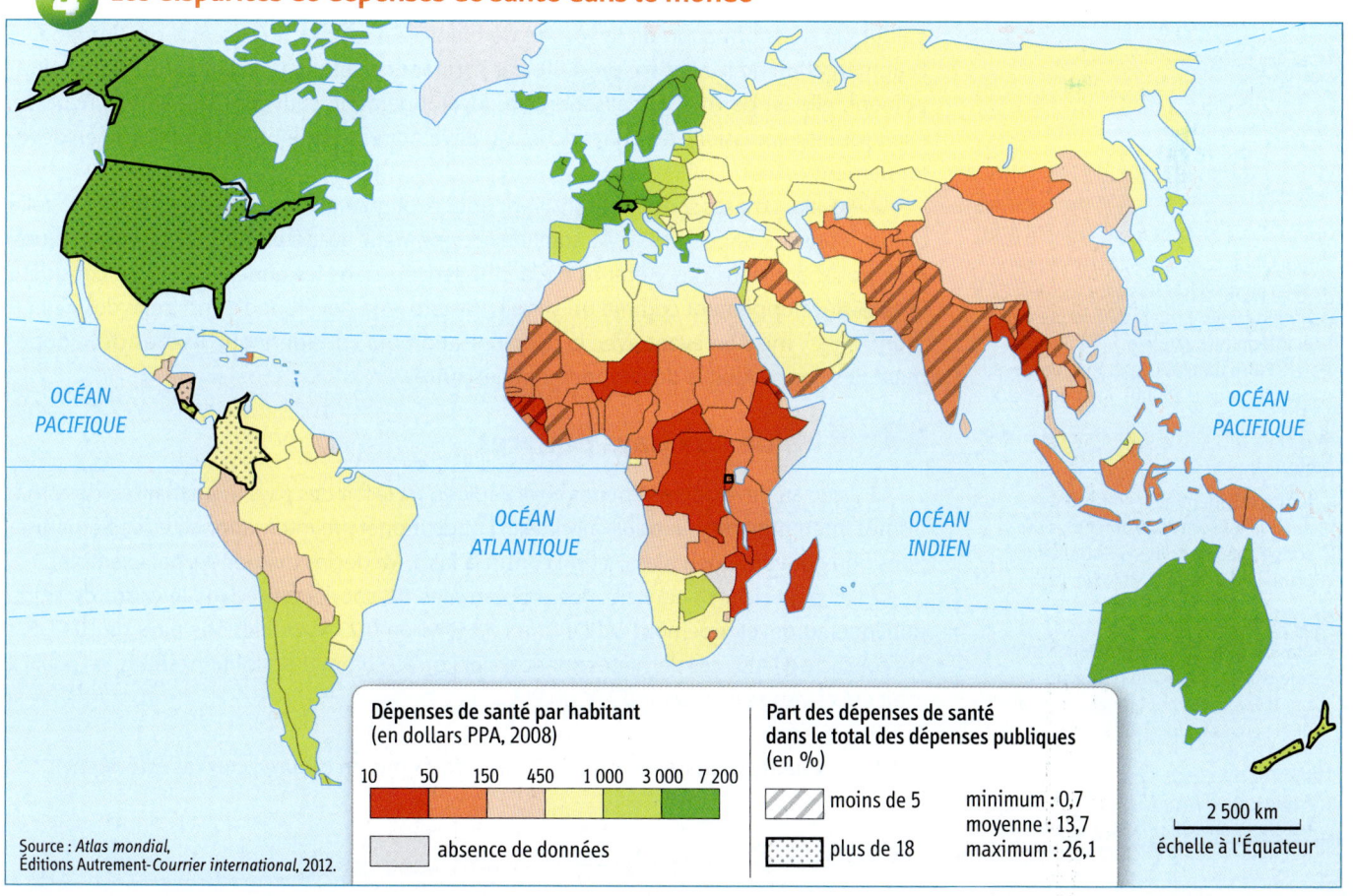

Dépenses de santé par habitant (en dollars PPA, 2008)
10   50   150   450   1 000   3 000   7 200

absence de données

Part des dépenses de santé dans le total des dépenses publiques (en %)
moins de 5
plus de 18

minimum : 0,7
moyenne : 13,7
maximum : 26,1

Source : *Atlas mondial*, Éditions Autrement-*Courrier international*, 2012.

2 500 km — échelle à l'Équateur

19

Cours 1 — Un constat : des pays riches et des pays pauvres

Le développement est inégal dans le monde. En 2012, 1,2 milliard de personnes vivent au-dessous du seuil d'extrême pauvreté, avec moins de 1,25 dollar par jour.

1 Un développement inégal

● Les fortes inégalités à l'échelle mondiale peuvent être analysées à partir de deux indices qui mesurent le développement à l'échelle planétaire : l'**IDH**, créé en 1990, mesure le développement humain. En 1997, l'indice de pauvreté humaine (IPH) permet de préciser l'indicateur précédent en mesurant la pauvreté. En 2010, le PNUD (Programme des Nations unies pour le développement) propose un nouvel indicateur, l'IPM – **indice de pauvreté multidimensionnelle** –, combinant une dizaine de sous-indicateurs qui prennent en compte le cumul des privations subies par les individus.

● Selon l'IDH, les pays sont classés en trois groupes qui ont respectivement un développement élevé, moyen et faible. Les premiers regroupent les États-Unis et le Canada, l'Europe occidentale, le Japon, la Corée du Sud, Taïwan, l'Australie, la Nouvelle-Zélande. Dans ce groupe, les États du Golfe occupent une place particulière : un PIB par habitant très élevé en raison de la richesse pétrolière mais celle-ci est très inégalement partagée **(doc. 2)**. Les seconds, ou **pays émergents**, sont l'Afrique du Sud, la Chine, le Brésil, le Mexique, la Russie et l'Inde. Les pays les plus pauvres se concentrent essentiellement en Afrique subsaharienne, et dans la Corne de l'Afrique.

2 Développement et croissance

● L'IDH et l'IPM renvoient aux rapports entre développement et croissance. La croissance est un processus quantitatif mesuré par l'accroissement de la richesse, par l'augmentation du PIB. Le développement est un processus qualitatif induit par la croissance, auquel s'ajoute la transformation de la société de manière à assurer le bien-être de l'homme. Si l'augmentation de la richesse produite par habitant ne suffit pas à caractériser le développement, elle en permet la réalisation. Le développement, souvent assimilé à la richesse, explique les expressions de « pays riches ou développés » et de « pays pauvres ou en développement ». **(doc. 1)**

● Plusieurs thèses sont mises en avant pour expliquer le « sous-développement » : celle qui lie, dans les années 1950, le sous-développement au déterminisme géographique ; celle des théoriciens des « étapes de la croissance » dans les années 1960 qui considère le sous-développement comme un simple « retard » de développement ; celle des « **tiers-mondistes** » mise en avant avec la décolonisation qui considère que le sous-développement des uns produit le développement des autres.

3 L'aide aux pays pauvres

● L'aide au développement des pays pauvres est le fait des pays industrialisés, des organismes internationaux (Banque mondiale, Fonds monétaire international) et des organisations non gouvernementales (Action contre la faim, Médecins du monde, par exemple).

● Les pays riches financent des programmes de coopération dans le cadre de l'Aide publique au développement (APD) **(doc. 3)**. Environ 0,23 % du PIB des pays de l'OCDE a été consacré à l'APD ces dernières années, alors qu'au sommet de Johannesburg, en 2002, il avait été envisagé de fournir 0,7 % du PIB.

▶ **Les inégalités subsistent en dépit des efforts mis en œuvre pour les atténuer.**

---

vocabulaire

Indice de développement humain (IDH)
Indicateur composite calculé depuis 1990 par le PNUD (Programme des Nations unies pour le développement) et intégrant, sur une échelle allant de 0 à 1, le PIB/habitant, l'espérance de vie et le pourcentage d'adultes analphabètes.

Indice de pauvreté multidimensionnelle (IPM)
Indice qui identifie les difficultés auxquelles sont confrontées les personnes pauvres dans trois domaines (santé, éducation, niveau de vie).

Pays émergent
État en développement connaissant une croissance économique et un développement humain assez élevé (IDH souvent supérieur à 0,7).

Tiers-monde
Expression d'Alfred Sauvy pour désigner les pays pauvres « exclus » du développement.

Du développement au développement durable

1 — Les Sud face au défi du développement

« Les pays en développement, notamment ceux qui sont encore à forte croissance démographique, doivent faire face à un triple défi : lutter contre la pauvreté, réussir leur transformation sociale et leur décollage économique, ne pas hypothéquer l'avenir en détruisant leur environnement et en épuisant les ressources fossiles.

Face à ce dilemme, les pays en développement apportent des réponses diverses :

– Là où les ONG environnementales, émissaires des pays développés, règnent en maître des territoires, les préoccupations écologiques s'imposent. C'est le cas des pays insulaires du Pacifique, mais aussi de l'Afrique, [...] sauf lorsqu'il s'agit d'exploiter le pétrole car l'intérêt économique de la "rente noire" est jugé supérieur à celui de la "rente verte".

– Là où le développement économique est déjà avancé et l'État puissant, la question environnementale commence à être intégrée aux préoccupations gouvernementales. C'est le cas des pays émergents, voire émergés, Chine, Corée du Sud, Brésil, Argentine.

– Là où la pauvreté et le sous-développement n'ont pas désarmé, seul l'objectif de croissance, malheureusement encore lointain, prime, au détriment de la qualité de l'environnement et des conditions de vie. C'est le cas de la plupart des pays les moins avancés (PMA) situés en dehors de la ceinture forestière du monde tropical humide (qui bénéficie de la rente verte) ; ce sont les pays du Sahel, Haïti, des pays andins (Pérou, Bolivie) et d'Asie du Sud (hors Inde). »

D'après S. Brunel *in* Y. Veyret (dir.), *Le Développement durable*, © SEDES, 2007.

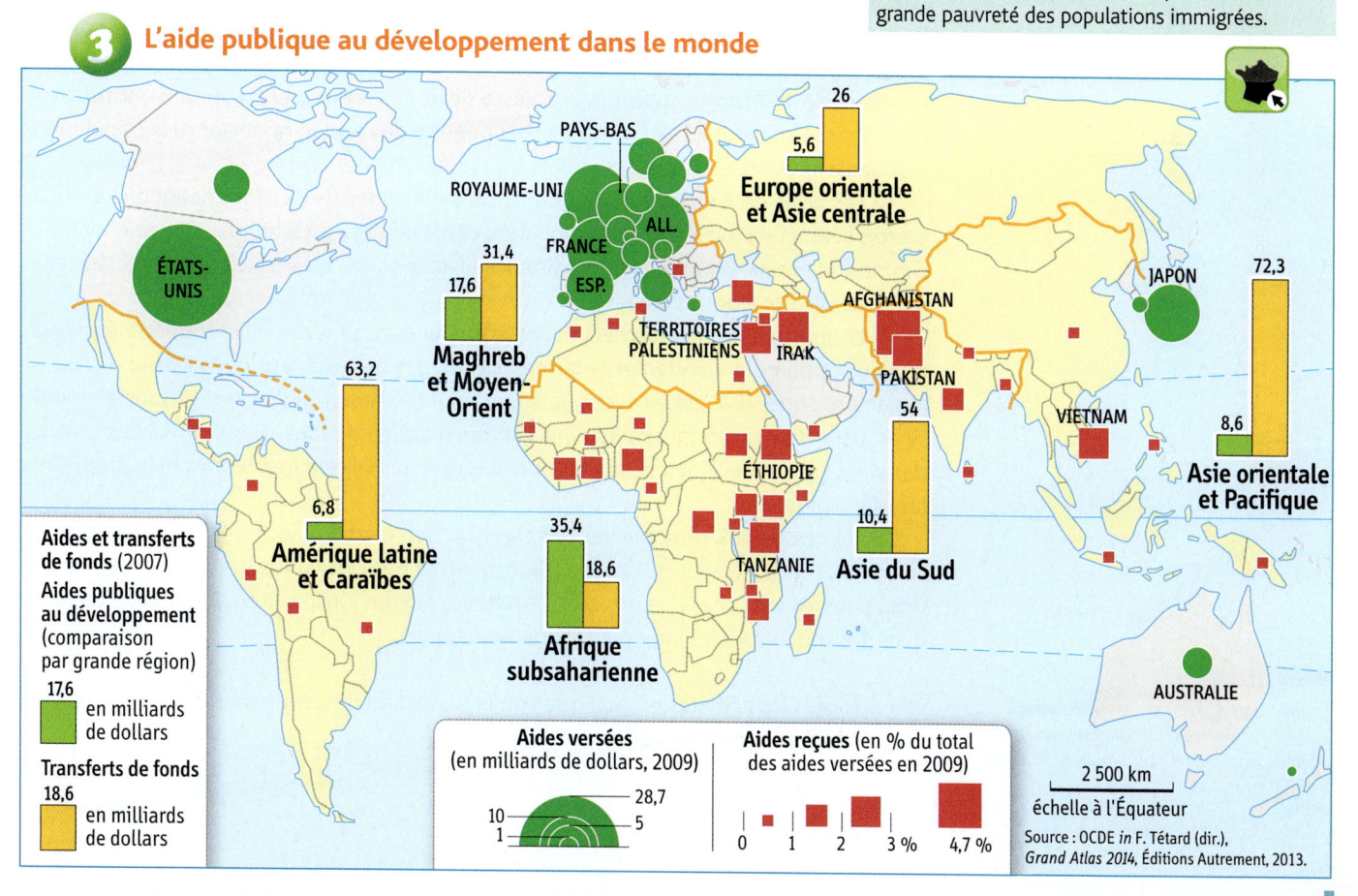

2 — La tour Burj Khalifa à Dubaï

L'émirat de Dubaï (Émirats arabes unis) se caractérise à la fois par une très grande richesse liée à l'exploitation pétrolière et par une très grande pauvreté des populations immigrées.

3 — L'aide publique au développement dans le monde

Source : OCDE *in* F. Tétard (dir.), *Grand Atlas 2014*, Éditions Autrement, 2013.

Cours 2 — Des inégalités à toutes les échelles

Les grands indicateurs (IDH, IPM) dissimulent des inégalités à toutes les échelles, celle entre États, au sein des États et dans les villes. Il existe des riches dans les pays pauvres et des pauvres dans les pays riches.

1 À l'échelle étatique

○ Les différences de développement entre États sont bien mises en évidence par l'IDH ou l'IPH. Les facteurs qui les expliquent sont multiples : les facteurs politiques comme la corruption, les conflits divers, le gaspillage. À cela s'ajoutent l'insuffisant accès des populations, notamment des femmes, à l'éducation, le manque de moyens techniques et des choix stratégiques de développement souvent tournés vers l'exportation de ressources brutes (bois, énergie…). L'emprise étrangère peut être forte (investissements occidentaux et chinois, achat de terre arables…).

○ Au sein même des États, les disparités sociales et spatiales existent dans les pays industrialisés comme dans les pays les moins avancés. Elles opposent aussi des régions riches à d'autres insuffisamment développées (c'est le cas de la Chine littorale « ouverte » par rapport à l'intérieur) **(doc. 3)**. Souvent les campagnes sont plus pauvres que les villes **(doc. 2)** et alimentent un exode considérable et une émigration lointaine. Aujourd'hui, la crise que traversent les pays européens explique le départ de jeunes diplômés vers les États-Unis, les Pays du Golfe, Hong Kong et la Chine continentale.

2 À l'échelle urbaine

○ À l'échelle des villes, et notamment des mégapoles, coexistent des quartiers aisés et d'autres plus pauvres. Les déséquilibres les plus forts se situent dans les mégapoles des pays en développement où 30 à 60 % de la population habitent des bidonvilles, quartiers d'habitat souvent informel, installés dans des zones à risques (inondables, pentues et soumises à des glissements de terrain…). Ces quartiers souffrent de sous-équipement (manque de transports collectifs, d'accès à l'eau, assainissement absent ou insuffisant, pas de raccordement à l'électricité…). À la pénurie de moyens financiers des populations s'ajoute la faiblesse des investissements des municipalités.

○ Les villes du Nord rencontrent aussi des difficultés de gestion (pollutions diverses parfois liées à l'accroissement des mobilités, coûts des investissements). Des phénomènes d'exclusion sociale (population sans domicile fixe **(doc. 4)**, sans travail, violences) existent dans ces villes et leurs banlieues.

○ L'opposition entre quartiers riches et pauvres au sein des villes s'affirme en raison du développement de quartiers « fermés », protégés de l'extérieur, surveillés et où l'on vit largement entre soi. C'est le cas des *gated communities* américaines **(doc. 1)** dont le modèle se propage dans le monde : *compounds* ou *street closures* de Johannesburg, *barrios cerrados* des villes sud-américaines, résidences privées dans les villes européennes mais aussi dans les villes chinoises.

○ Les opérations immobilières dans les quartiers centraux sont à l'origine d'un processus de « gentrification » (hutongs à Pékin, quartier des Docklands à Londres). Les populations pauvres sont chassées des centres rénovés et vont s'installer en périphérie des villes, dans des espaces où les logements sont moins chers.

▶ À toutes les échelles et quel que soit le niveau de développement des sociétés, les inégalités demeurent un défi à relever.

vocabulaire

Gentrification
Processus de retour des populations aisées dans les quartiers centraux des villes après la réhabilitation de l'habitat.

Hutong
À Pékin, habitat traditionnel détruit ou rénové.

Du développement au développement durable 1

1 Une *gated community* à Sanford en Floride (États-Unis)

2 Les inégalités en Chine

« À l'instar de ses villes, en à peine trois décennies, la Chine a vu ses campagnes changer à jamais. […] Les campagnes, dans leur rapport à la ville, reflètent désormais, en les exacerbant, les inégalités de développement qui existent à l'échelle du pays. Certaines sont bien intégrées aux dynamiques urbaines et s'enrichissent de cette proximité, d'autres sont moins bien reliées et peinent dans des productions traditionnelles ; les plus isolées subissent une déstructuration des infrastructures d'État notamment en termes d'éducation et de santé, de nouvelles inégalités sociales en interne et de forts flux migratoires vers les villes. […] À l'échelle du pays, l'écart fort entre les revenus urbains et ruraux n'a cessé de se creuser, notamment depuis la fin des années 1990. Le revenu rural moyen ne représente plus aujourd'hui que 30 % du revenu urbain. Un tel décrochage témoigne d'un dynamisme qui n'est plus dans les activités agricoles ni même dans la production industrielle mais dans l'économie de villes devenues très attractives pour les capitaux et les hommes. »

T. Sanjuan *in* M. Guibert et Y. Jean (dir.), *Dynamiques des espaces ruraux dans le monde*, © Armand Colin, 2012.

1. Quelles sont les principales inégalités en Chine ?
2. Quelles différences peut-on établir au sein même des campagnes ? Pourquoi ?

3 Des inégalités entre régions dans les pays émergents

« La réduction de la fracture Nord-Sud ne concerne qu'une frange limitée des populations et des espaces régionaux. […] Pour l'essentiel les progrès profitent d'abord et avant tout à ces fameuses classes moyennes urbaines des régions métropolitaines ou littorales intégrées à la mondialisation. […] La fracture Nord-Sud passe dorénavant à l'intérieur même de l'Inde, de la Chine, du Brésil. En effet dans ces États, et plus globalement dans une large partie du monde, la faim, la disette ou la malnutrition, la santé, l'éducation et la formation, l'accès à un logement, à l'eau, à l'électricité, ou à un travail décent sont encore des enjeux majeurs pour des centaines de millions, voire des milliards d'individus. »

L. Carroué *in Atlas du monde de demain*, hors-série *Le Monde-La Vie*, 2013.

Où se situent les amorces de développement dans les pays émergents ?

4 Des sans-abris à Paris

Exemple 1

▶ Comment l'exemple du Brésil permet-il de comprendre les inégalités de développement et leurs défis à l'échelle d'un État ?

1 Le PIB par État et par habitant au Brésil

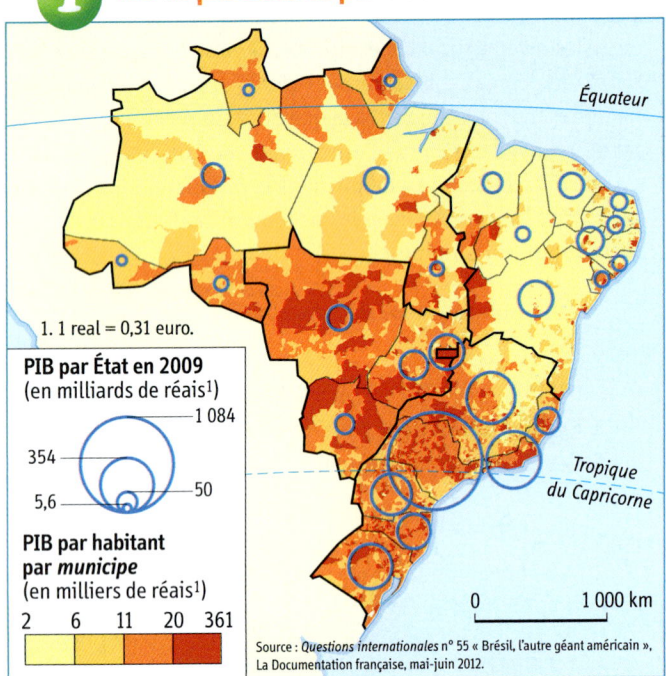

1. 1 real = 0,31 euro.

PIB par État en 2009 (en milliards de réais[1])
- 1 084
- 354
- 50
- 5,6

PIB par habitant par *municipe* (en milliers de réais[1])
2   6   11   20   361

Source : *Questions internationales* n° 55 « Brésil, l'autre géant américain », La Documentation française, mai-juin 2012.

2 Nourrir 201 millions d'habitants

« Afin d'éradiquer la faim bien présente dans un pays pourtant en forte croissance économique, a été lancé en 2003 par le gouvernement de Lula, un programme "Faim zéro", les plus pauvres bénéficiant d'une allocation d'environ 13 euros par mois, pour un coût total de près de 1,5 milliard d'euros. En outre, le Programme d'acquisition d'aliments (PAA) qui fait partie de "Faim zéro" permet aux plus pauvres de se procurer directement les aliments à des prix égaux à ceux des marchés régionaux. Le PAA met en place la constitution de stocks par les organisations de l'agriculture familiale permettant la vente à de meilleures conditions du marché.

Le programme a donné lieu à des controverses sur la définition trop étroite de la population ciblée et sur les risques de clientélisme local lié à la distribution des fonds. Toutefois, en 2012, la FAO constate des résultats très largement positifs. »

H. Théry, « Les défis du monde rural au Brésil », in M. Guibert et Y. Jean, *Dynamiques des espaces ruraux dans le monde*, © Armand Colin, 2012.

3 De forts contrastes urbains à São Paulo

La *favela* de Paraisopolis (en arrière-plan) est bordée par des immeubles d'habitation de luxe avec piscines, courts de tennis et jardins.

Du développement au développement durable

4 Le programme *Bolsa Familia* au Brésil

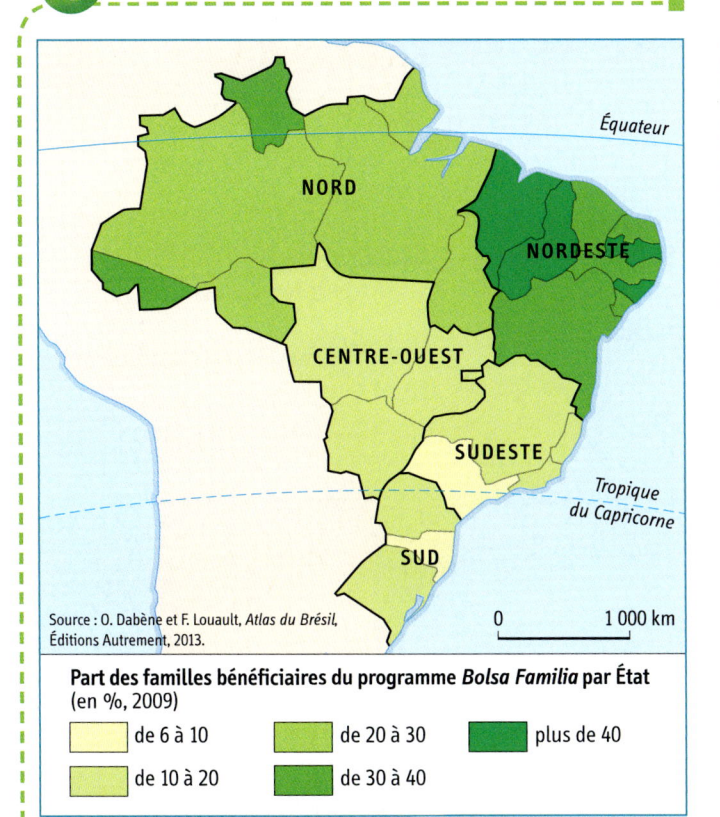

Part des familles bénéficiaires du programme *Bolsa Familia* par État (en %, 2009)
- de 6 à 10
- de 10 à 20
- de 20 à 30
- de 30 à 40
- plus de 40

Source : O. Dabène et F. Louault, *Atlas du Brésil*, Éditions Autrement, 2013.

La *Bolsa Familia* (Bourse famille) est un programme d'allocations mensuelles modulées en fonction de la composition de la famille.

« Les progrès contre la pauvreté commencent au Brésil avec la maîtrise de l'inflation sous la présidence de Cardoso (1995-2002). Mais ils doivent leur accélération à la réorganisation des programmes distributifs depuis 2003. Appelés "transferts monétaires conditionnés", ils subordonnent le versement d'une prestation au respect de certaines conditions. Ainsi, le programme Bourse famille prévoit plusieurs types d'allocations mensuelles, modulées en fonction de la composition de la famille. [...] La première allocation concerne la santé. [...] La seconde l'éducation. [...] Le programme a connu une extension progressive passant de 4 millions de familles bénéficiaires à plus de 13 millions en 2012. Peu coûteux, il a permis d'améliorer l'assiduité scolaire et la santé, mais il faudra attendre une génération pour évaluer si les opportunités de progrès ainsi offertes sont mises à profit. »

O. Dabène et F. Louault, *Atlas du Brésil*, Éditions Autrement, 2013.

5 Vers un pays moins inégalitaire ?

a. « Bienvenue dans la classe C »

Dessin d'Alves, Brésil.
Depuis 2003, près de 50 millions de Brésiliens sont sortis de la pauvreté et ont accédé à la classe moyenne (« classe C », critère de classification économique au Brésil). Il s'agit d'une ascension sociale d'une ampleur inédite.

b. Le recul de la pauvreté

« Grâce à la robuste croissance économique et aux rapides progrès sociaux, [...] le pays est parvenu à sortir de la pauvreté une population équivalente à celle de l'Argentine et les inégalités se sont notablement résorbées. [...] Prolongeant la démarche du président Lula pendant les années 2000, la présidente actuelle D. Rousseff met en place une politique de discrimination positive pour combler les inégalités d'accès à l'enseignement supérieur. [...] Rien ne semble pouvoir dévier le Brésil de sa trajectoire de progrès accéléré. »

D'après O. Dabène et F. Louault, *Atlas du Brésil*, © Éditions Autrement, 2013.

Questions

1. **Doc. 1 et 4** Identifiez les régions les plus riches et les plus pauvres du Brésil.
2. **Doc. 3** Sur la photographie, comment lit-on les inégalités ?
3. **Doc. 2 et 4** À qui les programmes distributifs sont-ils destinés ? Comment les fonds sont-ils répartis dans l'espace ? En quoi peuvent-ils susciter des critiques ?
4. **Doc. 5** Quels sont les résultats des actions menées pour lutter contre la pauvreté au Brésil ? Définissez l'expression « discrimination positive ».

BILAN Montrez que la lutte contre les inégalités de développement présente de nombreuses facettes.

Enjeu 2

De nouveaux besoins pour plus de 9 milliards d'hommes en 2050

Les besoins actuels pour 7,1 milliards d'hommes ne sont pas totalement satisfaits. Quels seront alors les besoins des 9,5 milliards d'hommes que pourrait compter la planète en 2050 ?

1 La population mondiale de demain

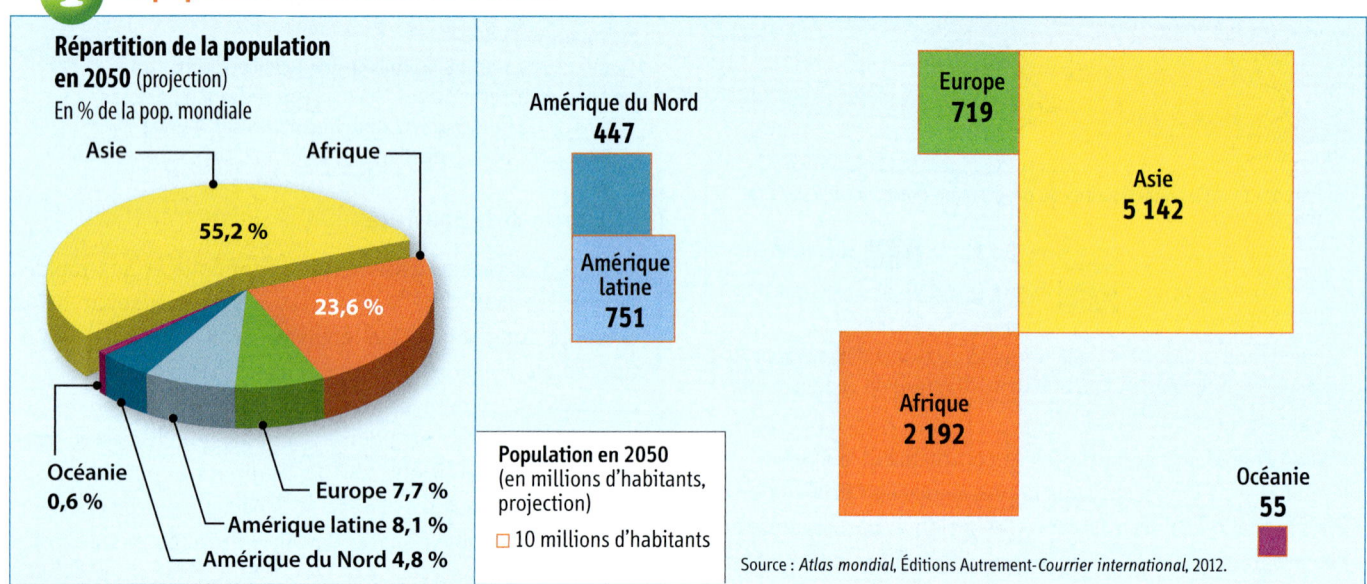

Répartition de la population en 2050 (projection) — En % de la pop. mondiale
- Asie : 55,2 %
- Afrique : 23,6 %
- Europe : 7,7 %
- Amérique latine : 8,1 %
- Amérique du Nord : 4,8 %
- Océanie : 0,6 %

Population en 2050 (en millions d'habitants, projection) — □ 10 millions d'habitants
- Amérique du Nord : 447
- Amérique latine : 751
- Europe : 719
- Asie : 5 142
- Afrique : 2 192
- Océanie : 55

Source : *Atlas mondial*, Éditions Autrement-*Courrier international*, 2012.

2 Quelle évolution démographique au cours du XXIe siècle ?

« La population mondiale continuera à croître au cours du XXIe siècle, néanmoins, la baisse de la fécondité explique que la croissance démographique décélère : ayant atteint un maximum de plus de 2 % par an il y a cinquante ans, elle a diminué de moitié depuis (1,1 % en 2011) et devrait continuer de baisser jusqu'à la quasi-stabilisation de la population mondiale dans un siècle autour de 9 à 10 milliards d'habitants.

La baisse de la fécondité, dans le cadre de la transition démographique, explique 2,5 enfants en moyenne par femme aujourd'hui dans le monde, contre le double en 1950. Mais la moyenne d'aujourd'hui recouvre de grandes disparités selon les régions et pays. La fécondité est la plus basse à Taïwan (0,9 enfant par femme) et la plus élevée au Niger (7 enfants). Parmi les régions du monde où la fécondité est encore élevée, supérieure à quatre enfants, on trouve presque toute l'Afrique subsaharienne, une partie des pays de la péninsule arabique, et les régions allant de l'Afghanistan jusqu'au Nord de l'Inde en passant par le Pakistan. C'est là que l'essentiel de la croissance démographique mondiale aura lieu au cours du XXIe siècle alors que dans beaucoup de pays (Chine, Allemagne, Japon) le vieillissement est déjà la règle.

Ainsi la population de l'Afrique pourrait quadrupler d'ici un siècle, passant de 800 millions d'habitants en 2000 à 3,6 milliards en 2100, ceci malgré l'épidémie de sida. C'est en Afrique au sud du Sahara que la population devrait passer d'un peu plus de 600 millions d'habitants en 2000 à près de 3,4 milliards en 2100.

La Chine est le pays le plus peuplé du monde avec 1,3 milliard d'habitants, mais l'Inde, qui n'est pas loin (1,2 milliard), devrait passer en tête dans moins de 10 ans (probablement en 2020) car sa population y croît plus vite en raison d'une fécondité plus élevée (2,6 enfants par femme en moyenne, contre 1,5). »

G. Pison, *Population et Sociétés* n° 480, Ined, juillet-août 2011.

Du développement au développement durable

3 L'accroissement des terres arables : une réponse à l'augmentation des besoins alimentaires ?

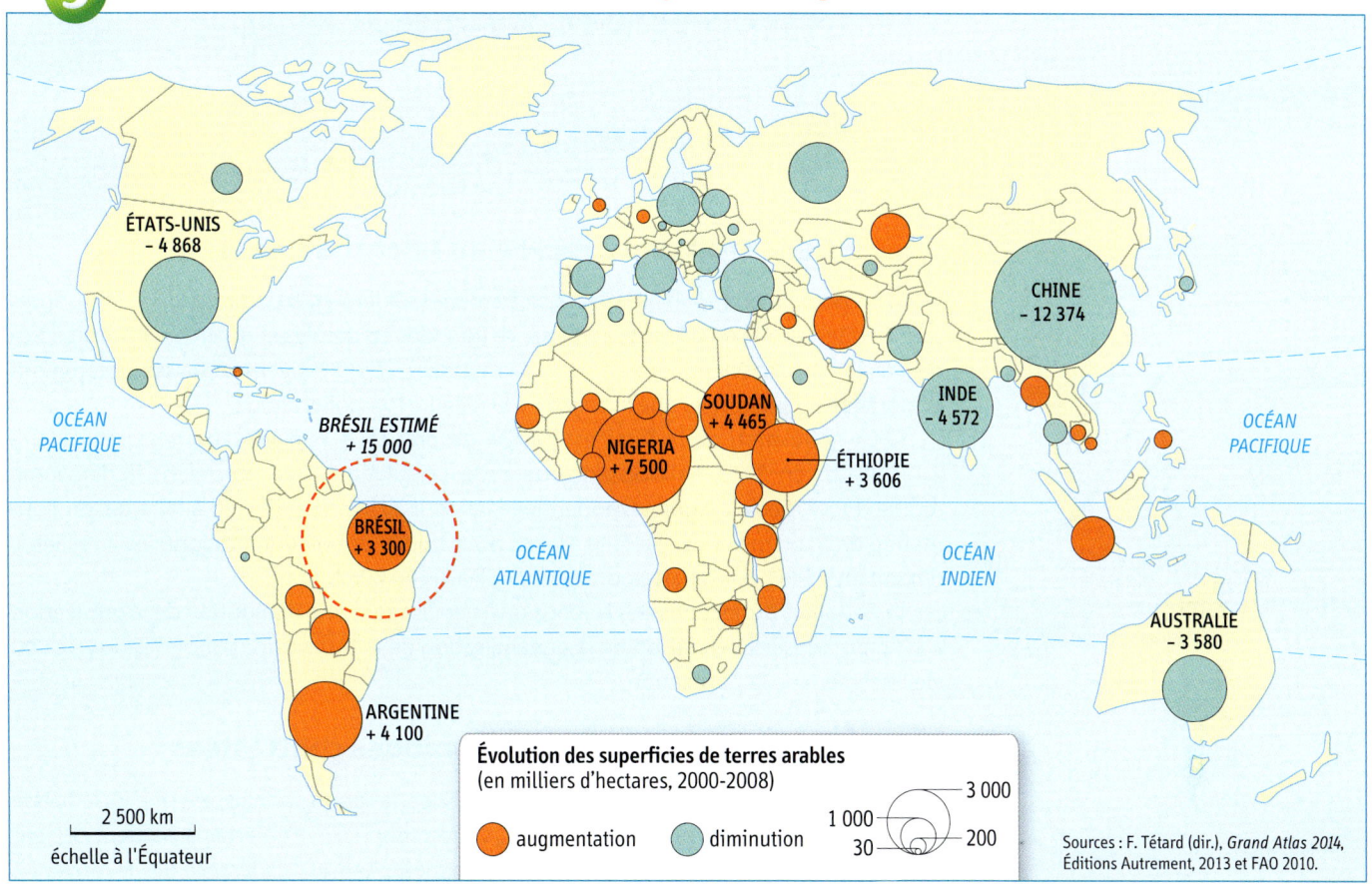

Évolution des superficies de terres arables (en milliers d'hectares, 2000-2008)
- augmentation
- diminution
- 3 000 / 1 000 / 200 / 30

Valeurs indiquées :
- ÉTATS-UNIS – 4 868
- BRÉSIL ESTIMÉ + 15 000
- BRÉSIL + 3 300
- ARGENTINE + 4 100
- NIGERIA + 7 500
- SOUDAN + 4 465
- ÉTHIOPIE + 3 606
- CHINE – 12 374
- INDE – 4 572
- AUSTRALIE – 3 580

Échelle : 2 500 km à l'Équateur

Sources : F. Tétard (dir.), *Grand Atlas 2014*, Éditions Autrement, 2013 et FAO 2010.

4 La population urbaine en 2050

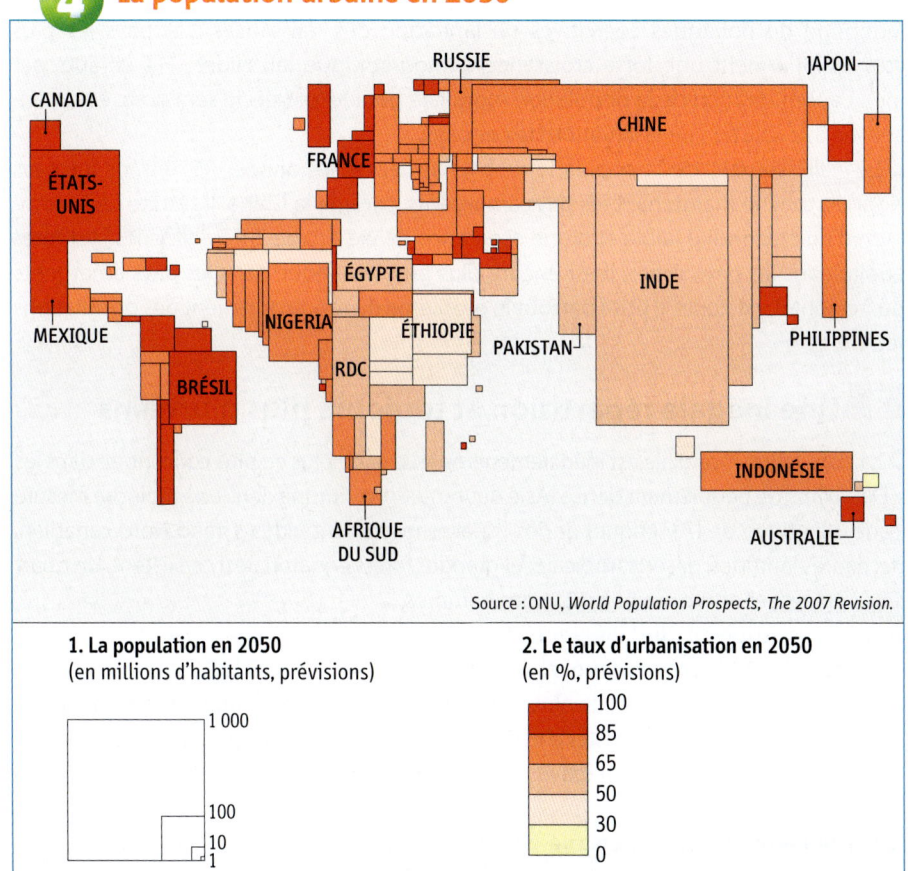

Pays indiqués : CANADA, ÉTATS-UNIS, MEXIQUE, BRÉSIL, FRANCE, RUSSIE, ÉGYPTE, NIGERIA, RDC, ÉTHIOPIE, AFRIQUE DU SUD, CHINE, JAPON, INDE, PAKISTAN, PHILIPPINES, INDONÉSIE, AUSTRALIE

1. **La population en 2050** (en millions d'habitants, prévisions) : 1 000 / 100 / 10 / 1

2. **Le taux d'urbanisation en 2050** (en %, prévisions) : 100 / 85 / 65 / 50 / 30 / 0

Source : ONU, *World Population Prospects, The 2007 Revision*.

Questions

1. **Doc. 1** Quel est le continent dont la part dans la population mondiale en 2050 sera la plus importante ?

2. **Doc. 2** Quel est le facteur principal du ralentissement de la croissance démographique au XXIe siècle ?

3. **Doc. 3** Évaluez la progression des terres arables.

4. **Doc. 4** Existe-t-il un lien entre poids démographique et taux d'urbanisation ?

BILAN Quelles seront les grandes évolutions de la population mondiale d'ici 2050 ? Qu'impliquent-elles en termes de besoins nouveaux ?

Cours 3 — L'évolution de la population jusqu'en 2050

La population continuera à croître au cours du XXIe siècle de façon inégale selon les continents et les pays. Elle s'accompagnera d'une concentration accrue des hommes dans les villes.

La transition démographique

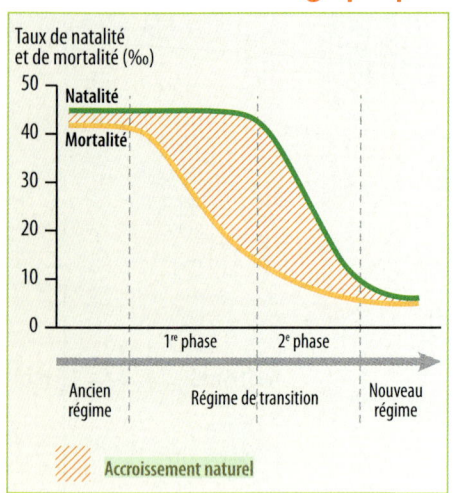

Graphique : Taux de natalité et de mortalité (‰) — Natalité, Mortalité, 1re phase, 2e phase, Ancien régime, Régime de transition, Nouveau régime, Accroissement naturel

1 De la croissance rapide au ralentissement

○ La population mondiale s'est mise à croître rapidement à partir du XVIIIe siècle, après une longue période de très faible croissance (grandes épidémies et guerres). Grâce aux progrès techniques et scientifiques **(doc. 2)**, la mortalité a progressivement baissé, notamment la mortalité infantile alors que la baisse de la natalité fut moins rapide.

○ La population de la Terre est passée de près d'un milliard d'hommes en 1800 à 7,1 milliards en 2013. La croissance de cette population, présentée dans la deuxième moitié du XXe siècle comme exponentielle, ralentit. Si 11 ans ont suffi à faire passer l'humanité de 5 à 6 milliards, il a fallu 14 ans pour que la population atteigne les 7 milliards d'habitants. Elle pourrait atteindre 9 à 10 milliards en 2050.

○ Certaines projections des Nations unies envisagent une diminution de la population à la fin du XXIe siècle en raison de la généralisation de la **transition démographique** et du vieillissement de la population.

2 Des évolutions démographiques contrastées

○ Les pays riches d'Europe, d'Amérique du Nord, le Japon connaissent une forte baisse de la **fécondité** (en moyenne 2,4 enfants par femme) **(doc. 1)**. Certains perdent de leur population comme l'Allemagne et l'Espagne. En même temps, l'espérance de vie moyenne y est passée de 48 à 64 ans. Le Japon détient le record avec une espérance de vie de 82,7 ans en 2008.

○ Certains pays émergents, notamment la Chine, ont une évolution proche par suite de l'adoption de politiques coercitives de limitation des naissances. Les pays les plus pauvres maintiennent une forte croissance démographique (au Niger : 7,4 enfants par femme). L'augmentation de la population mondiale pour le XXIe siècle sera donc essentiellement liée à l'évolution de la situation de ces pays.

○ Le vieillissement de la population, observé depuis les années 1970 dans les pays développés, touche maintenant les pays émergents, comme la Chine. Il résulte de la combinaison d'une fécondité faible et d'une espérance de vie accrue. S'il fragilise les systèmes de retraite dans les pays riches, il est encore plus problématique dans les pays émergents où ceux-ci sont inexistants. Il pose partout le problème du renouvellement des populations actives. **(doc. 4)**

3 Une inégale répartition et toujours plus d'urbains

○ La population mondiale est inégalement répartie et de plus en plus concentrée dans les villes. Des foyers de peuplement dense (Asie des moussons, Europe dans une moindre mesure et façade atlantique de l'Amérique) et des espaces quasiment vides (Grand Nord canadien, Sibérie, hautes latitudes, déserts tropicaux et grandes forêts équatoriales) coexistent. Un quart des terres émergées abrite moins de 2 % des hommes.

○ Le poids respectif des différents continents demeure inégal mais se modifie : 1 homme sur 4 en 1900 était européen, 1 homme sur 16 le sera en 2100.

○ La population mondiale est de plus en plus urbaine (50 % de la population mondiale en 2010, 75 % en 2050). Il pourrait exister d'ici 2025 au moins 75 mégapoles de plus de 5 millions d'habitants. La ville est partout attractive ; elle est une vitrine de la modernité. **(doc. 3)**

▶ La population mondiale, encore en croissance, nécessitera un usage grandissant des ressources.

vocabulaire

Taux d'accroissement naturel
Différence entre le taux de natalité et le taux de mortalité.

Transition démographique
Passage d'une situation démographique « traditionnelle » à une situation dite « moderne » dans laquelle le taux d'accroissement naturel retrouve des valeurs faibles après être passé par un maximum pendant quelques générations.

Indice de fécondité
Nombre d'enfants par femme en âge de procréer.

Du développement au développement durable 1

1 L'indice de fécondité dans le monde

Source : *The World Factbook*, CIA, 2013.

Nombre moyen d'enfants par femme (estimations 2013)
- moins de 1,5
- 1,5 à 2
- 2 à 3
- 3 à 4
- 4 à 5
- plus de 5

Décrivez et expliquez l'inégal indice de fécondité dans le monde.

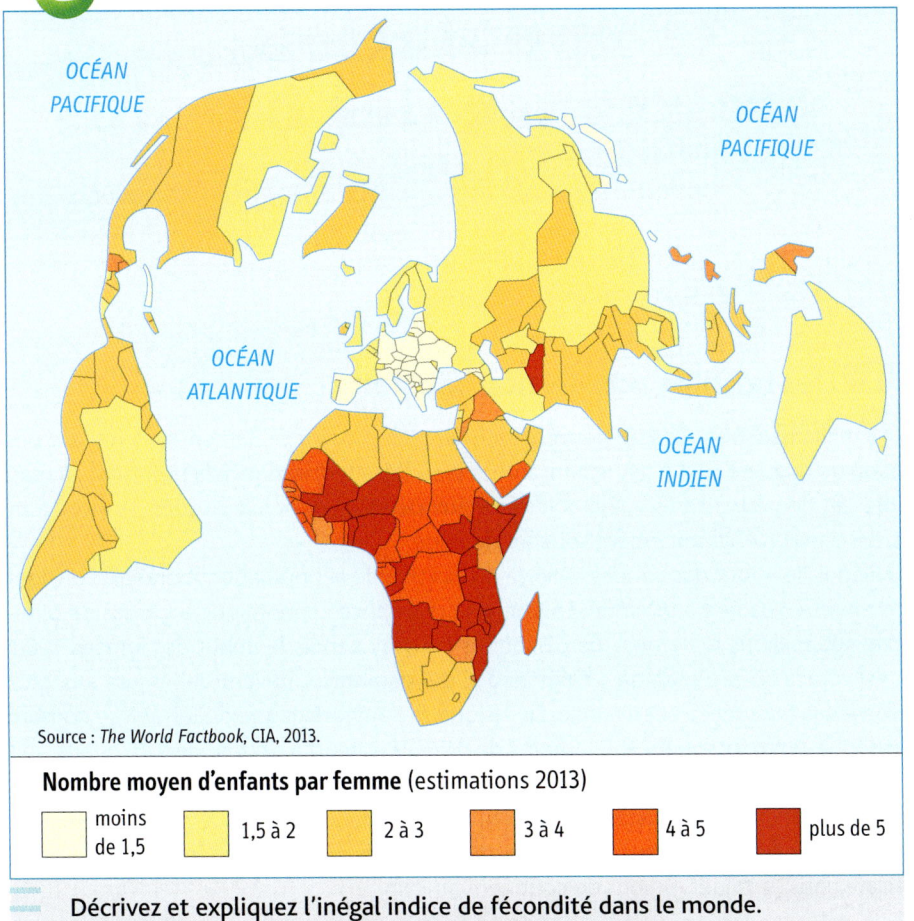

3 Les mégapoles de plus de 5 millions d'habitants dans le monde

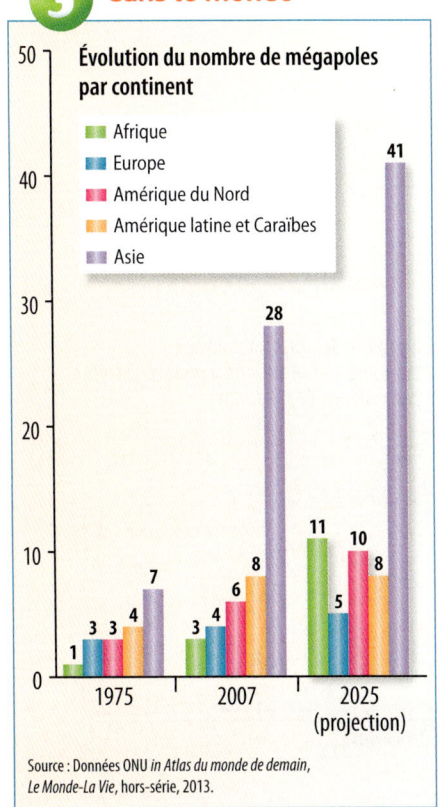

Évolution du nombre de mégapoles par continent

Continent	1975	2007	2025 (projection)
Afrique	1	3	11
Europe	3	4	5
Amérique du Nord	3	6	10
Amérique latine et Caraïbes	4	8	8
Asie	7	28	41

Source : Données ONU in *Atlas du monde de demain*, Le Monde-La Vie, hors-série, 2013.

2 Une campagne de vaccination

Une campagne de vaccination contre la poliomyélite est organisée à Ibadan, au Nigeria.

4 Les défis du vieillissement

« Les systèmes de retraites des pays du Nord doivent certes évoluer s'ils veulent assurer à leurs seniors de demain des conditions de vie aussi favorables qu'à ceux d'aujourd'hui. La question des retraites fait l'objet de débats importants dans la société, avec au total un assentiment assez général sur les adaptations à réaliser. Les évolutions étant lentes, les réformes progressives, et les changements anticipés, ils sont relativement bien supportés. Le véritable défi se situe dans les pays du Sud en raison de la vitesse bien plus grande du vieillissement démographique à venir. Or la solidarité familiale s'érode dans ces pays sans qu'une solidarité collective sous forme de systèmes de retraite ne soit là pour prendre le relais. Elle reste à inventer si l'on veut éviter que les adultes d'aujourd'hui ne finissent leur vie dans la misère quand ils seront âgés. La question d'une solidarité entre les générations à l'échelle internationale devra sans doute être posée à terme. Faut-il craindre une explosion de la dépendance ? [...] L'allongement de la durée de vie ne s'est pas traduit jusqu'ici par une augmentation du temps passé en mauvaise santé. Les années de vie gagnées ont été jusqu'ici des années en bonne santé. Il reste que la multiplication des personnes très âgées ayant besoin d'assistance pour une partie d'entre elles est un défi pour demain. »

G. Pison, *Atlas de la population mondiale*, Éditions Autrement, 2009.

Cours 4 — Croissance de la population, croissance des besoins

La population mondiale encore en augmentation au cours du XXIe siècle pourra-t-elle subvenir à ses besoins en eau, en énergie, à ses besoins alimentaires ? Quels liens existe-t-il entre population et ressources ?

1 Des besoins actuels non satisfaits

○ 3 milliards d'hommes ne peuvent satisfaire leurs **besoins** élémentaires n'ayant pas accès, ou de manière tout à fait insuffisante, à la santé, à l'éducation, à la nourriture, à l'eau potable... et demeurent très vulnérables face aux **pandémies** et aux risques naturels, tout en vivant dans un environnement souvent dégradé.

○ Depuis le début des années 1980, la proportion de la population mondiale considérée comme très pauvre a diminué. En Chine, la croissance économique a permis de diminuer de 400 millions le nombre de personnes pauvres depuis le début des années 1980. Au Brésil, grâce au programme « Faim zéro », qui garantit un revenu minimum aux plus défavorisés, la pauvreté a aussi reculé. En Afrique, la pauvreté gagne du terrain. Le nombre de personnes en dénuement total (moins de 0,70 $ par jour) a doublé depuis 25 ans, soit 380 millions de personnes. Selon la Banque mondiale, on estime qu'à l'horizon 2015, 31 % de la population mondiale vivra dans l'extrême pauvreté. Le renchérissement des produits de base (riz, blé, maïs) pèse sur les revenus des ménages pauvres. Des émeutes de la faim ont éclaté dans certaines régions du continent africain.

2 Qu'en sera-t-il pour plus de 9 milliards d'hommes en 2050 ?

○ Une population plus nombreuse implique une demande accrue **(doc. 3)**. Les besoins agricoles pourraient exiger un doublement de la production mondiale **(doc. 2)** : cela ne peut résulter que d'une augmentation des surfaces cultivées et des rendements. Or, beaucoup considèrent que l'espace disponible est limité, sauf à défricher les grandes forêts de la planète, et que l'augmentation des rendements exigera plus d'engrais et de pesticides, plus de consommation d'eau, donc plus de problèmes environnementaux. De plus, nourrir beaucoup d'hommes n'implique pas seulement de produire plus, mais nécessite aussi des échanges commerciaux et un pouvoir d'achat que toute la population n'aura pas forcément.

○ Les besoins en ressources minières et en énergies fossiles créeront des tensions géopolitiques. Les pays émergents voudront avoir un accès direct aux ressources en investissant massivement dans des pays producteurs. Pour les pays gros consommateurs (UE, Japon, États-Unis), la diversification des fournisseurs et des politiques d'économies d'énergie et de développement des énergies renouvelables seront nécessaires.

○ Les besoins en eau **(doc. 1)** pourraient générer des tensions aux échelles régionales et locales, notamment dans le cas des grands bassins hydrographiques transnationaux.

○ Enfin, les besoins pourraient dépendre des défis liés aux pollutions et aux rejets de gaz à effet de serre additionnel et de leurs conséquences sur le climat. En effet, le **GIEC** publie des rapports alertant l'opinion mondiale sur les conséquences d'un réchauffement climatique qui s'accélèrerait. Cependant, malgré la mise en place du protocole de Kyoto, les rejets de CO_2 continueront d'augmenter (développement des pays émergents et pauvres).

▶ *Le développement durable peut-il fournir des réponses aux besoins d'une population croissante ?*

Le repli de la pauvreté dans le monde à l'avenir ?

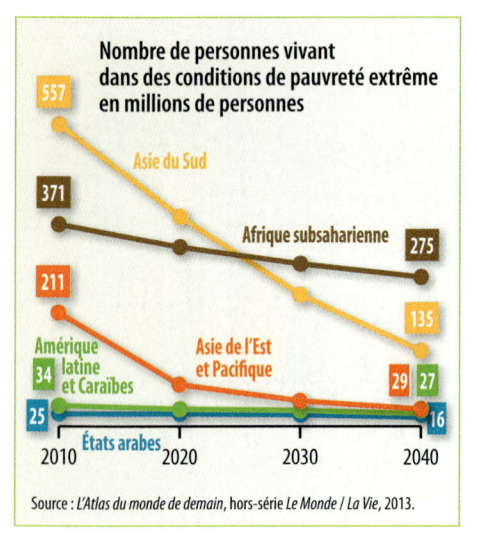

Nombre de personnes vivant dans des conditions de pauvreté extrême en millions de personnes

- Asie du Sud : 557 (2010) → 371 → 275 (2040)
- Afrique subsaharienne : 211 → 135
- Amérique latine et Caraïbes : 34 → 25
- Asie de l'Est et Pacifique : 29 → 27
- États arabes : 16

Source : L'Atlas du monde de demain, hors-série Le Monde / La Vie, 2013.

---

vocabulaire

Besoins
Les besoins se composent de « besoins primaires » indispensables à la vie de l'homme, voire à sa survie (alimentation, eau, air de qualité, éducation, santé), mais aussi plus largement des besoins d'une bonne qualité de vie, de démocratie, de respect des droits de l'homme. Ils varient avec les niveaux de développement.

Pandémie
Épidémie qui s'étend sur plusieurs continents et qui s'inscrit dans la durée.

GIEC
Groupe international d'experts sur le climat. Scientifiques réunis par l'ONU depuis 1988 pour étudier les causes et les effets des modifications climatiques.

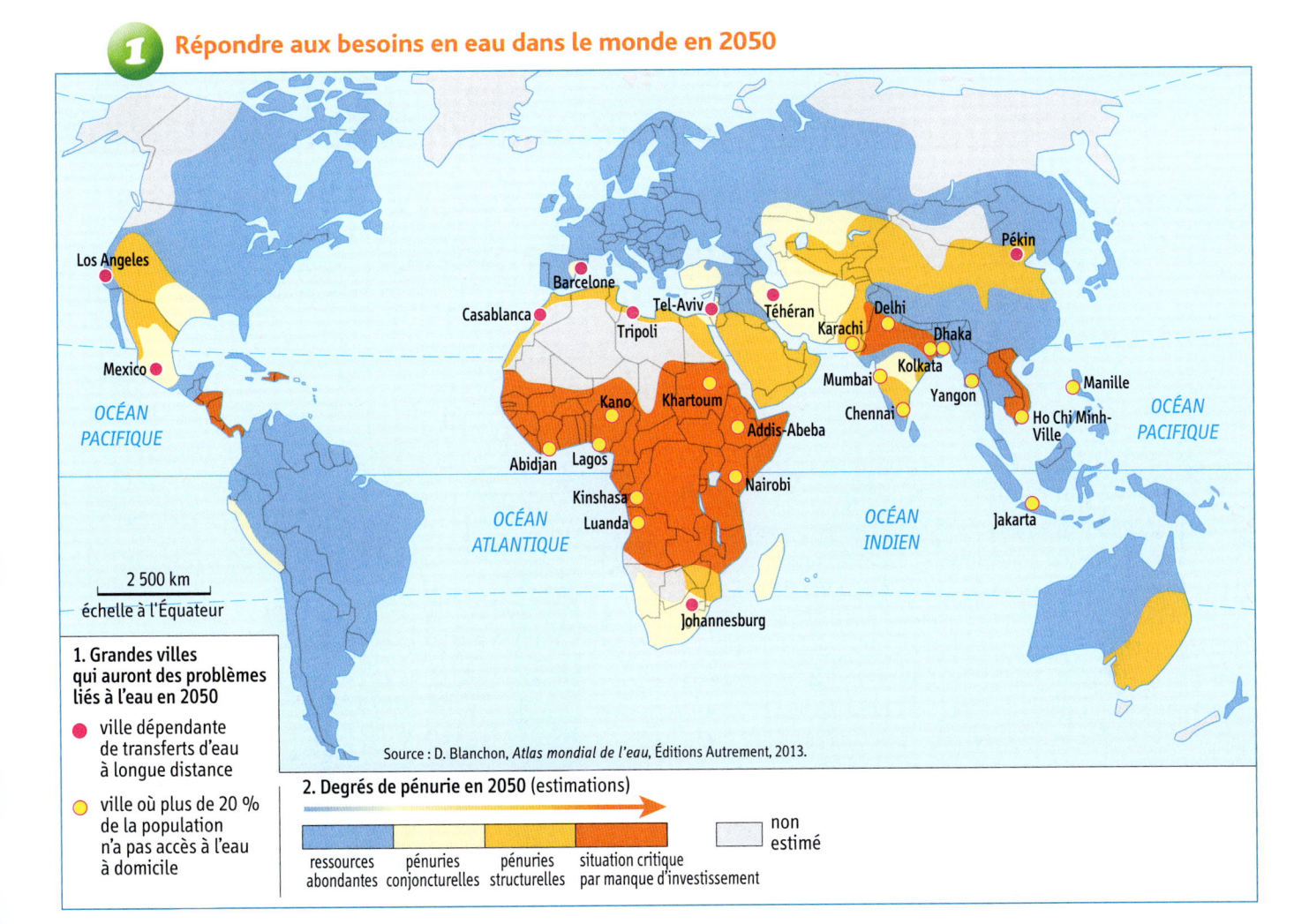

Du développement au développement durable

1 Répondre aux besoins en eau dans le monde en 2050

Source : D. Blanchon, *Atlas mondial de l'eau*, Éditions Autrement, 2013.

1. Grandes villes qui auront des problèmes liés à l'eau en 2050
- ● ville dépendante de transferts d'eau à longue distance
- ● ville où plus de 20 % de la population n'a pas accès à l'eau à domicile

2. Degrés de pénurie en 2050 (estimations)
ressources abondantes — pénuries conjoncturelles — pénuries structurelles — situation critique par manque d'investissement — non estimé

2 Répondre aux besoins alimentaires

« D'ici à 2050, pour nourrir les hommes il faudra augmenter de manière significative la production. C'est ce que prévoient la plupart des scénarios notamment ceux de la FAO. Les débats actuels portent sur les moyens d'y parvenir : comment concilier l'augmentation des rendements, l'extension des surfaces cultivées et la préservation de l'environnement qui seule permet une agriculture durable ? [...]
Mais dans ce combat pour un bilan alimentaire mondial équilibré, une autre question se pose. Elle est politique et sociale. La faim résulte moins d'un problème de production à l'échelle mondiale que de difficultés alarmantes dont sont victimes les plus pauvres pour accéder aux aliments. »

J.-L. Chaléard, « Peut-on nourrir l'humanité ? » in A. Dubresson et Y. Veyret (dir.), *10 défis pour la planète*, © Éditions Autrement, 2012.

1. À quoi la faim est-elle majoritairement due ?
2. Quels sont les enjeux actuels et à venir concernant les ressources alimentaires mondiales ?

3 Des rapports complexes entre population et ressources

« Lors de la conférence du Caire sur la population et le développement réunie à l'instigation de l'ONU, les participants ont souligné qu'il était urgent de traiter de la "surpopulation" pour sauver les pays pauvres. Peut-on parler de surpopulation dans les espaces densément peuplés et souvent en croissance ? Ce terme implique de fixer un seuil au-delà duquel la population serait trop nombreuse par rapport aux ressources disponibles. Dans certaines régions du monde, si les populations vivaient en autarcie, quelques habitants au km^2 pourraient être considérés comme trop nombreux par rapport aux ressources locales (milieu désertique, arctique). En revanche des populations nombreuses et en croissance peuvent utiliser correctement l'espace et ses ressources. Les analyses qui évoquent la surpopulation ne tiennent pas compte des échanges, du transfert de ressources, des modes de gestion et des techniques économes et adaptés aux milieux. »

Y. Veyret et J. Jalta, *Développements durables, tous les enjeux en 12 leçons*, Éditions Autrement, 2010.

Exemple 2

▶ Comment le vieillissement de la population, désormais planétaire, illustre-t-il les défis démographiques de demain ?

1. Le vieillissement de la population mondiale

« La population mondiale vieillit. Selon les prévisions de l'ONU, le nombre de personnes âgées de 65 ans et plus devrait tripler à l'horizon 2050. Alors que cette classe d'âge rassemblait 131 millions de personnes en 1950, elle en réunit aujourd'hui 523 millions et devrait compter 1,4 milliard d'individus en 2050. Pour sa part, l'âge médian qui divise la population mondiale en deux parties égales passera de 28 ans en 2012 à 34 ans en 2030 et même à 38 ans en 2050. Parmi les caractéristiques du vieillissement, on relève qu'il concerne davantage les femmes. [...] Dans les pays en développement le vieillissement affecte plus particulièrement les zones rurales, sous le double effet du départ des jeunes adultes vers les villes et du retour au village de ceux qui sont devenus vieux. Généralement pourtant le vieillissement est le symptôme d'une amélioration générale des conditions de vie. »

V. Raisson, *Atlas des futurs du monde*, © Éditions Robert Laffont, 2010.

2. L'espérance de vie à la naissance

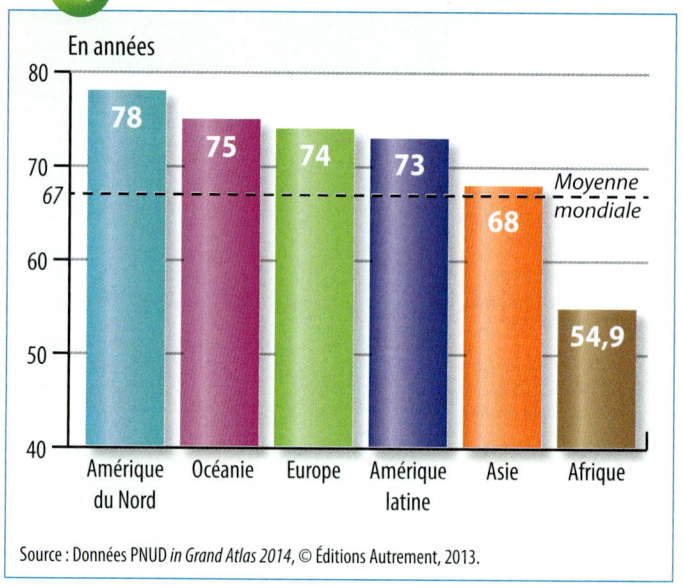

En années
- Amérique du Nord : 78
- Océanie : 75
- Europe : 74
- Amérique latine : 73
- Asie : 68
- Afrique : 54,9

Moyenne mondiale : 67

Source : Données PNUD in *Grand Atlas 2014*, © Éditions Autrement, 2013.

3. Les inégalités de l'espérance de vie par pays

a. Pays où l'on vit le plus longtemps (espérance de vie à la naissance en 2012, sexes confondus)

1	Japon	84 ans
2	Australie	82 ans
3	Italie	82 ans
4	Canada	81 ans
5	France	81 ans

b. Pays où l'on vit le moins longtemps (espérance de vie à la naissance en 2012, sexes confondus)

1	Guinée-Bissau	49 ans
2	Afrique du Sud	49 ans
3	Swaziland	49 ans
4	Afghanistan	50 ans
5	République centrafricaine	50 ans

Source : CIA, *World Factbook* in *Grand Atlas 2014*, © Éditions Autrement, 2013.

Questions

1. **Doc. 1** Quelle est la cause principale du vieillissement de la population mondiale ?
2. **Doc. 2 et 3** Décrivez et expliquez les inégalités en termes d'espérance de vie par continent et par pays.
3. **Doc. 4** Comparez les pyramides des âges des pays développés et des pays en développement. Quelles sont leurs différences ? Leurs points communs ?

BILAN Après avoir montré que le vieillissement de la population est à la fois inégal et en cours de diffusion, vous évoquerez les problèmes qu'il pose.

Du développement au développement durable

4 Un processus de vieillissement qui se généralise et s'accentue dans le monde

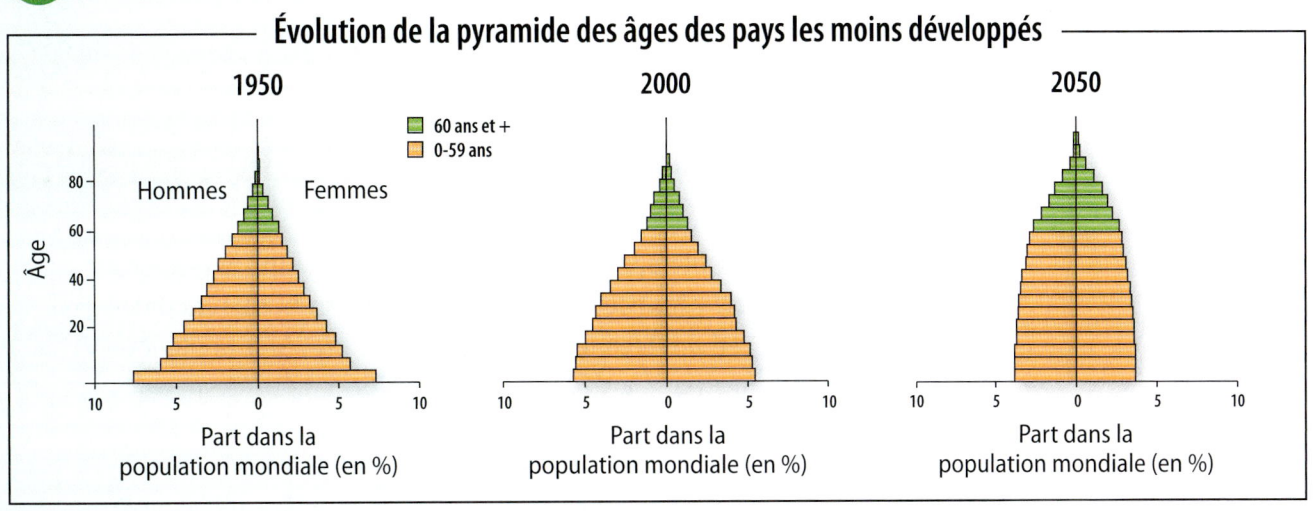

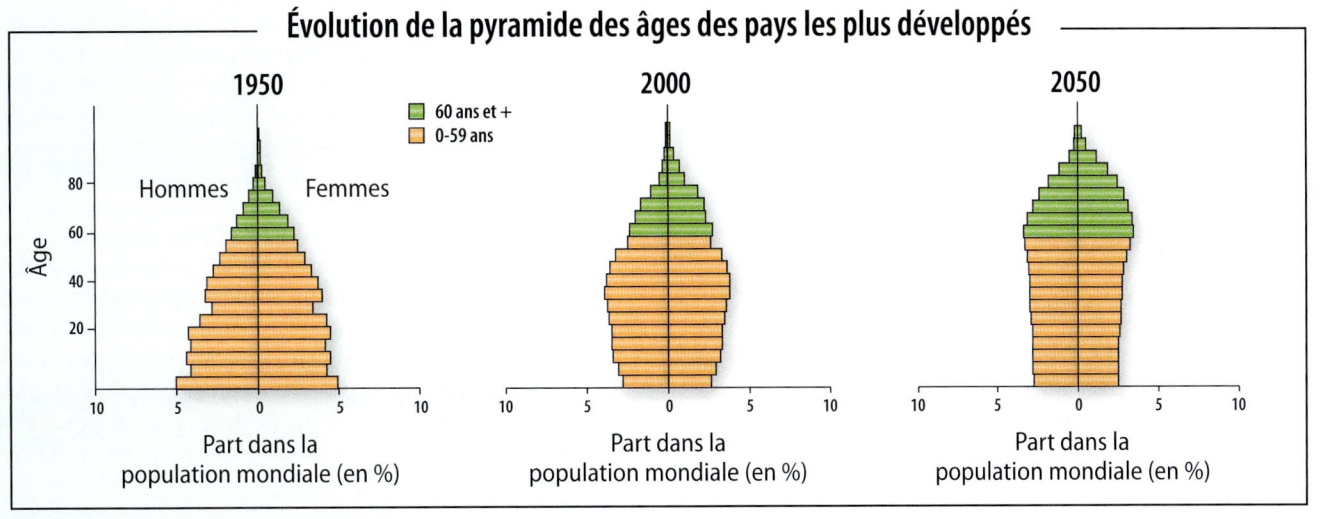

Évolution de la pyramide des âges des pays les moins développés

1950 — **2000** — **2050**

Légende : 60 ans et + / 0-59 ans
Hommes / Femmes
Âge / Part dans la population mondiale (en %)

Évolution de la pyramide des âges des pays les plus développés

1950 — **2000** — **2050**

Légende : 60 ans et + / 0-59 ans
Hommes / Femmes
Âge / Part dans la population mondiale (en %)

Source : ONU, 2013.

5 La robotique : une réponse du Japon au vieillissement de sa population

« Confronté au vieillissement inexorable de sa population et à une pénurie de main-d'œuvre croissante, le Japon est en train de basculer dans l'ère de la robotique polyvalente. Quant au ratio de dépendance, il sera à l'échéance de 2060 d'une personne à charge pour un travailleur et devrait être dès 2025 de deux personnes à charge pour trois travailleurs. Dans un tel contexte démographique, on comprend mieux que le Japon mise sur l'emploi généralisé des robots dans tous les secteurs d'activités économiques et sociaux. L'industriel nippon Glory, spécialisé dans le traitement de la monnaie, a fait depuis trois ans le pari de la robotique intelligente dans une de ses usines. Avec l'aide de Kawada Industries, Glory a conçu un nouveau type de robot polyvalent, baptisé NextAge. En 2010, il n'y avait qu'un seul robot androïde dans les ateliers de Glory mais à présent cette usine en compte treize. »

Site Internet Gizmodo, www.gizmodo.fr, 2013.

Enjeu 3

Mettre en œuvre des modes durables de développement

Le développement durable apparu à la fin du XXe siècle dans le rapport Brundtland se veut une réponse aux difficultés que le monde rencontre. Peut-il contribuer à réduire les inégalités sociales, à protéger la planète et ses ressources, à favoriser le développement économique ?

1 Les fondements du développement durable

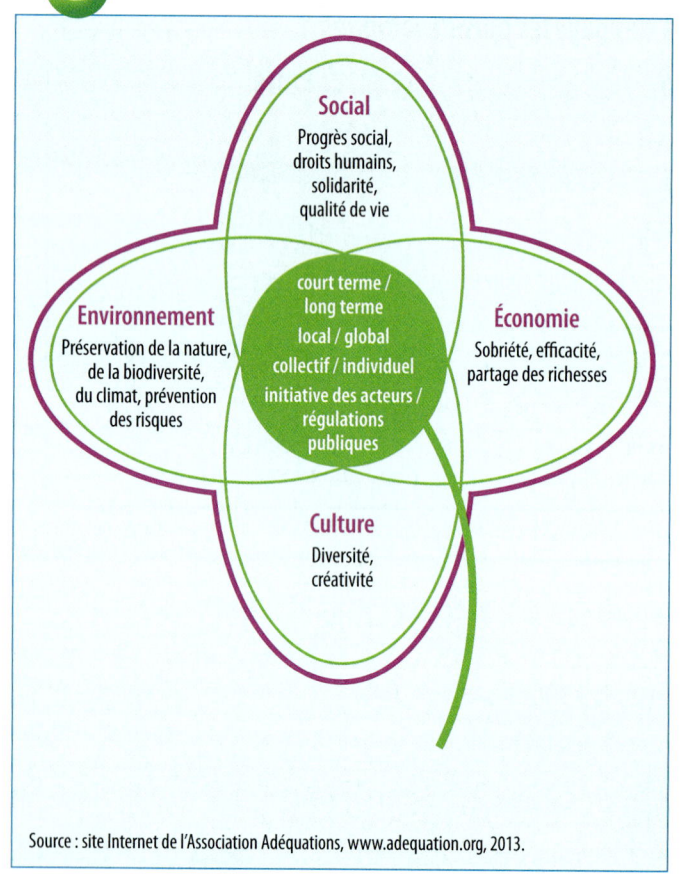

Social
Progrès social, droits humains, solidarité, qualité de vie

Environnement
Préservation de la nature, de la biodiversité, du climat, prévention des risques

Économie
Sobriété, efficacité, partage des richesses

Culture
Diversité, créativité

Centre : court terme / long terme, local / global, collectif / individuel, initiative des acteurs / régulations publiques

Source : site Internet de l'Association Adéquations, www.adequation.org, 2013.

2 Chronologie d'une prise de conscience

- **1872** Création du 1er parc national aux États-Unis (Yellowstone).
- **1892** Création aux États-Unis du *Sierra Club* pour l'instauration d'une politique de protection de la nature.
- **1954** Création de l'UIPN (Union internationale pour la protection de la nature).
- **1972** Rapport Meadows commandé par le club de Rome (*Halte à la croissance*).
- **1980** Apparition du terme de « développement durable » à l'initiative de l'UIPN, du WWF et du PNUE.
- **1987** Rapport Brundtland préparatoire à la conférence de Rio.
- **1992** Conférence de Rio sur l'environnement et le développement : origine des Agendas 21.
- **1997** Sommet de Kyoto sur le climat (protocole de Kyoto).
- **2000** New York (ONU) : Forum du Millénaire, développement et pauvreté.
- **2002** Johannesburg : Sommet mondial sur le développement durable.
- **2009** Conférence internationale de Copenhague sur le changement climatique (ONU).
- **2010** Année internationale de la biodiversité.
- **2012** Conférence de Rio + 20.

Questions

1. **Doc. 1** Quels sont les principaux objectifs du développement durable ?
2. **Doc. 2** Quel est le point de départ du développement durable ?
3. **Doc. 3 à 6** Citez les principaux acteurs et les principales échelles du développement durable.
4. **Doc. 5** En quoi l'éducation est-elle un facteur de développement ?

BILAN Relevez les actions qui peuvent être menées en faveur du développement durable.

Du développement au développement durable

3 Les objectifs globaux du Millénaire

	Réduire l'extrême pauvreté et la faim
	Assurer l'éducation primaire pour tous
	Promouvoir l'égalité des sexes et l'autonomisation des femmes
	Réduire la mortalité infantile
	Améliorer la santé maternelle
	Combattre le VIH/sida, le paludisme et d'autres maladies
	Préserver l'environnement
	Mettre en place un partenariat mondial pour le développement

La conférence dite « du Millénaire », tenue en 2000 à New York sous l'égide des Nations unies, dénonce la pauvreté dans le monde et propose dans ses objectifs son éradication d'ici à 2015, notamment par le développement de la solidarité à l'échelle mondiale.

Ceci n'est pas une mère dans la détresse. C'est une femme qui alphabétise les enfants de Bogotà.

Le Sud mérite mieux que nos clichés.
Donnez votre confiance en soutenant les projets nés là-bas.
ccfd-terresolidaire.org

CCFD TERRE SOLIDAIRE

4 Des actions pour préserver la ressource en eau

L'eau

Objectif 7 : Assurer un développement durable

Cible 7c : Diminuer de moitié, avant 2015, la proportion de population sans accès durable à l'eau potable et à l'hygiène de base.

En 2006, 96% de la population urbaine des régions en développement avaient accès à des sources améliorées d'eau potable, contre 78 % des habitants des zones rurales.
L'absence de systèmes améliorés d'assainissement et le manque d'eau sont deux des quatre facteurs qui caractérisent les bidonvilles urbains. Des interventions simples et bon marché pour combler ces lacunes amélioreraient considérablement la qualité de vie des habitants des bidonvilles.

5 Développer l'éducation

Campagne de Terre solidaire pour l'alphabétisation dans les pays en développement, 2010.

6 Protéger la nature

Les espaces protégés à l'échelle européenne

European Diploma of Protected Areas of the Council of Europe

Le diplôme européen des espaces protégés est attribué depuis 1965 aux espaces protégés naturels ou semi-naturels ayant un intérêt européen.

Cours 5 — Le développement durable, des objectifs pour mieux gérer la planète ?

Le développement durable a pris de l'importance grâce à l'implication de l'ONU, des grandes ONG de protection de la nature et à la multiplication de conférences internationales au cours desquelles sont débattus les problèmes de la planète.

1 Qu'est-ce que le développement durable ?

○ Le développement durable est défini en 1987 comme « le développement qui répond aux besoins présents sans compromettre la capacité des générations futures à répondre aux leurs ». Il repose sur trois piliers : un pilier économique, un pilier social et un pilier environnemental.

○ L'application du pilier économique renvoie à des interrogations sur la continuité de la croissance ou non. Les tenants de l'économie libérale mondiale sont partisans d'une « durabilité faible ». S'appuyant sur le développement des techniques et des ressources de substitution, les obstacles rencontrés seraient surmontés. Considérant que la croissance économique est responsable de la dégradation de la planète et de l'exclusion sociale, certains sont partisans d'une « durabilité forte », voire d'une décroissance économique.

○ Le pilier social devrait conduire vers plus d'équité entre les sociétés pour satisfaire les besoins de tous les hommes. Quant au pilier écologique, il signifie pour certains une gestion raisonnée des ressources alors que pour d'autres, il peut s'agir d'une protection totale excluant les hommes et les activités **(doc. 2)**.

2 Les origines du développement durable

○ Le développement durable n'est pas apparu brutalement il y a une trentaine d'années bien que le terme de développement durable ou développement soutenable date de 1987.

○ Dès le XVIIIe siècle, Malthus souhaitait limiter la croissance de la population, jugée trop importante par rapport à celle des ressources. Au XIXe siècle, les interrogations sur les usages des ressources deviennent de plus en plus nombreuses. Les mouvements de protection de la nature **(doc. 4)** prennent le relais au XXe siècle. Le développement durable cherche à apporter une réponse à la « crise écologique ». Sous l'influence des puissantes ONG de protection de la nature, les grandes conférences internationales s'emparent des thèmes à la suite du rapport Brundtland, intitulé « Notre avenir ». Celui-ci ne remet pas en cause la croissance économique, affirme que le développement durable s'inscrit dans le cadre d'une économie de marché, demande une gestion « efficace » des ressources naturelles, et une population dont le nombre est compatible avec le potentiel des écosystèmes.

3 Une échelle globale

○ La conférence de Rio en 1992 **(doc. 1)** globalise les questions environnementales, propose des conventions sur la biodiversité, sur le changement climatique, sur la désertification... Elle recommande la mise en œuvre d'Agendas 21 et invite aussi à gérer « autrement les biens communs de l'humanité », notamment l'eau, sans éviter leur « marchandisation », défavorable aux pays pauvres.

○ Mais l'échelle globale est-elle l'échelle d'intervention la plus pertinente pour la mise en œuvre du développement durable **(doc. 3)** ?

▶ **Dans les propositions de mise en œuvre du développement durable, les questions environnementales sont souvent dominantes.**

---

vocabulaire

ONG
Organisation non gouvernementale. Regroupement d'individus relevant de la société civile et prêts à s'engager dans une action d'envergure locale, nationale ou internationale.

① Les principes de la Déclaration de Rio

« **Le principe pollueur-payeur** : [...] en matière de protection de l'environnement, le pollueur doit supporter "le coût des mesures de prévention et de lutte contre les pollutions". [...] Il incombe aux pays responsables de la dégradation de l'environnement de modifier les modes de production polluants et de réduire l'usage des ressources non renouvelables. [...]
Principe de l'utilisateur payeur : les utilisateurs des biens et de services doivent prendre à leur charge les coûts induits par l'utilisation des ressources et des biens naturels non commercialisés, ainsi que le traitement des déchets.
Le principe de précaution : l'absence de certitudes scientifiques absolues ne doit pas conduire à différer l'adoption de mesures pour faire face aux risques de perturbations graves, voire irréversibles. [...] Des mesures doivent être prises s'il existe des raisons suffisantes de croire qu'une activité ou un produit peuvent conduire à mettre un terme à certaines activités ou à interdire l'usage de produits potentiellement dangereux. [...]
Le principe de responsabilité : l'homme dispose de la capacité de se détruire et de détruire la nature qui l'entoure. [...] Le principe doit conduire l'homme à envisager le long terme.
Le principe d'ingérence consiste à intervenir dans les affaires intérieures d'un État au nom de l'action humanitaire ou au nom de situations écologiques qui le nécessitent. Ce droit n'est pas reconnu par les instances onusiennes. En revanche, certains États et des ONG le reconnaissent. Le principe d'ingérence peut être activé lors du déclenchement d'une catastrophe ou de manière préventive afin d'éviter que ne survienne une crise. »

Y. Veyret (dir.), *Le Développement durable*, © SEDES, 2007.

② Quelle gouvernance mondiale de l'environnement ?

« La multiplicité des organisations en charge de tel ou tel domaine environnemental est telle que le système décisionnel est fragmenté, les choix des uns n'étant pas forcément établis en cohérence avec ceux des autres. Prenez le domaine de l'eau par exemple. Il y a 20 à 25 institutions internationales différentes qui travaillent sur le sujet et cela sans coordonner leurs activités ! Il faut repenser la gouvernance mondiale de l'environnement dans un sens plus coopératif, avec une division du travail claire entre institutions. Quand vous avez 15 à 20 accords internationaux différents qui ont produit en tout 5 000 décisions, le système devient incohérent. Et antidémocratique, dans la mesure où les pays en développement n'ont pas les moyens de participer à toutes ces décisions.
Le développement d'une nouvelle éthique de citoyenneté mondiale représenterait le soutien le plus important à la création d'une gouvernance environnementale mondiale qui soit efficace, légitime et juste. »

Propos de M. Ivanova, directrice du *Global Environmental Governance Project*, université de Yale, recueillis par C. Chavagneux, « L'économie durable », *Alternatives économiques*, hors-série n°83, décembre 2009.

③ L'essor des espaces protégés dans le monde

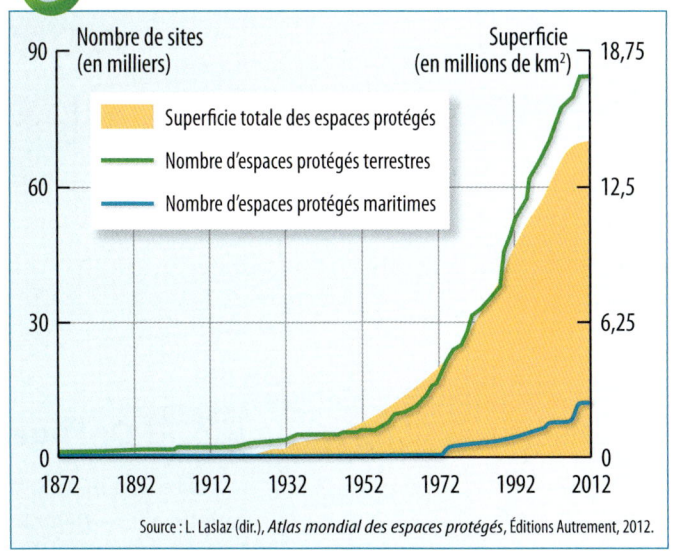

Source : L. Laslaz (dir.), *Atlas mondial des espaces protégés*, Éditions Autrement, 2012.

④ Des ONG pour la protection de la nature

a. L'association WWF

b. L'association Agir pour l'environnement

Cours 6 — Du développement durable aux développements durables ?

Le développement durable se décline à toutes les échelles géographiques et concerne toutes les activités des sociétés. Pour sa mise en œuvre aux échelles des États, régionales ou locales, il mobilise de nombreux acteurs.

1 De l'Agenda 21 aux Agendas 21 locaux

○ Le Sommet de la Terre à Rio a mis en avant l'Agenda 21 global, qui fournit des indications pour « gérer » les problèmes du monde au XXIe siècle. Il s'agissait d'envisager les problèmes « brûlants de 1992, de rechercher et de préparer le monde aux tâches qui l'attendent alors ». L'Agenda 21 se compose de 40 chapitres qui insistent sur la nécessaire articulation entre les préoccupations globales et locales, sur les solidarités entre régions riches et pauvres, sur la responsabilité partagée des acteurs locaux ou mondiaux.

○ À partir de cet Agenda pour le XXIe siècle, des Agendas locaux sont apparus en Europe d'abord, mais plus largement dans divers pays du monde. Ils ancrent le développement durable dans des territoires de dimension variable : une région, une communauté de communes, une commune, un quartier de ville. **(doc. 1 et 2)**

2 Les Agendas 21 locaux, des projets territoriaux de développement durable

○ Les Agendas 21 locaux consacrent l'importance des collectivités locales dans la construction du développement durable. Celles-ci construisent, exploitent et entretiennent les infrastructures économiques, sociales et environnementales. Les Agendas locaux doivent permettre au citoyen de s'impliquer dans les choix effectués pour un développement plus durable.

○ Mettre en œuvre un Agenda 21 nécessite d'abord de mobiliser les acteurs **(doc. 3)** (citoyens, acteurs économiques, ONG…), puis d'établir un diagnostic de territoire. Il est nécessaire de définir une stratégie (actions prioritaires, budget, calendrier), puis de valider et de programmer les actions à mener (transports, déplacements, Plan climat, conservation de la biodiversité…). Ensuite vient la mise en œuvre avant la dernière étape, à savoir l'évaluation de la politique menée.

3 Une inégale mise en œuvre « des développements durables »

○ La mise en œuvre des politiques de développements durables s'affirme dans les pays industrialisés où des réglementations et des lois existent. Dans les pays pauvres et émergents, la nécessité du développement fait parfois oublier la durabilité. Pourtant nombre de pays en développement adaptent des Agendas 21 parfois aidés par des acteurs du Nord ; c'est le cas du Pérou, des pays africains (Sénégal, Maroc…), du Vietnam…

○ Cette mise en œuvre doit intégrer les pratiques existantes dans les espaces envisagés, l'histoire des populations. Elle varie selon les pays, en ville et à la campagne. Elle doit s'adapter aux attentes des populations. Il ne peut donc y avoir un modèle unique d'accès au développement durable mais des modes de gestion de la planète conduisant à des développements durables.

▶ Le développement durable place l'homme au centre de la réflexion des rapports nature / société et se décline au pluriel.

---

vocabulaire

Agenda 21
L'Agenda 21 global constitue un « code de bonnes pratiques » pour le XXIe siècle fondé sur la notion de développement durable, adopté à l'issue de la conférence de Rio en 1992. Il se décline en Agendas 21 locaux appliqués à l'échelle d'une région, d'un département, d'une ville, d'un regroupement de communes ou d'un quartier pour une durée de 10 à 15 ans. La démarche vise à associer et à prendre en compte l'ensemble des acteurs.

Du développement au développement durable

1. Un Agenda 21 dans une ville de pays développé : Montréal au Québec (Canada)

a. Le plan de développement durable

Le plan de développement durable de la collectivité montréalaise 2010 | 2015 — Ensemble pour une métropole durable — Montréal

b. Les orientations du plan de développement durable

« Le Plan 2010-2015 est construit autour de cinq mêmes orientations que le Premier Plan :
– améliorer la qualité de l'air et réduire les émissions de gaz à effet de serre ;
– assurer la qualité des milieux de vie résidentiels ;
– pratiquer une gestion responsable des ressources ;
– adopter de bonnes pratiques de développement durable dans les industries, commerces et institutions (ICI) ;
– améliorer la protection de la biodiversité, des milieux naturels et des espaces verts. »

c. Les objectifs environnementaux

« **ACTIONS**
1. Élaborer et mettre en œuvre un plan de réduction des émissions de gaz à effet de serre de la collectivité montréalaise.
2. Réduire la dépendance à l'automobile.
3. Réduire les émissions de gaz à effet de serre des bâtiments existants et des nouveaux bâtiments.
4. Augmenter la performance environnementale du parc de véhicules conventionnels.
5. Encourager l'électrification des transports.
6. Participer à des campagnes de sensibilisation aux changements climatiques.

OBJECTIF
Atteindre le standard pancanadien en matière de concentration de particules fines dans l'air ambiant (30 µg/m³ d'ici 2020). »

Portail officiel de la ville de Montréal, www.ville.montreal.qc.ca, 2013.

2. Un Agenda 21 dans une ville de pays en développement : Louga (Sénégal)

« **Les actions mises en œuvre**
Dans le cadre de la mise en œuvre des plans d'action de l'Agenda 21 sur la gestion des déchets solides, un atelier de renforcement des capacités locales dans le domaine de la gestion de l'environnement urbain a été financé par la commune et l'ONG Enda Ecopop. Cet atelier sur les techniques de "Plaidoyer et SARAR" vise à outiller les acteurs communautaires dans la conduite des activités d'animation et de mobilisation sociale dans les quartiers.
Le partenariat entre la ville de Louga et celle de Turin a permis la mise en place d'un fonds de développement local de 5 160 euros pour appuyer toutes ces initiatives de sensibilisation autour de la gestion des déchets solides avec une implication du milieu scolaire.

Les partenaires impliqués
La commune de Louga, l'Institut africain des gestions urbaines (IAGU), le Programme des Nations unies pour les établissements humains (ONU – Habitat), le ministère français des Affaires étrangères. »

Site Internet du Programme des Nations unies pour les établissements humains, ww2.unhabitat.org, 2013.

Doc. 1 et 2 Confrontez les objectifs de ces deux Agendas 21.

3. Les acteurs du développement durable en France

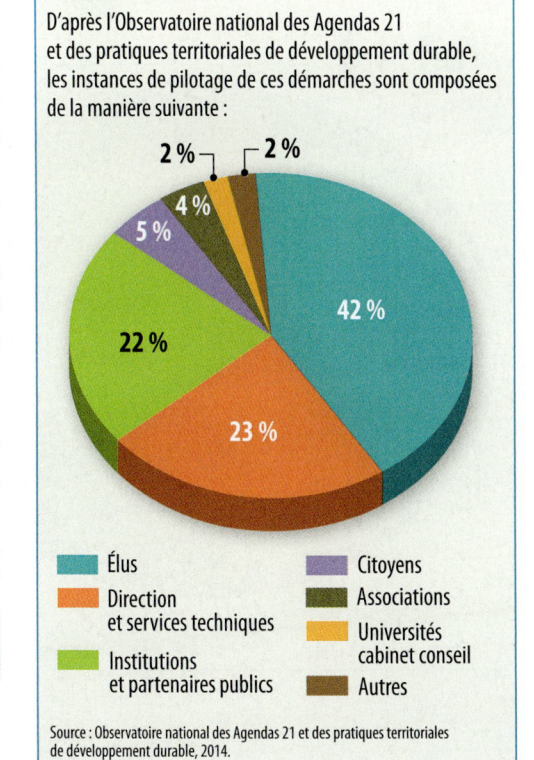

D'après l'Observatoire national des Agendas 21 et des pratiques territoriales de développement durable, les instances de pilotage de ces démarches sont composées de la manière suivante :

- Élus : 42 %
- Direction et services techniques : 23 %
- Institutions et partenaires publics : 22 %
- Citoyens : 5 %
- Associations : 4 %
- Universités cabinet conseil : 2 %
- Autres : 2 %

Source : Observatoire national des Agendas 21 et des pratiques territoriales de développement durable, 2014.

Exemple 3

▶ Comment comprendre la mise en œuvre du développement durable : l'exemple de la ville durable ?

1 Les fondements et les principes de la ville durable en émergence

« Il n'existe pas de modèle de ville durable, ainsi une ville étalée peut être durable tandis qu'une ville compacte peut ne pas l'être. L'histoire longue d'une ville ne signifie pas pour autant qu'elle soit durable au sens où on entend désormais ce terme. Envisager le développement urbain sans accroître la vulnérabilité et les risques en ville constitue l'un des éléments de la durabilité urbaine. La ville durable n'est pas seulement une ville verte, mais elle doit être une ville où les inégalités sociales devraient être réduites au maximum. La marche vers la ville durable implique l'intervention de nombreux acteurs (publics et économiques) et des citoyens. Elle nécessite une approche intégrée prenant en compte les principes de gouvernance partagée entre les différents acteurs et respectant l'interdépendance des exigences environnementales, économiques et sociales du développement durable. »

Y. Veyret et R. Le Goix, *Atlas des villes durables*, Éditions Autrement, 2011.

2 La 7ᵉ Conférence des villes durables en Europe

GENÈVE 2013
7ᵉ Conférence européenne des villes durables

« La 7ᵉ Conférence européenne des villes durables, organisée par la Ville de Genève, et par le Conseil international pour les initiatives écologiques locales, s'est déroulée à Genève (Suisse) du 17 au 19 avril 2013.
S'appuyant sur les conclusions de la précédente Conférence européenne des villes durables qui s'est tenue à Dunkerque en 2010, ainsi que sur les résultats de la Conférence des Nations unies sur le développement durable (Rio + 20), Genève 2013 cherche à combler le fossé entre objectifs environnementaux, économiques et sociaux et met en relation les gouvernements, la société civile et les entreprises à travers des politiques et des plans d'action concrets. »

Site Internet Genève 2013, www.sustainablegeneva2013.org, 2013.

3 Ville durable et territoire durable

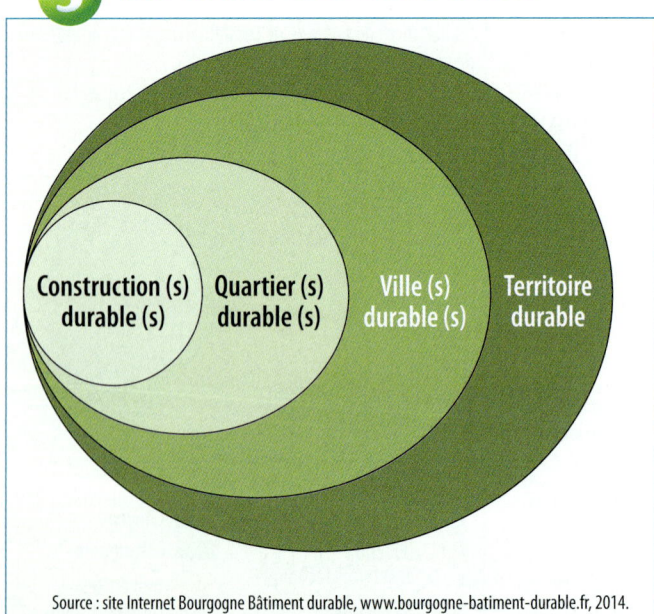

Construction(s) durable(s) — Quartier(s) durable(s) — Ville(s) durable(s) — Territoire durable

Source : site Internet Bourgogne Bâtiment durable, www.bourgogne-batiment-durable.fr, 2014.

4 L'écoquartier : une ville durable en miniature ?

Quartier durable :
- Identité forte, sentiment d'appartenance
- Participation et engagement
- Cadre de vie de qualité
- Économie florissante
- Nombreux services
- Équité et accessibilité
- Cohésion sociale et diversité
- Mixité des fonctions

Source : Y. Veyret et R. Le Goix (dir.), *Atlas des villes durables*, © Éditions Autrement, 201

Du développement au développement durable

5 La gestion des déchets dans le quartier durable d'Hammarby Sjöstad à Stockholm (Suède)

Les déchets sont triés par les habitants, puis déposés dans des bornes intégrées au paysage. Ils sont ensuite aspirés au point de dépôt par un système pneumatique d'évacuation souterraine et acheminés selon leur nature vers le point de traitement adapté.

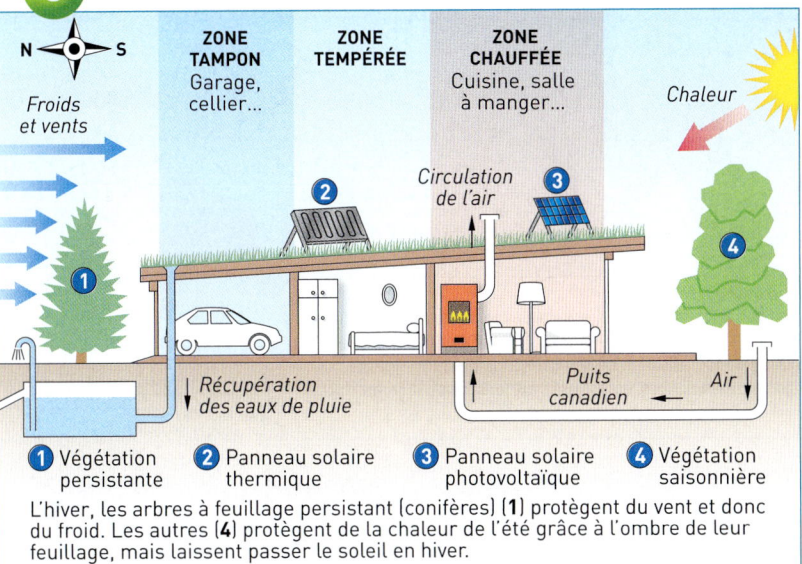

6 L'exemple d'une écoconstruction

ZONE TAMPON Garage, cellier…
ZONE TEMPÉRÉE
ZONE CHAUFFÉE Cuisine, salle à manger…

Froids et vents — Chaleur — Circulation de l'air — Récupération des eaux de pluie — Puits canadien — Air

1. Végétation persistante
2. Panneau solaire thermique
3. Panneau solaire photovoltaïque
4. Végétation saisonnière

L'hiver, les arbres à feuillage persistant (conifères) (1) protègent du vent et donc du froid. Les autres (4) protègent de la chaleur de l'été grâce à l'ombre de leur feuillage, mais laissent passer le soleil en hiver.

Source : Y. Veyret et R. Le Goix (dir.), *Atlas des villes durables*, Éditions Autrement, 2011.

7 Les écoquartiers, des modèles à discuter ?

« Les évaluations effectuées pour mesurer les performances des écoquartiers n'envisagent pas toujours les répercussions possibles sur les autres quartiers et le fonctionnement d'ensemble de la ville. Plusieurs de ces quartiers sont des vitrines pour les villes concernées. Mais sont-ils bien intégrés au tissu urbain en termes de formes urbaines, d'attractivité pour les habitants des autres quartiers ? Sont-ils accessibles à tous ? Ces écoquartiers évoquent parfois des sortes de *gated communities*, tant il est vrai que ces opérations attirent souvent des classes moyennes ou supérieures, au détriment parfois, comme à Malmö, d'une plus grande mixité intergénérationnelle et socio-culturelle. Parfois la communication se limite à valoriser le projet pour générer des gains économiques aux investisseurs. Ainsi la communication effectuée à BedZED (écoquartier de la banlieue de Londres) est quasi uniquement le fait de l'association Biorégional, qui tente de vendre son modèle en Europe.
La ville durable demeure largement une utopie mais la réflexion que suscite la marche vers une ville durable permet une meilleure gestion de la ville elle-même et de la ville dans ses relations au territoire dans lequel elle se situe. »

Y. Veyret et R. Le Goix, *Atlas des villes durables*, © Éditions Autrement, 2011.

Questions

1. **Doc. 1, 2 et 3** Définissez la notion de « ville durable ».
2. **Doc. 4** Quels sont les fondements d'un écoquartier ?
3. **Doc. 5** En quoi la photographie illustre-t-elle un des principes de la ville durable ?
4. **Doc. 6** Quelles sont les caractéristiques d'une écoconstruction ?
5. **Doc. 7** Quelles critiques les écoquartiers suscitent-ils ?

BILAN La ville durable répond-elle à l'ensemble des composantes du développement durable ?

Points de vue

L'empreinte écologique est-elle un bon indicateur pour mesurer le développement durable ?

Selon de nombreuses ONG, notamment le WWF, et d'autres acteurs du développement durable, l'empreinte écologique est un bon indicateur pour montrer la gravité de la crise environnementale planétaire, mais cet indicateur fait débat.

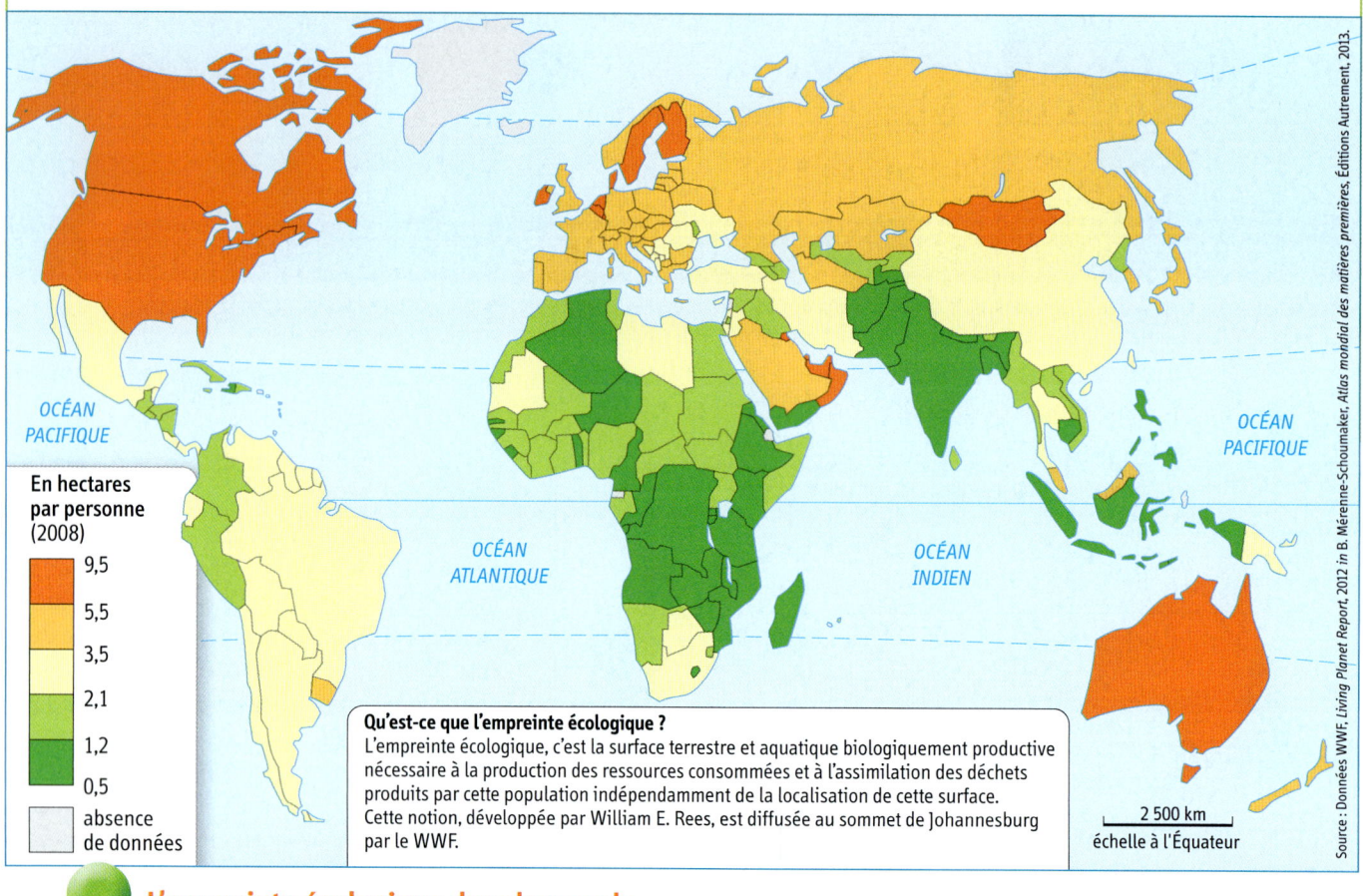

En hectares par personne (2008)
- 9,5
- 5,5
- 3,5
- 2,1
- 1,2
- 0,5
- absence de données

Qu'est-ce que l'empreinte écologique ?
L'empreinte écologique, c'est la surface terrestre et aquatique biologiquement productive nécessaire à la production des ressources consommées et à l'assimilation des déchets produits par cette population indépendamment de la localisation de cette surface. Cette notion, développée par William E. Rees, est diffusée au sommet de Johannesburg par le WWF.

Source : Données WWF, *Living Planet Report*, 2012 in B. Mérenne-Schoumaker, *Atlas mondial des matières premières*, Éditions Autrement, 2013.

L'empreinte écologique dans le monde

Qu'en pense un géographe ?

« L'Agenda 21 issu de la conférence de Rio précise qu'"il faut élaborer des indicateurs de développement durable afin qu'ils constituent une base utile pour la décision". Il en existe en effet de très nombreux. L'empreinte écologique, largement diffusée par WWF, est sujette à controverses. Ainsi certains États d'Afrique (Madagascar) ou d'Amérique centrale (Haïti) qui ont une très bonne empreinte écologique (faible dégradation du milieu, faible consommation des ressources) sont caractérisés par une très forte pauvreté et de grandes inégalités sociales. En outre, cet indicateur ne permet pas de comparer les différents modes de gestion des territoires. »

Y. Veyret, © Hatier, 2014.

Bilan

1. Qui a formulé la notion d'empreinte écologique ?

2. Quelles contradictions et limites cette notion présente-t-elle ?

Exercices et méthodes

1 lire une carte thématique

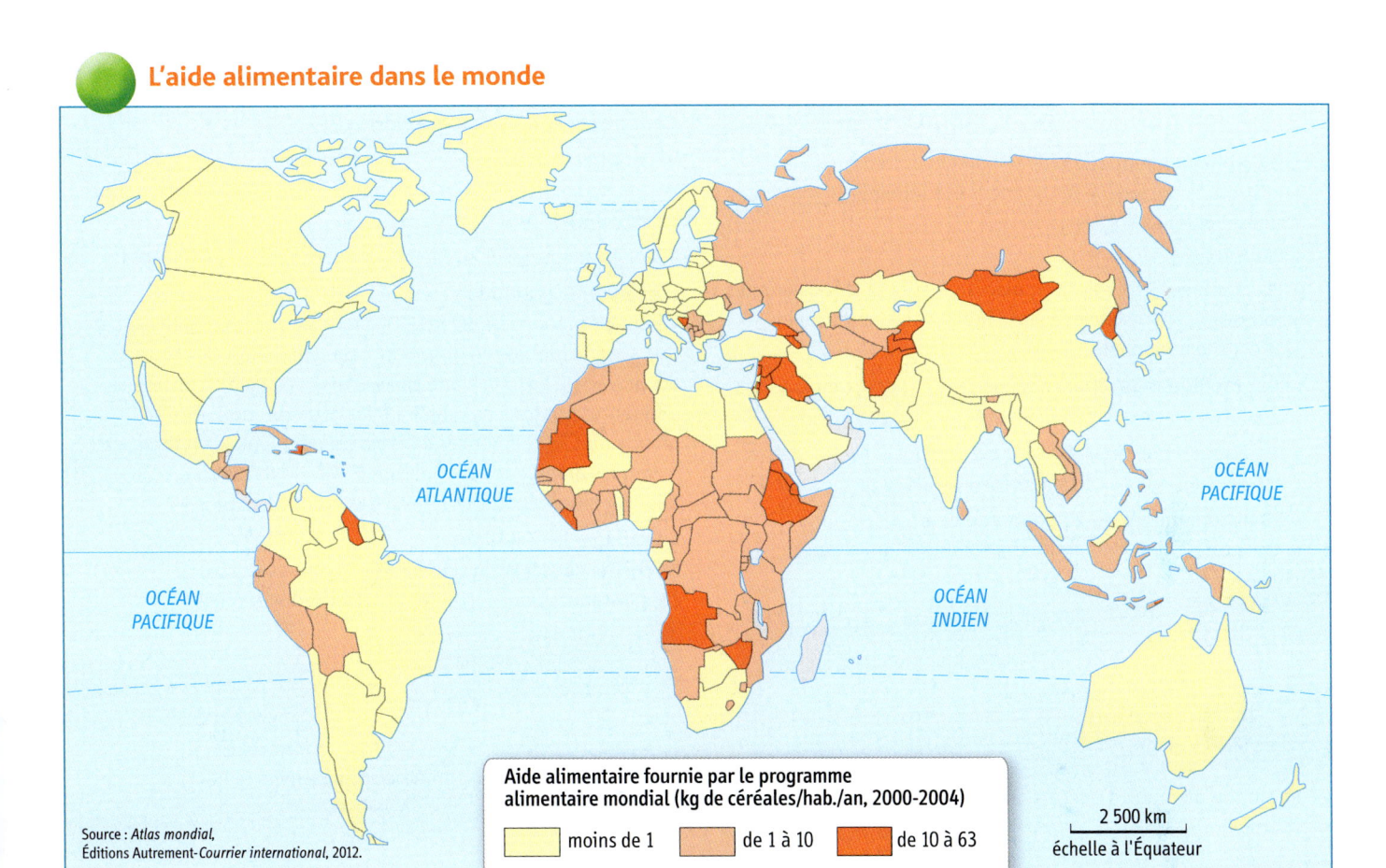

L'aide alimentaire dans le monde

Aide alimentaire fournie par le programme alimentaire mondial (kg de céréales/hab./an, 2000-2004)

- moins de 1
- de 1 à 10
- de 10 à 63

2 500 km — échelle à l'Équateur

Source : *Atlas mondial*, Éditions Autrement-*Courrier international*, 2012.

ÉTAPE 1 > Comprendre le sujet de la carte et son mode de représentation

1. Quel est le thème de la carte ? Donnez-en la définition.
2. Quel est l'espace concerné ?
3. Comment la gamme de couleurs utilisée en légende représente-t-elle les données statistiques ?

ÉTAPE 2 > Relever les informations sur la carte

4. Combien y a-t-il de catégories de pays représentées ?
5. Hiérarchisez les continents ou parties de continents en fonction de l'aide alimentaire reçue.

ÉTAPE 3 > Interpréter la carte

6. Pourquoi certains pays ont-ils recours à l'aide du programme alimentaire mondial ?
7. En quoi cette carte est-elle représentative de l'inégalité d'accès des populations aux besoins vitaux ?

AIDE

Question 3 : Référez-vous à la page 9 du manuel.

Questions 6 et 7 : Croisez les informations de la carte avec vos connaissances.

43

Exercices et méthodes

2 Lire et exploiter un graphique

À savoir

Les différents types de graphiques

Les graphiques permettent de visualiser des informations statistiques concernant des données économiques, démographiques, sociales...
On distingue :

– les **graphiques d'évolution** : diagrammes appelés également « courbes » dans lesquels l'échelle horizontale (abscisse) est une échelle temporelle (dates) ;

– les **graphiques de répartition**, permettant des comparaisons entre plusieurs pays, classes, groupes...

– les **diagrammes circulaires**, c'est-à-dire des cercles divisés en secteurs (un quart de cercle représentant 25 % de l'ensemble) ;

– les **histogrammes ou graphiques en barres / colonnes** dont la taille est proportionnelle aux valeurs statistiques.

Comment exploiter un graphique

■ **Identifier le graphique**
Il s'agit de lire le titre du graphique, sa source, sa date, sa légende et ses échelles.

Il faut ensuite le relier au thème étudié et à ses connaissances.

■ **Analyser le graphique**
– Pour les graphiques d'évolution (courbes), on commencera par une analyse globale en observant l'allure générale des courbes. On procèdera ensuite à une analyse plus détaillée en distinguant différentes phases, en comparant les courbes entre elles, en repérant les différences dans les changements de rythme, etc.
– Pour les graphiques de répartition, il s'agit d'établir des classements et de les relier à des groupes ou pays.

■ **Expliquer le graphique**
Il s'agit de croiser les informations recueillies avec ses connaissances pour conclure sur l'apport du graphique.

1 Les effets de la transition démographique

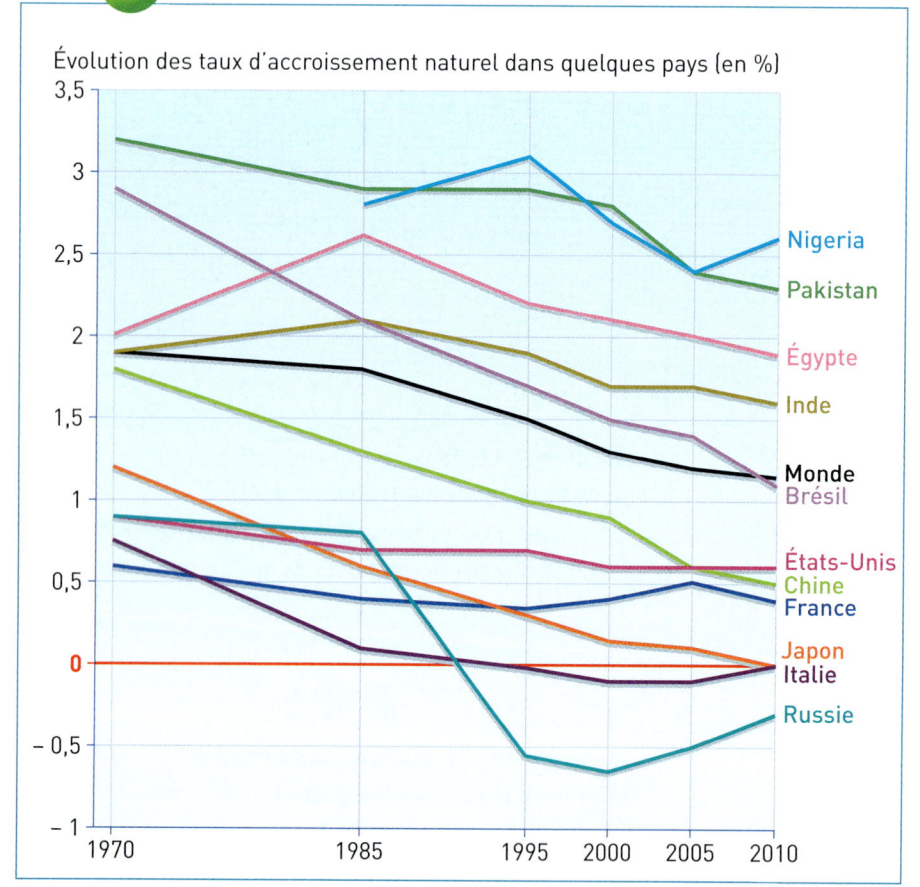

Évolution des taux d'accroissement naturel dans quelques pays (en %)

Courbes : Nigeria, Pakistan, Égypte, Inde, Monde, Brésil, États-Unis, Chine, France, Japon, Italie, Russie — de 1970 à 2010.

AIDE
Taux d'accroissement naturel : *cf.* définition p. 28

QUESTIONS

1. Quelle donnée statistique est représentée ?
2. Quelle est la tendance générale des courbes ?
3. En 1970, à quels continents appartenaient les États ayant un taux d'accroissement naturel supérieur à la moyenne mondiale ? En 2010 ?
4. Quel pays a connu la baisse la plus rapide ? Pourquoi ?
5. Quels pays ont des taux d'accroissement naturel négatifs ? Pourquoi est-ce possible ?
6. Selon vous, lesquels de ces États sont les moins développés ? Pourquoi ?

Du développement au développement durable **1**

2 La croissance de la population mondiale

Accroissement net de population (en millions) — **Taux de croissance annuelle de la population (en %)**

Période	1980-1985	1985-1990	1990-1995	1995-2000	2000-2005	2005-2010	2010-2015	2015-2020
Accroissement	79	87	82	79	77	75	73	69

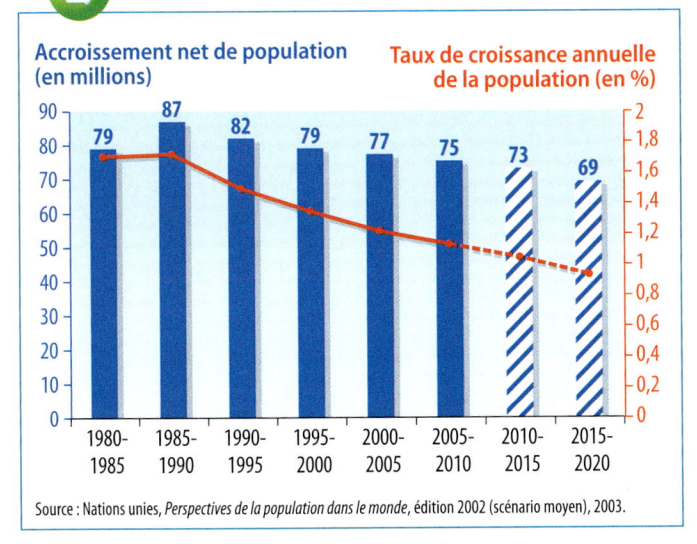

Source : Nations unies, *Perspectives de la population dans le monde*, édition 2002 (scénario moyen), 2003.

QUESTIONS

1. Que représente la courbe ?
2. En quoi illustre-t-elle le processus de la transition démographique ?
3. Que représentent les barres ?
4. Pourquoi l'évolution des barres est-elle différente de celle de la courbe ?
5. Ce graphique permet-il d'envisager une stabilisation de la population mondiale ? Justifiez votre réponse.
6. Quels facteurs pourraient influencer, modifier cette évolution dans un sens ou dans l'autre ?

3 Pyramides des âges des pays développés et des pays en développement

Pays développés — Hommes / Femmes
Pays en développement — Hommes / Femmes

Tranches d'âge : 0-4, 5-9, 10-14, 15-19, 20-24, 25-29, 30-34, 35-39, 40-44, 45-49, 50-54, 55-59, 60-64, 65-69, 70-74, 75-79, 80 et +

Population (millions), 2010

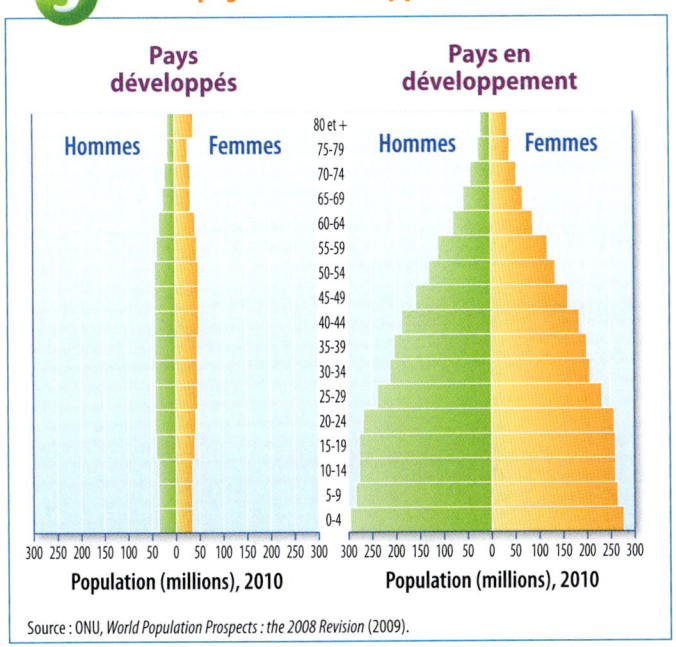

Source : ONU, *World Population Prospects : the 2008 Revision* (2009).

QUESTIONS

1. Est-ce un graphique d'évolution ou de répartition ?
2. Combien de personnes de 15 à 19 ans vivent actuellement dans les pays en développement ?
3. Comparez le nombre d'enfants de moins de cinq ans sur les deux pyramides.
4. Quelle catégorie d'âge (jeunes, adultes, personnes âgées) est la plus nombreuse dans les pays développés ? Dans les pays en développement ? Comment expliquez-vous cette différence ?
5. Comment ces pyramides des âges traduisent-elles le processus de la transition démographique ?
6. Comment illustrent-elles les disparités de la fécondité dans le monde ?
7. Que pouvez-vous en déduire des besoins à venir entraînés par le vieillissement des populations ?

4 Évolution de la part des jeunes par continent

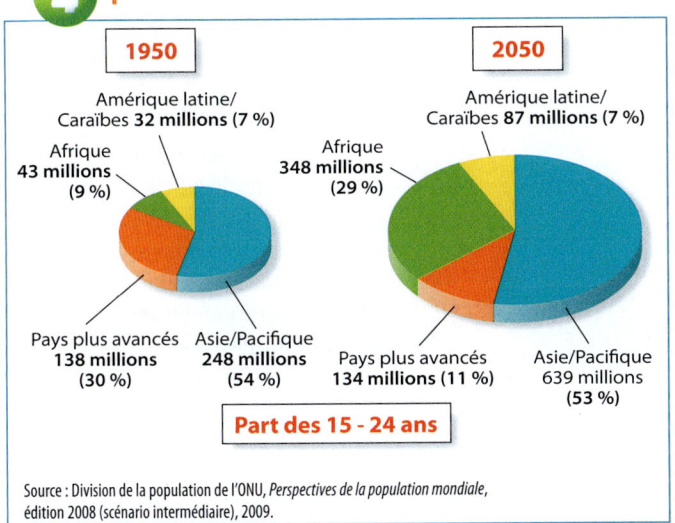

1950
- Amérique latine/Caraïbes : 32 millions (7 %)
- Afrique : 43 millions (9 %)
- Pays plus avancés : 138 millions (30 %)
- Asie/Pacifique : 248 millions (54 %)

2050
- Amérique latine/Caraïbes : 87 millions (7 %)
- Afrique : 348 millions (29 %)
- Pays plus avancés : 134 millions (11 %)
- Asie/Pacifique : 639 millions (53 %)

Part des 15 - 24 ans

Source : Division de la population de l'ONU, *Perspectives de la population mondiale*, édition 2008 (scénario intermédiaire), 2009.

QUESTIONS

1. Calculez l'évolution du nombre de jeunes Asiatiques entre 1950 et 2050.
2. À quelles régions du monde correspond l'appellation « pays plus avancés » ? Proposez un synonyme.
3. Décrivez et expliquez les changements de la répartition des jeunes dans le monde entre 1950 et 2050.
4. En quoi ce document illustre-t-il le processus de la transition démographique ?
5. Peut-il être également relié aux inégalités de la croissance démographique ?
6. Montrez comment ce document évoque à la fois des besoins sociaux et des atouts pour le développement.

45

Exercices et méthodes

3 Extraire des informations d'un texte et rédiger un paragraphe argumenté

1 La protection de la nature et ses limites : parcs et réserves en Afrique

« Les espaces protégés africains couvrent une superficie d'environ 2 millions de km², soit près de 7 % de la surface continentale. Ce sont pour moitié des parcs nationaux. Les autres espaces incluent des réserves naturelles, des réserves de biosphère ou encore des parcs régionaux. [...] Or, en Afrique, la protection de la nature peut entrer en concurrence avec d'autres utilisations de la ressource comme les demandes de **concessions minières** de la Côte Sauvage en Afrique du Sud. L'effectivité de la protection dépend des contextes politiques locaux, nationaux ou régionaux et des actions menées par l'État et les autres acteurs du développement. Les situations de guerre ou de souveraineté floue favorisent "les réserves de papier". De plus l'évolution économique et politique souvent **délétère** de nombreux États africains ne permet pas d'assurer une conservation de la nature socialement juste et écologiquement efficace. [...] Les politiques de protection sont dépendantes de l'aide internationale et des grandes ONG de protection de la nature. »

L. Laslaz (dir.), *Atlas mondial des espaces protégés*, © Éditions Autrement, 2012.

vocabulaire

Concession minière
Exploitation minière, droit d'explorer et d'exploiter le sol dans le but d'une activité extractive.

Délétère
Néfaste, qui corrompt.

ÉTAPE 1 > Exploiter les informations d'un texte

1. Quelle est l'idée générale du texte ?
2. Quelle est l'importance de la protection de la nature en Afrique ?
3. Quels acteurs interviennent pour la protection de la nature ?
4. Dans le texte, relevez les problèmes d'ordre économique qui peuvent aller à l'encontre d'une protection efficace de la nature.
5. Expliquez la dernière phrase du texte en donnant des exemples d'ONG.

ÉTAPE 2 > Rédiger un paragraphe

6. À partir de vos réponses, rédigez un paragraphe argumenté répondant à cette question : « Quels sont les problèmes que rencontre la protection de la nature en Afrique ? »

Conseil

Construire un paragraphe argumenté

• Commencez par utiliser la réponse à la première question en guise d'introduction du paragraphe. L'idée générale d'un texte peut en effet se résumer en une phrase. Celle-ci a pour but de présenter très rapidement le texte, sans commencer une analyse de celui-ci.

• Votre paragraphe doit être organisé : vous devez classer vos idées. Chacune de ces idées doit être accompagnée d'un exemple ou d'une citation extraite du texte. Allez à la ligne pour développer chaque nouvelle idée.

TICE

4 Faire des simulations statistiques

Appréhender modalités et conséquences de l'accroissement démographique dans le monde

L'Ined est l'Institut national d'études démographiques, fondé en 1945. C'est un organisme public qui étudie la démographie française et mondiale.

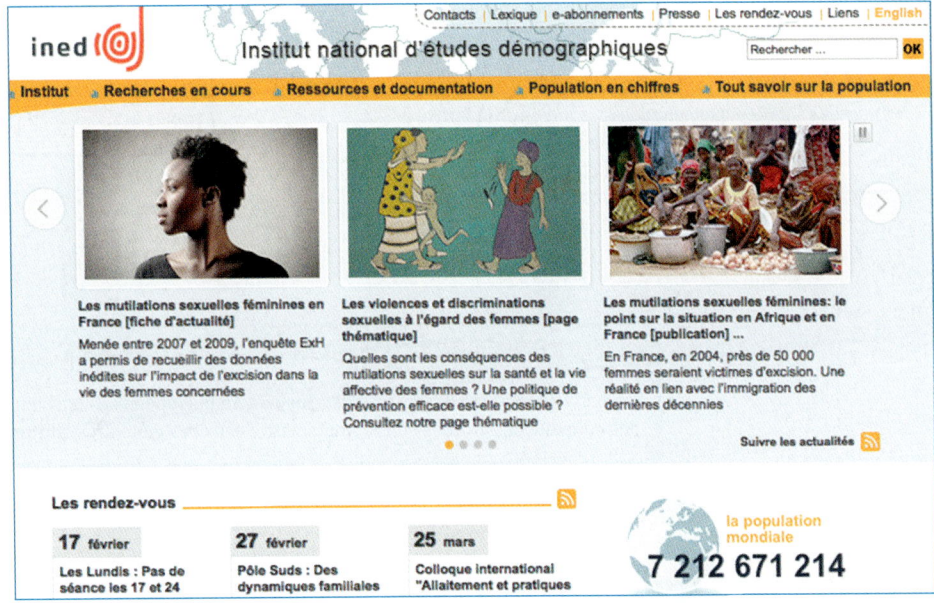

Page d'accueil du site de l'Ined, www.ined.fr

Comparer l'évolution et la situation démographique actuelle de deux continents

Sur le site de l'Ined (www.ined.fr), **cliquez** sur la rubrique « Population en chiffres », puis sur « Tous les pays du monde ».
Dans le moteur de recherche par continent, **sélectionnez** « Europe ».
Relevez les chiffres concernant l'ensemble de l'Europe.
Réalisez ensuite la même recherche pour l'Asie.

1. Rédigez un court bilan dans lequel vous montrerez les points communs et les différences démographiques de ces deux continents : sont-ils confrontés aux mêmes enjeux ? Ont-ils le même poids dans l'évolution de la population mondiale ?

Utiliser un simulateur et comprendre les conséquences des évolutions démographiques

Dans la page d'accueil, **cliquez** sur la rubrique « Tout savoir sur la population », puis sur « Jouer à la population » et, enfin, sur « Le simulateur de population ».
Lancez l'animation, puis dans la liste déroulante « Choisissez une zone géographique », **sélectionnez** le Japon dans le classement par pays.
Cliquez sur « Simulation ONU », puis « Démarrer la simulation ».

2. Rédigez un court paragraphe pour décrire l'évolution de la population du pays entre 2014 et 2100 (chiffres de population, proportions de populations jeunes et âgées, évolution du nombre d'enfants par femme et de l'espérance de vie).
Faites de même avec la région « Monde », puis les pays « Mali » et « Russie ».

3. Quels impacts ont la baisse du nombre d'enfants par femme et l'augmentation de l'espérance de vie sur une population ?

Comparer la transition démographique de plusieurs pays

Dans la page d'accueil, **cliquez** sur la rubrique « Population en chiffres », puis sur « Tous les pays du monde ». Dans le moteur de recherche par continent, **sélectionnez** « Afrique » puis, dans le moteur de recherche par région, « Afrique occidentale ».
Relevez les chiffres concernant le Mali.
Faites de même pour l'Algérie, pour la Russie et pour la France.

4. En quoi peut-on dire que ces pays ne sont pas au même stade de la transition démographique ?

Jouer avec ses connaissances

Cliquez sur la rubrique « Tout savoir sur la population », puis sur « Jouer à la population » et, enfin, sur « Les quiz sur la population ».
Vous pouvez faire les tests « Êtes-vous démographe ? » et « Savez-vous classer les pays ? ».

Réviser : Du développement durable aux développements durables

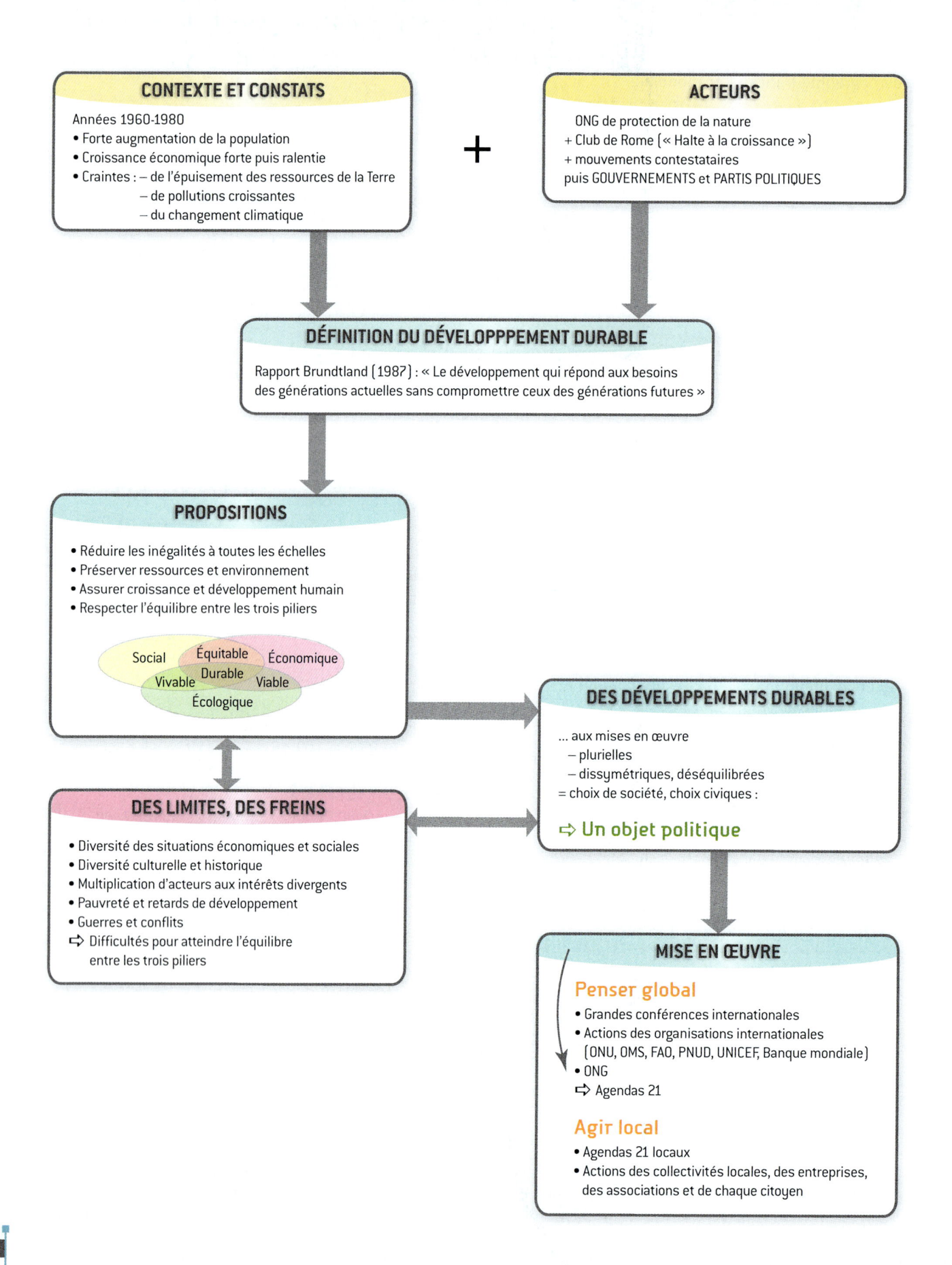

CONTEXTE ET CONSTATS

Années 1960-1980
- Forte augmentation de la population
- Croissance économique forte puis ralentie
- Craintes : – de l'épuisement des ressources de la Terre
  – de pollutions croissantes
  – du changement climatique

+

ACTEURS

ONG de protection de la nature
+ Club de Rome (« Halte à la croissance »)
+ mouvements contestataires
puis GOUVERNEMENTS et PARTIS POLITIQUES

DÉFINITION DU DÉVELOPPEMENT DURABLE

Rapport Brundtland (1987) : « Le développement qui répond aux besoins des générations actuelles sans compromettre ceux des générations futures »

PROPOSITIONS

- Réduire les inégalités à toutes les échelles
- Préserver ressources et environnement
- Assurer croissance et développement humain
- Respecter l'équilibre entre les trois piliers

Social — Équitable — Économique
Vivable — Durable — Viable
Écologique

DES LIMITES, DES FREINS

- Diversité des situations économiques et sociales
- Diversité culturelle et historique
- Multiplication d'acteurs aux intérêts divergents
- Pauvreté et retards de développement
- Guerres et conflits
⇨ Difficultés pour atteindre l'équilibre entre les trois piliers

DES DÉVELOPPEMENTS DURABLES

... aux mises en œuvre
 – plurielles
 – dissymétriques, déséquilibrées
= choix de société, choix civiques :

⇨ **Un objet politique**

MISE EN ŒUVRE

Penser global
- Grandes conférences internationales
- Actions des organisations internationales (ONU, OMS, FAO, PNUD, UNICEF, Banque mondiale)
- ONG
⇨ Agendas 21

Agir local
- Agendas 21 locaux
- Actions des collectivités locales, des entreprises, des associations et de chaque citoyen

Penser globalement, agir localement

Action	Descriptif et acteurs	À quel objectif du Millénaire cela correspond-il ?	Quel pilier du développement durable ?
L'aide sociale au Brésil	« Grâce aux aides financières versées aux familles les plus pauvres au Brésil, le nombre d'enfants âgés de 5 à 14 ans et contraints de travailler a diminué de plus de moitié de 1992 à 2008. Il est aujourd'hui de 1,7 million, soit 5 % des enfants de cette tranche d'âge, contre 13 % en 1992. 1 % des enfants qui travaillent ont moins de 9 ans. [...] Mais cette bataille n'est pas encore gagnée, notamment dans les régions pauvres de l'intérieur du Nord et du Nordeste aride. Plus de quatre enfants sur dix au travail s'y livrent à des activités agricoles. Et, qu'ils travaillent ou non, 14 millions d'enfants et d'adolescents brésiliens ne fréquentent toujours pas l'école. » J.-P. Langellier, « Grâce aux aides financières versées aux familles, le travail des enfants a baissé de plus de 50 % au Brésil », © *Le Monde*, 14 mai 2010.	Objectif 2 Assurer l'éducation primaire pour tous	Socio-centré mais aussi économique (formation de main-d'œuvre)
L'eau en Namibie	**Construction d'une usine de dessalement d'eau de mer pour produire de l'eau pour une mine et une usine d'uranium** « Le 16 avril 2010, AREVA Resources Namibia a inauguré la première usine de dessalement d'Afrique australe, à proximité de sa future mine d'uranium de Trekkopje pour fournir la totalité de l'eau consommée par la mine, située à environ 40 km dans le désert. En évitant de pomper l'eau dans le sol, AREVA préserve ainsi les réserves d'eau du pays. [...] La production excédentaire pourra être distribuée à la population riveraine, et bénéficier à d'autres mines à venir. » www.areva.com		Économico-centré (croissance de l'entreprise) mais aussi : écologico-centré (moins de rejets de CO_2, préservation des ressources en eau) et socio-centré (création d'emplois et développement en Namibie)
L'inventaire de la biodiversité à Bornéo	**Biodiversité : 123 nouvelles espèces découvertes à Bornéo** « Les nouvelles découvertes démontrent la richesse de la biodiversité sur Bornéo et laissent espérer de nouvelles découvertes, dont certaines pourraient être susceptibles de contribuer à guérir des maladies comme le cancer ou le sida. La forêt tropicale de Bornéo possède l'une des plus riches biodiversités de la planète. » Dépêche d'agences, avril 2010.	Objectifs 6 et 7 – Combattre le VIH/sida et d'autres maladies – Préserver l'environnnment	Écolo-centré mais aussi socio-centré (recherche pharmaceutique) et économico-centré (de nouveaux médicaments) peut-être donc des bénéfices pour des entreprises
Le tri sélectif des ordures ménagères		Objectif 7 Préserver l'environnement	Écolo-centré mais aussi économico-centré : (économies d'énergie et recyclage) et socio-centré (création d'emplois + éducation)

49

Thème 2 — Gérer les resso

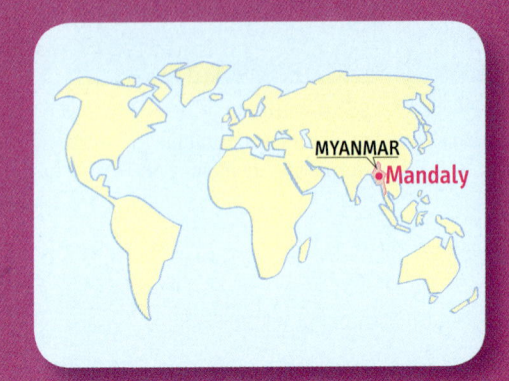

La culture du riz à Mandaly (Myanmar)
Céréale aux fortes qualités nutritives, le riz nourrit plus de 3 milliards d'hommes. 90 % de la production mondiale de riz est produite en Asie, et 86 % de cette production est consommée sur ce continent. Le repiquage, en réduisant la durée d'occupation de la rizière, permet plusieurs récoltes annuelles sur la même terre.

urces terrestres

2 Nourrir les hommes

En ce début de XXIe siècle, face à la croissance démographique mondiale, garantir la sécurité alimentaire des populations reste un défi majeur. Celui-ci se pose en termes de quantité pour les populations les plus pauvres, mais aussi en termes de qualité pour des populations dont les revenus s'accroissent.

▶ **L'agriculture peut-elle nourrir durablement les hommes dans un contexte de croissance démographique ?**

1 Un élevage bovin en *feedlots* à Yuma en Arizona (États-Unis)

L'élevage bovin intensif repose sur un contrôle étroit de l'alimentation du bétail. Il permet une forte productivité.

Le marché de Miriyah (Niger)

Des femmes vendent des produits alimentaires cuisinés, ce qui leur permet de nourrir leur famille.

② Le repiquage manuel du riz dans la province de Prey Veng (Cambodge)

Le riz est la base de l'alimentation dans une grande partie de l'Asie. Le repiquage des jeunes plants se fait dans des conditions de travail délicates.

53

Étude de cas 1

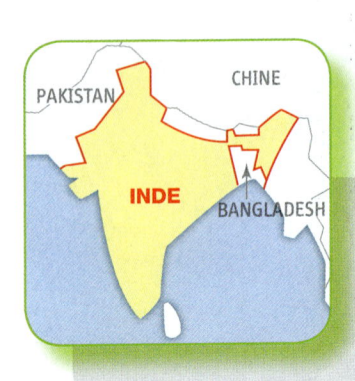

Nourrir plus d'un milliard d'Indiens

Deuxième puissance démographique mondiale, l'Inde est confrontée au défi d'assurer la sécurité alimentaire de sa population. En dépit de progrès réels, les populations pauvres connaissent toujours la faim, et les classes moyennes, en cours de transition alimentaire, demandent une alimentation plus diversifiée et de meilleure qualité.

A — Des besoins partiellement satisfaits

1. L'ampleur du défi alimentaire en Inde

« L'Union indienne produit désormais suffisamment de riz, de blé et de légumes pour nourrir 1,2 milliard d'habitants. Mais les 800 millions d'Indiens [67 % de la population] qui vivent avec moins d'1,50 € par jour n'ont pas accès à une nourriture riche et diversifiée. "Un tiers des humains sous-alimentés dans le monde vivent en Inde", rappelle Étienne du Vachat [d'Action contre la faim]. [...] Selon les études les plus récentes, près d'un enfant sur deux de moins de 5 ans souffre de malnutrition chronique. »

O. Tallès, « L'Inde lance un vaste programme pour éradiquer la faim », *La Croix*, 5 juillet 2013.

2. La malnutrition des enfants

« 42,3 % des enfants de moins de cinq ans présentent une insuffisance pondérale [...]. Les conséquences peuvent être des retards de croissance, des lésions cérébrales, une faible capacité d'apprentissage et même la mort. »

M. Hamache, *Carto* n° 20, nov.-déc. 2013.

3. Pauvreté et malnutrition en Inde

Indice de pauvreté

Population vivant dans la pauvreté
(en % de la population totale, 2000-2008)
14,2 — 22 — 40 — 57 — 70 — 81

1. Les États Assam, Arunachal Pradesh, Manipur, Meghalaya, Mizoram, Nagaland, Sikkim, Tripura ont été rassemblés dans les « États de l'Est ».

Malnutrition

Population mal nourrie[2]
(en % de la population totale, 2000-2008)
0 — 15 — 30 — 45 — 80

2. Au moins une personne du ménage souffre de malnutrition.

Source : « La Pauvreté dans le monde », *Carto* n° 11, mai-juin 2012.

Questions

1. **Doc. 1, 2 et 3** Quelles sont les catégories de la population indienne dont les besoins alimentaires ne sont pas satisfaits ?
2. **Doc. 3 et 5** Quelles sont les régions les plus touchées par la malnutrition ? Les moins touchées ?
3. **Doc. 4** Expliquez les difficultés de l'agriculture à nourrir la population indienne.
4. **Doc. 6** Comment les habitudes alimentaires sont-elles en train d'évoluer en Inde ? Cela concerne-t-il toute la population ? Pourquoi ?

BILAN Montrez les différentes facettes du défi alimentaire auquel l'Inde est confrontée.

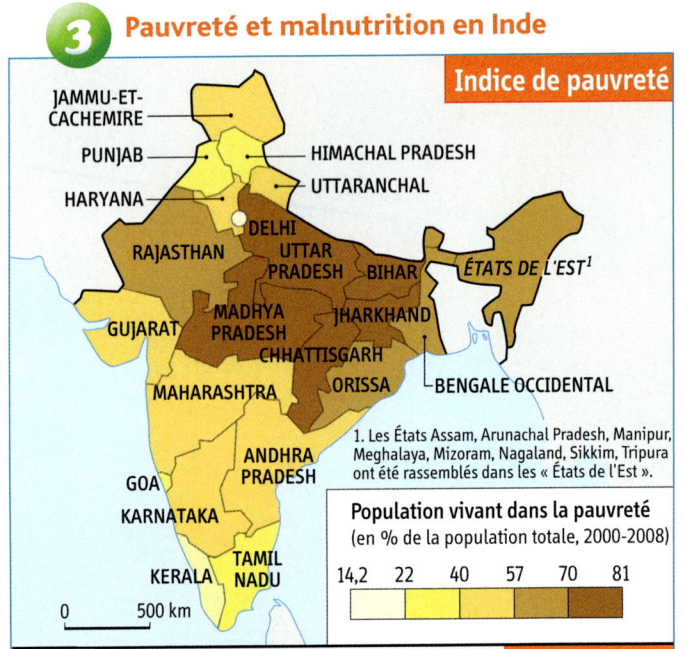

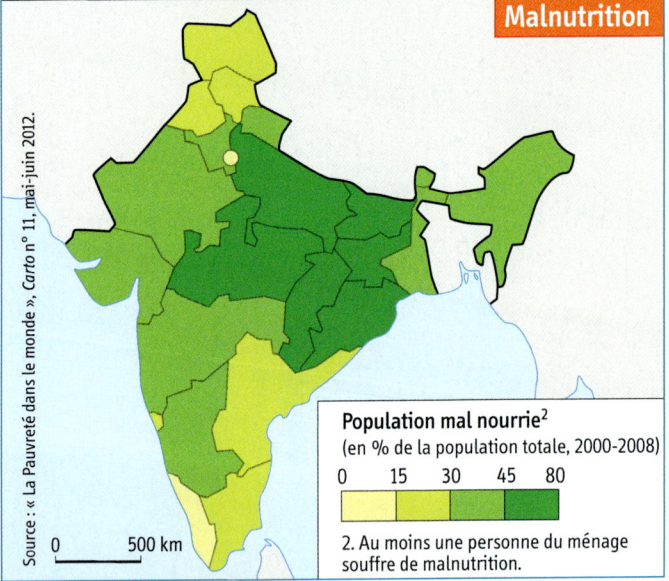

4. La production de céréales et la démographie

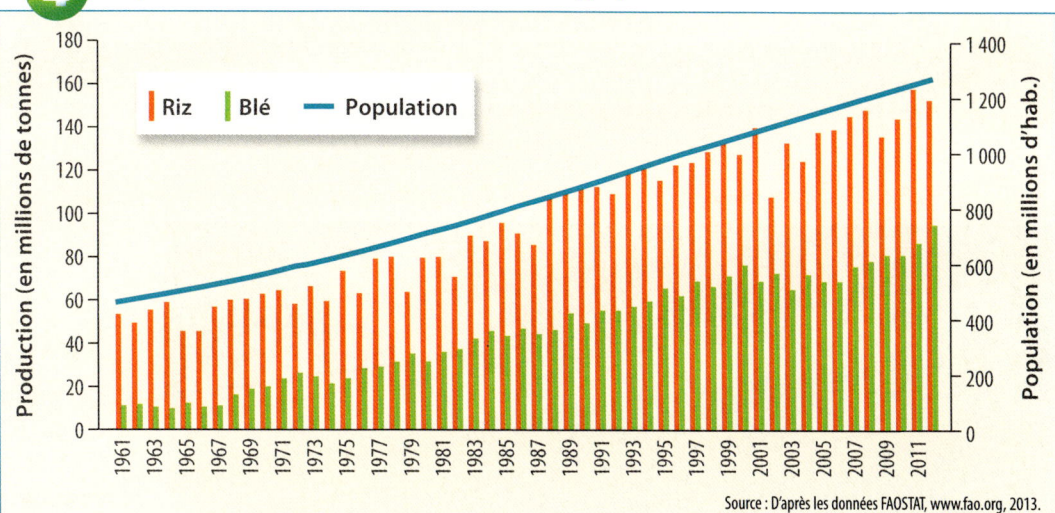

Le rapide accroissement de la production de céréales a permis à l'Inde d'éviter les disettes dans une population largement rurale et pauvre. Toutefois, une partie de cette production est destinée à l'exportation et la couverture théorique des besoins ne signifie pas une répartition équitable des aliments.

Source : D'après les données FAOSTAT, www.fao.org, 2013.

5. Diversité des dynamiques des espaces ruraux en Inde

Source : F. Landy, in M. Guibert, Y. Jean, *Dynamiques des espaces ruraux dans le monde*, Armand Colin, 2011.

1. Les zones agricoles développées
- cœur de la Révolution verte
- campagnes à économie diversifiée
- campagnes périurbaines des agglomérations de plus de 4 millions d'habitants

2. Les montagnes à forêts protégées
- plantations (thé, café), riz ou brûlis tribal
- cultures tempérées (blé, fruits)

3. Les campagnes confrontées aux problèmes de développement

Le ventre creux
- riziculture avec gestion précaire de l'eau
- zones sèches (millets) et enclaves irriguées

Les campagnes intermédiaires surpeuplées
- deltas irrigués et productifs
- potentiel rizicole
- zones très affectées par les luttes agraires et les revendications naxalites (mouvement communiste révolutionnaire en Inde)

6. L'Inde face à la transition alimentaire

« L'Inde est sans doute le pays qui compte le plus grand nombre de végétariens – environ 300 millions, selon le dernier recensement. Pourtant, ses citoyens les plus fortunés aspirent de plus en plus à devenir de voraces carnivores. Au pays de Gandhi, la viande est devenue tendance.

[...] De toutes les viandes, le bœuf est le plus à la mode. En manger symbolise l'appartenance à une Inde cosmopolite, et le goût pour cet aliment autrefois interdit montre la distance prise vis-à-vis du passé. Le bœuf, qui était jadis réservé aux castes inférieures, devient aujourd'hui un produit consommé par les castes supérieures, servi dans les restaurants branchés.

Dans son livre *Le Curry : une histoire gastronomique de l'Inde*, Elizabeth Collingham décrit la tradition coloniale du Bhurra Khana. Les Britanniques de la Compagnie anglaise des Indes orientales chargeaient leurs tables de dindes, "auxquelles s'ajoutaient des tournedos, du bœuf bouilli et de gros chapons grillés". En se précipitant tête baissée vers l'avenir, avec nos goûts d'épicuriens et gonflés d'assurance, nous avons consciencieusement suivi les traces de nos anciens maîtres, adoptant la viande comme symbole de notre puissance culturelle. »

Extraits de Lakshmi Chaudhry, *Open*, 14 janvier 2010, cité dans J.-P. Charvet, *Atlas de l'agriculture*, Éditions Autrement-*Courrier international*, 2012.

Étude de cas 1 — Nourrir plus d'un milliard d'Indiens

B Comment assurer la sécurité alimentaire ?

7 La Révolution verte : les rizières à Dharamkot au Punjab

Lancée au début des années 1960, la Révolution verte a permis une forte hausse des rendements de céréales grâce à l'utilisation d'engrais et de pesticides, de semences sélectionnées ou génétiquement modifiées et de l'irrigation par forages.

8 L'intervention de l'État

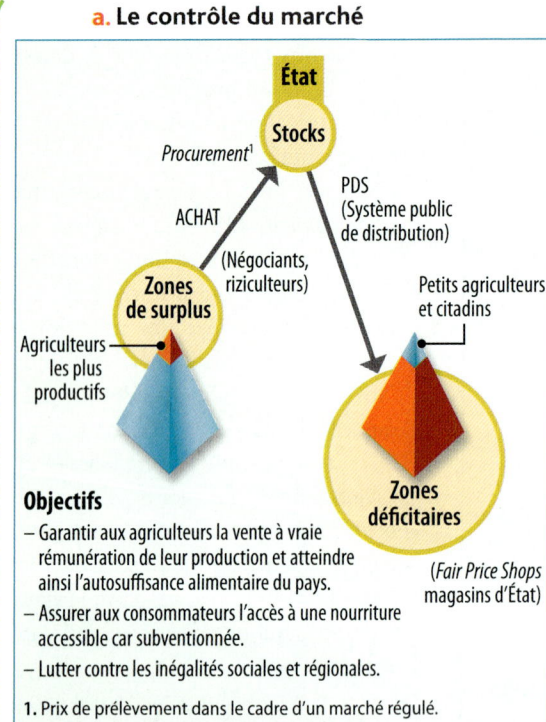

a. Le contrôle du marché

(Schéma : État → Stocks ; Procurement[1] / ACHAT depuis les Zones de surplus (Agriculteurs les plus productifs) ; PDS (Système public de distribution) via Négociants, riziculteurs vers les Zones déficitaires (Petits agriculteurs et citadins) — Fair Price Shops, magasins d'État.)

Objectifs
– Garantir aux agriculteurs la vente à vraie rémunération de leur production et atteindre ainsi l'autosuffisance alimentaire du pays.
– Assurer aux consommateurs l'accès à une nourriture accessible car subventionnée.
– Lutter contre les inégalités sociales et régionales.

1. Prix de prélèvement dans le cadre d'un marché régulé.

Source : F. Landy, *Politiques en Inde*, Éditions Belin, 2006.

b. La loi pour la sécurité alimentaire

« La loi vise à fournir à un prix subventionné entre 5 et 7 kilogrammes de céréales (riz, blé, millet) par mois et par personne au prix d'une roupie (0,01 euro) le kilogramme. D'autres mesures sont prévues, dont la distribution gratuite de repas aux enfants et des allocations pour les femmes enceintes et les jeunes mères. [...] Elle prévoit aussi de livrer 62 millions de tonnes de denrées chaque année par le biais du système public de distribution. Avec environ 500 000 dispensaires alimentaires, ce dernier dispose d'implantations dans tout le pays. »

M. Hamache, *Carto* n° 20, nov.-déc. 2013.

9 La gestion étatique des crises alimentaires

« Le prix de l'oignon, qui a quadruplé en un an, inquiète le gouvernement [...]. En Inde, ce modeste légume est utilisé dans presque chaque repas, et chaque famille, riche ou pauvre, en consomme. [...]

Au Parlement, les partis de l'opposition s'en sont violemment pris au gouvernement, l'accusant d'indifférence vis-à-vis des familles les plus pauvres, qui sont les premières à souffrir de la hausse du prix de l'oignon.

New Delhi a récemment annoncé la mise en circulation de plus de 150 épiceries mobiles pour fournir à la population des oignons à prix subventionnés. Rarement l'administration aura été aussi réactive.

La hausse du prix du légume est la conséquence, cette année, de sa faible production. L'État du Maharashtra, qui est l'un des plus gros producteurs en Inde, a souffert de la sécheresse. Et dans d'autres, comme le Rajasthan ou l'Andhra-Pradesh, les pluies abondantes ont pourri certaines récoltes.

[Selon certaines sources], des cartels de commerçants contrôlent la chaîne d'approvisionnement et s'entendent sur les prix, avec la bienveillance des autorités politiques. Ces cartels regroupent des familles appartenant à la même caste[1], ou à la même communauté.

Bien souvent, les agents chargés de vendre les récoltes des agriculteurs contre une commission appartiennent à la même famille que les grossistes et autres intermédiaires dans la chaîne d'approvisionnement.

Le pays a d'ores et déjà procédé à des importations depuis le Pakistan. »

J. Bouissou, « Le gouvernement indien menacé par la "crise de l'oignon" », *Le Monde*, 26 août 2013.

1. Classe sociale fermée et héréditaire caractéristique de la société indienne.

10 L'aide alimentaire des ONG

En Inde, l'aide alimentaire peut provenir de plusieurs sources. L'ONG *Child In Need Institute* (CINI) fournit des repas à des enfants de la rue. L'objectif de cette association est d'accueillir ces enfants dans la journée, de leur fournir un repas et d'essayer de renouer le contact avec leurs familles.

11 L'agrobusiness, un nouvel acteur

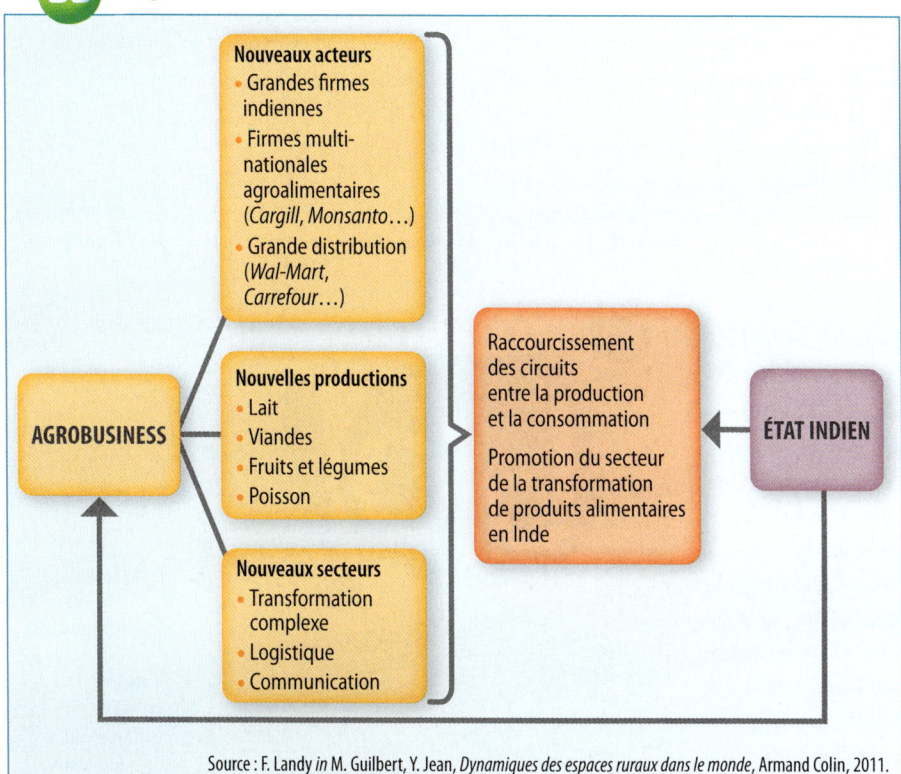

Nouveaux acteurs
- Grandes firmes indiennes
- Firmes multinationales agroalimentaires (*Cargill, Monsanto…*)
- Grande distribution (*Wal-Mart, Carrefour…*)

Nouvelles productions
- Lait
- Viandes
- Fruits et légumes
- Poisson

Nouveaux secteurs
- Transformation complexe
- Logistique
- Communication

AGROBUSINESS → Raccourcissement des circuits entre la production et la consommation / Promotion du secteur de la transformation de produits alimentaires en Inde ← **ÉTAT INDIEN**

Source : F. Landy in M. Guilbert, Y. Jean, *Dynamiques des espaces ruraux dans le monde*, Armand Colin, 2011.

Questions

1. **Doc. 7 et 12** Comment l'agriculture peut-elle contribuer à la sécurité alimentaire en Inde ?
2. **Doc. 8, 9 et 11** Montrez que l'État déploie une action majeure et diversifiée pour assurer la sécurité alimentaire.
3. **Doc. 10, 11 et 12** Quels acteurs non étatiques s'investissent pour assurer la sécurité alimentaire en Inde ? Comment agissent-ils ?

BILAN Dressez un tableau récapitulatif des différents acteurs luttant pour la sécurité alimentaire et de leurs actions.

12 Les liens avec les firmes agroalimentaires

« Les cartons de quinze kilos de frites qui sortent de [l'usine McCain Foods dans le district de Mehsana (Gujarat)] fournissent la chaîne en plein essor des restaurants McDonald's du pays. Quand McDonald's fit son entrée en Inde en 1996, l'industrie agroalimentaire se limitait en bonne partie aux glaces et au ketchup. […] Mettre en place une chaîne d'approvisionnement fiable demanda à McDonald's environ six ans et 100 millions de dollars.

Pour les frites, cette chaîne d'approvisionnement commence avec 2 000 acres de champs de pommes de terre dans le Gujarat, cultivés par 400 agriculteurs en contrat avec McCain Foods. […]

En l'absence d'investissement public, l'agriculture indienne dépend de plus en plus de dépenses privées […]. En l'absence de services de vulgarisation gouvernementaux, des entreprises privées trouvent des moyens alternatifs pour permettre aux agriculteurs de connaître les attentes du client, et la façon d'y répondre.

Hitesh Patel, par exemple, cultivait autrefois du coton sur ses six hectares de terre dans son village d'Idar, à environ 125 km de l'usine de Mehsana. Il y a quatre ans, il a planté un hectare de pommes de terre sur les exhortations[1] et sous la direction de McCain Foods. Aujourd'hui, il cultive la pomme de terre sur ses six hectares, auxquels s'ajoute 1,6 autre qu'il loue.

McCain Foods lui offre un prix garanti de 6,5 roupies (0,14 $) par kilo de pommes de terre, soit plus que le mandi[2]. »

The Economist, "Private investment is helping India's farmers in a way government support cannot" (« Les modalités d'aide des investisseurs privés aux agriculteurs sont hors de portée de l'État indien »), 11 mars 2010.

1. Vives recommandations.
2. Marché gouvernemental aux prix régulés.

étude de cas 1 Nourrir plus d'un milliard d'Indiens

C Quelles réponses face à une situation précaire ?

13 Vers une révolution « doublement verte » en Inde ?

	Avantages et inconvénients de la Révolution verte		Propositions pour une révolution « doublement verte »
	Avantages	**Inconvénients**	
Pour l'économie	• Accroissement des rendements • Constitution d'importants stocks de grains	• Coût très élevé des subventions et du système de distribution public • Dépendance aux FTN pourvoyeuses de semences et produits phytosanitaires	• Développer une agriculture biologique • Développer d'autres cultures pour diversifier l'alimentation : aquaculture, exploitation des forêts...
Pour la société	• Satisfaction théorique des besoins de la population	• Dépendance des paysans pauvres aux paysans riches pour l'accès à l'eau • Inégal accès à la nourriture produite	• Veiller à la répartition de la propriété du sol • Prendre en compte l'accessibilité à la nourriture et pas seulement la quantité produite
Pour l'environnement	• Baisse de la vulnérabilité des cultures aux aléas	• Forte pollution des sols et des eaux et salinisation • Abaissement du niveau des nappes phréatiques • Résistance croissante aux pesticides • Appauvrissement de la biodiversité	• Protéger des *hot spots* de la biodiversité (lieux de biodiversité exceptionnelle) • Faire une veille sur les conséquences des OGM

D'après M. S. Swaminathan, *Ever-Green Revolution and Sustainable Food Security*, 2004.

14 La culture de céréales fortifiées

« L'Inde va investir en 2013 42 millions d'euros dans la culture de céréales fortifiées en micronutriments, comme le zinc et la vitamine A, pour lutter contre les carences nutritionnelles de la population. Par cette nouvelle Révolution verte, qui mêle recherche agronomique et dispositifs d'aide publique, c'est à une forme de malnutrition appelée "faim silencieuse", très répandue et longtemps négligée, que l'Inde entend ainsi s'attaquer. Pour cela, des scientifiques ont sélectionné des variétés naturellement riches en micronutriments, mais délaissées par les agriculteurs, ou en ont mis au point de nouvelles.
L'Inde interdisant la culture d'organismes génétiquement modifiés destinés à l'alimentation, les recherches portent essentiellement sur la mise au point de variétés hybrides. L'Institut de recherche international sur les cultures des tropiques semi-arides (Icrisat), basé près d'Hyderabad, dans le sud du pays, a ainsi distribué pour la première fois, en 2012, des semences de mil perlé à forte teneur en zinc et en fer à des agriculteurs du Maharashtra, dans l'ouest du pays. Le mil est la quatrième céréale la plus consommée en Inde. D'un prix inférieur à celui du blé ou du riz, et parfaitement adapté aux zones arides, il est surtout cultivé par les plus pauvres, essentiellement pour leur propre consommation. [...] »

J. Bouissou, « "Révolution verte" en Inde contre la malnutrition », *Le Monde*, 16 avril 2013.

15 Le thé dans la filière du commerce équitable

vocabulaire

Commerce équitable
Commerce qui assure une juste rémunération à des producteurs de pays pauvres.

Un thé issu de l'agriculture biologique est commercialisé via les marchés du commerce équitable. Max Havelaar en est un des principaux acteurs.

16 La politique foncière

« Le gouvernement espère faciliter les transactions en améliorant les compensations versées à ceux qui sont déplacés, qu'ils soient, ou non, propriétaires terriens. [...]
Un industriel devra désormais convaincre 80 % des propriétaires des terres qu'il souhaite acquérir, et 70 % d'entre eux, si c'est l'État qui est impliqué avec lui dans un projet de partenariat public-privé. Il sera donc plus facile d'acquérir des terres pour construire des infrastructures que des usines. [...]
Si les projets industriels rencontrent autant de résistance parmi les agriculteurs, c'est que la terre est leur seule richesse. Pour les paysans sans diplôme ni argent, elle est l'unique capital, transmis de génération en génération.
[D'après la nouvelle loi], les terres cultivées doivent être acquises seulement en dernier recours et les propriétaires ont le choix entre percevoir une indemnité mensuelle pendant vingt ans ou obtenir un emploi sur le site industriel. Leur parcelle de terre peut être vendue ou cédée contre un autre terrain. Le calcul du prix leur est plutôt avantageux. [...]
Les industriels doivent se préparer à de longues semaines de négociations, étant donné le morcellement des terres agricoles. En 2005, la superficie moyenne était de 1,27 hectare [...]. »

J. Bouissou, « Une loi sur l'acquisition des terres pour mieux protéger les paysans indiens », *Le Monde*, 3 septembre 2013.

17 La formation agricole durable des producteurs

« L'association *International Development Enterprises India* (IDEI) lutte contre la pauvreté, la faim et la malnutrition en Inde. Ainsi, l'association forme des petits agriculteurs pour qu'ils puissent augmenter leur productivité grâce à des techniques agricoles à la fois durables et performantes.
Pour permettre aux producteurs indiens de la région de Jaipur d'augmenter leur revenu et d'accéder à un niveau de vie décent, IDEI leur donne accès à des outils technologiques notamment un système de micro-irrigation particulièrement efficace et adapté à la culture de petites exploitations. Le programme mis en place avec le soutien de la Fondation Carrefour devrait venir en aide à 2 250 familles grâce à la formation d'un réseau local de micro-entrepreneurs à l'utilisation de ces outils.
L'objectif du programme est de faire de ces activités aujourd'hui de subsistance, des structures commercialement rentables.
12 250 personnes bénéficient des retombées directes ou indirectes du projet. »

Fondation d'entreprise Carrefour, www.fondation-carrefour.org, 2013.

18 Diversifier l'alimentation : l'aquaculture à Sangla (Himachal Pradesh)

Questions

1. **Doc. 13** Dans quelle mesure l'agriculture indienne ne répond-elle pas tout à fait aux trois piliers du développement durable ?
2. **Doc. 13** Pourquoi une révolution « doublement verte » est-elle nécessaire ? En quoi consiste-t-elle ?
3. **Doc. 14 et 18** À quels aspects du problème alimentaire ces documents font-ils allusion ?
4. **Doc. 15, 16 et 17** Montrez que l'agriculture est au cœur des politiques alimentaires en Inde.

BILAN Montrez que la révolution « doublement verte » apporte des réponses au défi alimentaire indien.

Étude de cas 1

CHANGER D'ÉCHELLE ▶ De l'Inde au contexte mondial

Rédiger le bilan de l'étude de cas | Mettre en perspective

A — Des besoins partiellement satisfaits

1• Rédigez un paragraphe montrant les évolutions des besoins alimentaires en Inde et les réponses apportées par l'agriculture. (p. 54-55)

▶ **cartes 1 et 2 ci-contre**
a. Citez d'autres pays se trouvant dans la même situation alimentaire que l'Inde.

B — Assurer la sécurité alimentaire

2• Identifiez les acteurs et les moyens mis en œuvre pour assurer la sécurité alimentaire en Inde. (p. 56-57)

▶ **carte p. 68-69**
b. Identifiez d'autres pays concernés par la Révolution verte.

C — Quelles réponses face à une situation précaire ?

3• Quelles sont les mesures préconisées pour améliorer durablement la situation alimentaire ? (p. 58-59)

▶ **carte p. 68-69**
c. Citez des pays où sont mises en place des politiques de lutte contre l'insécurité alimentaire.

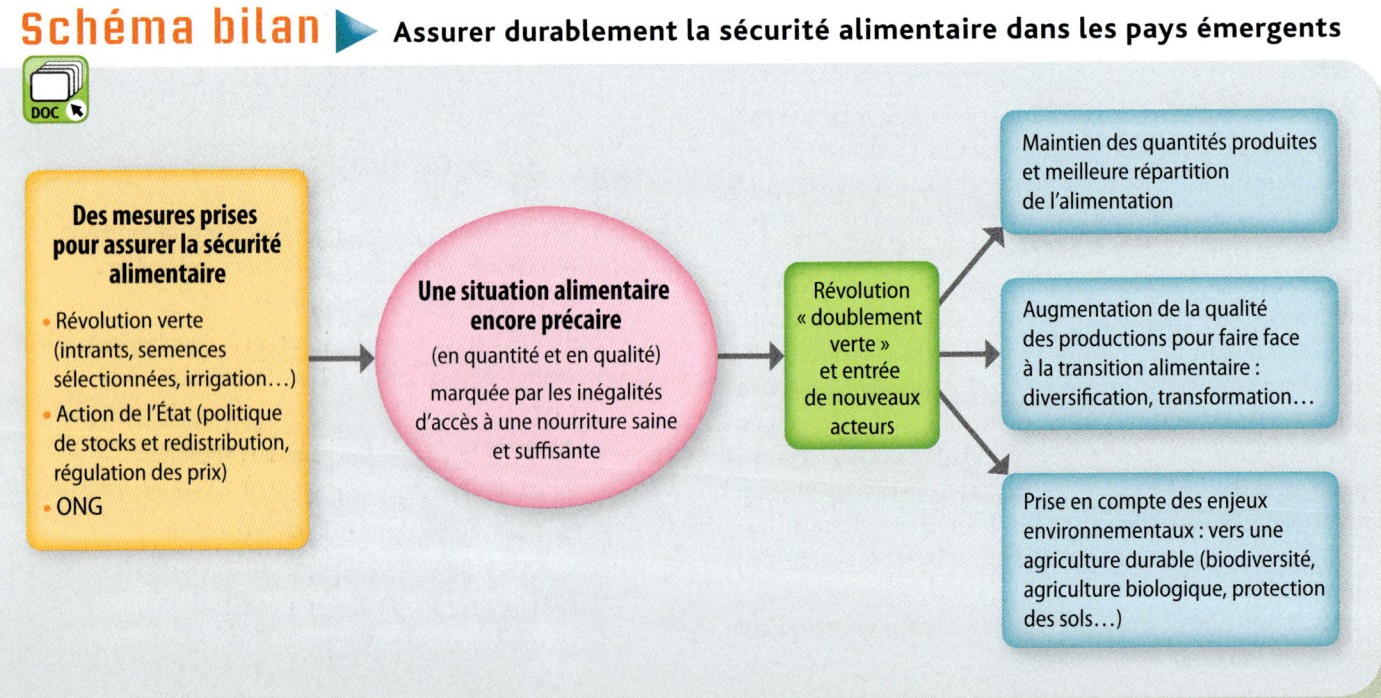

Schéma bilan ▶ Assurer durablement la sécurité alimentaire dans les pays émergents

Des mesures prises pour assurer la sécurité alimentaire
- Révolution verte (intrants, semences sélectionnées, irrigation…)
- Action de l'État (politique de stocks et redistribution, régulation des prix)
- ONG

→ **Une situation alimentaire encore précaire** (en quantité et en qualité) marquée par les inégalités d'accès à une nourriture saine et suffisante

→ **Révolution « doublement verte » et entrée de nouveaux acteurs**

→ Maintien des quantités produites et meilleure répartition de l'alimentation

→ Augmentation de la qualité des productions pour faire face à la transition alimentaire : diversification, transformation…

→ Prise en compte des enjeux environnementaux : vers une agriculture durable (biodiversité, agriculture biologique, protection des sols…)

Nourrir les hommes

1. L'insécurité alimentaire dans le monde

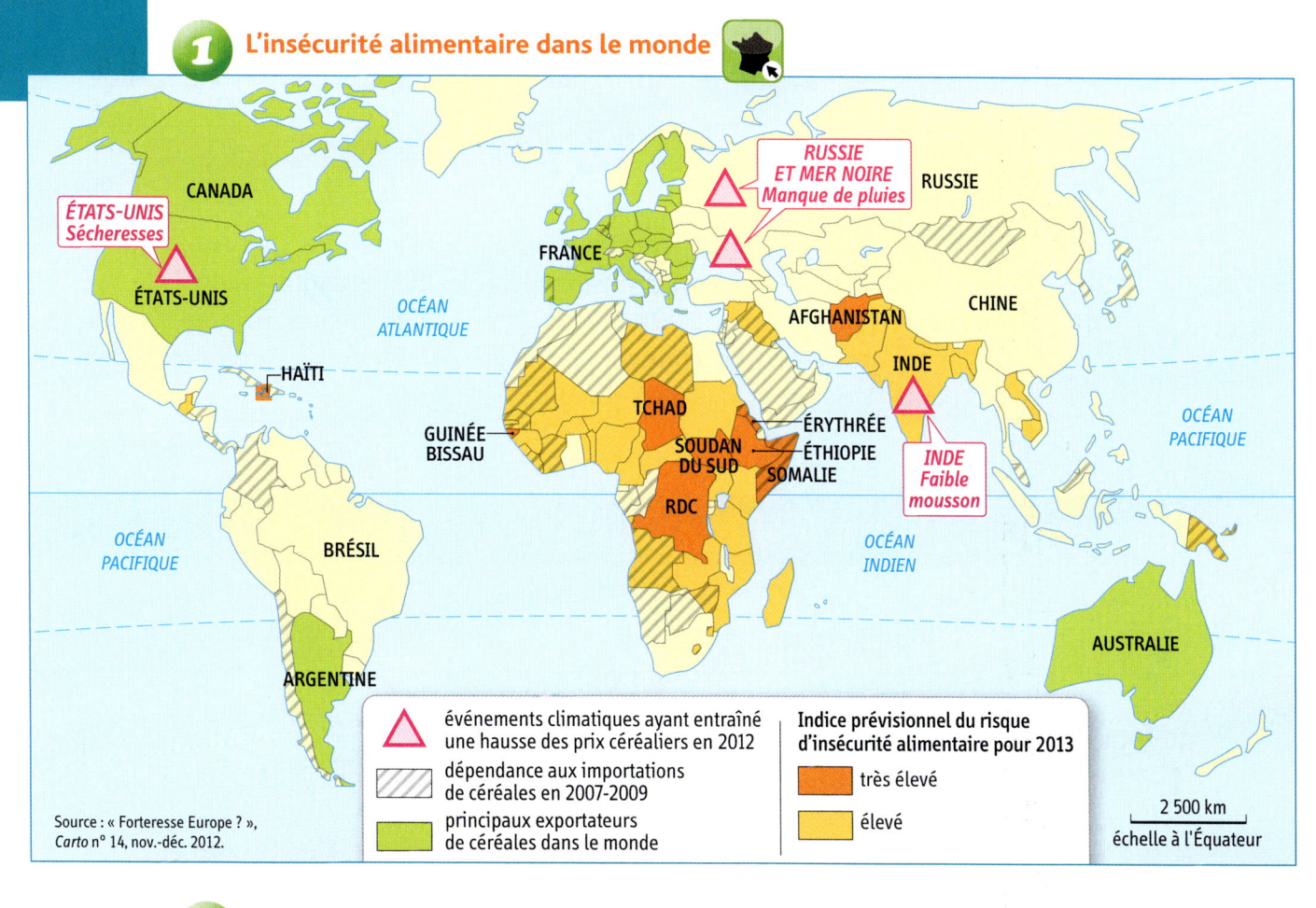

ÉTATS-UNIS – Sécheresses
RUSSIE ET MER NOIRE – Manque de pluies
INDE – Faible mousson

Légende :
- △ événements climatiques ayant entraîné une hausse des prix céréaliers en 2012
- ▨ dépendance aux importations de céréales en 2007-2009
- ■ principaux exportateurs de céréales dans le monde

Indice prévisionnel du risque d'insécurité alimentaire pour 2013
- très élevé
- élevé

Source : « Forteresse Europe ? », *Carto* n° 14, nov.-déc. 2012.

Échelle : 2 500 km à l'Équateur

Pays cités : CANADA, ÉTATS-UNIS, HAÏTI, BRÉSIL, ARGENTINE, FRANCE, RUSSIE, CHINE, AFGHANISTAN, INDE, GUINÉE BISSAU, TCHAD, SOUDAN DU SUD, ÉRYTHRÉE, ÉTHIOPIE, SOMALIE, RDC, AUSTRALIE

2. La sous-nutrition dans le monde

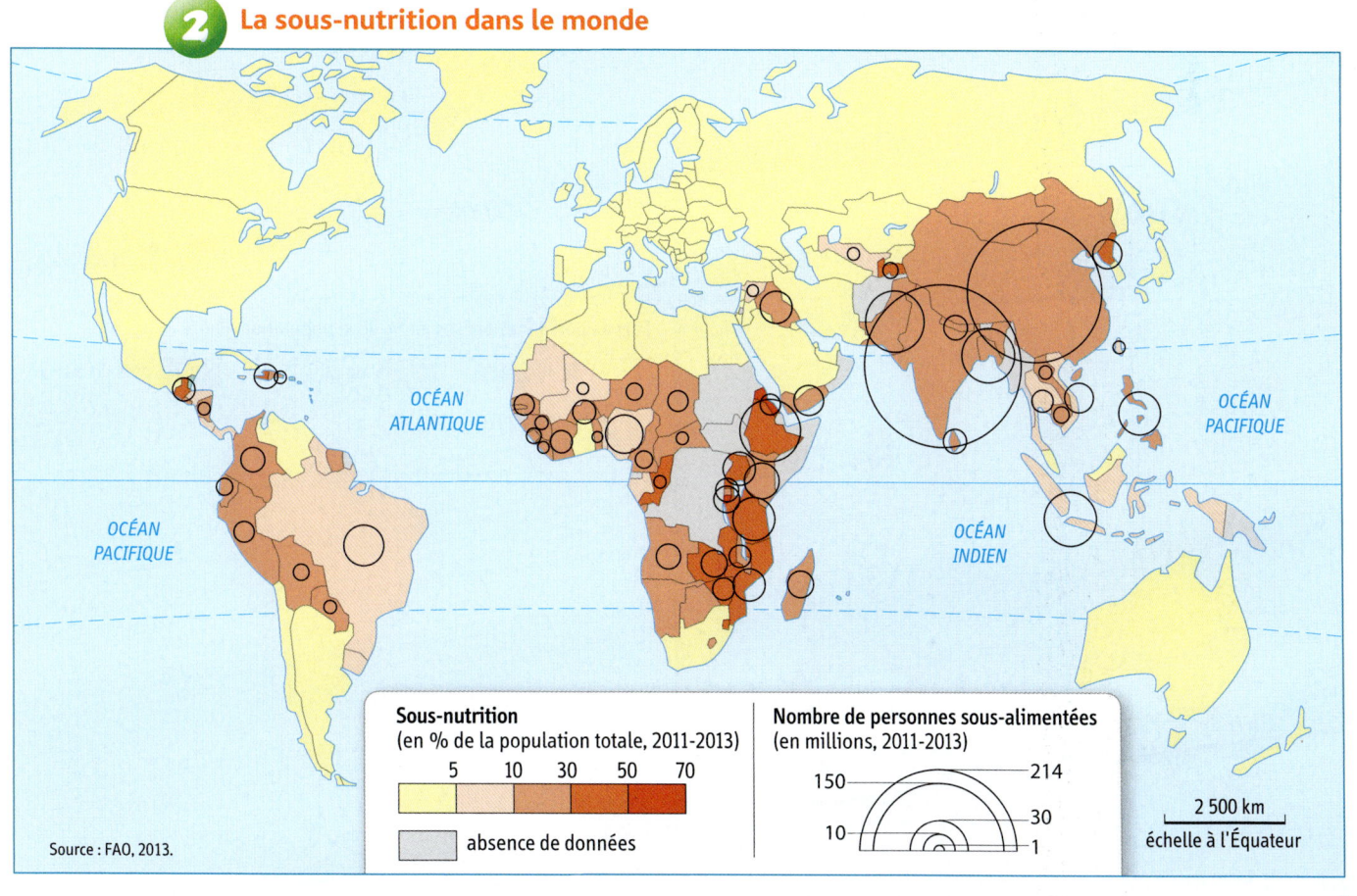

Sous-nutrition (en % de la population totale, 2011-2013)
5 – 10 – 30 – 50 – 70
absence de données

Nombre de personnes sous-alimentées (en millions, 2011-2013) : 1 – 10 – 30 – 150 – 214

Source : FAO, 2013.

Échelle : 2 500 km à l'Équateur

étude de cas 2

Les États-Unis face au défi de la qualité alimentaire

Première puissance agroalimentaire mondiale, les États-Unis sont confrontés aux succès de leur système. L'offre abondante d'une nourriture industrielle bon marché se traduit par des excès qui affectent la santé. Depuis maintenant plus de dix ans, les acteurs, notamment publics, se mobilisent pour améliorer la qualité de l'alimentation, avec quelques résultats.

A Une population à l'alimentation très riche

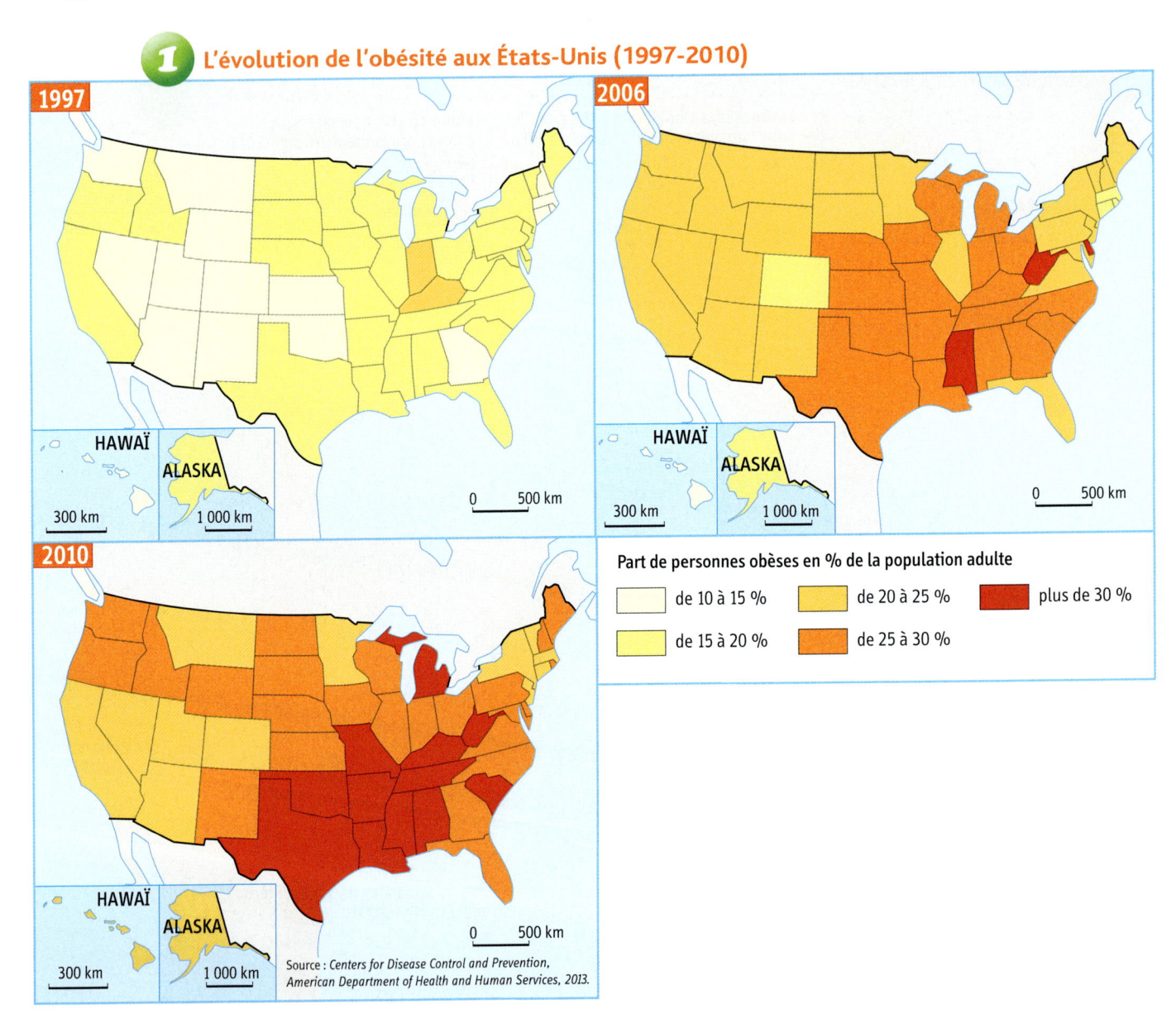

1 L'évolution de l'obésité aux États-Unis (1997-2010)

Part de personnes obèses en % de la population adulte
- de 10 à 15 %
- de 15 à 20 %
- de 20 à 25 %
- de 25 à 30 %
- plus de 30 %

Source : *Centers for Disease Control and Prevention, American Department of Health and Human Services*, 2013.

2 **Des rayons de chips dans un supermarché**

Dans ce supermarché *Kings Food Market* dans le New Jersey, les chips et les pop-corn représentent près du quinzième des rayons.

3 **L'inégale répartition de l'obésité**

« Après trente ans d'augmentation, la proportion d'obèses américains est restée stable en 2012 dans 49 des 50 États du pays, où le taux minimal enregistré s'élève à 20,5 % dans le Colorado, révèle une étude annuelle parue vendredi 16 août. Treize États comptent plus de 30 % d'obèses parmi leur population adulte, avec en tête la Louisiane (34,7 %), le Mississippi (34,6 %) et le seul État dont le taux a augmenté, l'Arkansas (34,5 %), selon ce classement financé par l'ONG *Trust for America's Health* et la Fondation Robert Wood Johnson.

Au total, 41 États comptent au moins 25 % d'obèses. En 1980, aucun État ne dépassait les 15 %.

"Si la stagnation du taux d'adultes en surpoids peut apparaître comme le premier fruit des campagnes de prévention, les taux restent extrêmement élevés", a commenté Jeffrey Levi, directeur de *Trust for America's Health*. "Même si les taux se maintiennent, les baby-boomers atteints par des maladies liées au surpoids et le nombre élevé d'Américains extrêmement obèses vont continuer à peser sur le système de santé", a-t-il fait valoir.

L'obésité est plus répandue dans les États du Sud et du Midwest parmi les adultes n'ayant pas achevé le lycée et gagnant moins de 25 000 dollars par an. Une étude des centres fédéraux de contrôle et de prévention des maladies a révélé début août que l'obésité était pour la première fois en léger recul parmi les très jeunes enfants américains issus de familles très modestes. »

Site du *Monde*, www.lemonde.fr, avec AFP, 16 août 2013.

4 **Les États-Unis, première puissance agricole et agroalimentaire mondiale**

Rang mondial	Production agricole
1	Viande de bovins, viande de poulet, viande de dinde, lait de vache, maïs, soja, fraises
2	Oranges, pommes, poires, laitues et chicorées
3	Blé, pommes de terre, tomates, raisins, betteraves à sucre
	Firmes agroalimentaires
3	Pepsico
4	Kraft Foods
6	Coca-Cola Company
8	Mars Inc
9	Tyson Foods

Questions

1. **Doc. 1 et 3** Quels sont les États les plus touchés par l'obésité aux États-Unis ?

2. **Doc. 2, 3 et 4** Quels sont les éléments qui expliquent l'importance de l'obésité aux États-Unis et son inégale répartition sur le territoire et dans la société ?

BILAN Rédigez un paragraphe montrant les liens entre l'obésité, le système agroalimentaire américain et les inégalités sociales aux États-Unis.

étude de cas 2 — Les États-Unis face au défi de la qualité alimentaire

B Les excès de l'agrobusiness

5 Le premier poisson génétiquement modifié

« "Frankenfish", c'est le cousin OGM d'Enviropig [porc OGM], catégorie saumon. Il est l'œuvre de la société AquaBounty Technologies, qui travaille sur le projet depuis 17 ans et a déjà dépensé 67 millions de dollars. Son nom officiel est AquaAdvantage mais les pêcheurs d'Alaska l'ont rebaptisé ainsi en souvenir de Frankenstein. Le saumon atlantique grandit deux fois plus vite que ses congénères grâce à l'introduction de gènes provenant du saumon Chinook, son voisin du Pacifique. L'attrait économique est évident : en produisant deux fois plus vite on peut gagner deux fois plus.
Le patron d'AquaBounty attendait la nouvelle depuis longtemps. Elle est tombée le 21 décembre 2012 : la Food and Drug Administration (FDA), l'administration sanitaire américaine, a estimé que ce saumon n'entraînait aucun danger tangible pour l'environnement. En 2010, le comité vétérinaire avait déjà considéré qu'il ne présentait aucun risque pour le consommateur. Cet avis favorable de la FDA a entraîné l'ouverture d'une consultation publique de soixante jours mais, face à la déferlante de commentaires défavorables, l'autorité a doublé la durée de l'opération, repoussant sa décision au 26 avril prochain. Ce jour-là, "Frankenfish" pourrait entrer dans l'histoire comme le premier animal génétiquement modifié autorisé pour une consommation humaine. »

J.-P. Géné, « Enviropig et Frankenfish », *M Le magazine du Monde*, 22 mars 2013.

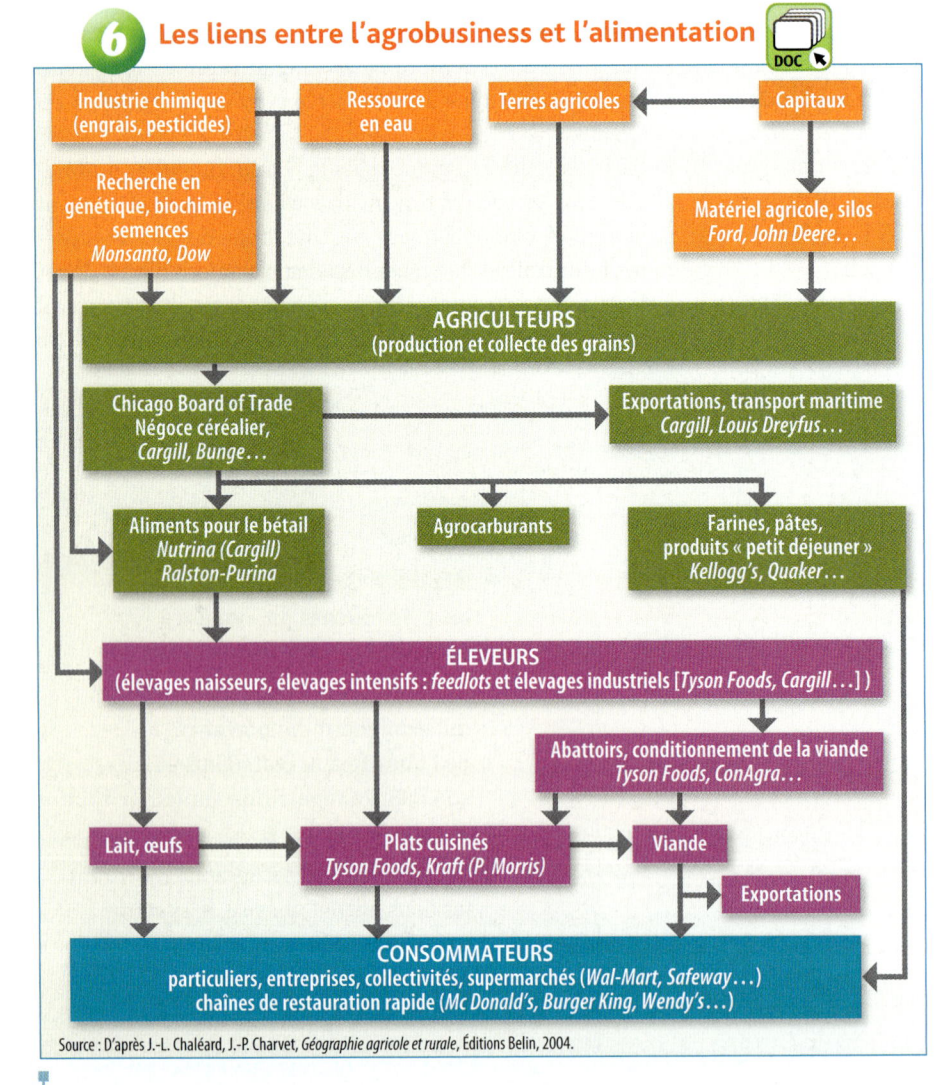

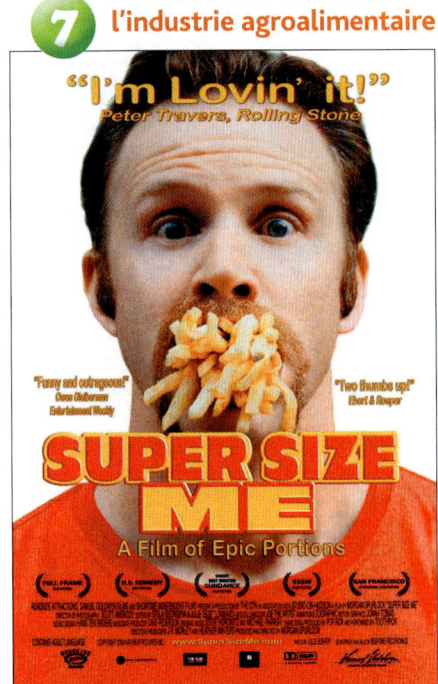

6 Les liens entre l'agrobusiness et l'alimentation

[Schéma : Industrie chimique (engrais, pesticides) ; Ressource en eau ; Terres agricoles ; Capitaux ; Recherche en génétique, biochimie, semences (Monsanto, Dow) ; Matériel agricole, silos (Ford, John Deere…) → AGRICULTEURS (production et collecte des grains) → Chicago Board of Trade, Négoce céréalier (Cargill, Bunge…) ; Exportations, transport maritime (Cargill, Louis Dreyfus…) ; Aliments pour le bétail (Nutrina (Cargill), Ralston-Purina) ; Agrocarburants ; Farines, pâtes, produits « petit déjeuner » (Kellogg's, Quaker…) → ÉLEVEURS (élevages naisseurs, élevages intensifs : feedlots et élevages industriels [Tyson Foods, Cargill…]) → Abattoirs, conditionnement de la viande (Tyson Foods, ConAgra…) ; Lait, œufs ; Plats cuisinés (Tyson Foods, Kraft (P. Morris)) ; Viande ; Exportations → CONSOMMATEURS : particuliers, entreprises, collectivités, supermarchés (Wal-Mart, Safeway…) ; chaînes de restauration rapide (Mc Donald's, Burger King, Wendy's…)]

Source : D'après J.-L. Chaléard, J.-P. Charvet, *Géographie agricole et rurale*, Éditions Belin, 2004.

7 Dénoncer les excès de l'industrie agroalimentaire

À la suite du lancement des menus *Super Size* par McDonald's, Morgan Spurlock a mis en scène les effets de cette alimentation. Pendant un mois, il a mangé trois fois par jour ce menu (250 g. de frites et 1 l. de soda) et a essayé de ne pas faire plus de 5 000 pas par jour (moyenne parcourue par un Américain). Il a pris plus de 11 kg et a souffert de nombreux problèmes de santé.

Questions

1. **Doc. 5 et 6** Quels sont les facteurs de la puissance de l'agrobusiness américain ?
2. **Doc. 5, 6 et 7** Décrivez et expliquez les excès auxquels l'agrobusiness peut conduire.

BILAN Montrez que le problème alimentaire américain résulte à la fois de la puissance du système agroalimentaire et du mode de vie d'une partie des Américains.

C — Des acteurs en faveur d'une meilleure alimentation

8 — La lutte contre la surnutrition

Depuis 2012, à l'initiative de Michelle Obama, un concours de recettes diététiques élaborées par les enfants est organisé dans chaque État. Les lauréats sont reçus lors d'un repas à la Maison blanche et les recettes sont publiées en ligne. Cela fait partie du programme *Let's move*.

« La lutte contre la surnutrition et ses corollaires, le surpoids et l'obésité, est devenue un enjeu majeur de la sécurité publique étasunienne. Face à ce que certains n'hésitent pas à qualifier d'épidémie, de grandes campagnes de prévention et d'éducation sont lancées par les acteurs publics et, dans une certaine mesure, privés.

Dans le domaine de l'éducation, le Centre de politique et promotion de la nutrition (USDA) diffuse, depuis 2010, le dessin d'une assiette au sein de laquelle les différentes portions à consommer au cours d'un repas sont présentées. Le programme *Let's Move* vise à la fois à apprendre à mieux manger et à se dépenser plus. En même temps, les autorités tentent de faire évoluer l'offre alimentaire. Le *National School Lunch Program* (programme pour le déjeuner à l'école), lancé en 1946, bénéficie de 3,2 milliards de subventions sur la période 2012-2017 afin de proposer des fruits et légumes, des produits laitiers pauvres en matière grasse, des portions plus réduites et plus variées aux quelques 32 millions d'élèves qui en profitent. Cependant, la lutte n'est pas facile à mener. La décision en 2013 du précédent maire de New York, Michael Bloomberg d'interdire la vente de verres de sodas de près d'un demi-litre dans les bars, restaurants et fast-foods de sa ville, a été bloquée par la justice sous la pression d'industriels du soda. »

J. E. Brody, *The New York Times* (traduction auteur), 20 mai 2013.

9 — Une ferme urbaine à New York (Brooklyn)

Des légumes biologiques arrosés au compte-goutte sont cultivés dans 1 000 m^2 de serres chauffées à l'énergie solaire. Ils sont vendus à des épiceries et des restaurants de New York et dans des supermarchés biologiques haut de gamme.

10 — Une campagne publicitaire dans le métro de Los Angeles (avril 2013)

« Diminuez vos rations, diminuez votre poids. La taille des portions compte : 2 000 calories par jour suffisent à la plupart des adultes. Pour plus d'informations et des conseils nutritionnels, consultez choosehealthla.com. »

Questions

1. **Doc. 8, 9 et 10** Quels sont les acteurs principaux de la mobilisation contre l'obésité ?
2. **Doc. 8** Quels sont les publics visés en premier lieu par ces actions ? Pourquoi ?
3. **Doc. 9** Quels sont les principaux bénéficiaires des expériences de « fermes » urbaines ?

BILAN Expliquez les actions entreprises aux États-Unis pour lutter contre l'obésité et leurs limites.

Étude de cas 2

CHANGER D'ÉCHELLE ▶ Des États-Unis au contexte mondial

Rédiger le bilan de l'étude de cas

A — Une population à l'alimentation très riche

1• Rédigez un paragraphe expliquant dans quelle mesure la population des États-Unis consomme une alimentation trop riche. (p. 62-63)

B — Les excès de l'agrobusiness

2• Citez plusieurs réalisations de l'agrobusiness et précisez leurs atouts et leurs inconvénients (p. 64)

C — Des acteurs en faveur d'une meilleure alimentation

3• Quelles sont les tentatives d'amélioration de la qualité alimentaire aux États-Unis (acteurs, pratiques agricoles, habitudes de consommation) et leurs limites ? (p. 65)

Mettre en perspective

carte 1 ci-contre
a. Citez d'autres pays où l'obésité est importante.

carte 1 ci-contre et carte p. 68-69
b. Quels sont les profils économiques de ces autres pays ?

carte 2 ci-contre
c. Identifiez les pays où les OGM sont utilisés.

carte p. 68-69
d. Citez d'autres pays où l'on tente d'améliorer la qualité alimentaire.

Schéma bilan ▶ L'enjeu de la qualité alimentaire dans les pays riches et émergents

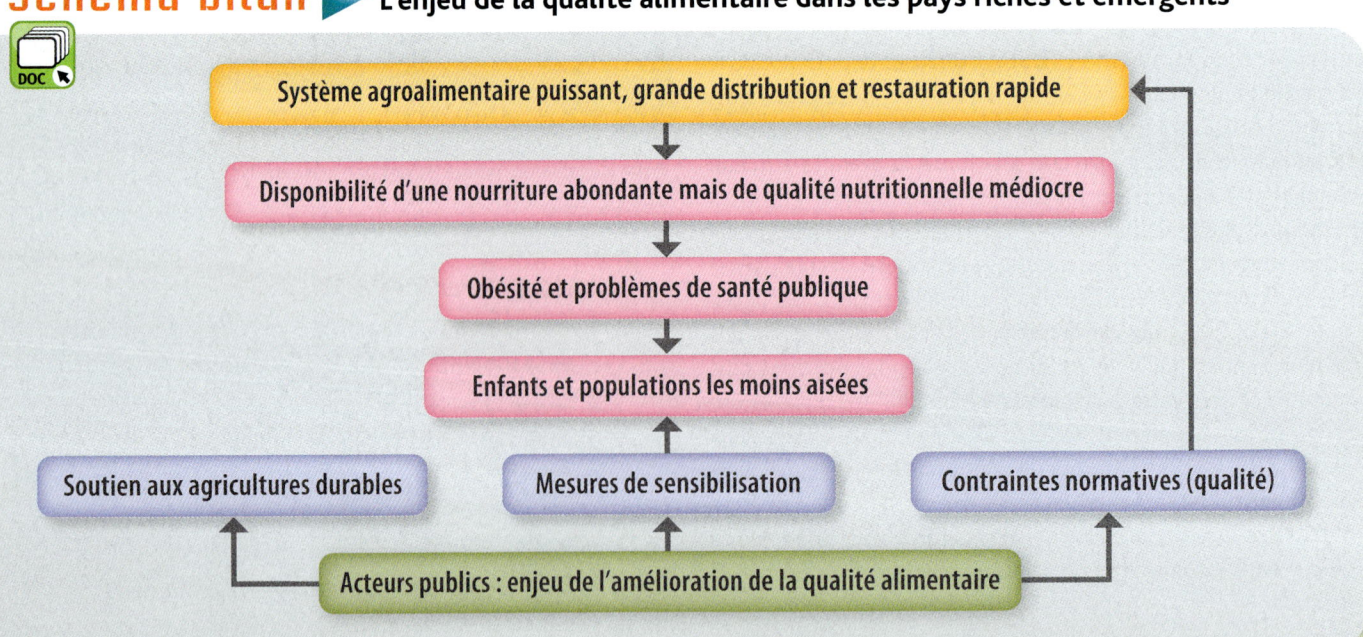

Système agroalimentaire puissant, grande distribution et restauration rapide
↓
Disponibilité d'une nourriture abondante mais de qualité nutritionnelle médiocre
↓
Obésité et problèmes de santé publique
↓
Enfants et populations les moins aisées
↑
Soutien aux agricultures durables — Mesures de sensibilisation — Contraintes normatives (qualité)
↑
Acteurs publics : enjeu de l'amélioration de la qualité alimentaire

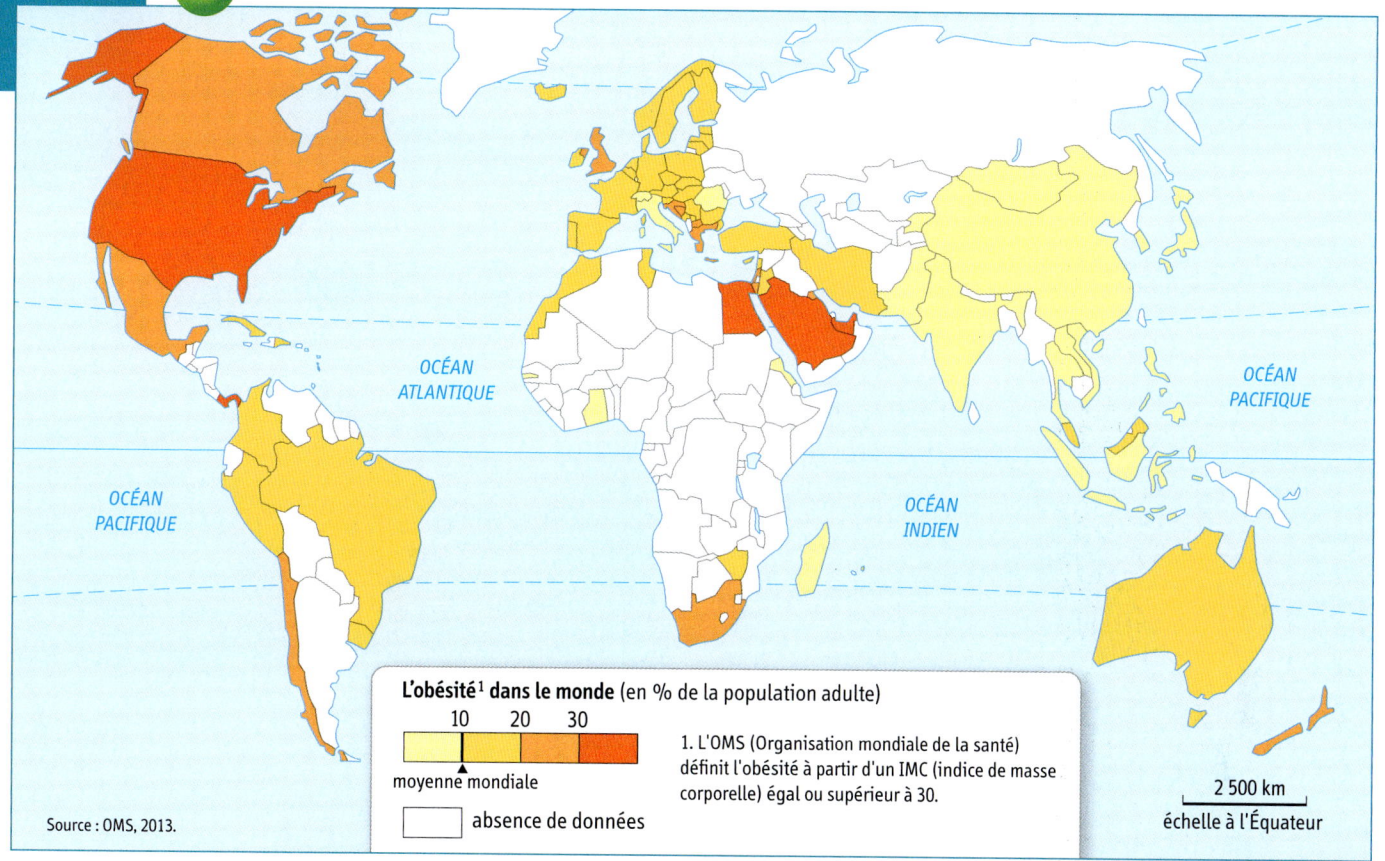

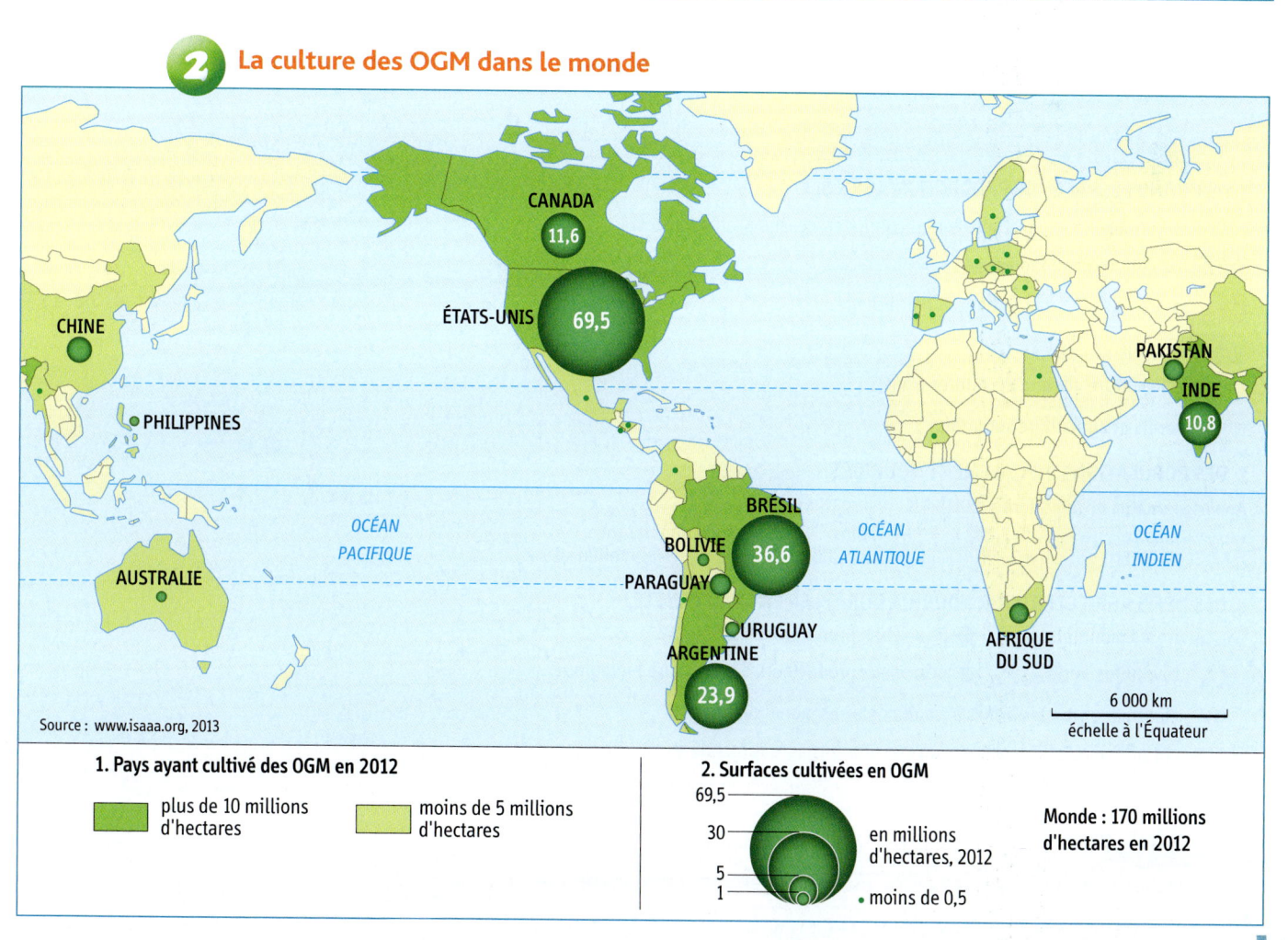

Nourrir les hommes

1 L'obésité dans le monde

L'obésité¹ dans le monde (en % de la population adulte)

10 20 30
moyenne mondiale

absence de données

1. L'OMS (Organisation mondiale de la santé) définit l'obésité à partir d'un IMC (indice de masse corporelle) égal ou supérieur à 30.

Source : OMS, 2013.

échelle à l'Équateur : 2 500 km

2 La culture des OGM dans le monde

- CANADA 11,6
- ÉTATS-UNIS 69,5
- CHINE
- PHILIPPINES
- PAKISTAN
- INDE 10,8
- BRÉSIL 36,6
- BOLIVIE
- PARAGUAY
- URUGUAY
- ARGENTINE 23,9
- AUSTRALIE
- AFRIQUE DU SUD

Source : www.isaaa.org, 2013

échelle à l'Équateur : 6 000 km

1. Pays ayant cultivé des OGM en 2012
- plus de 10 millions d'hectares
- moins de 5 millions d'hectares

2. Surfaces cultivées en OGM
69,5 / 30 / 5 / 1 en millions d'hectares, 2012
• moins de 0,5

Monde : 170 millions d'hectares en 2012

67

Carte — Nourrir les hommes

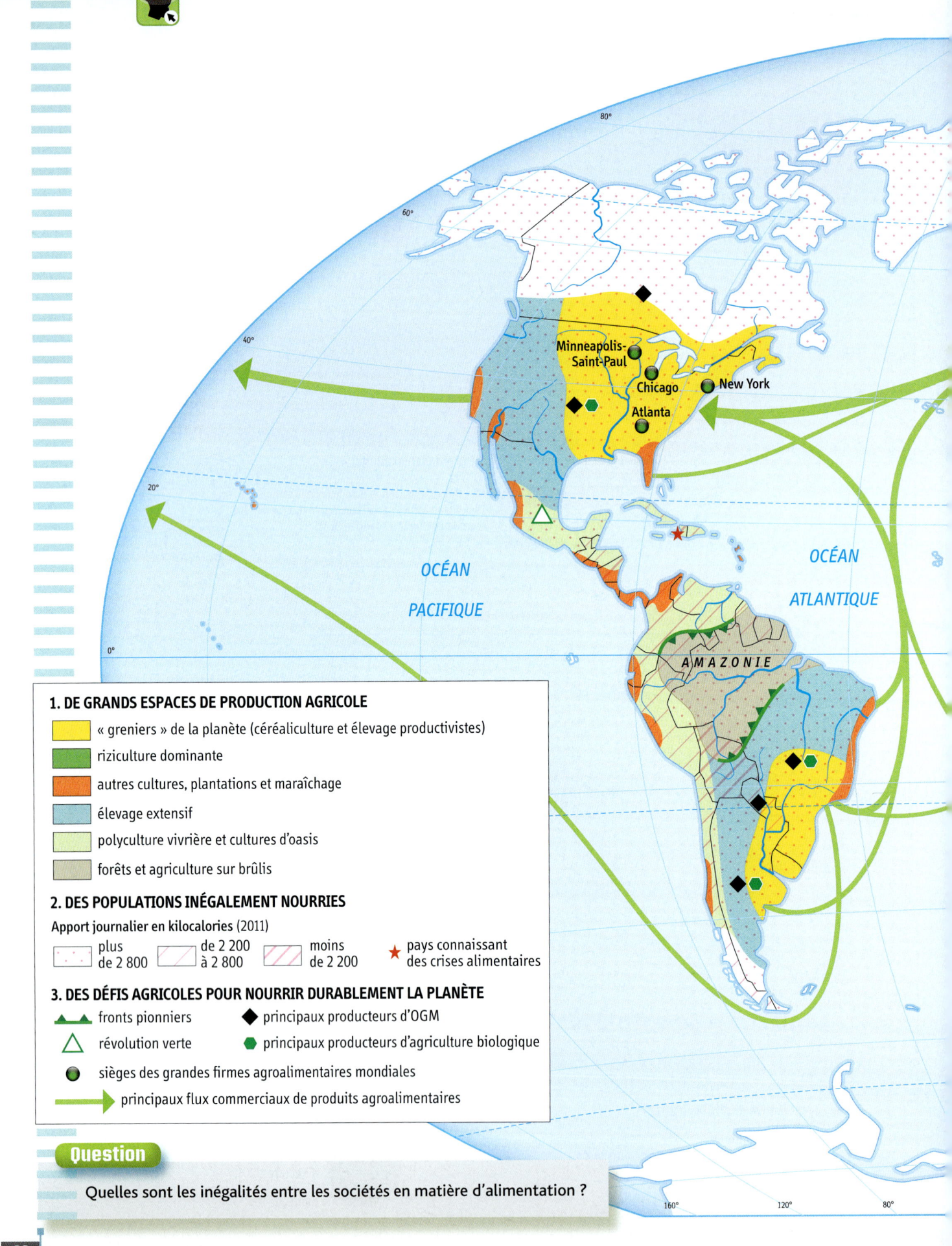

1. DE GRANDS ESPACES DE PRODUCTION AGRICOLE
- « greniers » de la planète (céréaliculture et élevage productivistes)
- riziculture dominante
- autres cultures, plantations et maraîchage
- élevage extensif
- polyculture vivrière et cultures d'oasis
- forêts et agriculture sur brûlis

2. DES POPULATIONS INÉGALEMENT NOURRIES
Apport journalier en kilocalories (2011)
- plus de 2 800
- de 2 200 à 2 800
- moins de 2 200
- ★ pays connaissant des crises alimentaires

3. DES DÉFIS AGRICOLES POUR NOURRIR DURABLEMENT LA PLANÈTE
- fronts pionniers
- révolution verte
- principaux producteurs d'OGM
- principaux producteurs d'agriculture biologique
- sièges des grandes firmes agroalimentaires mondiales
- principaux flux commerciaux de produits agroalimentaires

Question

Quelles sont les inégalités entre les sociétés en matière d'alimentation ?

Nourrir les hommes 2

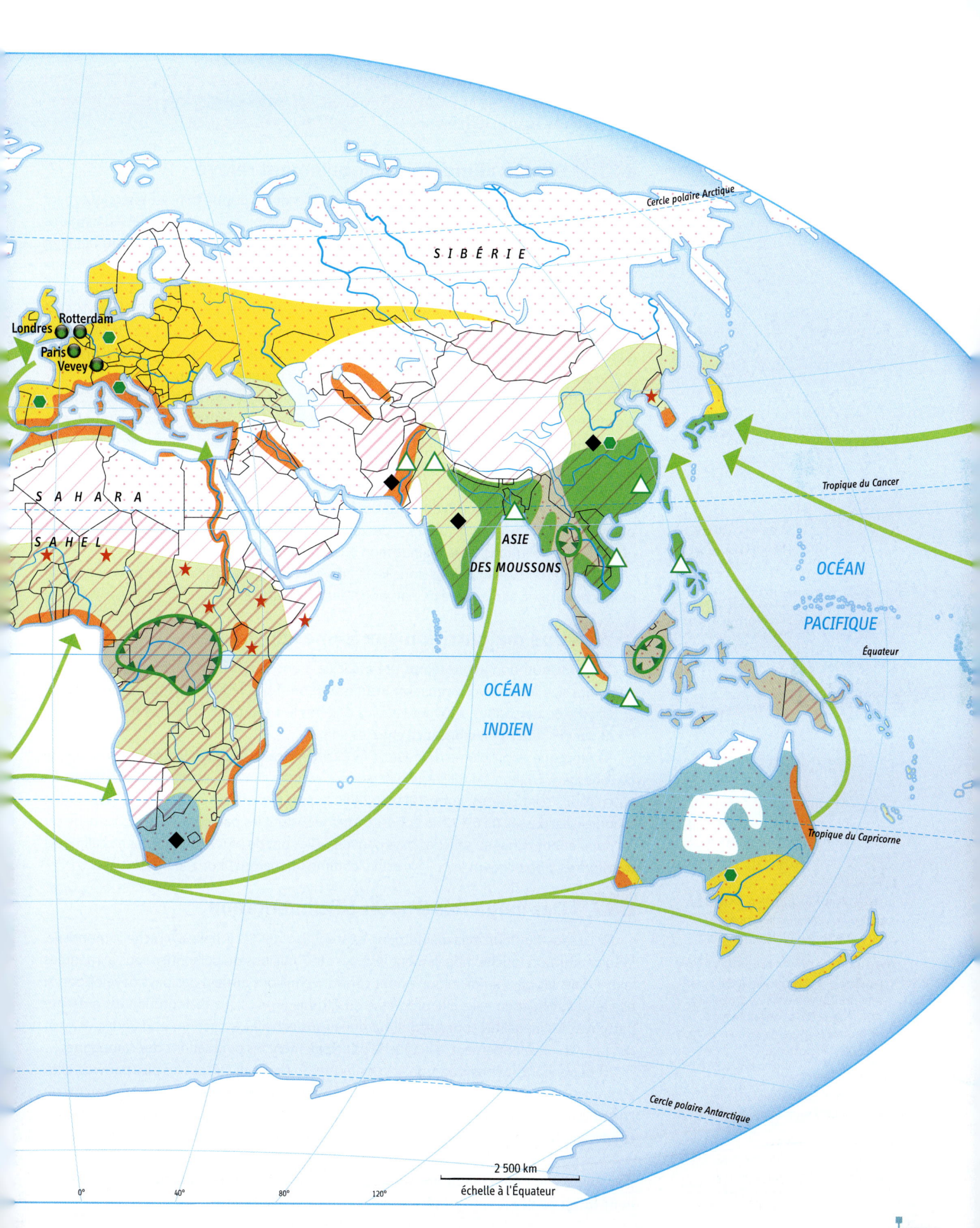

Cours 1 : Croissance des populations et des productions

Le défi de nourrir la population mondiale est en partie relevé alors que la population croît. La **sous-nutrition** recule mais la **malnutrition** et les inégalités progressent.

1 Un défi alimentaire globalement relevé

○ À l'échelle de la planète, nourrir l'ensemble de la population est théoriquement possible. Si l'ensemble des productions agricoles disponibles pour l'alimentation humaine (sans compter les 33 % de la production de grains destinés à l'alimentation du bétail et les 20 % de productions abîmées ou perdues) était réparti de manière équitable, chaque individu disposerait de 2 800 calories par jour alors que 2 500 suffisent **(doc. 2)**. Le pourcentage de la population mondiale souffrant de la faim est passé de 50 % en 1947 à 12,5 % aujourd'hui. Parallèlement, l'alimentation évolue au fur et à mesure que la **transition alimentaire** se diffuse, mais la malnutrition est devenue plus importante : près d'une personne sur deux en souffre. La **sécurité alimentaire** n'est pas encore atteinte pour tous **(doc. 1)**.

○ Cette situation a été permise par l'évolution des **systèmes agroalimentaires** dont les rendements **(doc. 4)** ont été améliorés grâce à la mécanisation, à la chimisation et à l'intégration économique. Alors qu'entre 2000 et 2010, la population mondiale augmentait de 1,2 % chaque année, la production agricole croissait de 2,6 % par an. Nourrir les 9 milliards d'habitants de la Terre en 2050 devrait être possible. Pourtant, le système actuel montre ses limites, qu'il s'agisse de son rythme de croissance (la FAO – Organisation des Nations unies pour l'alimentation et l'agriculture – prévoit une progression de 1,7 % par an entre 2013 et 2021), des pollutions, de la malnutrition ou des inégalités qui subsistent.

○ Aujourd'hui, les famines sont liées aux conflits qui détruisent les productions et empêchent l'aide alimentaire de parvenir à ses destinataires.

2 Une malnutrition aux formes diversifiées

○ La malnutrition a longtemps été associée à une carence en micronutriments et en vitamines liée à une consommation insuffisante de fruits, légumes et protéines. Près de 2 milliards de personnes, souvent les plus pauvres, en souffrent, ce qui se traduit notamment par des retards de croissance chez les enfants.

○ Alors que ce problème demeure, il faut faire face à ce que l'OMS qualifie « d'épidémie de l'obésité ». Environ 1,4 milliard de personnes sont en surcharge pondérale, dont près de 500 millions sont obèses. Entre 1980 et 2008, la part des obèses au sein de la population mondiale est passée de 6 à 12 %. L'obésité touche surtout les pauvres dans les pays riches et les populations riches au sein des pays pauvres : elles ont de plus en plus accès aux aliments transformés trop riches et le poids y est vu comme un marqueur de réussite sociale.

3 Des inégalités d'accès à l'alimentation

○ La sous-nutrition et la malnutrition existent à toutes les échelles. À l'échelle mondiale, la sous-nutrition touche inégalement les pays : 852 millions de personnes sous-alimentées vivent dans les pays en développement contre 16 millions au sein des pays développés. Si elle tend à reculer en Asie, elle progresse en Afrique **(doc. 3)**. La malnutrition est présente partout et les inégalités sont surtout marquées aux échelles moyennes et grandes. Au sein des pays en développement, elle touche principalement les populations des campagnes.

○ Cependant, la sous-nutrition et la malnutrition frappant surtout les plus pauvres, elles sont aussi présentes dans les milieux urbains, tant dans les pays en développement, où l'urbanisation progresse fortement, que dans les pays développés où l'hétérogénéité des conditions économiques et alimentaires est forte entre les quartiers et dans les quartiers.

▶ Relever le défi alimentaire suppose de mieux répartir les ressources disponibles et de lutter contre les inégalités.

Consommation de viande et développement

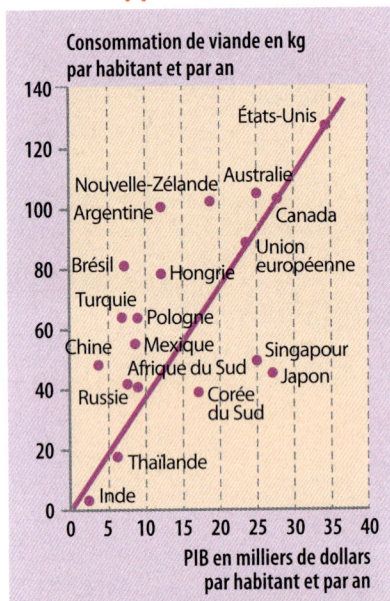

Consommation de viande en kg par habitant et par an (axe vertical : 0 à 140) en fonction du PIB en milliers de dollars par habitant et par an (axe horizontal : 0 à 40).

Pays représentés : États-Unis, Australie, Nouvelle-Zélande, Canada, Argentine, Union européenne, Brésil, Hongrie, Turquie, Pologne, Chine, Mexique, Singapour, Afrique du Sud, Japon, Russie, Corée du Sud, Thaïlande, Inde.

Note : La droite qui traverse le graphique désigne la consommation de viande moyenne observée dans les pays de PIB/hab. similaire. Les pays situés au-dessus ont donc une consommation supérieure à la moyenne des pays aux revenus par habitant similaires (et ce généralement pour des raisons culturelles).

Source : J.-P. Charvet, *Atlas de l'agriculture*, Éditions Autrement, 2012.

---

vocabulaire

Sous-nutrition
Situation résultant d'un apport calorique insuffisant pour mener une vie saine et pratiquer une activité.

Malnutrition
Déséquilibre en protéines, en lipides et/ou en vitamines lié à une sous ou à une surnutrition.

Transition alimentaire / nutritionnelle
Passage d'un régime alimentaire reposant principalement sur les céréales à un régime où la consommation de protéines d'origine animale (viande et lait) est importante.

Sécurité alimentaire
Fait de disposer de denrées alimentaires en quantités suffisantes toute l'année.

Système agroalimentaire
Ensemble des activités relatives à la production, la transformation et la consommation des aliments.

1 Qu'est-ce que la sécurité alimentaire ?

« L'Organisation des Nations unies pour l'alimentation et l'agriculture (ou FAO pour *Food and Agriculture Organization*) a proposé une définition de la sécurité alimentaire qui fait aujourd'hui l'objet d'un large consensus. Pour la FAO, la sécurité alimentaire est atteinte lorsque "tous les êtres humains ont, à tout moment, un accès physique et économique à une nourriture suffisante, saine et nutritive, leur permettant de satisfaire leurs besoins énergétiques et leurs préférences alimentaires afin de mener une vie saine et active". Ainsi définie, la sécurité alimentaire comporte donc des dimensions à la fois quantitatives et culturelles. Elle prend en compte les habitudes et les éventuels interdits alimentaires propres aux diverses populations et aires culturelles de notre planète. Tout en s'appliquant à l'ensemble des êtres humains quel que soit leur sexe, leur âge, leur appartenance ethnique ou religieuse, ou encore le niveau de leurs revenus, la sécurité alimentaire englobe toutes les périodes de l'année, et tout particulièrement celle de la "soudure" entre deux récoltes ».

J.-P. Charvet, *Atlas de l'agriculture. Comment nourrir le monde en 2050 ?*, Éditions Autrement, 2012.

2 L'évolution de la ration alimentaire dans le monde

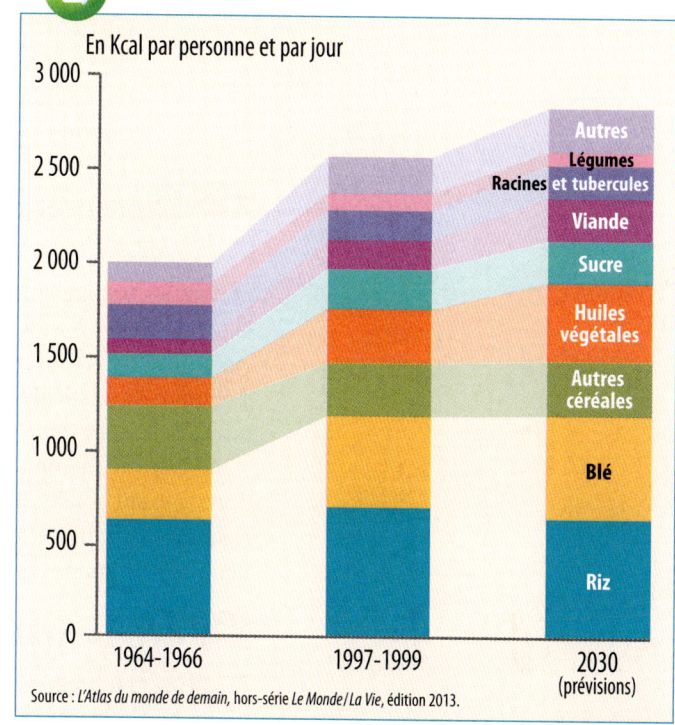

En Kcal par personne et par jour

(Graphique : Riz, Blé, Autres céréales, Huiles végétales, Sucre, Viande, Racines, Légumes et tubercules, Autres — 1964-1966, 1997-1999, 2030 (prévisions))

Source : *L'Atlas du monde de demain*, hors-série *Le Monde/La Vie*, édition 2013.

3 Des améliorations inégales dans l'espace et dans le temps

Évolution du nombre de personnes sous-alimentées dans le monde (en millions)

	1990-1992	2010-2012
Monde	1 000	868
Pays en développement *dont :*	980	852
- Afrique	175	239
- Moyen-Orient	8	21
- Asie du Sud (Inde principalement)	327	304
- Asie orientale (Chine principalement)	261	167
- Asie du Sud-Est	134	65
- Amérique latine	65	49

Source : FAO 2013 dans *Images économiques du monde*, Armand Colin, 2014.

4 La culture mécanisée du soja au Brésil (Mato Grosso)

Le Brésil est le deuxième producteur mondial de soja derrière les États-Unis.

Cours 2 : Assurer la sécurité alimentaire

Garantir la sécurité alimentaire de chaque individu suppose des actions sur la production et sa transformation de la part des États, des firmes transnationales, des petits agriculteurs ou des organisations internationales.

1 Assurer des productions suffisantes et accessibles

○ Relever le défi de la sécurité alimentaire d'une population mondiale en croissance et dont les besoins évoluent (augmentation de la consommation de viande et de produits laitiers) conduit à accroître les productions, notamment par le biais de leur intensification via le **productivisme agricole**. Cela passe par la mécanisation **(doc. 1)**, l'usage croissant d'engrais, de pesticides, de l'irrigation ainsi que par les cultures et les élevages hors-sol, la pisciculture ou la promotion d'élevages et cultures alternatifs.

○ Dans le même temps, des accords sont conclus et des équipements (silos dans les ports…) sont construits afin de faciliter les échanges internationaux de produits agricoles. Néanmoins, pour permettre aux plus démunis d'avoir accès à la nourriture, l'aide alimentaire, qu'elle émane d'institutions internationales, d'États ou d'ONG, joue un rôle important.

2 Des stratégies différentes selon les acteurs

○ Les États cherchent à atteindre la **souveraineté alimentaire** par le biais d'aides à leurs agricultures ou d'importations (qui peuvent être financées par les ventes de cultures d'exportation comme au Brésil). Pour aider leur population à atteindre la sécurité alimentaire, ils peuvent aussi verser des aides aux plus démunis (coupons alimentaires, distribution de nourriture). Beaucoup d'États cherchent à limiter les aides versées par les autres pays ou par les organisations supranationales, telle l'UE, au nom du libre-échange. La lutte contre la spéculation internationale, à l'origine d'une partie de la hausse des cours des matières premières agricoles, est plus limitée. **(doc. 2)**

○ Les firmes transnationales, comme Monsanto ou Cargill, contribuent fortement à l'intensification de l'agriculture par leurs recherches et les moyens dont elles disposent. Cependant, leurs produits, souvent transformés, participent à la malnutrition. De plus, elles sont souvent des concurrents redoutables pour les producteurs locaux dont les moyens sont plus limités.

3 Un nouveau défi : le contrôle des terres cultivables

○ L'intensification ne suffit cependant pas à accroître suffisamment les productions pour répondre à la demande. Il faut aussi augmenter les surfaces cultivées, d'autant que des terres déjà mises en culture disparaissent, notamment en raison de l'urbanisation. Cela conduit à d'importants défrichements, notamment au Brésil et en Indonésie, mais aussi à une concurrence internationale pour l'acquisition de terres agricoles (*land grabbing*, **doc. 3**).

○ Dans des pays pauvres (pays d'Afrique, Madagascar…), on assiste depuis plus de 10 ans à l'acquisition de terres par des États ou des sociétés issues de pays riches ou de pays où il y a peu de terres agricoles disponibles (Arabie saoudite…). Les productions sur ces terres sont pour les trois quarts destinées à des usages non agricoles (coton, agrocarburants). Ces achats ont de lourdes conséquences pour les populations locales : multiplication des paysans sans terre, forte consommation d'eau, diminution des productions locales. Les compensations financières sont de plus en général versées aux États, et non aux paysans, faute de politiques foncières.

▶ Atteindre la sécurité alimentaire suppose une plus grande coopération entre les acteurs à toutes les échelles.

---

vocabulaire

Productivisme agricole
Ensemble de techniques, de moyens chimiques et de politiques agricoles utilisés pour accroître la production agricole.

Souveraineté alimentaire
Définie par la FAO en 1996, elle renvoie aux politiques mises en place par un pays ou un groupe de pays pour nourrir sa population en toute indépendance.

Land grabbing
Politique d'acquisition de terres à l'étranger menée par des États ou des entreprises.

Nourrir les hommes

1. Mécanisation et productivité

Quantité de grains produite par travailleur en quintaux

- **Motomécanisation puissante**
  - tracteurs 4 roues motrices de plus de 120 chevaux HP[1]
  - matériels associés permettant de réaliser de nombreuses opérations en un seul passage
- **Motomécanisation intermédiaire**
  - tracteurs de 50 à 120 chevaux HP[1]
  - grandes machines combinées automotrices
- **Motomécanisation légère**
  - tracteurs de puissance < 50 chevaux HP[1]
  - machines attelées aux tracteurs
- **Culture attelée**
- **Culture manuelle**

Superficie cultivée par travailleur en hectares

1. HP (*Horse Power*) : cheval-vapeur anglo-saxon.
Source : J.-P. Charvet, *L'Agriculture mondialisée*, Documentation photographique n° 8 059, La Documentation française, sept.-oct. 2007.

2. Une manifestation contre l'insécurité alimentaire à La Paz (Bolivie, 2011)

3. L'acquisition de terres agricoles à l'étranger

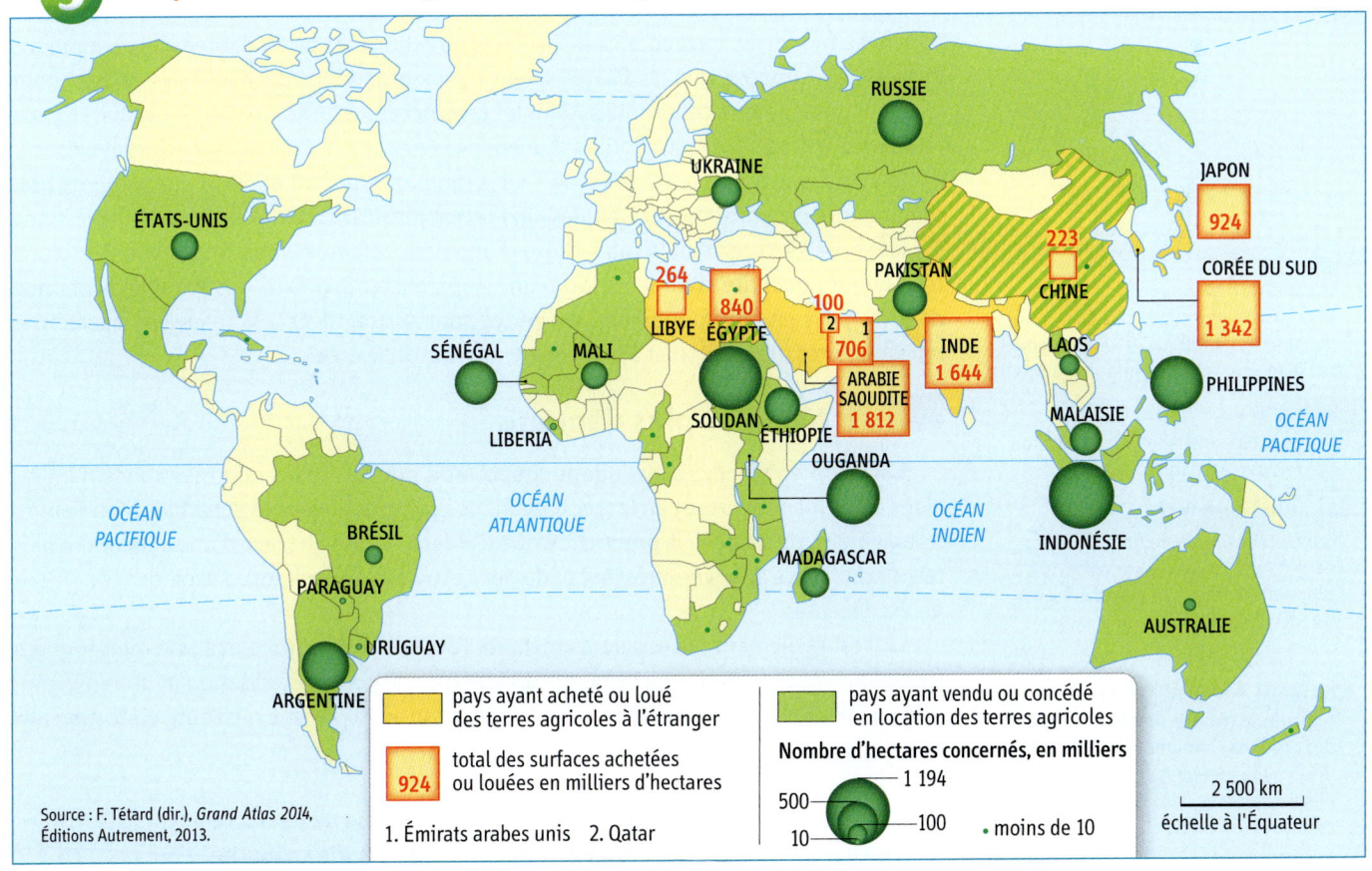

- LIBYE 264
- ÉGYPTE 840
- 1. Émirats arabes unis : 100
- 2. Qatar : 2
- ARABIE SAOUDITE 1 812
- 706
- INDE 1 644
- CHINE 223
- JAPON 924
- CORÉE DU SUD 1 342

Légende :
- jaune : pays ayant acheté ou loué des terres agricoles à l'étranger
- vert : pays ayant vendu ou concédé en location des terres agricoles
- 924 : total des surfaces achetées ou louées en milliers d'hectares
- Nombre d'hectares concernés, en milliers : 1 194 / 500 / 100 / 10 / moins de 10

échelle à l'Équateur : 2 500 km

Source : F. Tétard (dir.), *Grand Atlas 2014*, Éditions Autrement, 2013.

Cours 3 : Des agricultures durables sont-elles possibles ?

La mise en place d'agricultures durables semble une meilleure solution pour nourrir les hommes. Elle suppose des évolutions de la part des agriculteurs, des entreprises et des consommateurs.

Chiffres clés

Le coût du gaspillage alimentaire
- 1 600 milliards de tonnes d'aliments perdues chaque année
- 750 milliards de dollars
- 54 % des pertes dans les phases de production, de récolte et de stockage

Source : FAO, 2013.

1. Développer de nouvelles pratiques agricoles

○ La science et la recherche semblent permettre d'accroître les rendements et la production, notamment par le biais des **OGM**. La modification génétique de plantes, et maintenant d'animaux, permet de limiter l'utilisation d'engrais ou de pesticides, de mieux résister aux périodes d'inondation ou d'accélérer le développement. Cependant, les effets à moyen et long terme sur l'environnement et sur l'homme sont mal connus.

○ Une évolution pourrait être la révolution « doublement verte » qui vise à mieux articuler les connaissances locales et les pratiques scientifiques. Lancée au milieu des années 1990, elle permet d'accroître les rendements tout en limitant les effets négatifs sur les ressources terrestres et **halieutiques** dans une perspective de développement durable. C'est dans cette perspective que s'inscrit l'**agriculture raisonnée** promue notamment en France. **(doc. 3)**

○ La révolution « doublement verte » est perçue comme plus prometteuse que l'**agriculture biologique**, qui a certes peu de conséquences sur l'environnement, mais dont les rendements sont insuffisants pour nourrir la planète même si l'ensemble des terres y était converti. Elle reste pour l'instant surtout pratiquée dans les pays riches.

2. Adopter de nouveaux modes de consommation

○ Les évolutions doivent également venir des consommateurs **(doc. 2)**. Consommer des produits locaux et de saison permet de réduire la pollution (moins de transports, d'irrigation, de chauffage de serre…) et de moins faire pression sur quelques ressources à l'échelle mondiale, tout en misant sur les productions les plus adaptées aux conditions locales. Cela suppose que les filières soient mieux organisées dans les pays du Sud pour que chacun ait accès à ces produits. Dans les pays riches, cette recherche de produits locaux reste encore l'apanage de minorités souvent urbaines et aux moyens financiers élevés.

○ Il faut aussi réduire le gaspillage. On estime qu'entre 30 et 50 % des aliments produits ne sont pas consommés. Dans les pays riches, jusqu'à la moitié de la nourriture achetée est jetée par les consommateurs à cause d'une date de péremption trop restrictive, d'une trop grande quantité d'aliments, ou d'une apparence imparfaite des légumes alors que dans les pays en développement, les pertes sont surtout liées à la mauvaise qualité des infrastructures (transports) et à une chaîne du froid déficiente.

3. Aider les plus démunis

○ Mettre en place ces évolutions suppose de poursuivre les réformes concernant les aides aux agriculteurs tout en les protégeant des conséquences des échanges mondialisés. Il s'agit moins de soutenir la production que d'aider à la mise en place d'une agriculture plus responsable face à l'environnement et de permettre aux agriculteurs d'avoir des conditions de vie décentes.

○ Il est également nécessaire d'améliorer l'accès à la nourriture et à une meilleure nutrition en réorganisant les filières de production et de commercialisation et en renforçant l'aide alimentaire internationale **(doc. 1)**. Cela passe aussi par une meilleure éducation aux besoins nutritionnels. **(doc. 4)**

▶ Nourrir les hommes aujourd'hui et demain suppose de mieux tenir compte des ressources de la planète et d'instaurer une plus grande solidarité.

Vocabulaire

OGM
Organisme génétiquement modifié qui possède une combinaison de matériel génétique inédite obtenue par le recours à la biotechnologie (FAO).

Halieutique
Qui a trait à la pêche et à l'exploitation des ressources marines vivantes.

Agriculture raisonnée
Agriculture visant à réduire les effets négatifs des pratiques agricoles productivistes sans remettre en cause la rentabilité économique des exploitations.

Agriculture biologique
Agriculture réalisée sans le recours à des produits chimiques (ou de manière très limitée et réglementée), respectueuse de l'environnement et du bien-être animal.

Nourrir les hommes

① L'aide alimentaire internationale (Mali, 2012)

Le Programme alimentaire mondial de l'ONU aide environ 100 millions de personnes dans 78 pays. Il a pour objectifs de sauver des vies dans les situations d'urgence, prévenir la faim aiguë, rétablir les modes de subsistance après les conflits, réduire la malnutrition et la sous-alimentation chronique. Ici, à Tombouctou, l'ONU fournit des cartons d'huile de palme.

② Une alimentation dangereuse ?

Couverture de *L'Express* n° 3 241, 14 au 20 août 2013.
Différents scandales sanitaires ont relancé les inquiétudes sur la traçabilité alimentaire et sur la qualité d'une alimentation toujours moins chère mais toujours plus artificielle.

③ Les agricultures durables

Agricultures durables en rupture forte avec l'agriculture productiviste	Agricultures durables en rupture partielle avec l'agriculture productiviste	
Agriculture biologique – Apparue dans les années 1960 – Reconnue officiellement depuis les années 1980 – Refus des produits chimiques, de synthèse et des OGM **Importance :** – 0,75 % de la surface agricole mondiale – 4 % de la surface agricole de l'UE **Effets et bilan :** – Rendements inférieurs d'un tiers à l'agriculture productiviste → incapable de nourrir la population mondiale. – Coûts élevés → produits chers destinés à des consommateurs aisés.	**Agriculture de qualité** – Respecter la sécurité qualitative et la qualité gustative (produits de terroirs, traditions gastronomiques) → labels de qualité : appellations (AOC, IGP, Label rouge...) **Importance :** – Née en France, étendue à l'UE – Peu d'impact dans le reste du monde **Effets et bilan :** – Produits un peu plus chers – Méthodes agricoles employant des produits chimiques de synthèse.	**Agriculture raisonnée** – Réduire l'usage de produits chimiques – Maîtriser les risques sanitaires – Respecter l'environnement **Importance :** – Mise en application partielle depuis 2003 par l'UE dans le cadre de la nouvelle PAC (Politique agricole commune) ⬇ **Agriculture à haute valeur environnementale** – Initiée en France par le « Grenelle de l'environnement » – Concilier productivité + agriculture raisonnée + protection de l'environnement → Certification adaptée aux milieux locaux.

Source : D'après J.-P. Charvet, « L'économie verte », *Cahiers français* n°355, La Documentation française, mars-avril 2010.

④ Nourrir 9 milliards d'hommes en 2050 : 2 approches possibles

Selon une étude publiée en 2009 par le CIRAD (Centre de coopération internationale en recherche agronomique pour le développement), il est possible de nourrir 9 milliards de personnes en 2050 en suivant les principes du développement durable.
Deux variantes sont possibles qui supposent des évolutions plus ou moins importantes des consommateurs, des producteurs et des méthodes de production.

Variante 1 : 3 500 kcal/jour/habitant (moyenne par grande région)
2003 → 2050
Très forte augmentation des rendements agricoles
ET
Très forte augmentation des surfaces cultivées
↓
Les conséquences peuvent être négatives sur les écosystèmes : nécessité de prendre des mesures de protection de l'environnement.

Variante 2 : 3 000 kcal/jour/habitant (moyenne par grande région)
2003 → 2050
Augmentation ou stabilisation des rendements agricoles
ET
Augmentation modérée des surfaces cultivées

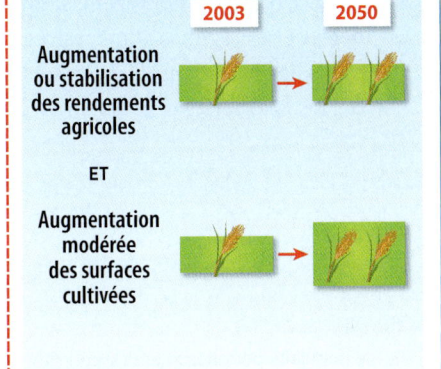

Source : CIRAD-INRA, M. Foucher, « Les nouveaux (dés)équilibres mondiaux », Documentation photographique n° 8 072, La Documentation française, nov.-déc. 2009.

Points de vue

Dans quelle mesure l'alimentation est-elle mondialisée ?

La mondialisation, liée à une intense circulation des produits et des idées à travers le monde, peut aussi toucher les habitudes alimentaires. On entend d'ailleurs dire que l'alimentation s'est mondialisée et que l'on consomme les mêmes produits à travers le monde.

Le restaurant Pizza Hut de Gizeh, au Caire.
Pizza Hut est une chaîne américaine qui sert un plat aujourd'hui mondialisé, mais d'origine italienne.

Qu'en pense un géographe ?

a. « Les médias se font volontiers l'écho des discours évoquant l'uniformisation (sous-entendu "l'américanisation") des régimes alimentaires : l'expansion d'une *world food* (alimentation mondialisée) nous conduirait à une "malbouffe" généralisée à l'échelle planétaire. Les faits montrent très largement le contraire, même si l'on peut trouver des sushis sur les tables françaises et des corn-flakes sur les tables koweïtiennes. »

J.-P. Charvet, « L'agriculture mondialisée », *La Documentation photographique* n° 8 059, La Documentation française, 2007.

b. « Malgré l'homogénéisation croissante des modèles et des régimes alimentaires à l'échelle mondiale, le poids des habitudes alimentaires nationales, régionales ou locales héritées d'histoires spécifiques continue à imposer sa marque. Différents interdits alimentaires demeurent pratiqués de façon très stricte : par exemple la prohibition de la consommation de viande de porc et de boissons alcoolisées dans les pays musulmans, ce qui concerne plus d'un milliard de consommateurs. Les très fortes disparités que l'on relève dans la consommation de produits laitiers à l'échelle mondiale sont loin de s'expliquer par les seuls écarts qui existent entre les revenus par tête d'habitant. La très faible consommation de produits laitiers en Chine est un phénomène très ancien dans ce pays, sans véritable tradition pastorale. Elle y apparaît cinq fois moins élevée qu'en Inde ou en Afrique du Nord et au Proche-Orient. »

J.-P. Charvet, *L'Alimentation dans le monde. Mieux nourrir la planète*, Éditions Larousse, 2009.

Vocabulaire

Malbouffe (*junkfood*)
Terme populaire pour désigner une nourriture jugée mauvaise pour la santé car trop grasse, trop sucrée.

Interdit alimentaire
Tabou portant sur la consommation de certains produits, propre à une société, une culture, une religion.

Bilan

Identifiez les arguments de J.-P. Charvet remettant en cause l'idée d'une mondialisation de l'alimentation.

Exercices et méthodes

Nourrir les hommes 2

1 Confronter deux photographies

En 2005, le photographe Peter Menzel a parcouru le monde en photographiant dans 24 pays des familles et leur nourriture moyenne pendant une semaine.

QUESTIONS

1. Présentez l'habitat et la composition de chaque famille.
2. Caractérisez le niveau de développement des deux pays concernés.
3. Comparez la part de produits bruts (directement issus de l'agriculture, n'ayant pas subi de transformations) consommés par ces deux familles. Quelle famille consomme le plus de produits transformés ?
4. Comparez la part de végétaux consommés par chacune de ces familles.
5. Quels déséquilibres présentent chacun de ces régimes ?
6. Calculez le budget alimentaire par personne dans chaque famille. Qu'est-ce qui explique la différence de budget entre ces deux familles ?

BILAN À partir de ces deux photographies, montrez que, dans le monde, les régimes alimentaires sont variés. Expliquez les causes de cette diversité.

1 La consommation alimentaire hebdomadaire d'une famille en Équateur

Le budget alimentaire dépensé en une semaine par cette famille est de 31,55 dollars.

2 La consommation alimentaire hebdomadaire d'une famille en Angleterre

Le budget alimentaire dépensé en une semaine par cette famille est de 253,15 dollars.

Exercices et méthodes

2 Analyser un message publicitaire

Une publicité peut être destinée à faire réfléchir la population sur ses actions quotidiennes et à l'influencer dans ses choix. L'alimentation est de plus en plus au cœur des messages publicitaires, devenant un enjeu de société. Ce message peut provenir d'industriels, mais aussi du gouvernement ou encore d'associations.

SAVEZ-VOUS QUE VOUS POUVEZ AGIR SUR CE QUE VOUS MANGEZ ?

REJOIGNEZ COMME NOUS LE MOUVEMENT *I field good* POUR UNE PAC QUI CHANGE L'AVENIR.
La France est le 1er utilisateur européen de pesticides. Or, nous importons près de 50% de nos fruits et légumes. Nous versons chacun 100€ par an pour la Politique Agricole Commune (PAC). Pourtant une ferme disparaît toutes les 25 minutes. Le 5 juin 2013, la nouvelle PAC se décide. Vous voulez changer les choses ? Avec la **FONDATION LÉA NATURE**, rejoignez le mouvement *I field good* lancé par la Fondation Nicolas Hulot, et signez la pétition pour une agriculture saine, locale et solidaire : www.fondationleanature.org

QUESTIONS

1. De quel type de document s'agit-il ? Quel est son objectif ?
2. Que dénonce cette affiche ?
3. Quelles sont les fondations à l'origine du message ? Quel courant d'idée représentent-elles ?
4. Relevez les arguments mis en avant pour proposer une alimentation différente.
5. Pourquoi les légumes et les fruits sont-ils disposés ainsi ? En quoi le consommateur peut-il vraiment agir sur la qualité des produits qu'il mange ?

BILAN En quoi ce document illustre-t-il des orientations proposées par les filières de l'agriculture biologique ?

3 Construire une fiche de révision

À savoir

Votre fiche doit comporter **3 grandes parties** et, à l'intérieur de chacune, **2 ou 3 sous-parties**.

Le résumé de votre cours doit faire apparaître :
– les **notions** les plus importantes du cours et leurs **définitions** ;
– les idées les plus importantes du cours ;
– quelques **chiffres** utilisés par le professeur pendant le cours ;

À la fin de chaque grande partie, faites une courte phrase pour exprimer l'idée générale de la partie : il s'agit d'une sorte de bilan.

AIDE

Une fiche de révision doit synthétiser les éléments importants du cours pour vous aider à apprendre vos leçons, notamment en vue des évaluations.

- Il faut respecter un code couleur que vous garderez dans toutes vos fiches de révision.
- Si le cours comporte des schémas, vous pouvez les recopier au propre sur votre fiche.
- Vous pouvez utiliser des abréviations pour réaliser votre fiche de révision.
- Révisez avec votre cours et le manuel. Regardez et mémorisez les documents utilisés en même temps que votre fiche de révision.

Définition des notions
Vous pouvez réaliser un petit carnet de vocabulaire

Sécurité alimentaire
Fait de disposer de denrées alimentaires en quantités suffisantes toute l'année.

Nourrir les hommes

I. Croissance des populations, croissance des productions

A. Un défi alimentaire globalement relevé
– Théoriquement, il y a une assez grande production pour nourrir l'ensemble de la population de la planète **(+ de 2 800 kcal/j/hab.). En 1947 : 50 % de la population souffre de la faim ; en 2014 : 12,5%**.
Mais la **sécurité alimentaire** n'est pas encore atteinte pour tous.
– L'évolution des systèmes agroalimentaires a permis cette augmentation des quantités produites : augmentation des **rendements** avec mécanisation, engrais, etc.

B. Une malnutrition aux formes diversifiées
– La **malnutrition** est très importante : **2 milliards de personnes** en souffrent (principalement des pauvres) → Répercussions importantes sur la santé (carences, maladies, etc.)
– Autre type de malnutrition dans les pays développés : **l'obésité**.
500 millions d'obèses = pauvres dans pays riches + riches dans pays pauvres.

C. Des inégalités d'accès à l'alimentation
– La **sous-nutrition** très importante :
....
....

II. Assurer la sécurité alimentaire

A. Assurer des productions suffisantes et accessibles
– **productivisme**

B. ....
– **souveraineté alimentaire**
– **Monsanto :** firme industrielle engagée dans la production et la fourniture d'engrais, de pesticides et d'OGM.

C. ....
....
....

III. ....

A. ....
– **agriculture biologique**
– **agriculture raisonnée**

B. Adopter de nouveaux modes de consommation
....
....

C. Aider les plus démunis
....

QUESTIONS

1. Lisez, puis recopiez la première partie de la fiche ici proposée.
2. Complétez les 2ᵉ et 3ᵉ parties de la fiche à l'aide du cours de votre professeur et de votre manuel p. 72 et 74.

Exercices et méthodes

4 — lire et confronter deux graphiques

1 La croissance de la population mondiale (en milliers)

Graphique en barres et courbes montrant :
- Population totale (barres)
- Population urbaine (courbe orange)
- Population rurale (courbe rose)

Axe vertical : Population (en milliards), de 0 à 8.
Axe horizontal : années de 1950 à 2015 (prévisions), par pas de 5 ans.

Source : ONU, *World Urbanization Prospects : The 2005 Revision*, 2006.

2 Les sources de croissance de la production agricole (1961-2009)

Légende :
- Expansion des terres arables
- Extension de la surface agricole utilisée
- Accroissement des rendements

En %, axe vertical de 0 à 80.
Régions : Asie de l'Est, Amérique latine et Caraïbes, Asie du Sud, Afrique subsaharienne, Monde.

Source : FAO, *Statiscal Division*, 2012.

ANALYSER

1. Présentez chaque document (type, contenu, source).

2. Document 1.

  a. À quelle échelle sont données les informations ? Ce document est-il précis ?

  b. Quel lien faites-vous entre ce document et les possibilités de croissance de la production agricole mondiale ?

3. Document 2.

  a. L'accroissement des rendements joue à l'évidence une grande importance dans la croissance de la production agricole : comment expliquez-vous que les différentes régions du monde représentées dans le document soient inégalement concernées ?

  b. Quelles régions du monde ne sont pas représentées dans ce document ? Cela vous semble-t-il justifié au regard de l'évolution décrite dans le document 1 ? Au regard de l'accroissement des rendements ? Justifiez votre réponse.

CONFRONTER

4. Pourquoi ces deux documents sont-ils présentés ensemble ? Quelles relations peut-on établir entre eux dans une étude portant sur l'alimentation de la planète ?

SYNTHÉTISER

BILAN En vous appuyant sur ces documents, rédigez un premier paragraphe sur le défi alimentaire et les réponses de l'agriculture. Rédigez un deuxième paragraphe montrant les limites du document 2.

Nourrir les hommes **2**

TICE

5 Compléter et illustrer son cours à l'aide d'un site Internet

La FAO (*Food and Agriculture Organization*) est l'Organisation des Nations unies pour l'alimentation et l'agriculture. Elle lutte contre les inégalités alimentaires et la sous-nutrition tout en tenant compte des effets de l'agriculture sur l'environnement.

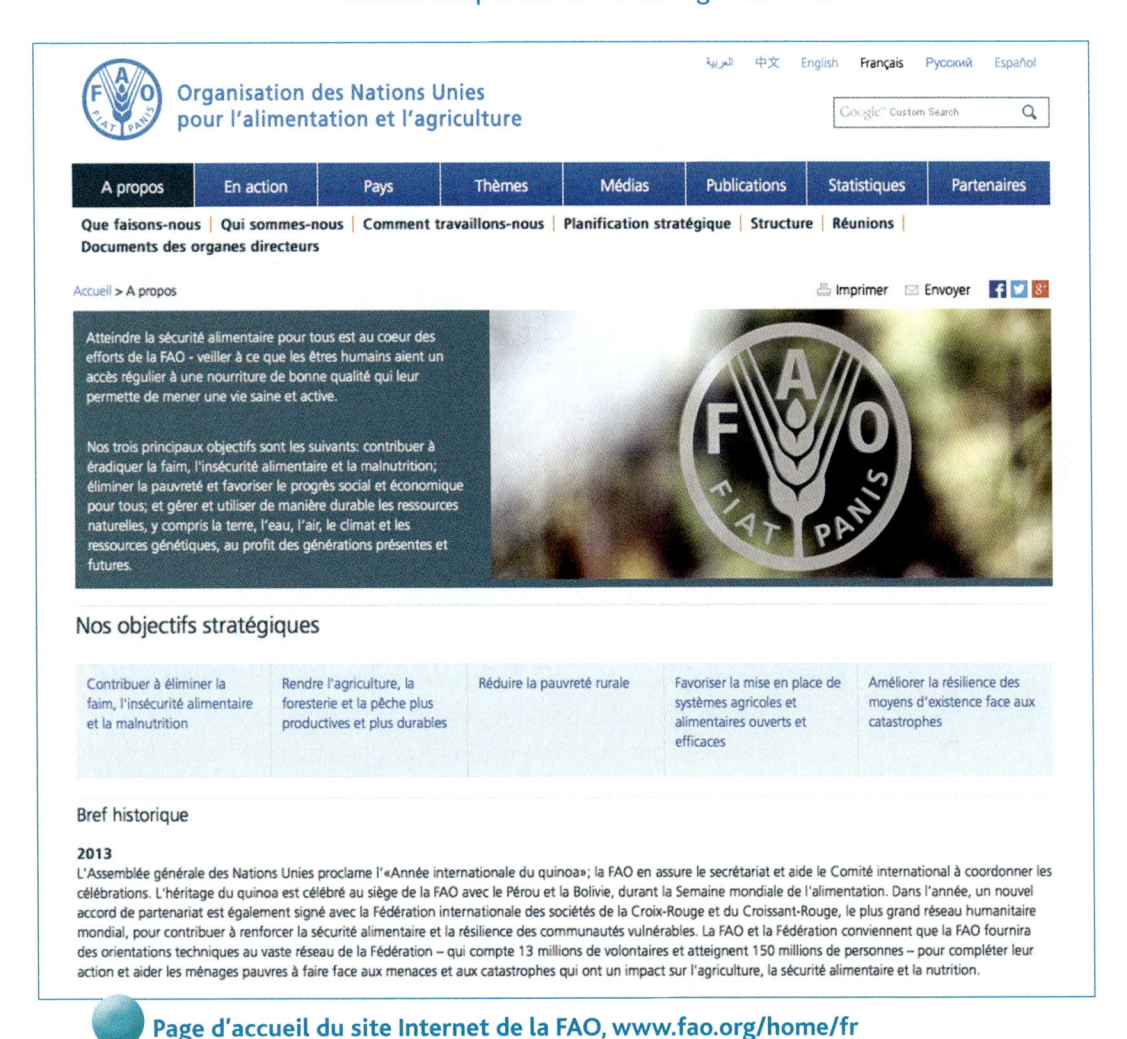

● Page d'accueil du site Internet de la FAO, www.fao.org/home/fr

Allez sur le site de la FAO : http://www.fao.org.

Cliquez sur l'onglet « À propos » dans lequel vous trouverez une présentation et un historique de l'organisation.

1. Quand la FAO a-t-elle été créée ? Dans quel but ?

2. Quels sont aujourd'hui les objectifs de la FAO ?

Cliquez sur l'onglet « En action ».

3. Choisissez une action concrète de la FAO et résumez-la.

4. Montrez que la FAO agit sur le terrain pour le développement de l'agriculture.

Cliquez sur l'onglet « Pays », puis sur « Pays à faible revenu et à déficit vivrier ».

Choisissez deux pays sur deux continents différents.
Cliquez ensuite sur l'un des deux pays choisis.
Cliquez sur « Ressources naturelles », puis ensuite sur « AQUASTAT, monographies par pays ». Veillez à bien procéder dans cet ordre afin d'obtenir la page en français et non en anglais.

5. Lisez le contenu de la page et faites une fiche sur les données agricoles du pays.

6. Complétez votre fiche en cherchant sur le site des données chiffrées, ainsi que des données sur les problèmes alimentaires rencontrés par la population.

Réviser : Nourrir les hommes

1 Croissance des populations et des productions

- La sécurité alimentaire est théoriquement assurée à l'échelle mondiale : si les productions actuelles étaient mieux réparties, chacun disposerait de 2 800 calories (2 500 sont nécessaires pour vivre). La sous-nutrition a fortement diminué, atteignant 12,5 % de la population mondiale, notamment grâce à l'augmentation des rendements agricoles.

- La malnutrition progresse, touchant aujourd'hui près de la moitié des habitants de la planète. Ses formes se diversifient : les carences subsistent, l'obésité se développe.

- 868 millions de personnes sont sous-alimentées, surtout dans les pays en développement. Mais les inégalités d'accès à une nourriture saine et suffisante existent à toutes les échelles.

2 Assurer la sécurité alimentaire

- Le nécessaire accroissement des productions passe par l'usage d'intrants et de nouvelles techniques. Les échanges internationaux jouent également un rôle, ainsi que l'aide alimentaire.

- Les acteurs ont des influences différentes. Les États peuvent accorder des aides à la production et/ou à la consommation. Les firmes transnationales contribuent à intensifier l'agriculture mondialisée, mais font concurrence aux petits producteurs.

- Le contrôle des terres cultivables est un nouveau défi : défrichements et achats de terres en sont les principaux moyens.

3 Des agricultures durables sont-elles possibles ?

- De nouvelles pratiques agricoles se développent : révolution « doublement verte », agriculture biologique, agriculture raisonnée... avec des rendements plus ou moins importants.

- Les pratiques des consommateurs doivent également évoluer pour promouvoir les consommations de proximité dans les pays riches et limiter le gaspillage.

- L'aide aux petits producteurs doit permettre de développer une agriculture plus responsable socialement et économiquement. L'accès à la nourriture doit également être amélioré par la réorganisation des filières de production et de commercialisation, ainsi que par l'aide alimentaire et l'éducation.

Notions clés
- Sécurité alimentaire
- Sous-nutrition
- Malnutrition
- Agriculture biologique
- Système agroalimentaire

Aller plus loin

Sites Internet
- Site de la FAO, Organisation des Nations unies pour l'alimentation et l'agriculture : www.fao.org
- Site du ministère de l'Agriculture : www.agriculture.gouv.fr
- Site du ministère du Développement Durable : www.developpement-durable.gouv.fr
- Site de l'UE consacré à l'agriculture : europa.eu/pol/agr/index_fr.htm

Films et documentaires
- *Les Moissons du Futur, comment l'agroécologie peut nourrir le monde*, par Marie-Monique ROBIN, Arte Éditions, 2013
- *Comment nourrir tout le monde ?*, par Denis van Waerebeke et Sabrina Massen, Univers Science, 2009
- *Le Monde selon Monsanto*, par Marie-Monique Robin, co-production Arte France, Image et Compagnie, Productions Thalie, Office National du film du Canada et WDR, 2008

vérifier ses connaissances

Entraînez-vous en ligne sur www.geo-hatier.com
(corrigés p. 287 du manuel).

Exercice 1

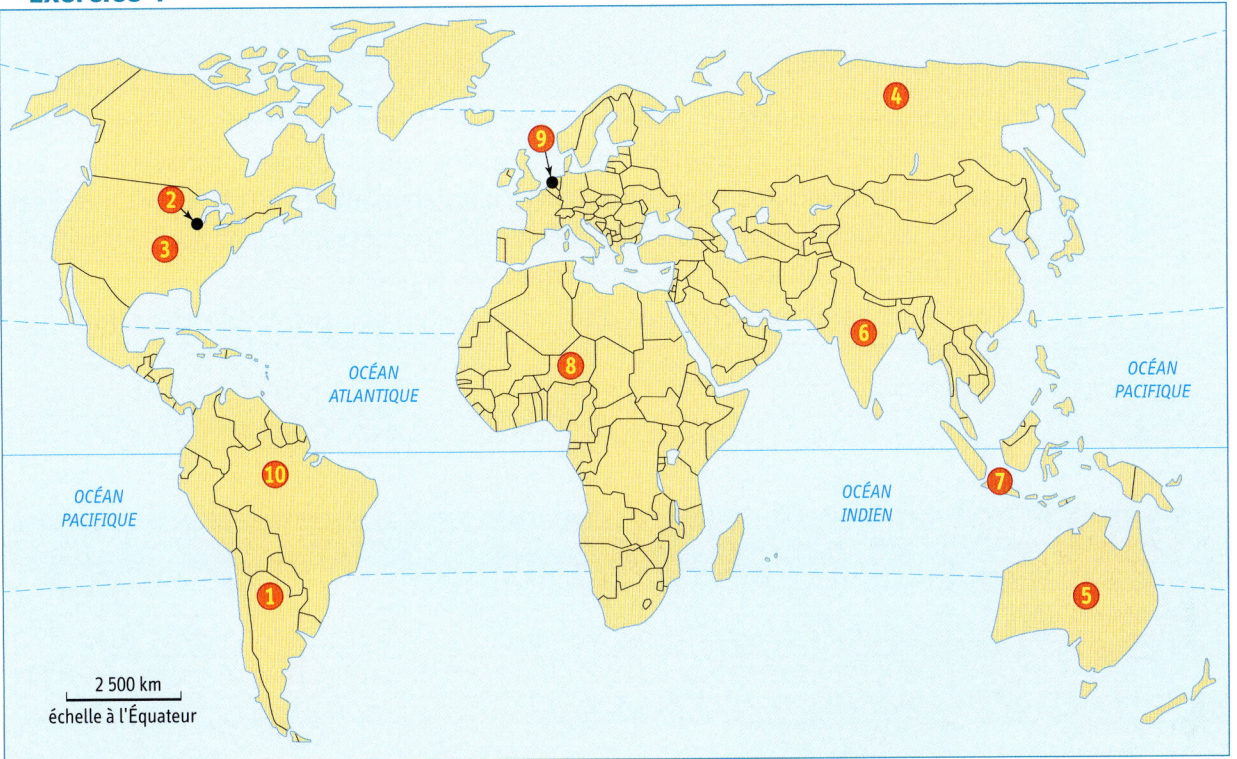

À quel numéro correspondent les propositions ci-dessous ?
Nommez le lieu ou la région concernée.

	Numéro	Nom
Pays avec des difficultés alimentaires		
Un des pays de la Révolution Verte		
Espace défavorable à l'agriculture		
Front pionnier agricole en marge forestière		
Un des grands pays d'agriculture biologique		
Une des grandes Bourses de produits agricoles		
Port exportateur de produits agricoles		
Grande région d'agriculture mécanisée		
Pays de riziculture dominante		
Région d'élevage extensif		

Exercice 2

__ Répondez par vrai ou faux aux affirmations suivantes.
a. La ration alimentaire mondiale est égale à 2 600 cal./jour.
b. La commercialisation des cultures vivrières est en forte augmentation.
c. Les famines sont désormais rares.
d. Les cultures biologiques sont en expansion dans des pays du Sud comme le Brésil ou la Chine.

Exercice 3

__ Parmi les propositions ci-dessous, quelles sont celles qui sont justes ?

a. La transition alimentaire est caractérisée par la croissance de la consommation moyenne de calories d'origine animale au détriment des calories d'origine végétale.
b. La transition alimentaire est liée à la généralisation du modèle alimentaire américain (*fast food*).
c. Les émeutes de la faim sont liées à une production agricole trop faible dans les pays du Sud.
d. Les émeutes de la faim sont liées à la hausse des prix mondiaux des produits agricoles.
e. L'Afrique sahélienne connaît une situation alimentaire difficile essentiellement à cause des sécheresses.
f. L'Afrique sahélienne connaît une situation alimentaire difficile pour des raisons climatiques mais aussi économiques et sociales.

Exercice 4

__ Quel est le bon chiffre ?
La sous-nutrition touche environ :
• 800 millions de personnes
• 1 milliard
• 1, 8 milliard de personnes dans le monde

83

3 L'eau, ressource essentielle

L'eau est une ressource essentielle. À une répartition irrégulière, d'origine le plus souvent climatique, s'ajoutent de graves inégalités d'accès consécutives aux disparités de développement : plus d'un milliard d'habitants ne disposent pas d'eau potable. Les aménagements et les techniques permettent cependant d'améliorer la maîtrise de la ressource et transforment les espaces.

▶ **Comment gérer durablement une ressource en eau convoitée et parfois menacée ?**

1 Une fontaine publique à Blantyre (Malawi)

Les fontaines publiques permettent d'alimenter en eau la population locale. Cependant, au Malawi, un quart de la population rurale n'a pas accès à cette ressource vitale.

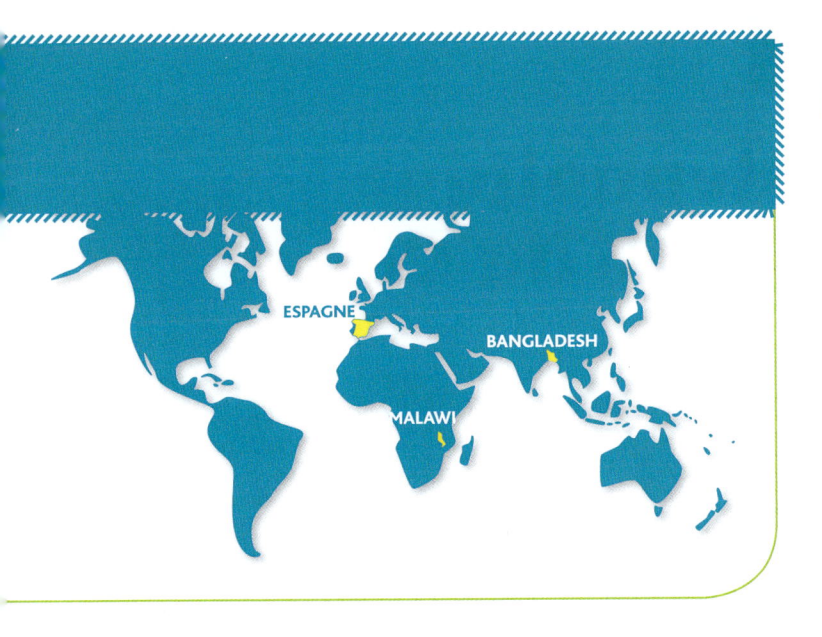

L'accès à l'eau dans un bidonville à Dacca (Bangladesh)

② **Le barrage d'Alcántara en Espagne**

Associé à une centrale hydroélectrique d'une capacité de 915 mégawatts, le réservoir de ce barrage est le deuxième réservoir artificiel d'Europe. Le barrage est construit sur le Tage, le plus long fleuve de la Péninsule ibérique.

Étude de cas 1

L'eau en République démocratique du Congo

Malgré l'abondance de ses ressources en eau, les plus importantes du continent africain, la République démocratique du Congo (RDC) peine à mobiliser cette ressource en faveur de son développement.

A — Une ressource abondante

1 Les disponibilités en eau par habitant en Afrique

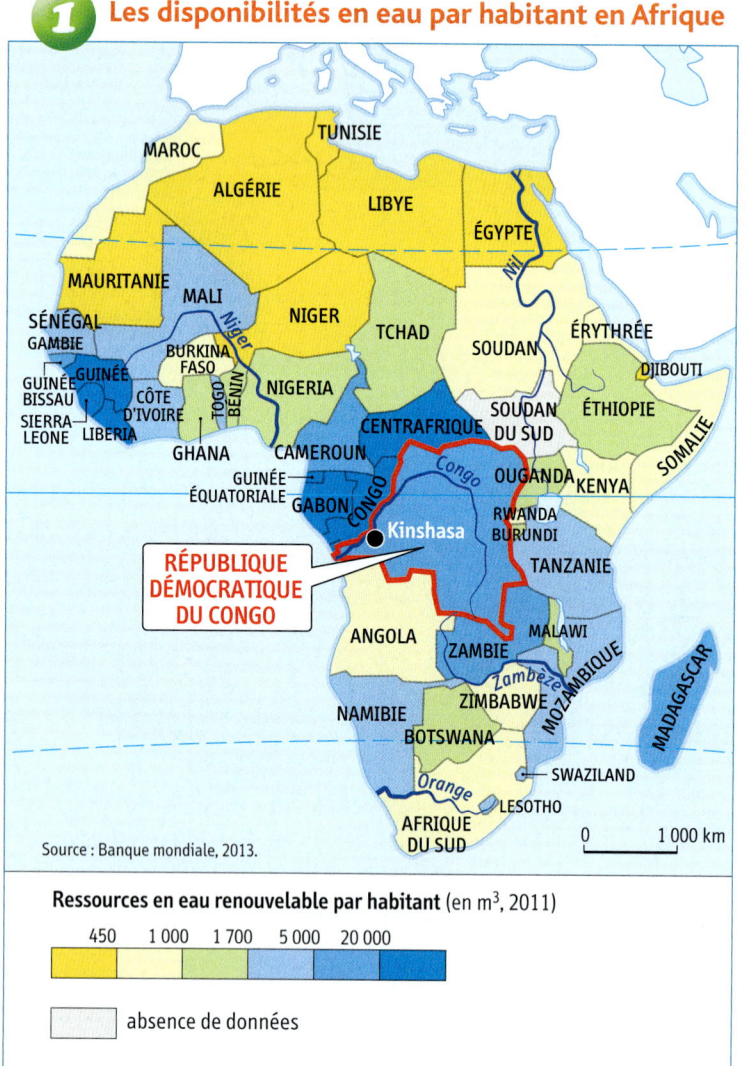

Source : Banque mondiale, 2013.

Ressources en eau renouvelable par habitant (en m³, 2011) : 450 — 1 000 — 1 700 — 5 000 — 20 000

absence de données

2 Le fleuve Congo, deuxième fleuve du monde

« Avec un débit moyen de 41 000 m³/s, 15 fois celui du Nil et deuxième au monde après l'Amazone, le courant du fleuve Congo est le plus puissant d'Afrique. Son bassin-versant, avec une superficie de 3,7 millions de km² est le plus grand d'Afrique. S'étirant sur près de 4 700 km, c'est également le plus long fleuve du continent après le Nil. Bien qu'il s'étende sur neuf pays, 62 % du bassin sont en RDC. Le débit annuel du fleuve est assez stable (variant de 57 200 m³/s à 32 800 m³/s entre décembre et août à Kinshasa) du fait de l'homogénéité relative du climat équatorial, caractérisé par l'absence d'une réelle saison sèche et du rôle de tampon des grands marécages de la forêt tropicale de la Cuvette Centrale à basse altitude. »

Rapport du PNUE (Programme des Nations unies pour l'environnement), *Problématique de l'eau en République démocratique du Congo, Défis et Opportunités*, 2011.

vocabulaire

Bassin-versant
Étendue drainée par un fleuve et ses affluents et délimitée par une ligne de partage des eaux. Il sert de plus en plus de cadre territorial pour la gestion de l'eau.

3 Ressources en eau et population en RDC

1. Des ressources abondantes et variées...
- un fleuve dont presque tout le bassin versant est situé en RDC
- ses affluents

Des précipitations fortes
Nombre de mois de pluie par an
- 12 mois
- de 10 à 11 mois
- de 7 à 9 mois
- de 5 à 6 mois

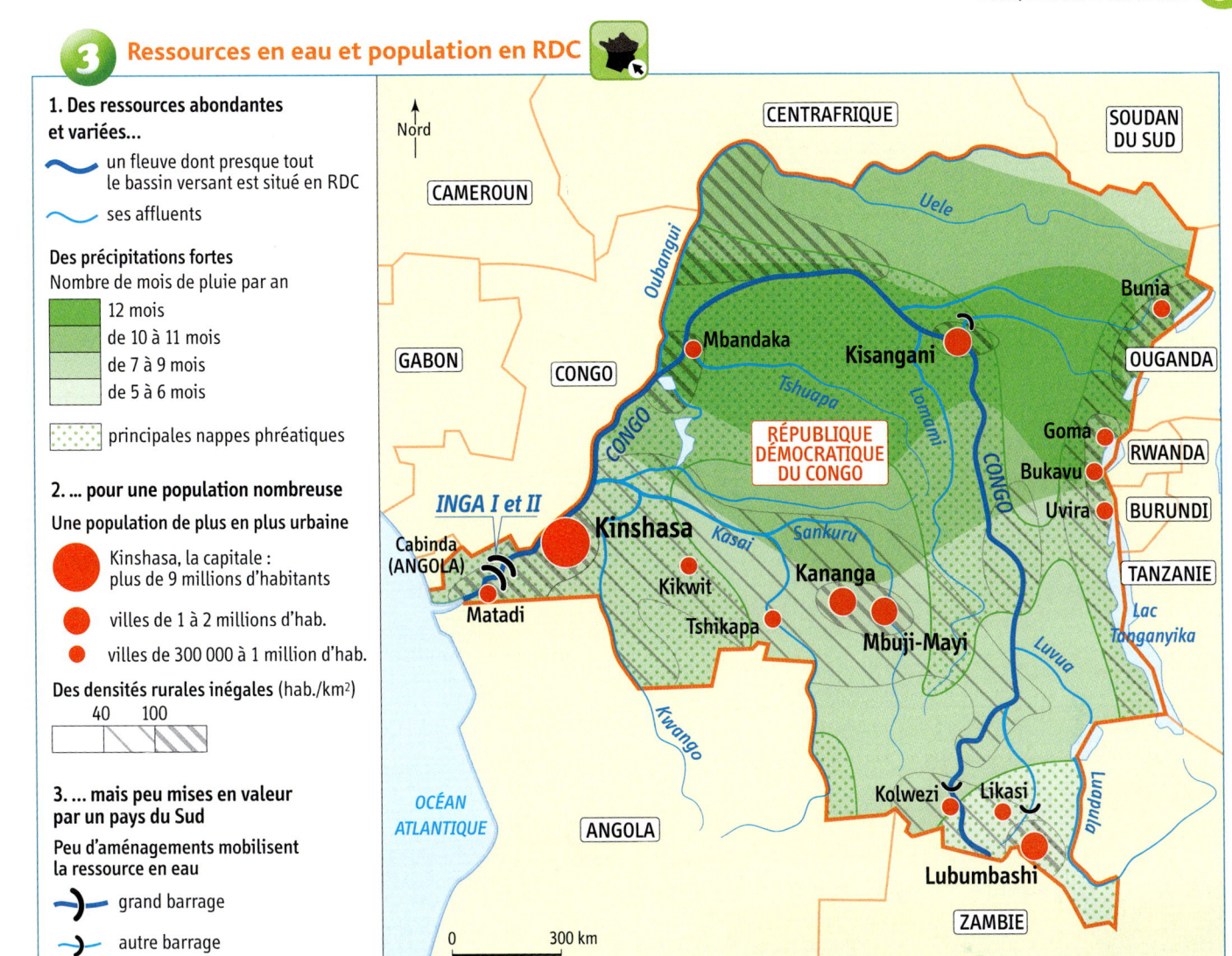

principales nappes phréatiques

2. ... pour une population nombreuse
Une population de plus en plus urbaine
- Kinshasa, la capitale : plus de 9 millions d'habitants
- villes de 1 à 2 millions d'hab.
- villes de 300 000 à 1 million d'hab.

Des densités rurales inégales (hab./km²)
40   100

3. ... mais peu mises en valeur par un pays du Sud
Peu d'aménagements mobilisent la ressource en eau
- grand barrage
- autre barrage

4 Des ressources d'origines diverses

« La RDC est de fait le pays disposant des ressources hydriques les plus abondantes en Afrique. Les précipitations, d'une moyenne annuelle d'environ 6 000 milliards de m³, sont régulières et abondantes (moyenne de 1 545 mm/an) mais varient géographiquement et en fonction des saisons (de 800 mm à 1 800 mm). La RDC jouit également d'une autonomie considérable en eau, avec 70 % de ses ressources actuelles en eau renouvelable provenant des précipitations sur le territoire national. [...] Malgré l'abondance des eaux de surface, la grande majorité de la population congolaise dépend des nappes phréatiques[1] et des sources pour s'approvisionner en eau potable. On estime que les nappes phréatiques représentent presque 47 % des ressources hydriques renouvelables de la RDC, par exemple les roches aquifères[2] continues très productives de la Cuvette Centrale et de l'Oubangui composées de gros sédiments alluviaux[3] atteignant jusqu'à 120 mètres d'épaisseur. La recharge provient directement des eaux de pluies et du système fluvial. [...] L'eau potable provient en majeure partie des sources subvenant aux besoins en eau d'approximativement 90 % de la population rurale de la RDC. »

Rapport du PNUE (Programme des Nations unies pour l'environnement), *Problématique de l'eau en République démocratique du Congo, Défis et Opportunités*, 2011.

1. Nappes qui contiennent l'eau dans les vides de la roche, appelée aquifère.
2. Formation géologique contenant de façon temporaire ou permanente de l'eau mobilisable, constituée de roches perméables et capable de la restituer naturellement et/ou par exploitation.
3. Synonyme d'alluvions.

Questions

1. **Doc. 1 et 2** Comparez la disponibilité en eau par habitant en RDC et dans les autres pays africains.
2. **Doc. 2 et 3** Quels sont les atouts du bassin-versant du fleuve Congo ?
3. **Doc. 3 et 4** Quelle est la place des nappes phréatiques dans l'approvisionnement en eau des habitants de la RDC ?

BILAN Montrez la diversité du potentiel hydrique de la RDC.

Étude de cas 1 — L'eau en République démocratique du Congo

B — Des difficultés de mobilisation de la ressource

5 — L'accès de la population à l'eau potable

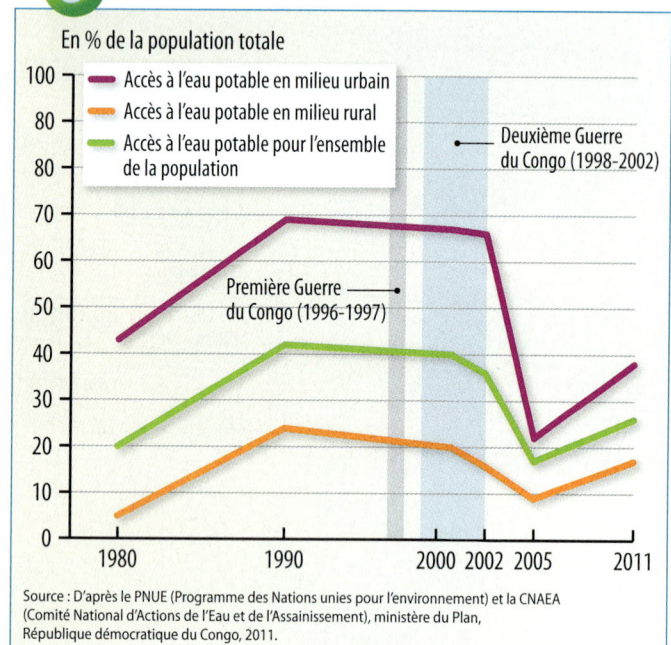

En % de la population totale

- Accès à l'eau potable en milieu urbain
- Accès à l'eau potable en milieu rural
- Accès à l'eau potable pour l'ensemble de la population
- Première Guerre du Congo (1996-1997)
- Deuxième Guerre du Congo (1998-2002)

Années : 1980, 1990, 2000, 2002, 2005, 2011

Source : D'après le PNUE (Programme des Nations unies pour l'environnement) et la CNAEA (Comité National d'Actions de l'Eau et de l'Assainissement), ministère du Plan, République démocratique du Congo, 2011.

6 — Les facteurs du faible accès à l'eau potable

En milieu urbain et périurbain	En milieu rural
Des infrastructures abandonnées, un tiers des usines de traitement des eaux non opérationnelles	60 % des systèmes ruraux de services d'eau non opérationnels
Zones périurbaines très mal desservies (pas de service public)	Faible accès aux sources améliorées
Prix élevé de l'eau. Contrôle insuffisant de la qualité de l'eau	Contrôle de la qualité de l'eau et entretien insuffisants
Taux de croissance rapide de la population urbaine	Taux élevé de contamination bactériologique (eau porteuse de maladies)
Faible retour sur investissement et viabilité des services publics de l'eau (REGIDESO)	Très faible investissement public (15 % du total)

Rapport du PNUE (Programme des Nations unies pour l'environnement), *Problématique de l'eau en République démocratique du Congo, Défis et Opportunités*, 2011.

7 — Le portage de l'eau : un travail des femmes

8 — Les inégalités entre villes et campagnes

« Les consommateurs ruraux ont généralement recours aux sources d'eau non améliorées[1] telles que les résurgences[2]. Ces sources gratuites sont attractives mais constituent des risques sérieux pour la santé publique. Dans les villes surpeuplées, les ménages n'ont souvent pas d'autre possibilité que celle d'acheter leur eau. Étant donné que la REGIDESO[3] n'a généralement pas pu augmenter sa couverture au-delà des limites des centres urbains souvent définies à l'ère coloniale, les familles à faibles revenus dans les périphéries urbaines ne peuvent accéder au système central de distribution d'eau.

Trouver de l'eau potable est l'une des premières tâches quotidiennes des femmes et des enfants qui assument la responsabilité de l'approvisionnement en eau de leur famille. Comme pour la plupart des corvées domestiques, l'approvisionnement en eau d'une famille est une activité fortement concernée par la dimension genre. Les hommes sont cependant de plus en plus impliqués, de façon plus évidente lorsque la commercialisation de l'eau est possible – ils s'occupent alors de la livraison de l'eau ou deviennent agents de bornes-fontaines. Quand cela est possible, on prend l'eau de boisson et de cuisine à une source améliorée, alors que pour la toilette et le ménage c'est l'eau provenant des rivières (fleuves compris), des lacs, des mares, ainsi que des puits et l'eau de pluie qui sont utilisées. »

Rapport du PNUE (Programme des Nations unies pour l'environnement), *Problématique de l'eau en République démocratique du Congo, Défis et Opportunités*, 2011.

1. Sources dont l'eau n'est pas traitée.
2. Endroit où l'eau, après avoir traversé un massif calcaire à travers des fissures, des galeries, ressort à l'air libre.
3. Entreprise publique qui a le monopole de la distribution de l'eau dans les centres-villes.

⑨ Des réseaux d'assainissement inexistants dans les quartiers informels de Kinshasa

⑩ Les conflits dans les provinces de l'Est et l'accès à l'eau

« Malgré l'abondance des ressources en eau, la guerre civile, l'insécurité et la faiblesse des infrastructures font que moins de la moitié des 66 millions d'habitants de la RDC ont accès à l'eau potable. Selon les estimations, 1,9 million de personnes seraient actuellement des déplacés internes en RDC, et la vaste majorité de ces déplacés n'ont pas un accès suffisant aux biens de première nécessité – dont l'eau propre. Fin 2009, les combats dans l'Est du pays ont causé le déplacement de 2,1 millions de personnes dans le Nord et Sud Kivu et la Province orientale, ce qui n'a fait que réduire l'accès aux services. Bon nombre de déplacés internes et de personnes, qui s'étaient enfuies vers les pays voisins retournant à leur lieu d'origine, ne bénéficient pas de l'assistance dont ils ont besoin, que ce soit de la part de l'État ou des Agences internationales, à cause de l'insécurité permanente. Le manque d'eau propre et d'infrastructures d'assainissement, combiné à l'effondrement des structures de soins de santé, ont laissé les populations de la région particulièrement vulnérables à la propagation de maladies infectieuses d'origine hydrique, y compris le choléra. »

PNUE (Programme des Nations unies pour l'environnement), *Atlas de l'eau en Afrique*, 2010.

Questions

1. **Doc. 5** Comment a évolué l'accès à l'eau potable depuis 1980 en RDC ?
2. **Doc. 6, 7, 8 et 9** Comparez et expliquez l'accès à l'eau en milieu urbain et en milieu rural.
3. **Doc. 7, 8 et 10** Montrez les difficultés de la population pour accéder à l'eau.

BILAN Quel est le facteur majeur expliquant le non-accès à l'eau potable pour la majeure partie de la population de RDC ?

Étude de cas 1 — L'eau en République démocratique du Congo

C — Vers une meilleure gestion de la ressource en eau ?

11 L'évolution de la population de la RDC

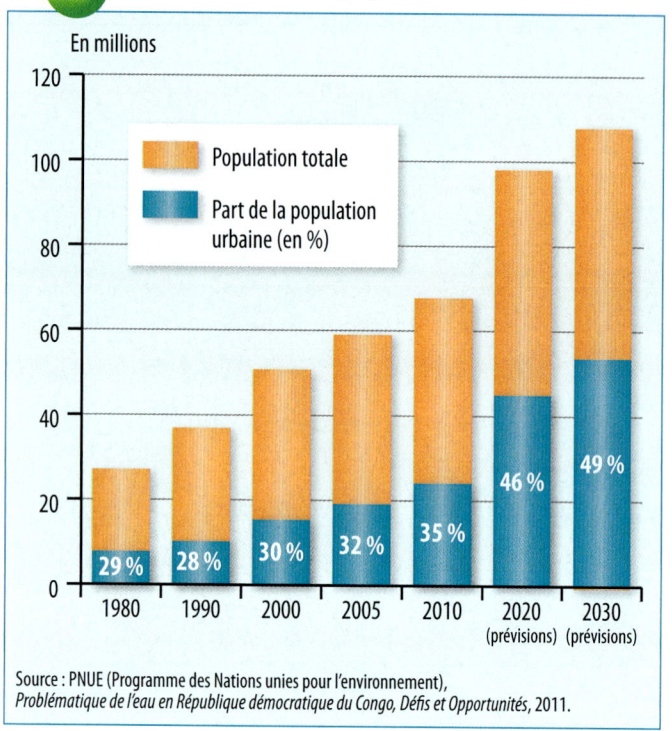

En millions — Population totale ; Part de la population urbaine (en %)

Année	Part urbaine
1980	29 %
1990	28 %
2000	30 %
2005	32 %
2010	35 %
2020 (prévisions)	46 %
2030 (prévisions)	49 %

Source : PNUE (Programme des Nations unies pour l'environnement), *Problématique de l'eau en République démocratique du Congo, Défis et Opportunités*, 2011.

12 La nécessité d'un Code de l'Eau

« Afin d'atteindre les objectifs nationaux de développement, pourtant significativement en dessous des OMD (Objectifs du Millénaire pour le Développement)[1] relatifs à l'eau, le pays devra déjà faire face au défi conséquent que représente l'approvisionnement en eau potable de 20,3 millions de personnes supplémentaires d'ici à 2015. Un avant-projet de loi portant sur le Code de l'Eau a été récemment validé et sera bientôt soumis au Parlement pour adoption. Fondé sur une approche de Gestion Intégrée des Ressources en Eau (GIRE), le Code de l'Eau représente une étape majeure dans le processus de réforme de la gouvernance et des institutions liées au secteur de l'eau. Comme prévu dans le Code de l'Eau, le développement de stratégies pour la gestion des ressources en eau et pour le service public de l'eau devrait être prioritaire. Ceci permettrait de construire une vision commune et d'établir le cadre institutionnel pour la gestion décentralisée du secteur. »

PNUE (Programme des Nations unies pour l'environnement), *Problématique de l'eau en République Démocratique du Congo, Défis et Opportunités*, 2011.

[1]. Objectifs définis par les grandes institutions internationales pour éliminer la pauvreté d'ici 2015.

13 Un espoir pour les ruraux : les « villages et écoles assainis »

« Pour les petits villages, 500 à 1 000 habitants, la stratégie nationale s'appuie sur le modèle "village assaini" lancé en 2006 : amélioration de la qualité des sources d'eau potable et construction de puits peu profonds en mobilisant et en renforçant les capacités des communautés. Le programme, qui dispose d'un budget annuel d'environ 20 millions de dollars, vise à atteindre une population de 9 millions de personnes dans 15 200 villages d'ici 2012. Cependant, à la fin du premier semestre 2010, seuls 1 300 villages (1,6 million de personnes) avaient obtenu le statut de "village assaini". Le manque de savoir-faire technique ainsi que les multiples contraintes logistiques et institutionnelles constituent des défis de taille pour ce programme. »

Rapport PNUE (Programme des Nations unies pour l'environnement), *Problématique de l'eau en République Démocratique du Congo, Défis et Opportunités*, 2011.

Les normes à atteindre	
Pour devenir « Village assaini »	**Pour devenir « École assainie » (EA)**
Au moins 70 % de la population comprend le schéma de transmission des maladies à partir du péril fécal et les moyens de prévention.	100 % du personnel enseignant est formé à la stratégie EA, en éducation pour la Santé et l'Environnement.
Au moins 80 % des ménages utilisent une latrine (toilette) hygiénique.	1 porte aux latrines pour 40 filles et 1 porte pour 50 garçons. 80 % des latrines sont hygiéniques.
Au moins 80 % de la population a accès à l'eau potable et au moins 60 % de la population se lave les mains avec du savon ou de la cendre avant de manger et après avoir été aux toilettes.	100 % d'eau buvable disponible et 80 % d'élèves se lavent les mains avec du savon ou de la cendre.
Au moins 80 % des parcelles sont propres. Au moins une fois par mois le village est nettoyé.	1 fois par jour, la cour de l'école et les salles des classes sont balayées/nettoyées et les déchets jetés dans un trou à ordure.

Atlas 2010. Programme National « Village et École Assainis », ministères de la Santé Publique et de l'Enseignement de la RDC.

14 **Améliorer l'alimentation en eau des villes**

« Kinshasa, la capitale, compte environ 12 millions d'habitants. Sa population ne fait que croître et avec elle la demande en eau potable. Or, la demande dépasse de loin l'offre. Des quartiers entiers manquent d'eau courante, notamment dans la partie est de la ville dans le district de la Tshangu. Pourtant, la situation va en s'améliorant notamment dans certains quartiers situés à l'ouest de Kinshasa. "J'habite ce quartier depuis une dizaine d'années mais l'eau a cessé de couler à mon robinet depuis environ quatre ans. Mes nombreuses protestations à la REGIDESO n'ont rien changé", témoigne une habitante de la commune de Kintambo, dans le quartier Nganda. Deux fois par semaine, cette mère de six enfants est obligée d'envoyer ses enfants loin du domicile afin d'approvisionner la maison en eau. Pourtant elle dispose d'un abonnement à la Régideso et d'un compteur. Mais, depuis quelque temps, elle a constaté que l'eau du robinet coulait un peu plus souvent. [...]

Grâce au projet PEMU[1], la frustration des consommateurs kinois vis-à-vis de la REGIDESO diminue. Sur Kinshasa, le PEMU a entrepris [...] la réparation des stations de pompage et des stations auxiliaires. Il a effectué le renforcement de la canalisation primaire entre l'usine de traitement de Ndjili et l'aéroport, ce à quoi il faut ajouter la réhabilitation de 378 km de réseaux de distribution secondaires et tertiaires, le remplacement et l'installation de 250 000 compteurs. 25 000 nouveaux branchements au réseau de distribution ont été réalisés et 200 bornes fontaines installées. »

Source : labanquemondiale.org, 10 octobre 2013.

1. Financé par la Banque mondiale, le « projet d'alimentation en eau potable en milieu urbain » (PEMU) vise à améliorer l'accès à l'eau potable des habitants des trois principales villes du pays.

LE PROGRAMME EN CHIFFRES

✔ Le Programme va installer 60 mini-réseaux comprenant chacun plusieurs bornes-fontaines comptant de 1 à 4 robinets.
✔ Chaque robinet dessert 250 personnes.
✔ Chaque réseau alimente de 5 000 à 35 000 personnes.
✔ Au total, le programme couvre les besoins en eau de 1,3 million de personnes.

15 **Les mini-réseaux : une autre solution ?**

Cofinancé par la Belgique, l'Union européenne et l'Agence française de développement, ce projet vise à doter de mini-réseaux d'alimentation en eau potable des quartiers périphériques de Kinshasa et des régions rurales du Sud-Est de la RDC.

16 **Mobiliser l'eau pour le développement : le barrage Inga I**

« Mal entretenus, mal gérés, Inga I (350 MW à l'origine) et Inga II (1 420 MW) sont noyés dans les sédiments du Congo et leur production d'hydroélectricité n'équivaut qu'à 40 % de leur capacité. Ils font actuellement l'objet d'une réhabilitation majeure, avec l'assistance financière de la Banque mondiale, de la Banque européenne d'investissement et de la Banque africaine de développement. La RDC projette de construire un nouveau barrage géant, le Grand Inga, dont l'objectif essentiel est la fourniture d'électricité à l'Afrique du Sud. »

L. Caramel, *Le Monde*, 8 juillet 2013.

Questions

1. **Doc. 11 et 12** Quel est le lien entre l'évolution de la population et celle des besoins en eau ?

2. **Doc. 13 à 16** Quels sont les différents types de projet mis en œuvre pour améliorer l'accès à l'eau potable ? Quelle est la différence entre les projets menés dans les villes et dans les campagnes ?

3. **Doc. 16** Pourquoi la construction de barrages peut-elle contribuer au développement du pays ?

BILAN Réalisez un tableau montrant les différents acteurs et les actions menées pour une gestion durable de l'eau en RDC. Montrez aussi leurs limites.

Étude de cas 1

CHANGER D'ÉCHELLE ▶ De la RDC au contexte mondial

Rédiger le bilan de l'étude de cas | Mettre en perspective

A Une ressource abondante

1• Rédigez un paragraphe décrivant l'abondance et la diversité des ressources en eau en RDC. (p. 86-87)

▶ **carte 1 ci-contre**
a. Comment caractériser et expliquer la répartition de la ressource en eau dans le monde ?

B Des difficultés de mobilisation de la ressource

2• Décrivez et expliquez les inégalités d'accès à l'eau en RDC. (p. 88-89)

▶ **carte 2 ci-contre**
b. Décrivez et commentez l'inégale répartition de l'accès à l'eau potable dans le monde (citez des exemples de pays).

C Vers une meilleure gestion de la ressource en eau ?

3• Quelles sont les nouvelles mesures que la RDC, pays du Sud, a mises en place pour mieux gérer ses ressources en eau ? (p. 90-91)

4• Expliquez les facteurs qui freinent ces progrès. (doc. 11 p. 90)

▶ **carte p. 100-101 et carte p. 18**
c. Quel est le principal obstacle à l'amélioration de la gestion des ressources en eau ?

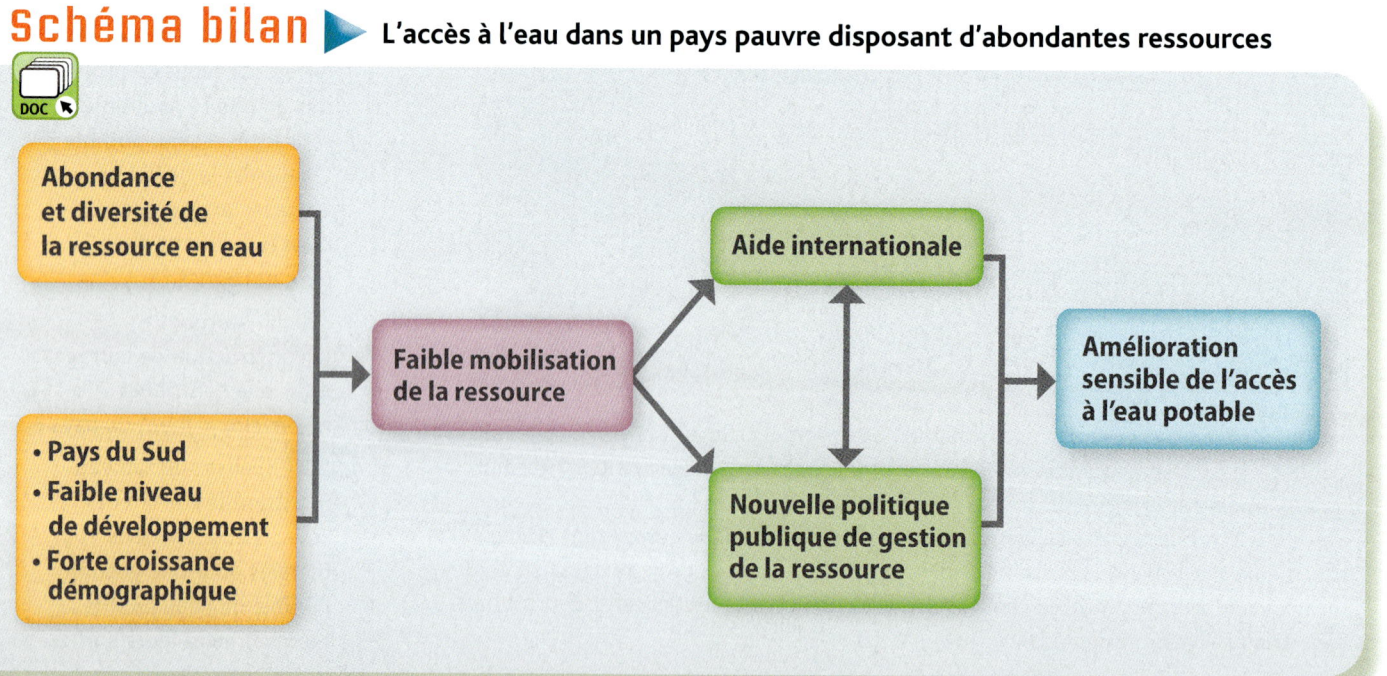

Schéma bilan ▶ L'accès à l'eau dans un pays pauvre disposant d'abondantes ressources

- Abondance et diversité de la ressource en eau
- • Pays du Sud
  • Faible niveau de développement
  • Forte croissance démographique

→ Faible mobilisation de la ressource → Aide internationale / Nouvelle politique publique de gestion de la ressource → Amélioration sensible de l'accès à l'eau potable

92

L'eau, ressource essentielle

1. Les précipitations annuelles dans le monde

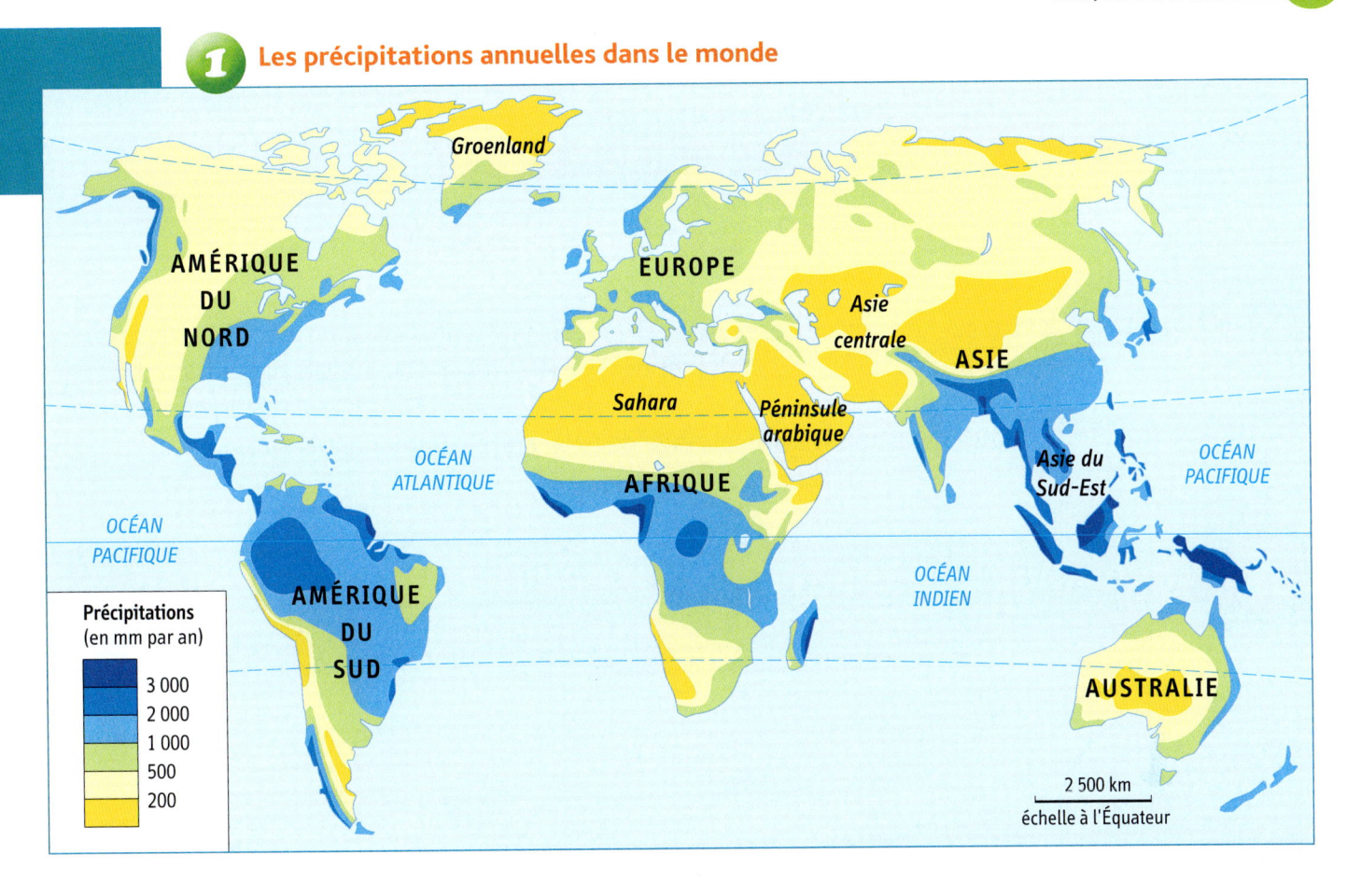

Précipitations (en mm par an)
- 3 000
- 2 000
- 1 000
- 500
- 200

2 500 km — échelle à l'Équateur

2. L'accès à l'eau potable dans le monde

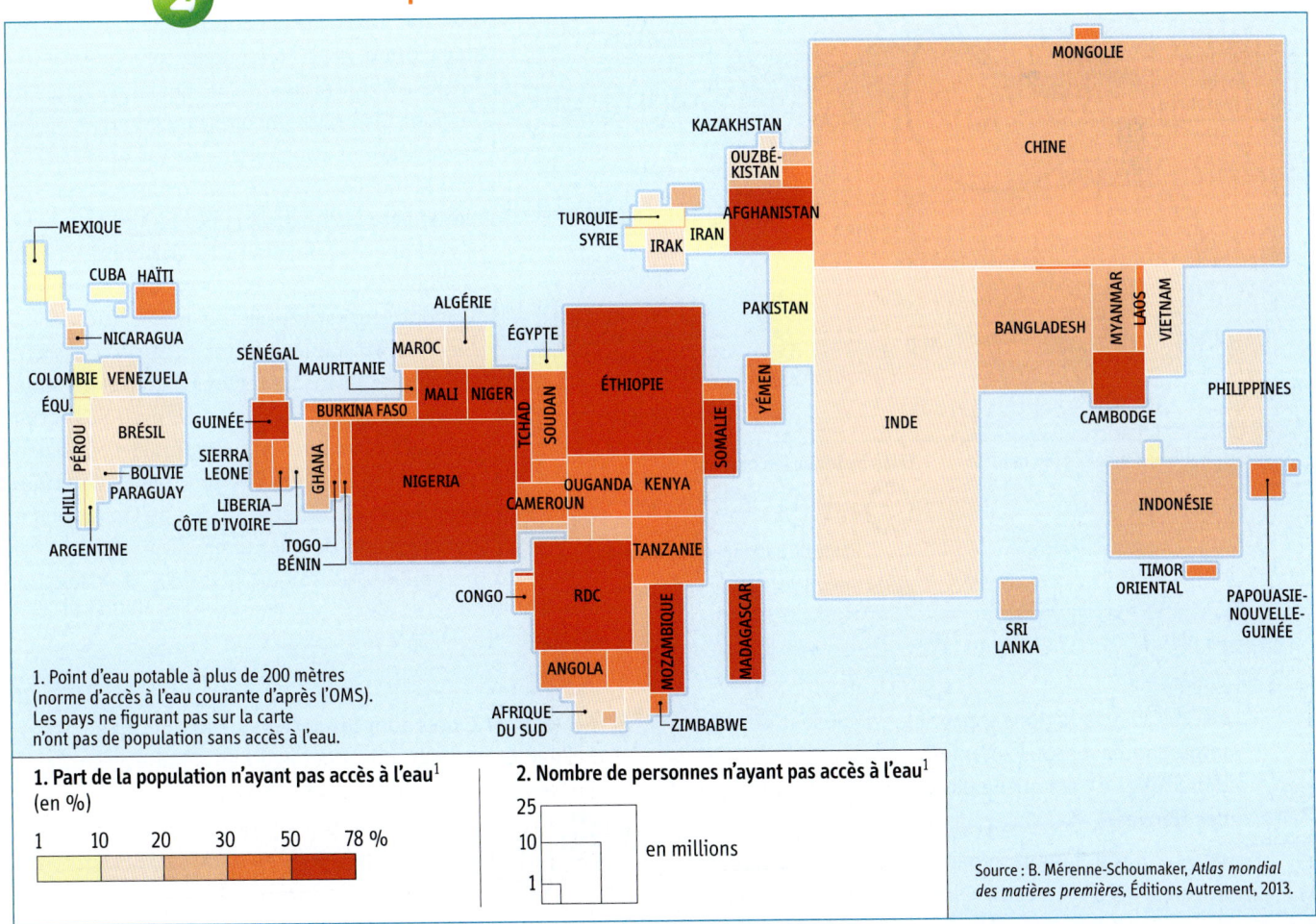

1. Point d'eau potable à plus de 200 mètres (norme d'accès à l'eau courante d'après l'OMS). Les pays ne figurant pas sur la carte n'ont pas de population sans accès à l'eau.

1. Part de la population n'ayant pas accès à l'eau[1] (en %)
1 — 10 — 20 — 30 — 50 — 78 %

2. Nombre de personnes n'ayant pas accès à l'eau[1]
25 / 10 / 1 en millions

Source : B. Mérenne-Schoumaker, *Atlas mondial des matières premières*, Éditions Autrement, 2013.

Étude de cas 2

L'eau en Espagne : gestion et tensions

L'Espagne possède des ressources en eau suffisantes pour assurer la satisfaction des besoins de la population et des activités. Mais leur inégale répartition dans le temps et l'espace et l'augmentation de la demande ont provoqué de nombreuses tensions, centrées sur le partage de l'eau entre communautés autonomes.

A — Mobiliser une ressource en eau inégalement répartie

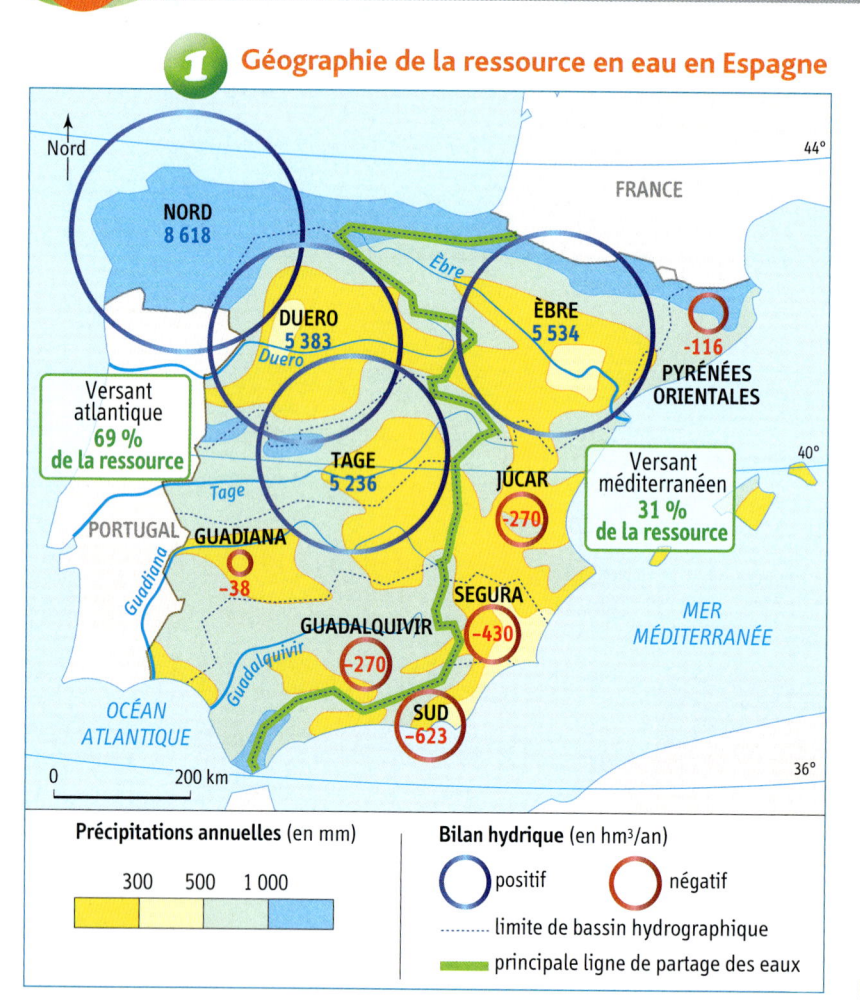

1. Géographie de la ressource en eau en Espagne

Carte de l'Espagne :
- NORD 8 618
- DUERO 5 383
- ÈBRE 5 534
- PYRÉNÉES ORIENTALES -116
- TAGE 5 236
- JÚCAR -270
- GUADIANA -38
- SEGURA -430
- GUADALQUIVIR -270
- SUD -623
- Versant atlantique 69 % de la ressource
- Versant méditerranéen 31 % de la ressource

Précipitations annuelles (en mm) : 300, 500, 1 000
Bilan hydrique (en hm³/an) : positif, négatif
limite de bassin hydrographique
principale ligne de partage des eaux

2. Une ressource inégalement disponible

« L'Espagne dispose a priori de disponibilités globales en eau correctes (environ 2 800 m³/habitant/an) et supérieures à la moyenne européenne. Mais elle est confrontée à une inégale répartition de la ressource, conjuguée à une forte concentration de la demande dans les régions littorales méditerranéennes. [...] Les précipitations connaissent de fortes variations interannuelles avec de fréquentes périodes de sécheresse (1991-1995, 2005-2008) [...] À cela s'ajoutent des fluctuations saisonnières plus marquées dans les régions méditerranéennes. Partout l'été est la saison la moins arrosée. [...] Or, c'est l'été que les besoins en eau s'accroissent, notamment dans les régions méditerranéennes où se conjuguent les demandes agricoles et touristiques. Ces tensions saisonnières devraient s'accentuer au cours des prochaines décennies sous l'effet de l'altération des précipitations et de l'augmentation des températures. »

S. Clarimont, « Le partage des eaux » in « L'Espagne », TDC n° 980, CNDP, sept. 2009.

Questions

1. **Doc. 1** Quelles régions espagnoles disposent des plus importantes ressources en eau et celles qui sont déficitaires ? Vers quelle direction s'écoulent la plupart des fleuves ?

2. **Doc. 2** Pourquoi peut-on parler d'une inégale disponibilité saisonnière en eau ? Quels facteurs l'amplifient ?

3. **Doc. 3, 4 et 5** Quels sont les acteurs de la politique de l'eau et quels grands aménagements ont été réalisés ? Montrez qu'ils sont anciens.

BILAN Pourquoi la gestion de l'eau en Espagne suscite-t-elle des tensions ?

3 Besoins en eau, aménagements et tensions politiques en Espagne

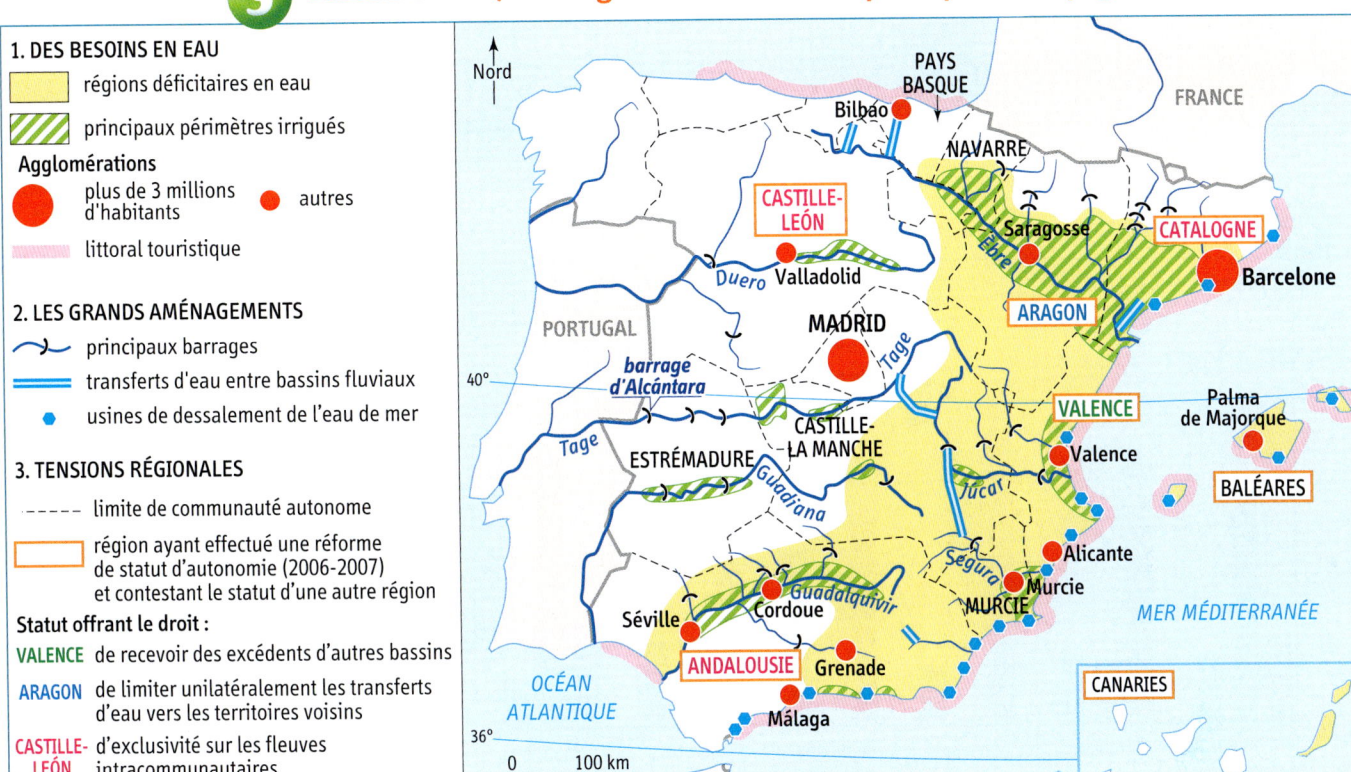

1. DES BESOINS EN EAU
- régions déficitaires en eau
- principaux périmètres irrigués

Agglomérations
- plus de 3 millions d'habitants
- autres
- littoral touristique

2. LES GRANDS AMÉNAGEMENTS
- principaux barrages
- transferts d'eau entre bassins fluviaux
- usines de dessalement de l'eau de mer

3. TENSIONS RÉGIONALES
- limite de communauté autonome
- région ayant effectué une réforme de statut d'autonomie (2006-2007) et contestant le statut d'une autre région

Statut offrant le droit :
- VALENCE : de recevoir des excédents d'autres bassins
- ARAGON : de limiter unilatéralement les transferts d'eau vers les territoires voisins
- CASTILLE-LEÓN : d'exclusivité sur les fleuves intracommunautaires

4 Une législation ancienne sur l'eau

« Le premier *trasvase* (transfert d'eau d'un bassin-versant à un autre) est un canal construit par les Romains au IIe siècle entre le fleuve Turia et le bassin de l'Èbre. À cette époque, et jusqu'en 1985, les eaux souterraines ont été considérées comme *res nullius* et laissées à l'appropriation des propriétaires des terrains de surface. En revanche, les eaux courantes sont réglées selon un système de droit d'usage, développé sous la domination arabe, qui répartit la précieuse ressource entre les *regadios* (les irrigants à la raie). Les "tribunaux de l'eau", chargés de cette tâche, et dont le plus célèbre est celui de Valence, fonctionnent depuis cette époque et sont souverains et sans appel. [...] »

B. Barraqué, *Les Politiques de l'eau en Europe*, Éditions de La Découverte, 1995.

1866	Première loi sur l'eau
1902	Premier Plan national des infrastructures hydrauliques
1913	Premier Congrès national des communautés d'irrigants (regroupement des propriétaires d'une zone irrigable qui administrent en commun et distribuent l'eau sans but lucratif)
1915	Premier Plan national de l'irrigation
1926	Loi de création des Confédérations hydrographiques (EBRO et SEGURA, premiers organismes de bassin créés dans le monde)
1985	Deuxième loi sur l'eau : toutes les eaux de surface et souterraines appartiennent au domaine de l'État
2001	Troisième loi sur l'eau
2007	Transposition de la directive-cadre sur l'eau de l'Union européenne (2000)

5 Mieux gérer l'offre ou la demande ?

« L'eau est au cœur de la politique espagnole depuis plus d'un siècle. Le pays compte aujourd'hui près de 1 200 grands barrages, dont plus de 800 ont été construits pendant le XXe siècle. [...] Dès les années 1990, un mouvement critiquant les effets de la politique des grands ouvrages hydrauliques en termes sociaux (expropriations, main-d'œuvre immigrée en situation illégale et sous-payée, etc.) et environnementaux (surexploitation et salinisation des aquifères, inondation de vallées, etc.) s'organisa, alors formé essentiellement d'universitaires, rejoints par des élus et des représentants de la société civile. D'importantes manifestations eurent lieu à travers le pays et même jusqu'à Bruxelles entre l'automne 2000 et le printemps 2003. Les manifestants demandaient la mise en place "d'une nouvelle culture de l'eau", fondée sur une gestion des demandes en eau plutôt que sur l'accroissement de l'offre, et une meilleure prise en charge des questions environnementales (zones humides, delta de l'Èbre), en se référant à la directive cadre européenne sur l'eau (DCE). À l'issue de plusieurs années de campagnes largement médiatisées, l'Union européenne décida en 2004 de renoncer au financement du Plan hydrologique national de 2001. Le nouveau gouvernement socialiste décida dans la foulée de l'annuler et de le remplacer par une nouvelle politique AGUA (Action pour la gestion et l'utilisation de l'eau). Cette politique fut fondée essentiellement sur une augmentation de l'efficience[1] hydraulique des systèmes irrigués et des réseaux d'eau potable, sur la réutilisation des eaux usées et le dessalement (pour l'eau potable et l'irrigation). »

S. Fernandez et J. Verdier, « L'Espagne et son eau : si proche, si loin », *Sciences, Eaux et Territoires* n° 11, 2013.

1. Optimisation des outils mis en œuvre pour parvenir à un résultat.

Étude de cas 2 — L'eau en Espagne : gestion et tensions

B — Vers d'autres modes de gestion plus durables ?

6 Les usages de l'eau en Espagne

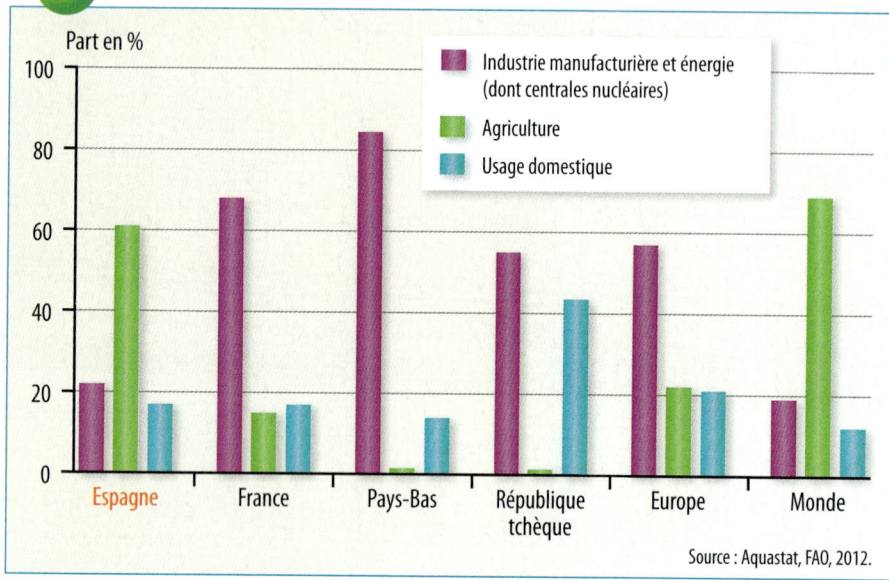

Part en % — Industrie manufacturière et énergie (dont centrales nucléaires) ; Agriculture ; Usage domestique

Espagne, France, Pays-Bas, République tchèque, Europe, Monde

Source : Aquastat, FAO, 2012.

7 L'évolution des systèmes d'irrigation en Espagne

Les surfaces irriguées sont quasiment stables entre 2000 et 2011. Elles représentent 14 % de la surface agricole mais concernent près de 60 % de la production finale agricole car elles ont de forts rendements.

Part des types d'irrigation	2000	2011
Gravitaire[1]	59 %	30 %
Aspersion	24 %	22 %
Goutte-à-goutte	17 %	48 %

Sources : Plan national d'irrigation 2001 et Enquête sur les superficies et rendements des cultures en 2011.

1. Écoulement de l'eau dans un canal en pente douce.

8 Les périmètres irrigués en Aragon (Los Monegros)

L'irrigation par aspersion a permis l'accroissement de la production agricole, mais elle s'accompagne d'une sur-utilisation des ressources souterraines.

L'eau, ressource essentielle

9 L'irrigation au goutte-à-goutte

Apporter l'eau au pied de la plante grâce à des tuyaux en plastique permet d'économiser l'eau et de palier la baisse rapide des nappes souterraines dans le Sud-Est de l'Espagne.

10 Une usine de dessalement à Almeria

Le dessalement de l'eau de mer permet de produire une eau douce non conventionnelle.

11 L'application difficile de la directive sur l'eau de l'UE

« Adoptée en 2000, la directive-cadre sur l'eau de l'UE a pour objectif d'atteindre "un bon état" écologique et chimique des eaux communautaires d'ici 2015. Elle envisage une gestion dite "écosystémique"[1]. [...] Elle exige que soient délimités "des districts hydrographiques" plus vastes que les bassins hydrographiques. [...] Mais [ce] cadre conceptuel privilégie les critères de protection des eaux et des milieux peu compatibles avec le modèle traditionnel espagnol basé sur une politique de l'offre à la société pour le développement économique (transferts, barrages). En 2007, le gouvernement approuva la délimitation de districts hydrographiques, la composition, le fonctionnement et les pouvoirs des autorités compétentes pour les bassins-versants intercommunautaires, ainsi qu'un règlement de planification hydrologique. [...] Mais la directive soulève des résistances [...] du fait des rivalités entre les différentes communautés autonomes [...]. Ainsi, le modèle territorial décentralisé, les choix économiques, la sécheresse, et l'omniprésence politique des discours identitaires accentuent la conviction selon laquelle il y aurait des "propriétaires de l'eau". Dans les régions qui en manquent, on en appelle à l'État comme unique propriétaire des ressources hydriques ; dans celles d'où s'effectuent les transferts, on brandit l'idée d'une souveraineté locale sur ces mêmes ressources. »

A. Salinas Palacios et B. Loyer, « Eau et pouvoirs politiques locaux en Espagne », *Diplomatie* n° 15, juin-juillet 2013.

[1]. Gestion intégrée des terres, de l'eau et des ressources biologiques.

Questions

1. Doc. 6, 7 et 8 Quel est l'usage majoritaire de l'eau en Espagne ? Comparez-le avec la moyenne européenne et mondiale. Quelle technique consomme beaucoup d'eau ?

2. Doc. 7, 8 et 9 Quels changements connaît l'irrigation en Espagne depuis 2000 ? Peut-on parler de gestion plus durable de l'eau ? Pourquoi ?

3. Doc. 10 Quel intérêt présente le dessalement de l'eau de mer ?

4. Doc. 11 En quoi consiste la nouvelle politique de l'eau liée à l'application de la législation communautaire ?

BILAN Quel type de politique de gestion de l'eau est progressivement choisi en Espagne ?

Étude de cas 2

CHANGER D'ÉCHELLE ▶ De l'Espagne au contexte mondial

Rédiger le bilan de l'étude de cas

A — Mobiliser une ressource en eau inégalement répartie

1• Montrez que les besoins en eau sont considérables en Espagne alors que la ressource est inégalement répartie. (p. 94)

2• Expliquez les tensions relatives à la gestion de l'eau en Espagne. (p. 94-95)

B — Vers d'autres modes de gestion plus durables ?

3• Expliquez pourquoi les nouvelles orientations de la politique de l'eau (principes et techniques mises en œuvre) en Espagne relèvent d'une gestion plus durable de la ressource. (p. 96-97)

Mettre en perspective

carte 1 ci-contre et carte p. 100-101
a. Pourquoi y a-t-il, dans certains pays, inadéquation entre la ressource et la demande en eau ?

carte 2 ci-contre
b. Quels sont les pays où les surfaces irriguées sont les plus importantes ? Qu'est-ce qui peut l'expliquer ?

carte p. 100-101
c. Montrez qu'une gestion durable de l'eau exige une coopération internationale.

Schéma bilan ▶ La mobilisation de la ressource en eau dans un pays développé

- Inégalité spatiale et temporelle de la répartition de la ressource en eau
- Pays développé
- Forte demande en eau et concurrence pour les usages
- Des aménagements anciens et multiples
- Coûts économiques et écologiques de la politique de l'eau
- De multiples acteurs à différentes échelles
- Nouvelle gestion de l'eau plus durable

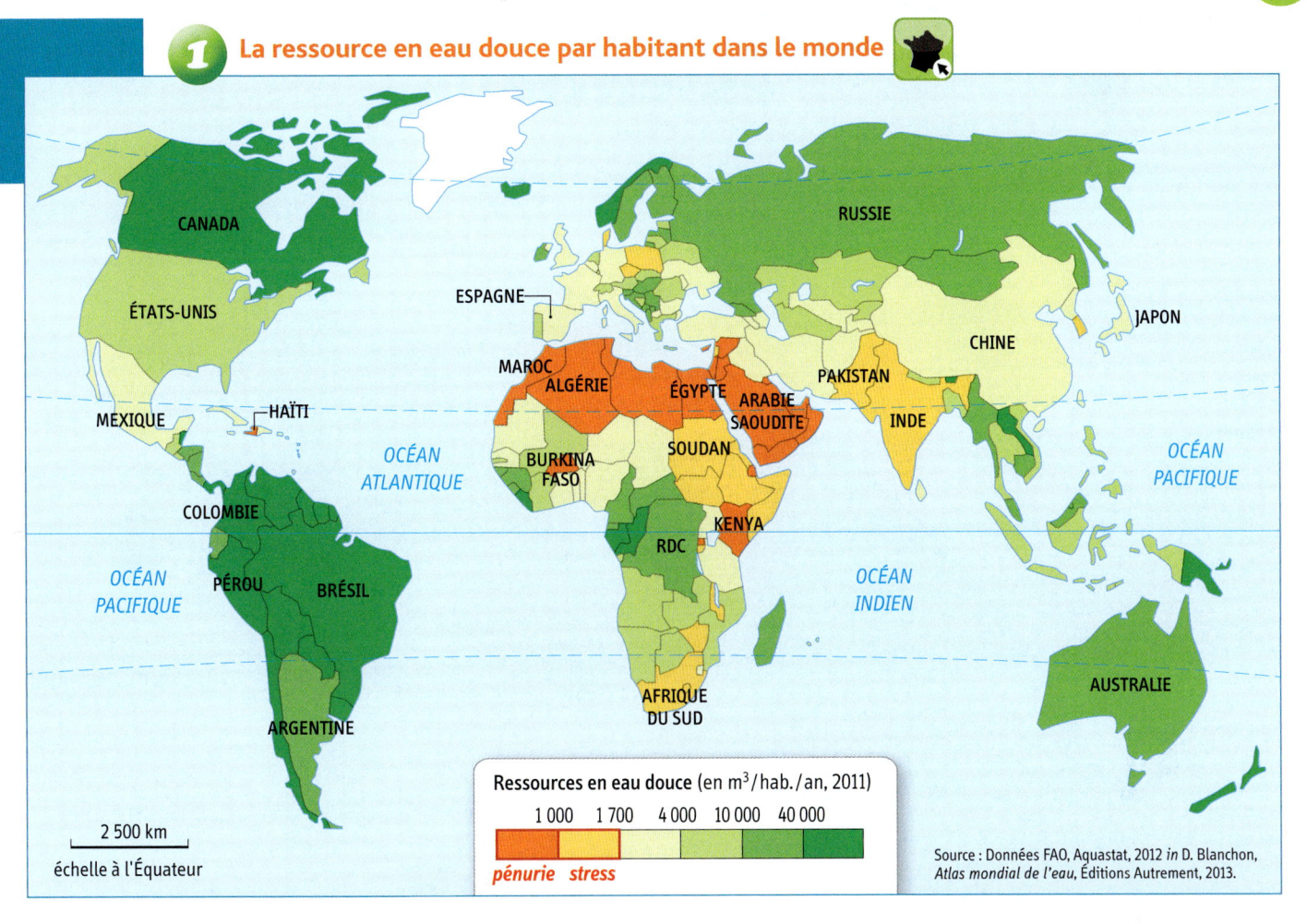

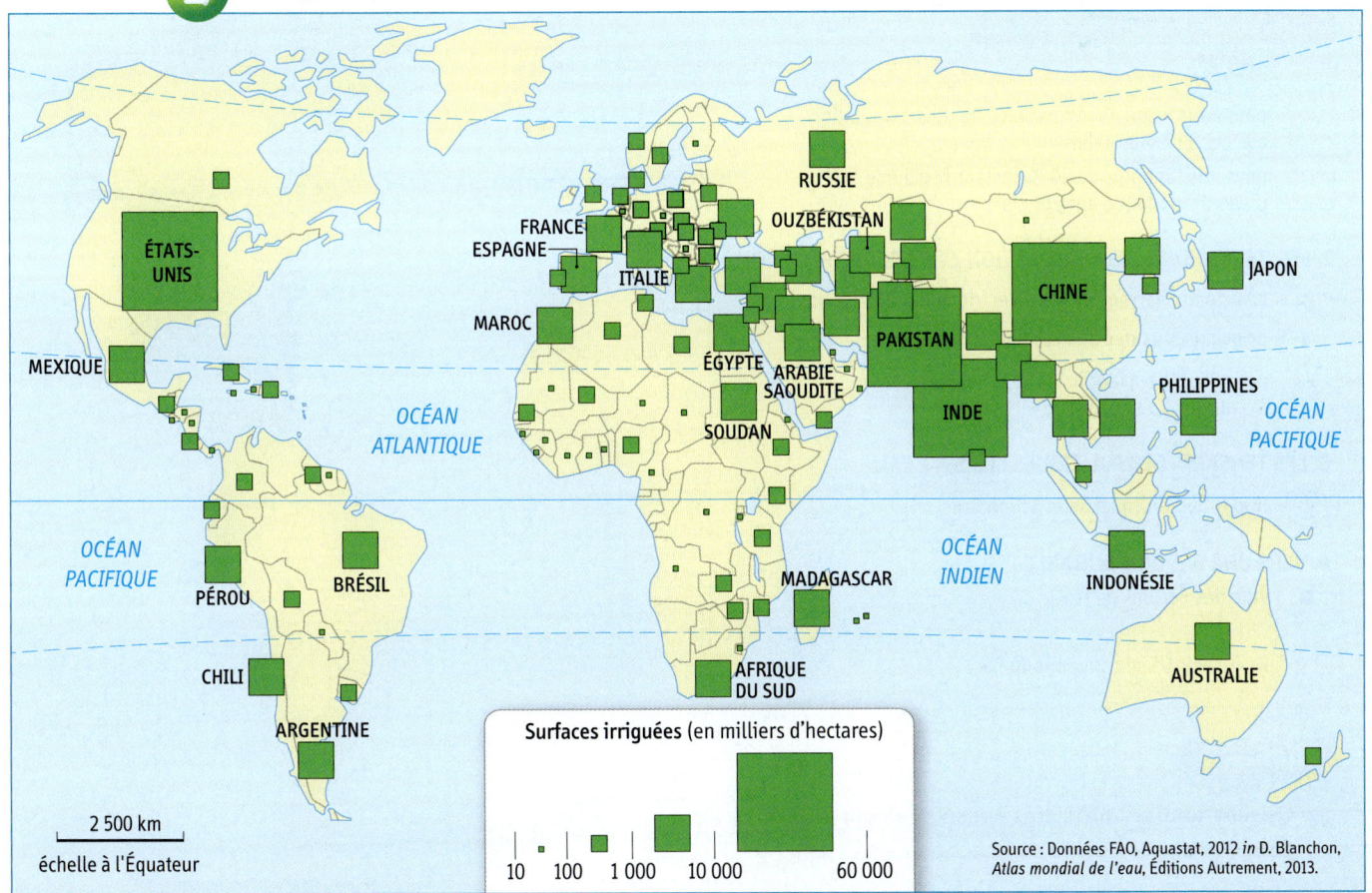

L'eau, ressource essentielle 3

1. La ressource en eau douce par habitant dans le monde

Ressources en eau douce (en m³/hab./an, 2011)

1 000 | 1 700 | 4 000 | 10 000 | 40 000

pénurie | stress

2 500 km — échelle à l'Équateur

Source : Données FAO, Aquastat, 2012 in D. Blanchon, *Atlas mondial de l'eau*, Éditions Autrement, 2013.

2. L'irrigation dans le monde

Surfaces irriguées (en milliers d'hectares)

10 | 100 | 1 000 | 10 000 | 60 000

2 500 km — échelle à l'Équateur

Source : Données FAO, Aquastat, 2012 in D. Blanchon, *Atlas mondial de l'eau*, Éditions Autrement, 2013.

99

Carte — L'eau, ressource essentielle

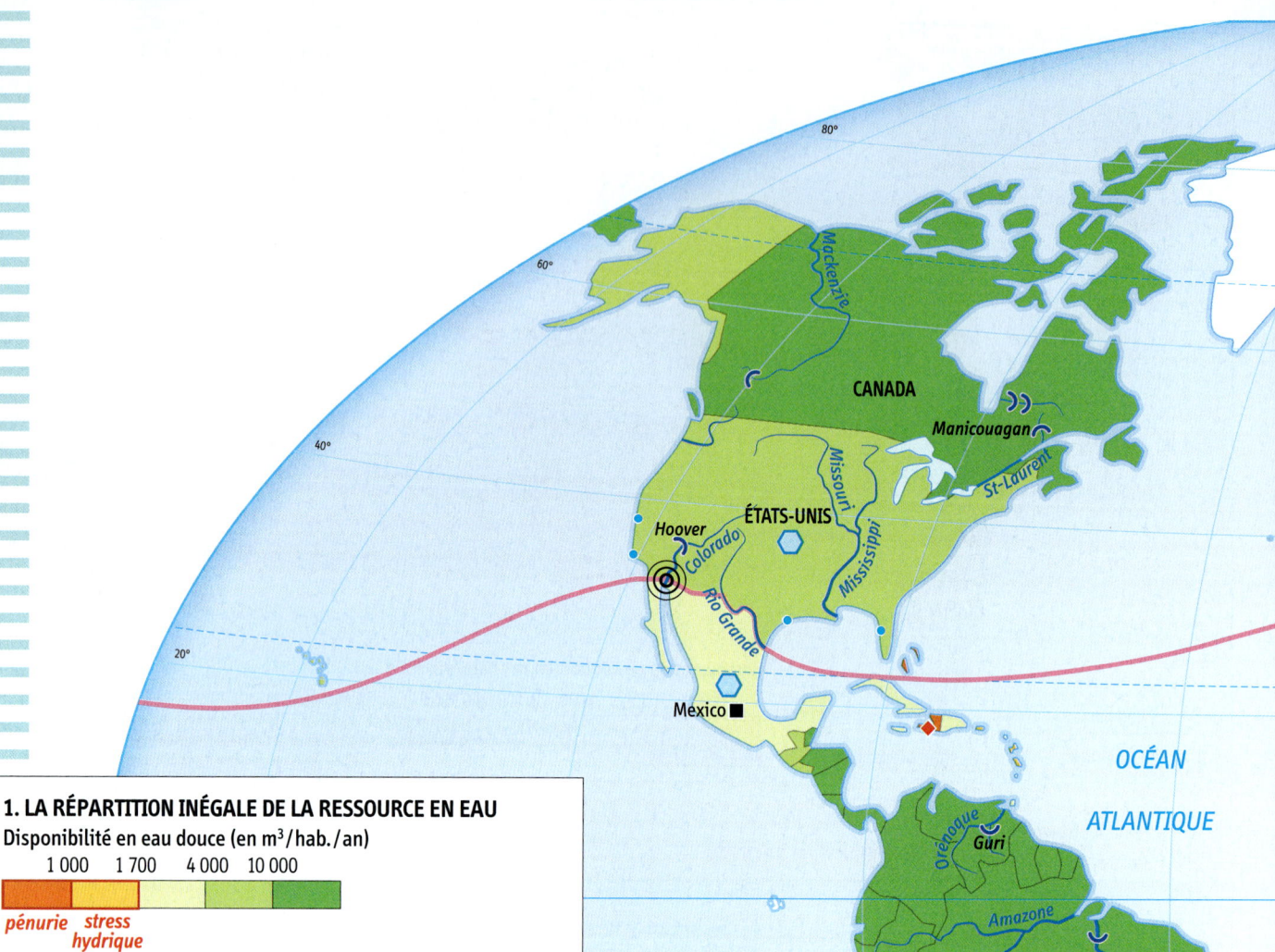

1. LA RÉPARTITION INÉGALE DE LA RESSOURCE EN EAU

Disponibilité en eau douce (en m³/hab./an)

1 000 — 1 700 — 4 000 — 10 000

pénurie / stress hydrique

- ◆ pays dans lesquels moins de 70 % de la population a accès à l'eau potable
- ▨ pays utilisant plus de 50 % de leur ressource en eau disponible chaque année

2. LES TECHNIQUES DE MOBILISATION ET DE REDISTRIBUTION

- ⌒ principaux barrages (hydroélectricité et/ou irrigation)
- • principales usines de dessalement
- ⬡ pays dont la surface irriguée est supérieure à 5 millions d'hectares

3. LES TENSIONS GÉOPOLITIQUES LIÉES À L'EAU

- ◎ litiges hydrauliques internationaux

4. VERS UNE GESTION DURABLE

- ■ ville des Forums de l'eau

— limite Nord/Sud conventionnelle

Question

Quelles sont les difficultés à résoudre pour améliorer durablement la gestion de la ressource en eau ?

Source : Données FAO, Aquastat, 2012.

L'eau, ressource essentielle 3

Les principaux aquifères fossiles

Source : UNESCO

2 500 km
échelle à l'Équateur

101

Cours 1 — L'eau, une ressource inégalement disponible

La ressource en eau est suffisante pour la population mondiale mais elle est inégalement répartie et inégalement accessible. En 2010, plus d'un milliard d'hommes n'ont pas accès à l'eau potable.

1 Une ressource abondante

○ Seulement 2,5 % de l'eau de la planète est douce et cette eau est en grande partie piégée dans les deux **inlandsis** (Antarctique et Groenland), des réserves actuellement inexploitables. Ainsi, l'eau douce accessible (**eaux de surface** et **eaux souterraines**) ne représente que 0,7 % du stock d'eau mondial (40 000 km^3).

○ Les eaux souterraines forment environ 30 % de l'eau douce : elles sont des ressources fiables, relativement peu touchées par la pollution, mais souvent difficiles d'accès. Plus accessibles, les réserves d'eaux superficielles (0,3 % de l'eau douce mondiale) dépendent de la présence de grands lacs et de fleuves. **(doc. 2)**

○ Ce stock d'eau douce équivaut au début du XXIe siècle à 5 700 m^3 par habitant et par an, une quantité suffisante pour couvrir les besoins humains. Le problème de l'eau n'est donc pas l'insuffisance de cette ressource, même en tenant compte de la croissance de la consommation, mais son inégale répartition géographique et sociale.

2 Une ressource mal répartie

○ Si les stocks d'eau sont importants, seuls les flux, plus restreints et très inégaux, déterminent la ressource en eau renouvelable. Au cours du cycle de l'eau, chaque année, 8 % des 500 000 km^3 évaporés au-dessus des océans retombent sous forme de précipitations sur les continents. Une partie des eaux précipitées retourne rapidement à l'atmosphère par évaporation ou apporte de l'eau aux plantes. Le reste rejoint les cours d'eau ou recharge les nappes phréatiques. **(doc. 1)**

○ À l'échelle mondiale, les ressources en eau sont donc largement fonction des précipitations à la surface de la planète, donc des climats. Les régions les plus arrosées sont les zones équatoriales ou montagneuses tandis que les zones tropicales désertiques manquent d'eau. Les inégalités existent entre continents, sur un même continent entre États ou à l'intérieur d'un État (Espagne).

○ Rapportée à la population, la disponibilité en eau douce est très variable. Les États de la péninsule arabique ou du Maghreb connaissent la pénurie (moins de 1 000 m^3 d'eau douce par habitant par an), d'autres sont en situation de **stress hydrique** (moins de 1 700 m^3) comme la Chine, tandis que le Brésil, la Russie ou le Canada sont très bien dotés avec plus de 40 000 m^3.

3 De fortes inégalités d'accès à l'eau

○ Indépendamment des ressources en eau disponibles, les capacités à mobiliser celles-ci sont extrêmement variables selon le niveau de développement du pays. Ainsi, plus d'un milliard d'hommes n'ont pas accès à l'eau potable. Dans les pays les plus pauvres, seulement un quart de la population a accès à une eau potable tandis que l'accès est universel dans les pays du Nord.

○ Depuis 2002, l'indice de pauvreté en eau **(doc. 3)** permet de classer les pays selon leurs capacités à mobiliser la ressource en eau : les pays développés apparaissent alors dans une situation favorable, même avec des ressources faibles, alors que les pays africains sont dans une situation critique liée autant à leur manque de ressources pour certains qu'à leurs difficultés à les mobiliser.

▶ **L'inégal accès à l'eau dans le monde dépend essentiellement des inégalités de développement.**

Chiffres clés

Six États disposant de ressources hydriques abondantes
(en % de la ressource mondiale)

Brésil	14 %
Russie	9,8 %
Canada	7,3 %
Chine	7,2 %
Indonésie	6,3 %
États-Unis	6,2 %

---

vocabulaire

Inlandsis
Grande calotte de glace continentale.

Eaux de surface
Elles comprennent essentiellement l'eau des lacs et des fleuves.

Eaux souterraines
Nappes d'eau dans les vides de la roche, appelées aquifères.

Stress hydrique
Situation dans laquelle la demande en eau est supérieure à la quantité disponible.

L'eau, ressource essentielle

1. Le cycle de l'eau

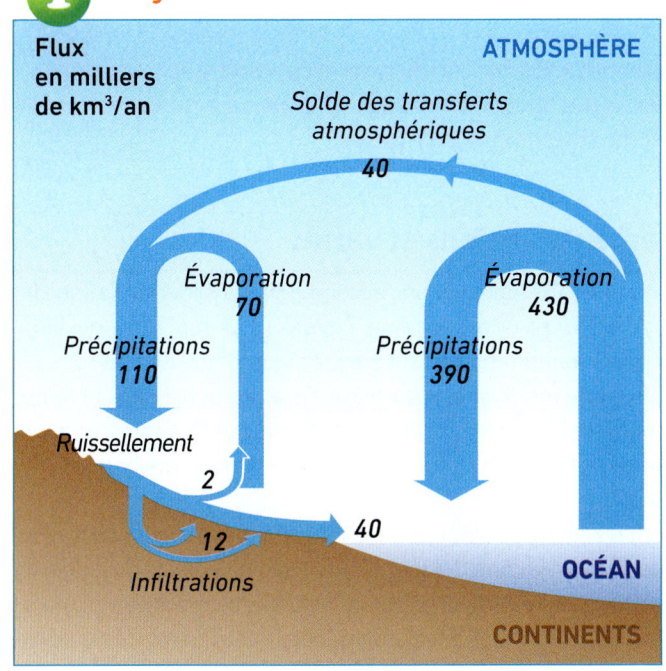

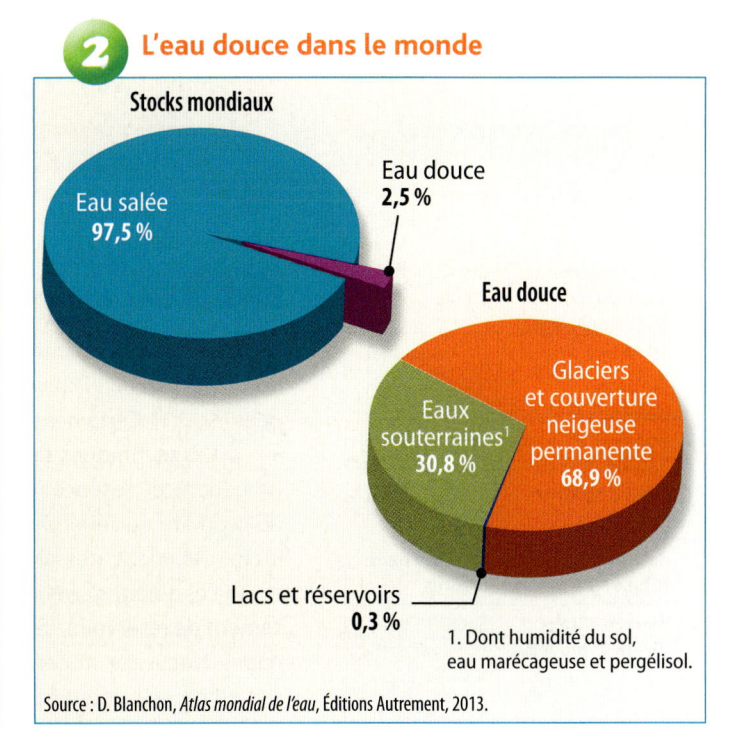

Flux en milliers de km³/an

ATMOSPHÈRE
- Solde des transferts atmosphériques : 40
- Évaporation : 70 (continents) / 430 (océan)
- Précipitations : 110 (continents) / 390 (océan)
- Ruissellement : 2
- Infiltrations : 12
- 40 (vers océan)

CONTINENTS — OCÉAN

2. L'eau douce dans le monde

Stocks mondiaux
- Eau salée : 97,5 %
- Eau douce : 2,5 %

Eau douce
- Glaciers et couverture neigeuse permanente : 68,9 %
- Eaux souterraines[1] : 30,8 %
- Lacs et réservoirs : 0,3 %

1. Dont humidité du sol, eau marécageuse et pergélisol.

Source : D. Blanchon, *Atlas mondial de l'eau*, Éditions Autrement, 2013.

3. L'indice de pauvreté en eau dans le monde

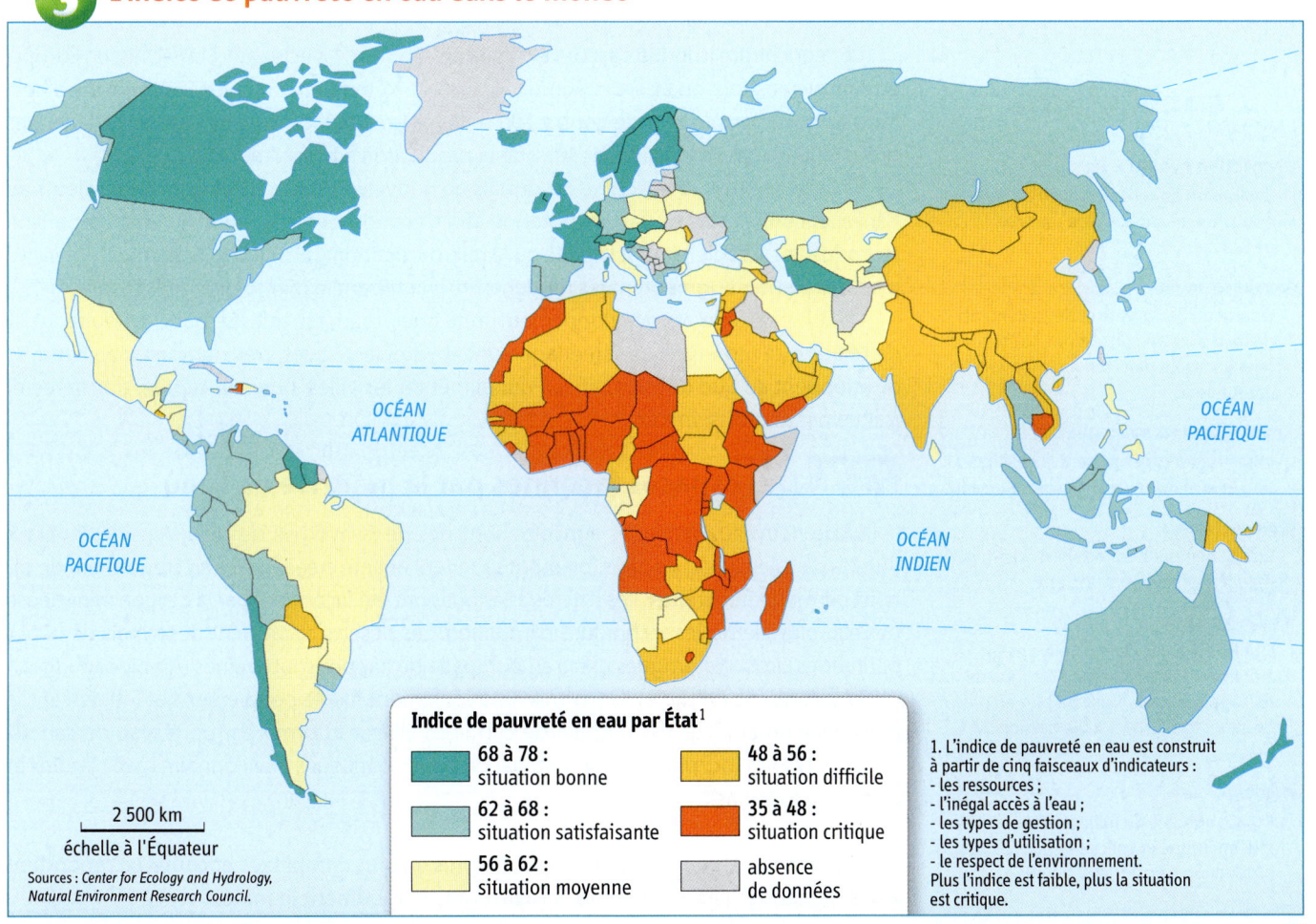

Indice de pauvreté en eau par État[1]
- 68 à 78 : situation bonne
- 62 à 68 : situation satisfaisante
- 56 à 62 : situation moyenne
- 48 à 56 : situation difficile
- 35 à 48 : situation critique
- absence de données

1. L'indice de pauvreté en eau est construit à partir de cinq faisceaux d'indicateurs :
- les ressources ;
- l'inégal accès à l'eau ;
- les types de gestion ;
- les types d'utilisation ;
- le respect de l'environnement.
Plus l'indice est faible, plus la situation est critique.

échelle à l'Équateur : 2 500 km

Sources : *Center for Ecology and Hydrology, Natural Environment Research Council.*

Cours 2 — Maîtrise de l'eau et transformation des espaces

Par des aménagements hydrauliques très variés, les sociétés humaines maîtrisent la ressource en eau afin de se développer et créent ainsi de nouveaux paysages.

Chiffres clés

Le coût des équipements

Grande usine de dessalement d'eau de mer (Barcelone, Alger, Oran…)	200 à 400 millions d'euros
Projet de pompage et de transfert d'eau sur 750 km dans le Sahara algérien	1 milliard d'euros
Barrage des Trois-Gorges (Chine)	Entre 23 et 50 milliards d'euros
Barrage d'Itaipu (Brésil / Paraguay)	Entre 15 et 18 milliards d'euros
Barrage de Nam Theun 2 (Laos)	1,03 milliard d'euros

1. Des aménagements anciens et variés

● Les premiers aménagements hydrauliques ont accompagné la sédentarisation des hommes. Des **civilisations hydrauliques** (Mésopotamie, Égypte…) se sont alors développées **(doc. 1)**. Certaines techniques traditionnelles sont encore aujourd'hui utilisées **(doc. 2)**.

● Ces techniques permettent de modifier la répartition de la ressource dans le temps (irrigation) et l'espace, de contenir les eaux lorsqu'elles sont trop abondantes (digues), de produire de l'énergie (hydroélectricité) et de produire des eaux non conventionnelles (**assainissement**, dessalement).

● Les **aménagements** sont d'envergure différente. Certains sont légers, comme le creusement de réservoirs, de puits, la construction d'aqueducs ou l'assèchement des zones humides. Nouveaux matériaux et pompes à moteurs rendent actuellement ces équipements très efficaces, surtout dans les pays du Nord où ils se sont généralisés. À partir du XXe siècle, les aménagements hydrauliques de grande ampleur se sont multipliés : des barrages de plus en plus gigantesques **(doc. 4)** ou de vastes opérations de **transfert d'eau** d'un **bassin-versant** à un autre (Espagne).

2. Aménager pour se développer

● L'agriculture irriguée s'est développée aux XIXe et XXe siècles aux États-Unis, en Europe, en Afrique australe ou en Asie. Actuellement, elle s'étend encore avec 310 millions d'hectares irrigués dans le monde contre 190 millions en 1980. Ceux-ci représentent 18 % des terres cultivées mais fournissent 40 % de la production agricole mondiale.

● Cette technique concerne désormais de nouvelles productions, comme les fleurs au Kenya, et connaît une mutation profonde afin d'économiser l'eau utilisée. Ainsi, l'aspersion reproduisant artificiellement la pluie ou la micro-irrigation qui apporte l'eau directement au pied des plantes augmentent les rendements en utilisant la même quantité d'eau.

● Indispensable au développement industriel, l'eau est utilisée pour produire 10 % de l'électricité mondiale. Les aménagements hydroélectriques, très nombreux au Nord, se développent au Sud (Brésil, Chine). Pour alimenter les villes, l'eau est captée, transférée et traitée par assainissement. **(doc. 3)**

3. Des espaces façonnés par la maîtrise de l'eau

● De nouveaux paysages agricoles sont nés de la maîtrise de l'eau. Ainsi les **huertas** (huerta de Valence) ou les oasis (piémont saharien) ont été créées grâce au creusement de canaux permettant d'irriguer. Les rizières asiatiques ont été façonnées par la gestion minutieuse de l'eau pluviale ou les techniques d'irrigation. Les déserts accueillent désormais de larges périmètres circulaires irrigués grâce au pompage de nappes souterraines (Arabie saoudite).

● La présence d'eau et sa maîtrise ont également fixé le peuplement et influencé la croissance urbaine. Le tissu urbain de certaines villes est formé par un réseau de canaux dense (Pays-Bas) ou, plus récemment, par de vastes banlieues pavillonnaires avec jardins et piscines (Las Vegas).

▶ **Les aménagements hydrauliques, de plus en plus complexes et coûteux, répondent à des demandes variées, parfois concurrentes et modifient le milieu.**

vocabulaire

Civilisation hydraulique
Civilisation dont l'émergence et l'épanouissement sont liés à la maîtrise de l'eau.

Assainissement
Opération de collecte et de traitement de l'eau usée afin qu'elle puisse être rejetée propre dans l'environnement et réutilisée.

Aménagements hydrauliques
Infrastructures permettant la mobilisation et la maîtrise de la ressource en eau.

Transfert d'eau
Aménagement permettant d'acheminer l'eau d'un fleuve vers un autre.

Bassin-versant
Étendue drainée par un fleuve et ses affluents et délimitée par une ligne de partage des eaux. Il sert de plus en plus de cadre territorial pour la gestion de l'eau.

Huerta
Espace agricole du milieu méditerranéen irrigué et spécialisé dans la production de fruits et légumes.

L'eau, ressource essentielle 3

1. Eau et civilisation

« Les grandes civilisations de l'Antiquité (Égypte, Inde, Chine, Rome) se fondaient souvent sur une maîtrise poussée des ressources en eau, pour l'agriculture, le creusement de canaux à vocation commerciale (le Grand Canal en Chine) ou les aqueducs pour l'alimentation des cités romaines.

Sept grands foyers d'innovation ont existé : le bassin Méditerranéen, l'Asie centrale, la Mésopotamie, l'Inde du Sud, la Chine, les Andes et l'Amérique centrale. Les techniques se sont ensuite diffusées à la faveur des conquêtes ou des échanges commerciaux. Ainsi, les aqueducs, déjà perfectionnés dans les cités grecques, se sont diffusés par les armées romaines ; conservée en Méditerranée orientale, la technique est revenue en Espagne avec la conquête musulmane. La colonisation européenne, notamment espagnole puis britannique, a répandu la plupart des techniques. »

David Blanchon, *Atlas mondial de l'eau*, Autrement, 2009.

2. L'irrigation à la raie (Maroc)

L'oasis de Skoura, au sud du Maroc, est alimentée en eau par une khettara : galerie d'eau souterraine drainant l'eau d'infiltration.

3. L'alimentation en eau de Tokyo

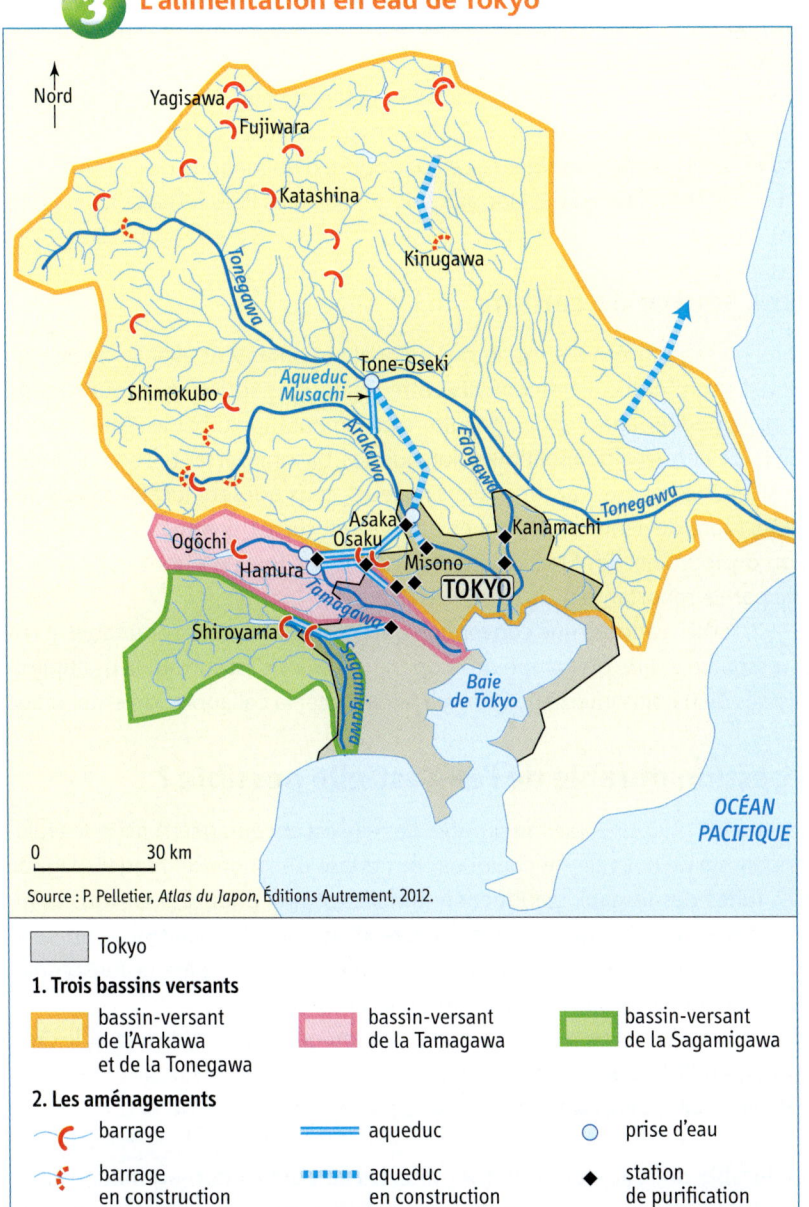

Source : P. Pelletier, *Atlas du Japon*, Éditions Autrement, 2012.

Tokyo

1. Trois bassins versants
- bassin-versant de l'Arakawa et de la Tonegawa
- bassin-versant de la Tamagawa
- bassin-versant de la Sagamigawa

2. Les aménagements
- barrage
- barrage en construction
- aqueduc
- aqueduc en construction
- prise d'eau
- station de purification

4. Le barrage des Trois-Gorges (Chine)

Le barrage des Trois-Gorges régule le débit du fleuve Yangzi, produit de l'électricité (10 % de la demande chinoise) et améliore la navigabilité.

Cours 3 — Gérer une ressource convoitée et parfois menacée

La bonne gestion de l'eau est un défi majeur du XXIe siècle. Il est nécessaire de répondre aux besoins domestiques et agricoles et de préserver la quantité et la qualité de la ressource afin d'éviter la « crise de l'eau ».

1 Une ressource sous pression

● Au cours du XXe siècle, les **prélèvements** ont été multipliés par six pour atteindre 9 % des ressources renouvelables. Ils sont très variables selon les usages : l'agriculture est de loin le secteur qui prélève le plus à l'échelle mondiale. Par contre, les prélèvements industriels dominent dans les pays développés (53 % en Europe) où les usages domestiques sont relativement importants (13 % en Europe). L'importance de ces derniers reflète le niveau de développement des pays. Cependant, partout, l'agriculture est le principal consommateur.

● Certaines régions connaissent une véritable pression sur la ressource car leurs prélèvements agricoles dépassent 50 % de leurs ressources (Asie centrale, Moyen-Orient ou Afrique du Nord) ou elles utilisent plus d'eau que la part renouvelable en pompant trop leurs ressources fossiles (Arabie saoudite).

● La qualité de l'eau est aussi menacée car l'eau prélevée, puis restituée au milieu, a souvent subi une dégradation de qualité. Les pollutions industrielles ou agricoles sont fréquentes au Nord et dans les pays émergents. Le Sud souffre d'un manque de système d'assainissement **(doc. 1)**, favorable au développement de maladies liées à l'eau (3,5 millions de morts par an).

2 L'eau, source de conflits

● Les conflits d'usage à l'échelle locale ou régionale augmentent avec la hausse de la consommation. Ils sont particulièrement vifs entre les besoins agricoles et touristiques, comme autour de la Méditerranée, entre agriculture et alimentation urbaine (Chine, Inde).

● Ces conflits deviennent géopolitiques lorsque les bassins-versants sont partagés entre États. Parmi les 263 bassins transfrontaliers majeurs, ceux qui sont localisés dans des régions où l'eau est rare deviennent des zones de tensions fortes, comme c'est le cas du Nil, de l'Indus ou du Jourdain. Les États d'aval dépendent des États d'amont qui peuvent s'approprier une partie importante de la ressource (Turquie). **(doc. 2)**

● Depuis 1997, l'ONU a adopté une convention qui affirme l'utilisation équitable et raisonnable de la ressource et une obligation de coopération. Mais c'est surtout la multiplication des organismes de bassins internationaux qui fait avancer la collaboration entre États.

3 La gestion durable de l'eau est-elle possible ?

● Depuis les années 1990, une **gestion durable de l'eau** est encouragée. Ainsi la « révolution bleue » s'appuie sur de nouvelles techniques permettant d'économiser l'eau (Espagne).

● Limiter les fuites des réseaux d'adduction urbains est une priorité pour tous et recycler les eaux usées est devenu dans le Nord la base d'un nouvel urbanisme, comme le montre le fonctionnement des écoquartiers. Grâce aux progrès techniques, la consommation d'eau par habitant diminue dans les villes du Nord.

● L'eau est devenue un bien commun qui doit être protégé et accessible à tous, le droit à l'eau a été adopté en 2010 par l'ONU, mais les Objectifs du Millénaire pour un meilleur accès à l'eau potable et à l'assainissement sont loin d'être atteints. **(doc. 3 et 4)**

▶ La gestion durable de l'eau doit mobiliser tous les acteurs – internationaux, nationaux, locaux, publics et privés – et prendre en compte l'offre, pas seulement la demande.

La consommation et les prélèvements d'eau dans le monde

En km³

Année	1900	1925	1950	1975	2000	2025 (prévisions)

Écart entre prélèvements et consommation

Prélèvements : Agricoles, Industriels, Domestiques, Évaporation sur les réservoirs
Consommation : Agricole, Industrielle, Domestique

Source : D. Blanchon, *Atlas mondial de l'eau*, Éditions Autrement, 2013.

---

vocabulaire

Prélèvements
Volume d'eau capté artificiellement dans les cours d'eau et les nappes phréatiques pour un usage agricole, industriel ou domestique. Une partie de l'eau prélevée est rendue au milieu, l'autre est dite consommée.

Gestion durable de l'eau
Gestion de l'eau économiquement rentable, socialement équitable et écologiquement durable.

L'eau, ressource essentielle

1. L'accès à l'assainissement de l'eau dans le monde

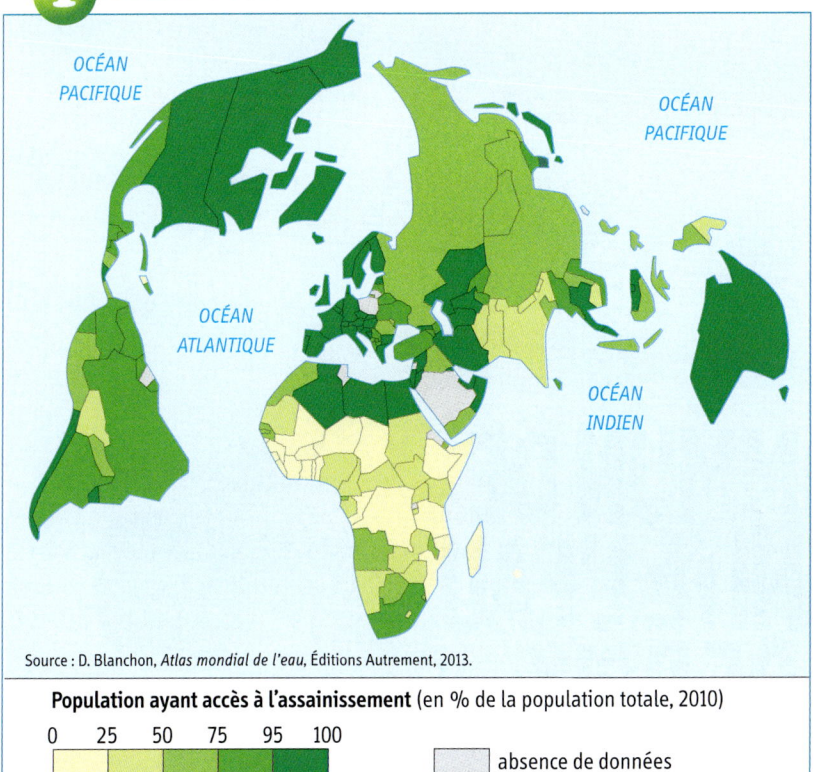

Source : D. Blanchon, *Atlas mondial de l'eau*, Éditions Autrement, 2013.

Population ayant accès à l'assainissement (en % de la population totale, 2010)
0 25 50 75 95 100   absence de données

2. Peut-on parler de « guerres de l'eau » ?

« La tension issue de la rareté de l'eau ne débouchera pas automatiquement sur un conflit majeur. Certes la question de l'eau peut être un élément essentiel d'une crispation régionale, comme dans le cas de la question du Nil ou de l'Euphrate. Mais souvent elle se surimpose [...] à d'autres litiges territoriaux, socio-économiques ou politiques qu'elle vient exacerber. [...] Mieux gérer la ressource, faire preuve de transparence et éviter les gestes unilatéraux, séparer hydraulique et ambitions régionales : la question de la rareté de l'eau, plus qu'un problème de quantités, est en réalité une bataille d'idées, de modèles de gouvernance, de choix politiques. Ces choix, il faudra les faire tôt ou tard. Le plus tôt sera le mieux avant que les tensions ne s'accumulent. [...] Avant aussi que de possibles changements climatiques ne viennent accélérer ces déchirements. »

F. Lasserre, *Les Guerres de l'eau*, Éditions Delavilla, 2009.

3. Du global au local, une ressource renouvelable ?

« Alors que l'offre augmente, la pression sur la ressource eau continue de s'accentuer. Même si l'eau prélevée ne quitte jamais le cycle global, toutes les ressources en eau ne sont pas immédiatement renouvelables. Ainsi, certains pays surexploitent leur ressource relativement à la capacité naturelle de renouvellement des aquifères : les flux sortants excèdent les flux entrants, ce qui réduit le stock. Cas extrêmes, la Libye et l'Arabie saoudite prélèvent abondamment l'eau présente sous le désert, dans des nappes profondes considérées comme fossiles, les conditions climatiques actuelles ne permettant pas de les réalimenter.

[...] Pour mieux gérer des périodes ponctuelles de pénurie, les promoteurs du développement durable proposent différentes formes de recyclage. Pratiques anciennes un temps oubliées comme la collecte des eaux de pluie pour l'arrosage des jardins ou le recyclage des eaux usées après traitement pour des usages agricoles, pratique qui se développe aussi bien aux États-Unis qu'en Israël ou en Tunisie. Autant de pratiques encore relativement limitées.

La question de la renouvelabilité de la ressource eau est indissociablement liée à l'échelle-temps de l'analyse. À l'échelle globale, l'eau circulant en circuit fermé sur la Terre constitue une ressource renouvelable, mais à des échelles plus grandes, sa renouvelabilité est loin d'être évidente. »

Yvette Veyret (dir.), *Le Développement durable*, SEDES, 2007.

4. Les trois scénarios pour l'avenir

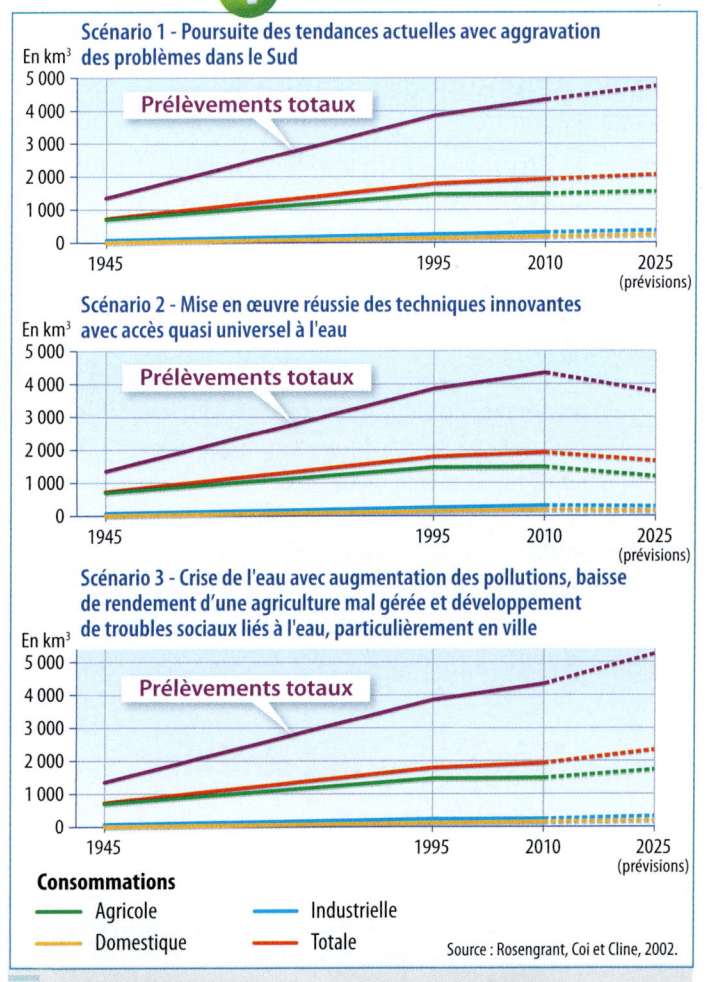

Scénario 1 - Poursuite des tendances actuelles avec aggravation des problèmes dans le Sud
(En km³ — Prélèvements totaux ; 1945–2025 prévisions)

Scénario 2 - Mise en œuvre réussie des techniques innovantes avec accès quasi universel à l'eau
(En km³ — Prélèvements totaux ; 1945–2025 prévisions)

Scénario 3 - Crise de l'eau avec augmentation des pollutions, baisse de rendement d'une agriculture mal gérée et développement de troubles sociaux liés à l'eau, particulièrement en ville
(En km³ — Prélèvements totaux ; 1945–2025 prévisions)

Consommations : Agricole — Industrielle — Domestique — Totale

Source : Rosengrant, Coi et Cline, 2002.

Quels sont les facteurs à maîtriser pour éviter une crise de l'eau ?

Points de vue

L'eau, un nouveau droit de l'Homme ?

On parle désormais d'un nouveau droit pour chaque humain, le droit à l'eau. Mais que signifie exactement ce terme et quelle est sa portée pour les hommes qui n'ont pas encore accès à l'eau potable ?

BIEN COMMUN DE L'HUMANITÉ L'EAU N'A PAS DE PRIX

« Pour faire de l'accès à l'eau un droit universel, Danielle Mitterrand et Philippe Starck créent la feuille d'eau. À remplir d'eau du robinet et emporter partout sans modération. » (Fondation Danielle Mitterrand, photographie de Dominique Issermann)

Qu'en pense un géographe ?

« Marchandise, **bien public**, **bien collectif**, **bien premier** : les théories sont nombreuses pour définir le statut de l'eau. En effet, si l'on peut estimer le prix de la distribution d'eau potable et de l'assainissement, si l'on peut valoriser les services environnementaux rendus par les zones humides, l'eau possède aussi une valeur patrimoniale et symbolique incommensurable. La vision de l'eau comme un bien vital a conduit à l'inscription d'un droit à l'eau, patrimoine commun de la nation, dans de nombreuses constitutions (Afrique du Sud, Éthiopie ou Équateur). Mais il reste un gouffre entre la proclamation du droit et sa mise en application. Et même quand c'est le cas (Afrique du Sud), la tendance actuelle est de considérer l'eau, au-delà du nécessaire à la survie des populations, comme une ressource économique à valoriser au mieux. Les débats sur le statut de l'eau sont donc loin d'être éteints. »

D. Blanchon, *Atlas mondial de l'eau*, Éditions Autrement, 2013.

L'accès à l'eau potable : un droit fondamental pour l'ONU

« L'Assemblée générale de l'ONU a adopté une résolution dans laquelle elle déclare que le droit à une eau potable, salubre et propre est un "droit fondamental, essentiel au plein exercice du droit à la vie et de tous les droits de l'homme". »

Site de l'ONU, à propos de la résolution de l'Assemblée générale du 28 juillet 2010.

vocabulaire

Bien public
Bien dont il est impossible d'interdire la consommation, même gratuite.

Bien collectif
Bien qui n'est pas divisible et dont le coût de production ne peut être imputé à un individu en particulier.

Bien premier
Bien dans son état d'origine.

Bilan

Expliquez les raisons de la mise en place d'un droit à l'eau et les limites de son application. Pourrait-il créer de nouvelles inégalités ?

Exercices et méthodes

L'eau, ressource essentielle — 3

1 VERS LE BAC
Construire la légende d'un croquis

L'eau, un enjeu majeur en Chine

> **Réaliser la légende d'un croquis**

1. Classez les éléments suivant dans le tableau :
Grand canal / Principaux fleuves / Sécheresse en 2010 / Régions exposées à la désertification / Isohyètes (précipitations par an en mm) / Grand barrage / Province où les ressources en eau potable sont inférieures à 1 700 m³ par habitant et par an / Travaux et projets de dérivation des eaux du Yangzi / Déforestation : augmentation des risques d'inondation

La ressource	Les aménagements hydrauliques	Les problèmes environnementaux liés à l'eau

2. Pour chaque partie, précisez le titre en l'adaptant à la situation de la Chine :

a. Est-ce que la ressource est abondante / insuffisante ? également / inégalement répartie ? également / inégalement accessible ?

b. Est-ce que les aménagements sont nombreux / rares ? anciens / récents ? indispensables ou non ?

c. Est-ce que les problèmes environnementaux liés à l'eau sont nombreux ou non ? Sont-ils importants ou de faible ampleur ?

3. Complétez la légende du croquis ci-dessous.

AIDE

Question 1 : Chaque colonne du tableau correspond à une partie de la légende. Il y a trois éléments par partie.

À savoir

La légende d'un croquis

• La légende organise les idées à représenter sur le croquis.

• Après avoir analysé le sujet, il s'agit de sélectionner les informations à mettre dans la légende pour répondre au sujet.

Il faut ensuite faire le plan de la légende :
– classer les informations dans un plan en deux à quatre parties ;
– chaque partie doit comporter un titre et être numérotée ;
– si possible, le titre doit donner une véritable information sur l'espace concerné et non pas se limiter à la présentation du thème abordé.

Exemple : *pour le thème 1, le titre : « Une ressource inégalement accessible » répond mieux au sujet que simplement « La ressource ».*

• Chacune des parties comporte au moins deux éléments de légende.

TITRE : ....

1. Une ressource inégalement accessible
    principaux fleuves
    ....
    ....

2. ....
    ....
    ....
    ....

3. ....
    ....
    ....
    ....

Exercices et méthodes

2 VERS LE BAC — Réaliser un croquis

L'eau dans le Sud-Ouest des États-Unis : ressource et besoins

1 Relief et hydrographie

0 | 1 000 | 2 000 | 3 000 m

- bassin hydrographique du Colorado
- △ principaux sommets
- principaux barrages

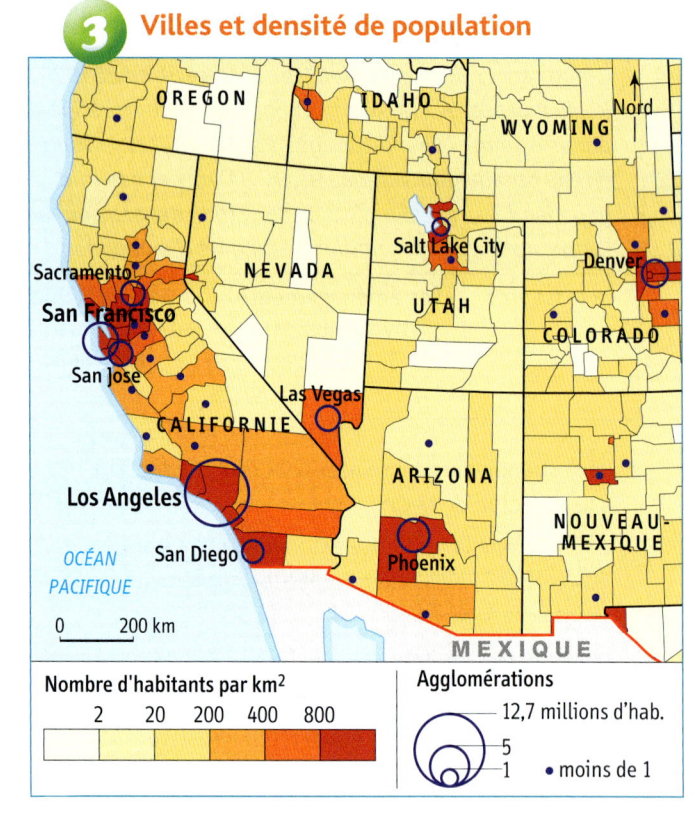

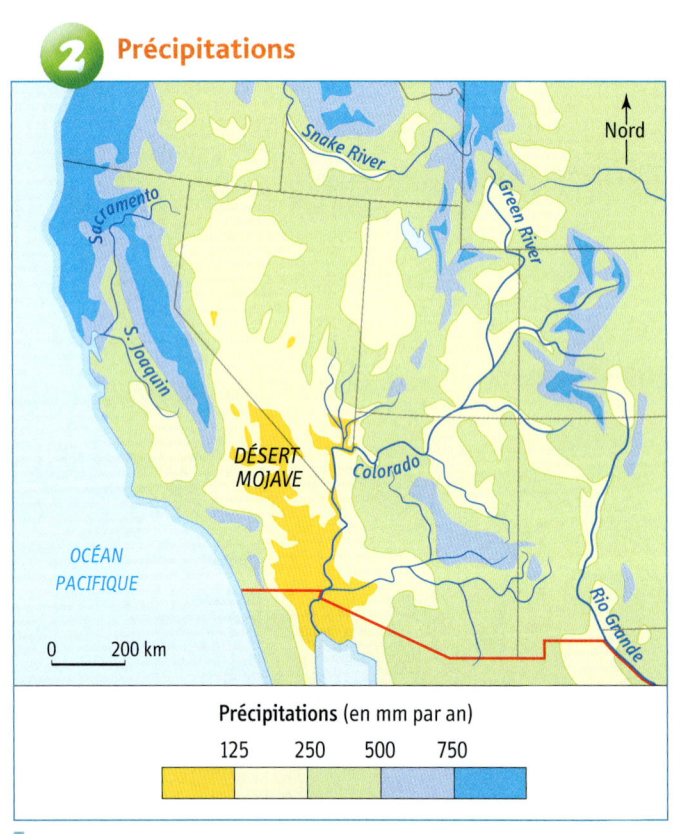

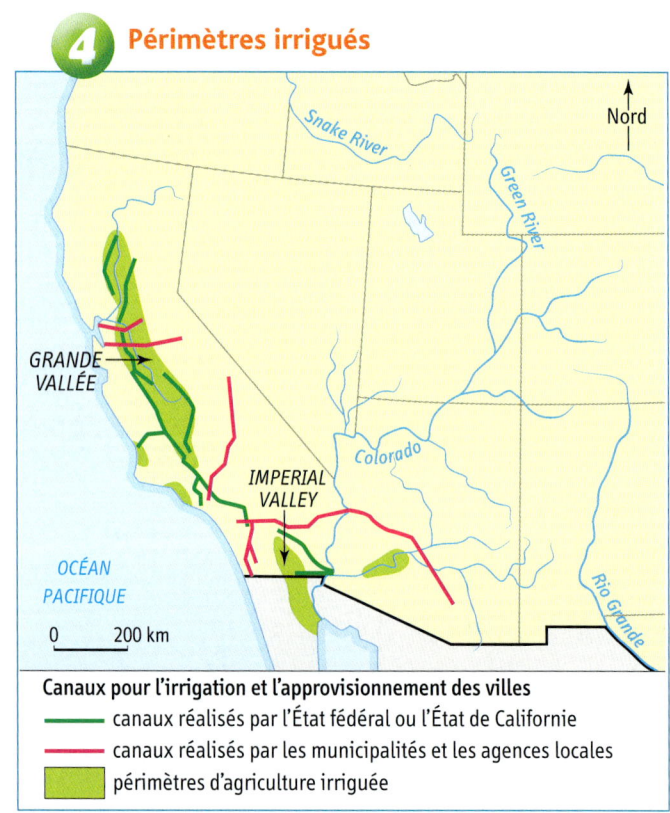

2 Précipitations

Précipitations (en mm par an) : 125 — 250 — 500 — 750

3 Villes et densité de population

Nombre d'habitants par km² : 2 — 20 — 200 — 400 — 800

Agglomérations :
- 12,7 millions d'hab.
- 5
- 1
- • moins de 1

4 Périmètres irrigués

Canaux pour l'irrigation et l'approvisionnement des villes
- canaux réalisés par l'État fédéral ou l'État de Californie
- canaux réalisés par les municipalités et les agences locales
- périmètres d'agriculture irriguée

L'eau, ressource essentielle

A. ....
....

.... principaux fleuves

Précipitations
.... isohyète 250 mm/an
.... isohyète 500 mm/an

☐ principaux massifs montagneux enneigés en hiver

B. Des usages croissants de la ressource suscitant des conflits d'usage et des tensions politiques

☐ ....
● ....

C. Aménagements et mobilisation de la ressource en eau

〜 ....
....

Titre : ....

0   200 km

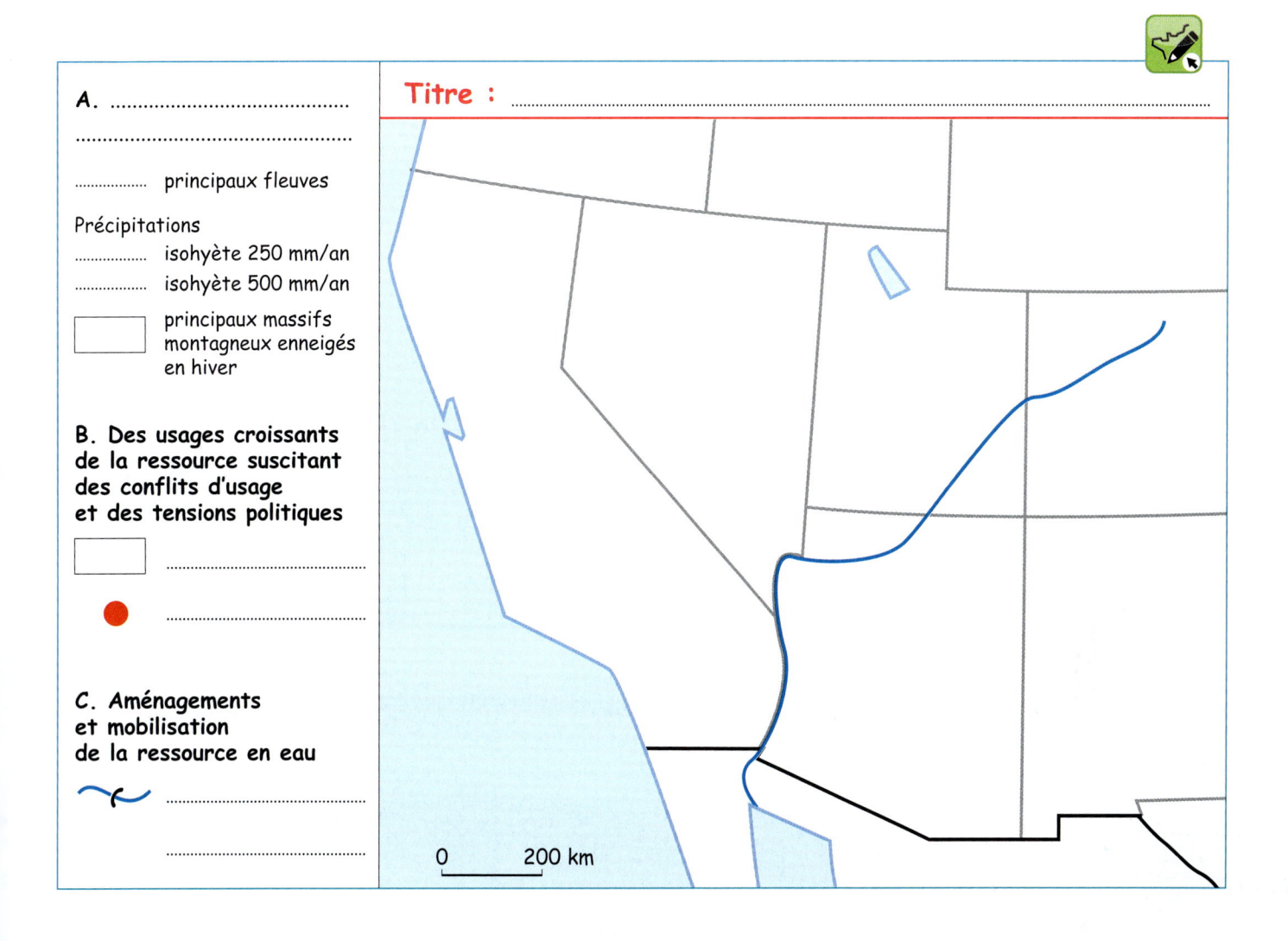

ÉTAPE 1 > Analyser le sujet et trier les informations

1. Définissez les termes du sujet, puis demandez-vous quels sont ceux à faire ressortir pour traiter le sujet.
2. Sélectionnez les informations contenues dans les cartes p. 110 qui devront figurer sur votre croquis.

AIDE

Question 2 : En sélectionnant les informations, pensez à la réalisation du croquis : les différents figurés seront-ils lisibles et superposables ? Comment représenter les différentes informations ?

ÉTAPE 2 > Construire la légende

3. Quel titre pouvez-vous donner à la partie A de la légende ci-dessus ?
4. Complétez ensuite la légende.

AIDE

Question 3 : Ce titre doit faire référence à la notion de ressource.

Question 4 : Aidez-vous des cartes p. 110 et veillez à ce que les figurés choisis soient superposables.

ÉTAPE 3 > Réaliser le croquis

5. Sur le croquis, reportez les figurés.
6. Donnez un titre à votre croquis.

AIDE

Question 5 : Commencez toujours par les figurés de surface (couleurs, hachures), puis reportez ensuite les figurés ponctuels et linéaires (cf. p. 9 du manuel).

111

Exercices et méthodes

3 Lire et exploiter une photographie de paysage

La riziculture inondée permet la croissance des plants de riz. Celle-ci nécessite d'importantes quantités d'eau et beaucoup de travail

1 Des rizières inondées en terrasse à Bali (Indonésie)

À savoir

Une photographie de paysage contient des éléments qui peuvent vous aider à comprendre une situation concrète, mais aussi à identifier des thématiques importantes. Ici, la photographie nous permet de voir un paysage créé par la ressource en eau et son exploitation.

QUESTIONS

1. Présentez le document.
2. Dans quelle région climatique se situe Bali ? En quoi est-ce important pour la culture du riz ?
3. Comment caractériser le type d'agriculture présenté ici ? Quel lien la riziculture entretient-elle spécifiquement avec l'eau ?
4. Comment sont occupés les 2e et 3e plans de la photographie ? À quoi correspondent ces différentes parcelles ?
5. À quelles contraintes la construction de terrasses permet-elle de répondre ?
6. Pourquoi peut-on parler d'un paysage de l'eau construit par l'homme ?

112

L'eau, ressource essentielle 3

TICE

4 Réaliser un graphique à partir de données Internet

Les différences de prélèvements de l'eau par région du monde

Site Aquastat de la FAO (Organisation des Nations unies pour l'alimentation et l'agriculture), www.fao.org/nr/aquastat.

Chercher des données sur un site

À partir de la page d'accueil du site Aquastat de la FAO, **sélectionnez** la rubrique « Données spatiales, tableaux, cartes » dans la colonne de gauche, puis cliquez sur « Tableaux et cartes ».

Téléchargez le PDF « Prélèvement d'eau pour les municipalités, les usages industriels et l'agriculture ».

Dans ce PDF, **observez** le tableau « Prélèvements d'eau par secteur, autour de 2006 ». NB : le terme « municipalités » renvoie à l'usage domestique.

Sélectionnez pour chaque zone (Monde, Afrique, Amérique, Asie, Europe, Océanie) les trois chiffres exprimés en pourcentages.

Réaliser le graphique avec le logiciel Excel

1. Ouvrez une page Excel (feuille de calcul).

2. Classez les données par colonne et lignes comme dans un tableau (cf. ci-contre).

3. En maintenant le clic gauche de votre souris enfoncé, **sélectionnez** l'ensemble des cellules du tableau, y compris les cellules avec les noms.

	Municipalités (domestique)	Industriels	Agricoles
Afrique	13	5	82
Amérique	16	34	49
Asie	9	10	81
Europe	72	57	22
Océanie	26	15	60
Monde	12	19	69

4. Dans l'onglet « Insertion », **sélectionnez** la rubrique des graphiques « Colonne » puis, dans la catégorie « Histogramme 2D », **cliquez** sur le graphique « Histogramme empilé ».

L'histogramme s'affiche avec une couleur par type de prélèvement et une colonne par région du monde.

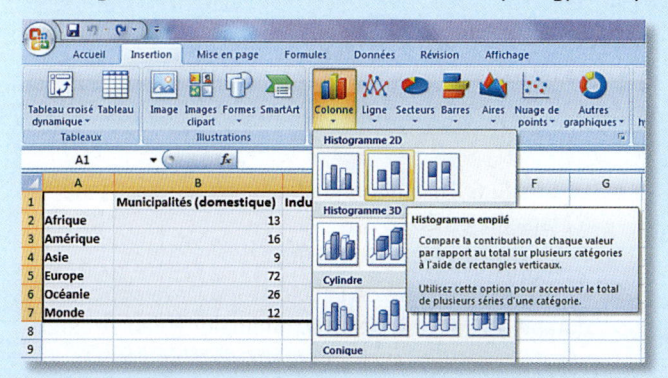

D'autres modes de représentation graphique sont possibles. On peut ainsi préférer ne pas empiler les types de prélèvement pour mieux les comparer. On choisira alors de cliquer sur « Histogramme groupé » après avoir sélectionné les cellules du tableau.

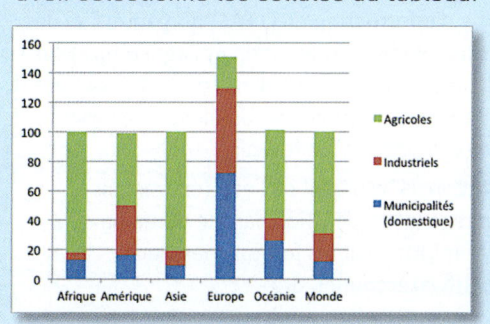

5. Dans l'onglet « Disposition », rubrique « Titre du graphique », vous pourrez donner un titre à votre graphique.

Réviser : L'eau, ressource essentielle

1 L'eau, une ressource inégalement répartie

- Les ressources en eau douce ne représentent que 2,5 % de l'eau de la planète mais sont néanmoins suffisantes pour couvrir les besoins humains.

- L'eau est en fait mal répartie : la localisation des eaux souterraines ou des fleuves, et surtout les facteurs climatiques, expliquent l'irrégularité de leur répartition dans le temps et l'espace.

- De plus, les inégalités d'accès à l'eau ne dépendent pas que des inégalités de ressources, elles sont largement dues aux inégalités de développement des pays. Elles sont mesurées par l'indice de pauvreté en eau.

2 Maîtrise de l'eau et transformation des espaces

- Les aménagements hydrauliques sont indissociables de l'histoire des hommes. Leur technicité n'a cessé de croître et, au XXIe siècle, ils sont de grande envergure : barrages, transferts d'eau d'un bassin-versant à un autre et production d'eaux douces non conventionnelles (usines de dessalement).

- Ces aménagements, particulièrement grâce à l'irrigation (18 % des terres cultivées mondiales) ou aux centrales hydroélectriques, ont permis le développement économique.

- Ils sont également à l'origine de paysages, façonnés par la maîtrise de l'eau : paysages agricoles de rizière en Asie, vastes périmètres irrigués dans le désert ou nouveaux paysages urbains de banlieue.

3 Gérer une ressource convoitée et parfois menacée ?

- Les prélèvements d'eau sont croissants à cause de l'augmentation de la population, de la croissance économique et des niveaux de vie. L'agriculture reste le secteur qui prélève et consomme le plus.

- Avec cette hausse, la concurrence entre les usages (agricole et touristique par exemple) s'exacerbe et des conflits d'usage locaux ou régionaux se développent. Des tensions géopolitiques entre États d'un même bassin-versant peuvent naître.

- Les politiques de l'eau invitent donc à l'économiser et à préserver sa qualité. Seule une gestion durable de l'eau peut permettre d'éviter une crise de l'eau.

Notions clés
- Maîtrise de l'eau
- Gestion durable de l'eau
- Aménagements hydrauliques

Aller plus loin

Sites Internet

- Le système d'information de la FAO (Organisation des Nations unies pour l'alimentation et l'agriculture) sur l'eau et l'agriculture : **www.fao.org/nr/water/aquastat** Il renferme de très nombreuses données à l'échelle nationale ou mondiale (en français).

- Le site du Conseil mondial de l'eau (en français) qui encourage la coopération dans le domaine de l'eau et informe sur les forums mondiaux : **www.worldwatercouncil.org**

- Le site du 6e Forum mondial de l'eau qui s'est tenu à Marseille en 2012 : **www.worldwaterforum6.org**

- Le site du ministère de l'Écologie, du Développement durable et de l'Énergie, avec un onglet « Eau et biodiversité » : **www.developpement-durable.gouv.fr**

vérifier ses connaissances

Entraînez-vous en ligne sur www.geo-hatier.com (corrigés p. 287 du manuel).

Exercice 1

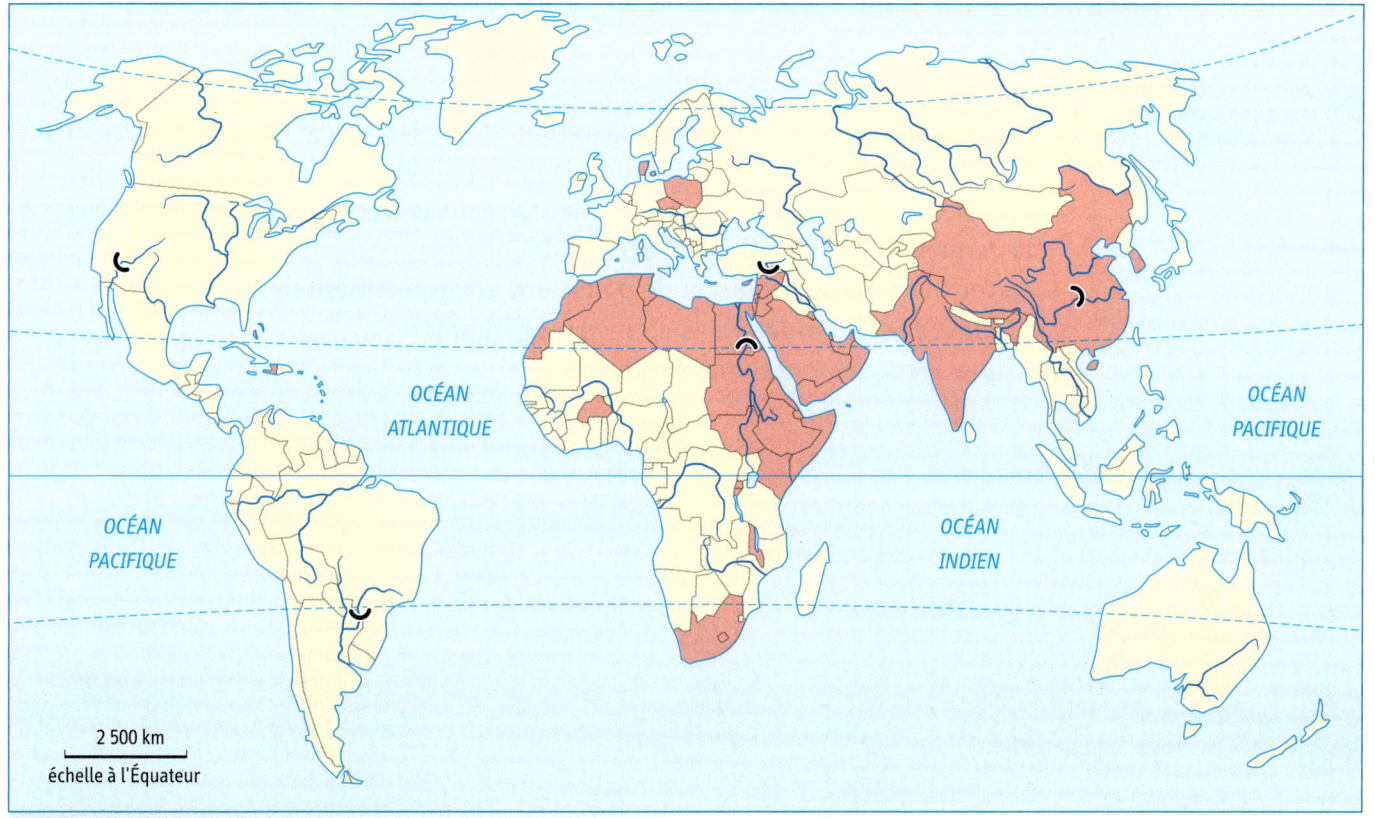

a. Recopiez le planisphère ci-dessus et situez correctement les fleuves suivants : *Amazone, Congo, Nil, Yangzi, Mississippi, Tigre, Euphrate, Indus, Gange, Niger, Volga, Iénissei*.
b. Nommez les cinq grands barrages situés sur la carte. Lequel alimente la plus puissante centrale hydroélectrique du monde ?
c. Les États en rose sont en situation de pénurie ou de stress hydrique. Définissez ces expressions, puis nommez au moins cinq de ces États.

Exercice 2

Répondez par vrai ou faux aux affirmations suivantes.

a. Les réserves d'eau superficielles forment 30 % de l'eau douce.
b. L'indice de pauvreté en eau mesure la capacité des États à mobiliser leur ressource en eau.
c. Les terres irriguées forment 8 % des terres cultivées.
d. Les huertas sont des paysages agricoles spécifiques d'Asie.
e. La révolution bleue rassemble des techniques d'irrigation qui permettent d'économiser l'eau.

Exercice 3

Définissez les termes et expressions suivantes.

– Gestion durable de l'eau
– Assainissement
– Bassin-versant
– Aménagements hydrauliques
– Prélèvements

Exercice 4

Répondez aux questions suivantes.

a. Citez trois techniques de mobilisation de la ressource en eau.
b. Lequel de ces quatre États n'est pas en situation de pénurie d'eau ?
Algérie / Irak / Égypte / Jordanie
c. Parmi les grands fleuves suivants, lesquels font l'objet de tensions géopolitiques relatives au partage de leurs eaux ?
Amazone / Nil / Mississippi / Euphrate / Rhin / Congo
d. Dans les pays en développement, quel usage consomme le plus d'eau ?
e. Selon vous, dans les pays les moins développés, la proportion de personnes n'ayant pas régulièrement accès à l'eau potable est : *d'environ 20 % / entre 20 et 40 % / entre 40 et 60 % / entre 60 et 80 %* ?

4 L'enjeu énergétique

La consommation d'énergie par habitant révèle les inégalités de développement dans le monde. La gestion des énergies doit répondre aux besoins des sociétés. Les énergies fossiles en assurent l'essentiel. Or, dans un contexte de forte croissance de la demande, l'exploitation et l'accès à des énergies non renouvelables sont sources de tensions géopolitiques et de pollutions environnementales.

▶ **Quels sont les enjeux des choix énergétiques pour un développement durable ?**

1 Toronto, la nuit (Canada)

Le fonctionnement des villes est très exigeant en énergie.

2 Inégalité de consommation, inégalité de développement en Europe et en Afrique

Des lampes solaires au Nigeria

Au Nigeria, des enfants font leurs devoirs grâce à des lampes solaires.

Vue de l'Europe et de l'Afrique, prise par satellite.

Étude de cas 1

L'Alberta canadien, un front pionnier énergétique

Vaste et peu peuplée (3,9 millions d'habitants en 2012), l'Alberta, province de l'Ouest canadien, se développe grâce à d'énormes gisements de sables bitumineux. Plus que pour répondre aux besoins du Canada, riche et autosuffisant, leur mise en exploitation relève d'une politique d'exportation. L'Alberta est un front pionnier énergétique.

A Des gisements de sables bitumineux abondants

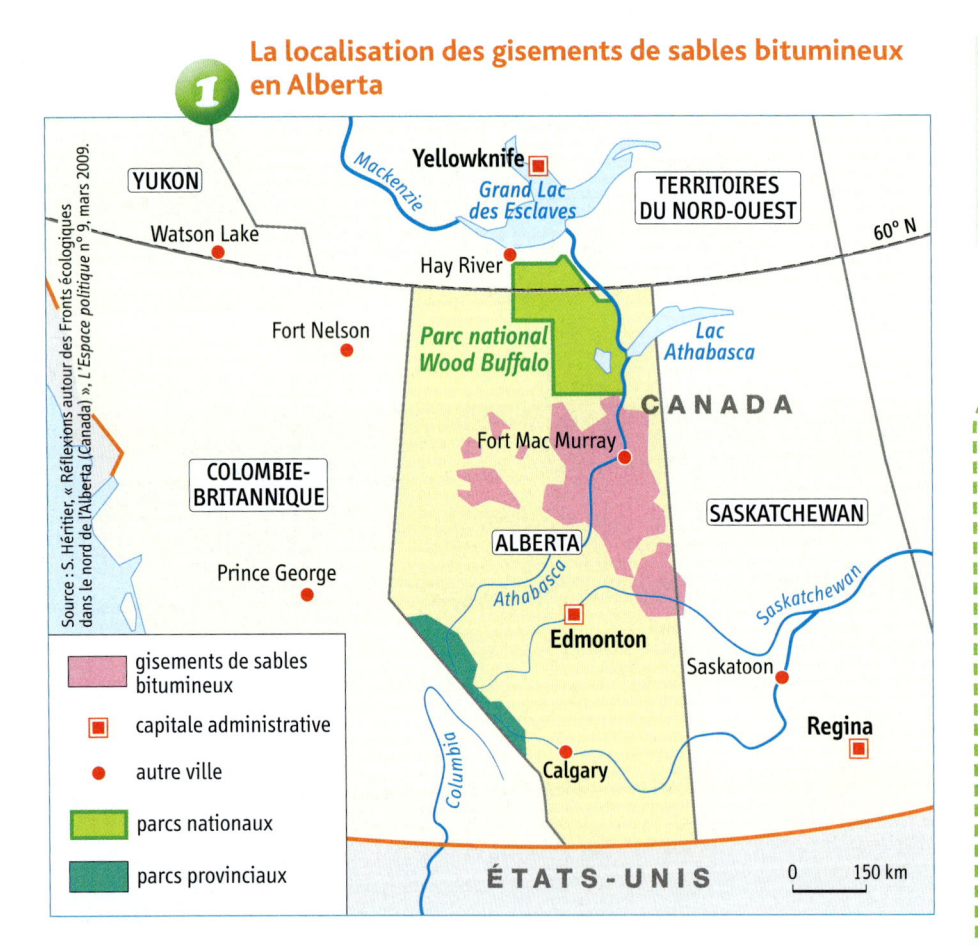

1 La localisation des gisements de sables bitumineux en Alberta

Source : S. Héritier, « Réflexions autour des Fronts écologiques dans le nord de l'Alberta (Canada) », *L'Espace politique* n° 9, mars 2009.

Légende :
- gisements de sables bitumineux
- capitale administrative
- autre ville
- parcs nationaux
- parcs provinciaux

Sables bitumineux
Sables imprégnés de bitumes, mélange d'hydrocarbures lourds très visqueux qu'il faut traiter pour les transformer en un produit équivalent au pétrole brut (pétrole non raffiné) avant de pouvoir les raffiner pour obtenir des carburants.

2 Les sables bitumineux, des hydrocarbures non conventionnels

« Les gisements de sables bitumineux sont des hydrocarbures dits non conventionnels : leur localisation, dans des espaces peu peuplés, difficiles d'accès (gisements offshore, climats extrêmes) et / ou leurs difficiles conditions d'exploitation et de transformation (pétrole très lourd, sables bitumineux, pétrole et gaz de schiste) ont retardé leur mise en exploitation. Seuls la pénurie énergétique et le prix très élevé du pétrole leur permettent d'être économiquement rentables. L'essor récent de l'exploitation de ces hydrocarbures, partout dans le monde, témoigne de la croissance des besoins à l'échelle mondiale. »

A. Frémont-Vanacore, © Hatier, 2014.

Questions

1. **Doc. 1** Situez les gisements de sables bitumineux.
2. **Doc. 3** Quelles sont les ressources et les aménagements nécessaires à l'exploitation des sables bitumineux ?
3. **Doc. 2 et 4** Pourquoi l'exploitation est-elle coûteuse ? Pourquoi est-elle devenue rentable ?

BILAN Montrez que l'Alberta est un front pionnier (définition p. 208).

Ce gisement de la société Suncor se trouve au niveau de la ville de Fort Mac Murray.
1. Rivière Athabasca, dont l'eau est utilisée pour l'extraction
2. Bassins de rétention
3. Usine de transformation du bitume en pétrole plus léger
4. Site d'extraction suite au défrichement de la forêt
5. Forêt boréale – forêt des régions froides de l'hémisphère Nord, constituée surtout de conifères (épicéas, sapins)

3 Un site d'exploitation à ciel ouvert

4 L'Alberta, un « eldorado » canadien

Un front pionnier	
Des ressources abondantes	▸ Production : près de 2 millions de barils/jour, soit 2 % de production mondiale. ▸ Une production d'énergie deux fois supérieure à la consommation canadienne.
Une localisation intéressante	▸ Proximité du marché des États-Unis et du Pacifique (accès au marché chinois). ▸ Construction d'infrastructures de désenclavement
Un peuplement en croissance	▸ Une croissance démographique et urbaine exceptionnelle (10 % entre 2006 et 2012). ▸ Des aides publiques et des salaires plus élevés. ▸ Des créations d'emplois directs ou indirects en Alberta et dans le reste du Canada.
Des contraintes de mise en valeur	
Un coût d'extraction élevé	▸ L'exploitation nécessite : – d'énormes quantités d'eau : 3,5 m^3 d'eau pour 1 m^3 de bitume ; – d'énormes quantités d'énergie (gaz) pour transformer le bitume en produit équivalent au pétrole brut : 350 m^3 de gaz pour 1 m^3 de bitume. → Coût de 20 à 50 fois plus élevé que le brut saoudien pour obtenir un produit équivalent.
Des investissements massifs	▸ 116 milliards investis depuis 2000.
Une rentabilité récente	▸ La production n'est devenue rentable que lorsque le cours mondial du pétrole brut est passé de 60 $ le baril à 100 $ dans les années 2000.

D'après S. Héritier, « Réflexions autour des "Fronts écologiques" dans le nord de l'Alberta (Canada) », *L'Espace politique*, mars 2009.

5 La vie à Fort Mac Murray

« Alors que dans tout le pays de jeunes Canadiens se battent pour trouver un emploi stable et un bon salaire, il existe des jeunes vivant dans la région reculée de l'Alberta que l'incertitude économique n'a jamais inquiétés.

Ces jeunes Canadiens sont des résidents de longue date de Fort Mac Murray, le centre du gisement de sables bitumineux [...]. Pour la plupart âgés d'une bonne vingtaine d'années, ils gagnent des salaires à six chiffres, remboursent leur maison et voyagent dans le monde entier. [...]

À quelques kilomètres de plusieurs sites d'extraction des sables bitumineux, Fort Mac Murray a connu une forte croissance durant la dernière décennie, et sa population continue d'augmenter. La ville comptait 47 000 habitants au recensement de 2006, et 61 000 en 2011 – un bond de près de 29 % en cinq ans. En 2030, on estime que la ville aura presque quadruplé sa population, avec 231 000 habitants.

Une telle croissance ne se fait pas sans douleur. Chaque matin, des centaines d'habitants de Fort Mac Murray prennent leur véhicule – pour certains d'énormes camionnettes d'une demi-tonne avec deux paires de pneus arrière – et vont travailler, provoquant parfois des embouteillages inconnus dans des villes de cette taille.

Le manque de surfaces résidentielles et commerciales à Fort Mac Murray a provoqué une formidable hausse des prix de l'immobilier et le coût de la vie y est élevé. »

"*Income Inequality And The Oil Sands: Fort McMurray's Rich 20-Somethings Find Hard Times Hard To Understand*", The Huffington Post Canada, 3 juin 2012.

étude de cas 1 — L'Alberta canadien, un front pionnier énergétique

B — Des enjeux géopolitiques et environnementaux

6 — L'Alberta, annexe énergétique des États-Unis

« Fort de sa proximité géographique et culturelle, de la profondeur de leurs liens historiques et commerciaux dans le cadre de l'ALENA[1], le Canada, dont 97 % des réserves nationales sont concentrées en Alberta, est le premier fournisseur de pétrole brut des États-Unis. 99 % des exportations de pétrole brut du Canada ont pour destination les États-Unis. La mise en production récente des gisements de l'Alberta a suscité la multiplication des oléoducs, réalisés ou en projet. »

A. Ciattoni, A. Frémont-Vanacore, © Hatier, 2014.

[1]. Accord de libre-échange nord-américain.

7 — Des projets d'acheminement du pétrole contestés

Carte : projet Northern Gateway (mise en service en 2017), Kitimat, Pruderheim, Edmonton, Hardisty, Calgary, Winnipeg, oléoduc Keystone, Lincoln, Patoka, Steele City, Wood River, Cushing, projet d'extension Keystone XL (capacité : 1,3 million barils/jour), TEXAS, Houston, Port Arthur, Golfe du Mexique ; port pétrolier.

G. Poiret, *Alberta : le nouveau front pionnier ?*, in États-Unis et Canada, *La Documentation photographique* n° 8 092, La Documentation française, 2013.

8 — La plus grande banque de Chine finance une raffinerie à Kitimat

« La Banque industrielle et commerciale de Chine (ICBC) aiderait à financer un projet de raffinerie dans la ville portuaire britanno-colombienne de Kitimat, afin de traiter en Colombie-Britannique le pétrole des sables bitumineux de l'Alberta, au lieu d'exporter du bitume brut outre-mer.

[...] La raffinerie à Kitimat aurait la capacité de traiter l'ensemble du débit du pipeline Northern Gateway en projet. Elle créerait 3 000 emplois à temps plein et 6 000 emplois temporaires, en plus de générer d'importants revenus d'impôt pour les gouvernements.

Selon le projet, la raffinerie traiterait le brut à l'aide d'une approche "propre" nouvellement brevetée. Le procédé Fischer-Tropsch est décrit comme permettant de réduire les émissions de gaz à effet de serre de 50 % par baril de pétrole.

En plus de la raffinerie, le projet comprend également un terminal marin et une flotte de navires-citernes pour transporter le pétrole raffiné sur l'océan Pacifique.

Des groupes environnementaux et les Premières Nations ont exprimé leurs craintes de voir du pétrole brut être transporté dans des zones sensibles écologiquement, dans le Nord de la Colombie-Britannique. »

Radio Canada, 19 avril 2013.

9 — Des compagnies du monde entier

Nom	Nationalité
Suncor	Canada
Exxon Mobil	États-Unis
Sinopec	Chine
Total	France
Shell	Roy.-Uni – Pays-Bas
Japan Oil	Japon
Statoil	Norvège
Petrokazakhstan	Kazakhstan

L'enjeu énergétique 4

10 Des contestations au-delà des frontières canadiennes

« Au tournant des années 2000, l'exploitation à grande échelle des sables bitumineux de l'Ouest canadien n'a rencontré qu'une faible opposition. Des Amérindiens vivant dans une réserve isolée, les premiers à en subir les inconvénients, étaient les seuls à donner de la voix. La prise de conscience s'est accrue quand de nouvelles routes de transport se sont ouvertes.

C'est ainsi qu'un projet d'oléoduc qui doit relier l'Alberta (Canada) au Texas est devenu un enjeu national aux États-Unis. L'affaire a été portée jusqu'à la Maison Blanche. Les agriculteurs de l'Ouest amérindien redoutent en effet les conséquences d'une éventuelle fuite sur leurs terres. En 2012, le réseau vieillissant d'oléoducs aux États-Unis a été à l'origine de 364 déversements pétroliers, soit 74 incidents de plus par rapport à l'année précédente.

De l'Arkansas au Québec, les riverains du transit pétrolier forment maintenant une nouvelle classe de citoyens qui doit vivre avec des infrastructures et un cadre légal inadaptés aux dernières évolutions technologiques. »

M.-O. Bherer, *Le Monde*, 19 juillet 2013.

Des manifestants écologistes protestent à Washington contre la construction de l'oléoduc Keystone XL dont ils craignent les impacts environnementaux. Le projet est pour l'instant suspendu.

11 Les conséquences des fuites

« Des fuites récurrentes sur le site de forage de sables bitumineux de Cold Lake dans l'État canadien de l'Alberta ont provoqué le déversement de plus de 950 000 litres de bitume depuis l'hiver 2012 selon la compagnie exploitante Canadian Natural Ressource. D'importantes quantités de terres souillées ont été retirées des zones contaminées. La société a reconnu sa responsabilité dans les fuites. La région est habitée par la nation autochtone des Cree dont des représentants ont manifesté à plusieurs reprises devant les bureaux de la compagnie qu'ils accusent de faire de la rétention d'informations. De son côté, Greenpeace s'en est pris au gouvernement de l'Alberta et a appelé à la création d'un organisme indépendant de contrôle de l'exploitation des sables bitumineux dans cette province dont l'économie dépend largement du pétrole. »

B. Philip, correspondant pour *Le Monde*, 5 août 2013.

Questions

1. **Doc. 6, 8 et 10** Pourquoi les États-Unis et la Chine sont-ils intéressés par les sables bitumineux de l'Alberta ?

2. **Doc. 7 et 8** Décrivez les tracés de l'oléoduc Keystone et des projets Keystone XL et Northern Gateway. À quel pays sont-ils destinés ?

3. **Doc. 9** Que montre la diversité des sociétés engagées dans l'exploitation des sables bitumineux ?

4. **Doc. 10** Qui conteste la présence des oléoducs ? Pourquoi la contestation dépasse-t-elle les limites de la province canadienne ?

5. **Doc. 11** Quelle est la particularité de la contestation des Amérindiens ?

BILAN Rédigez un texte montrant les enjeux de l'exploitation des sables bitumineux de l'Alberta.

Étude de cas **1** **L'Alberta canadien, un front pionnier énergétique**

C Quelles politiques de développement durable ?

12 Des impacts environnementaux à prendre en compte

Une usine de transformation du bitume en pétrole.

Des effets sur l'environnement :
« • Destruction des paysages, déforestation ;
• Bouleversement de l'écoulement des eaux souterraines et de surface ;
• 1,8 milliard de litres d'eau contaminée/jour ;
• 50 km² de bassins de décantation très toxiques (mercure, arsenic) ;
• Importants rejets de GES : 5 fois plus que pour la production de pétrole conventionnel. »

D'après S. Héritier, M@ppemonde n° 87, mars 2007.

13 Choisir le développement économique plutôt que la contrainte environnementale

RÉCHAUFFEMENT CLIMATIQUE
LE CANADA SE RETIRE DU PROTOCOLE DE KYOTO

« ...NOUS, ON APPLAUDIT... » « ...ÇA RÉCHAUFFE ! »
CLAP! CLAP!   CLAP! CLAP!

L'Alberta est à l'origine de 31 % des GES du Canada, devenu un des très gros émetteurs mondiaux, surtout si on en rapporte le volume à sa population. En décembre 2012, le gouvernement canadien décide de quitter le protocole de Kyoto qui le contraindrait à verser de très lourdes pénalités.

14 Total s'engage pour préserver l'environnement

« Avec les sables bitumineux, nous devons affronter de nombreux problèmes, dont l'impact sur les ressources en eau, les émissions de gaz à effet de serre et la restauration des paysages et des écosystèmes. Depuis plusieurs années maintenant, Total participe activement à des programmes de recherche initiés par l'industrie canadienne des sables bitumineux, qui consacre à la recherche plus de 120 millions de dollars canadiens par an. Nous sommes un membre fondateur de l'Alliance pour l'Innovation dans les sables bitumineux du Canada (COSIA), une initiative lancée en 2012 par douze producteurs de sables bitumineux pour accélérer le rythme des progrès de l'industrie en matière de performance environnementale. »

Extrait de TOTAL S.A., CSR (Corporate Social Responsibility) Report 2012.

15 Protéger la biodiversité

« Le gouvernement de l'Alberta exige que les entreprises restaurent et remettent en état la totalité des sols à la suite de l'extraction des sables bitumineux. La remise en l'état signifie que le sol redevient un écosystème autosuffisant d'une forêt boréale avec une végétation et une faune locales. Lorsque les entreprises présentent une demande initiale visant un projet, elles doivent aussi présenter un plan de conservation et de remise en état, s'assurer que celui-ci demeure à jour et déposer un cautionnement de garantie pour la remise en état. [...]
À l'intérieur de la zone des sables bitumineux, le gouvernement de l'Alberta s'est engagé à conserver et à protéger plus de 2 millions d'hectares (20 000 km^2) d'habitat abritant des espèces indigènes dans le cadre du Plan régional pour le cours inférieur de l'Athabasca de 2011, en plus de presque 4,5 millions d'hectares (44 800 km^2) de terres protégées par le gouvernement fédéral, soit le parc national Wood Buffalo situé au nord de la zone des sables bitumineux. »

Gouvernement du Canada, ministère de l'Environnement et Gouvernement de l'Alberta, février 2013.

Campagne Greenpeace de 2009, « Emplois verts : il est temps de construire l'avenir de l'Alberta. Les emplois verts sont des emplois liés, directement ou indirectement, à la protection de l'environnement.

16 Réduire les émissions de gaz à effet de serre

Le gouvernement canadien mise sur le captage et le stockage géologique du CO_2 pour réduire les émissions de gaz à effet de serre liées à la production du pétrole brut.

D'après www.oag-bvg.gc.ca, 2013.

17 Promouvoir les emplois verts

Green Jobs: It's time to build Alberta's future
Written By David Thompson

Questions

1. **Doc. 12 et 13** Quelles sont les conséquences de l'exploitation des sables bitumineux ?

2. **Doc. 14, 15, 16 et 17** Identifiez les différents acteurs engagés dans la protection de l'environnement.

BILAN Quels sont les impacts de l'exploitation des sables bitumineux de l'Alberta en terme de développement durable ?

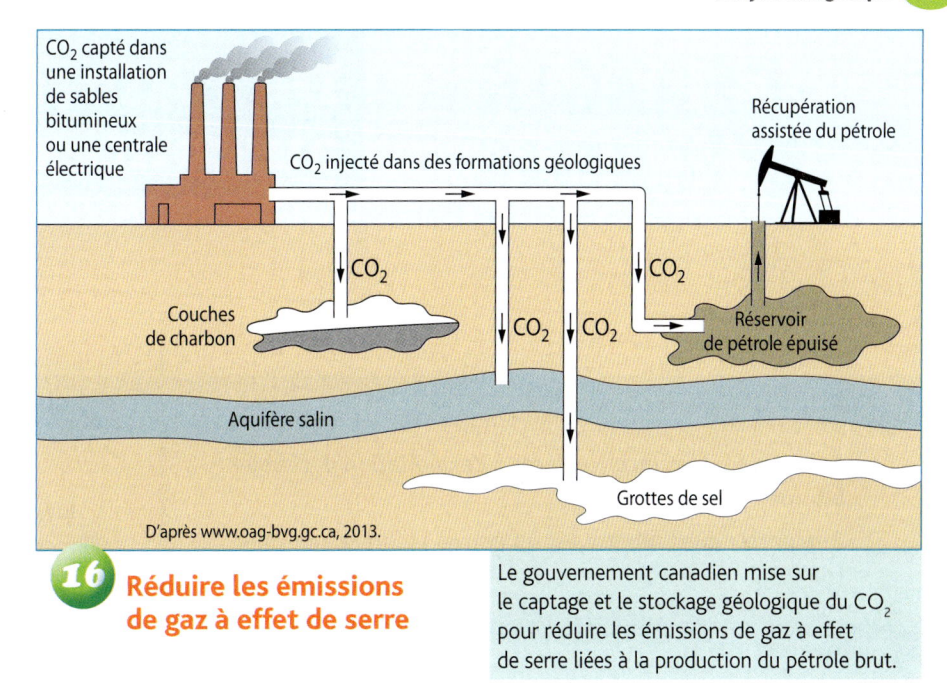

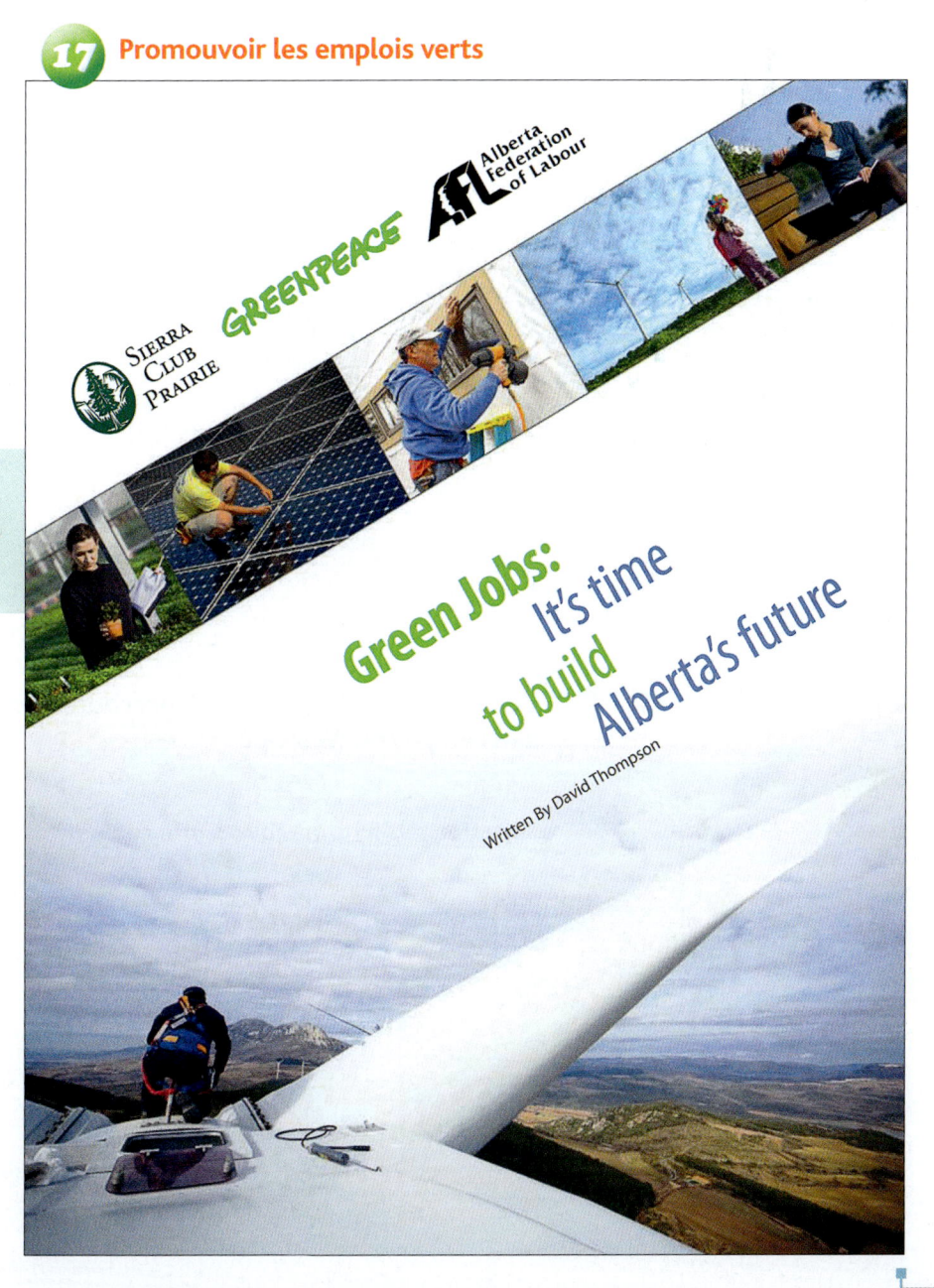

Étude de cas 1

CHANGER D'ÉCHELLE
De l'Alberta canadien au contexte mondial

Rédiger le bilan de l'étude de cas | Mettre en perspective

A. Des gisements de sables bitumineux abondants

1• Quels sont les inconvénients à l'exploitation des sables bitumeux ? (p. 118)

2• Montrez que l'Alberta est un nouvel eldorado pétrolier. (p. 119)

carte 1 ci-contre et carte p.132-133
a. Identifiez d'autres pays disposant d'hydrocarbures non conventionnels.

B. Des enjeux géopolitiques et environnementaux

3• Pourquoi le Canada est-il un fournisseur privilégié des États-Unis ? (p. 120)

4• Identifiez les types de tensions et les conséquences de l'exploitation des sables bitumineux. (p. 121)

carte p. 132-133
b. Où sont situées les autres zones de tensions liées aux enjeux énergétiques ?

carte 2 ci-contre
c. Localisez d'autres grands pays émetteurs de CO_2.

C. Quelles politiques de développement durable ?

5• Quelles sont les politiques de protection de l'environnement envisagées en Alberta ? (p. 122-123)

carte p. 132-133
d. Citez d'autres choix énergétiques engagés pour assurer un développement durable.

Schéma bilan ▶ L'enjeu énergétique des hydrocarbures non conventionnels dans un pays développé

Exploitation des hydrocarbures non conventionnels

- **PILIER ÉCONOMIQUE**
  - Croissance
  - Emploi

- **PILIER SOCIAL**
  - Prospérité immédiate
  - Une durabilité en débat

- **PILIER ENVIRONNEMENTAL**
  - Dégradation des sites
  - Emploi

- **GÉOPOLITIQUE**
  - Conflits d'usage
  - Tensions internationales

- Échelle locale
- Échelle mondiale

L'enjeu énergétique 4

1 Les ressources d'hydrocarbures potentiellement exploitables dans le monde

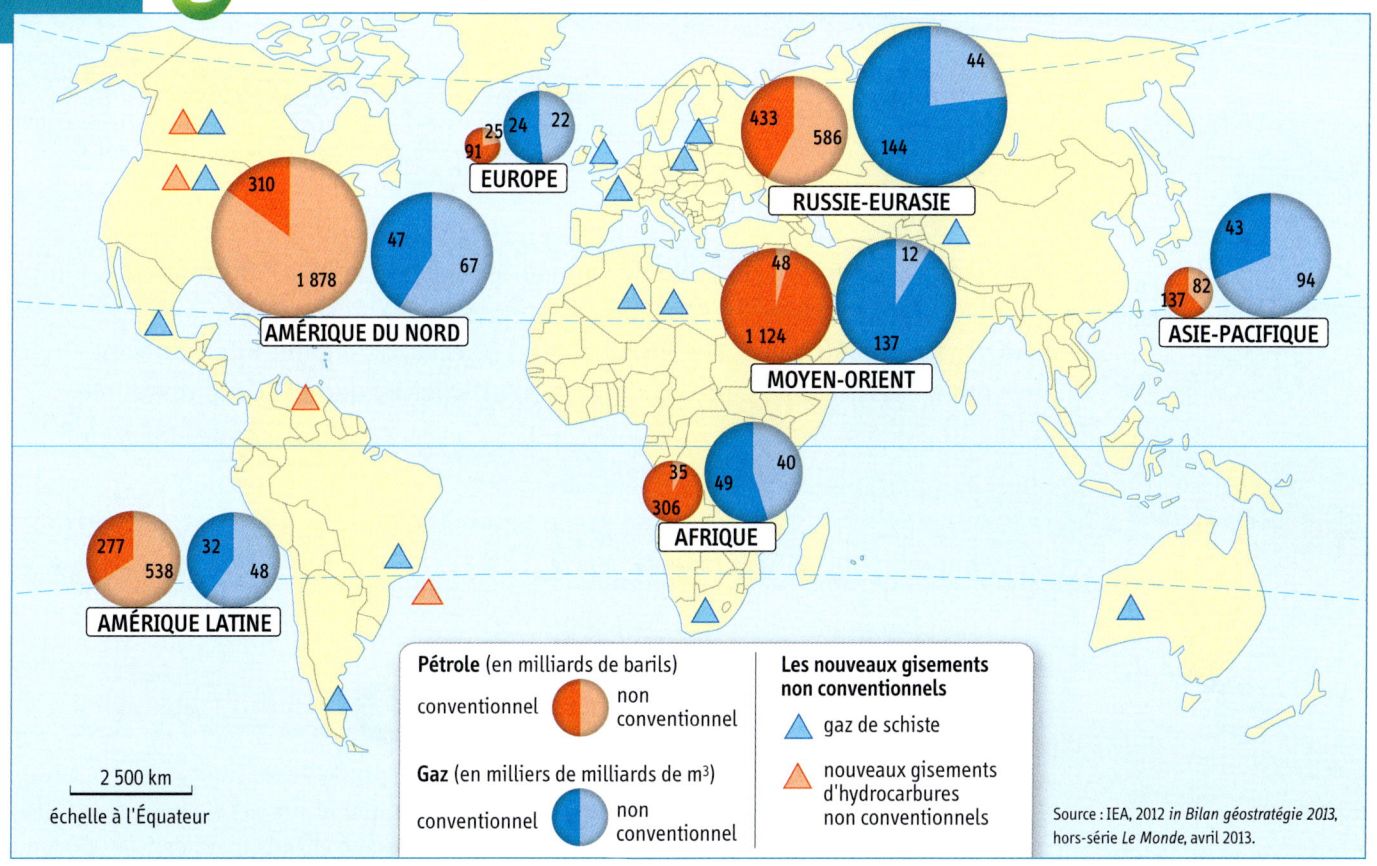

EUROPE : 91 / 25 / 24 / 22
RUSSIE-EURASIE : 433 / 586 / 144 / 44
AMÉRIQUE DU NORD : 310 / 1 878 / 47 / 67
MOYEN-ORIENT : 1 124 / 48 / 137 / 12
ASIE-PACIFIQUE : 137 / 82 / 94 / 43
AFRIQUE : 306 / 35 / 49 / 40
AMÉRIQUE LATINE : 277 / 538 / 32 / 48

Légende :
- **Pétrole** (en milliards de barils) : conventionnel / non conventionnel
- **Gaz** (en milliers de milliards de m³) : conventionnel / non conventionnel
- **Les nouveaux gisements non conventionnels** :
  - ▲ gaz de schiste
  - ▲ nouveaux gisements d'hydrocarbures non conventionnels

Échelle : 2 500 km à l'Équateur

Source : IEA, 2012 in Bilan géostratégie 2013, hors-série Le Monde, avril 2013.

2 Les rejets de gaz à effet de serre (GES) dans le monde

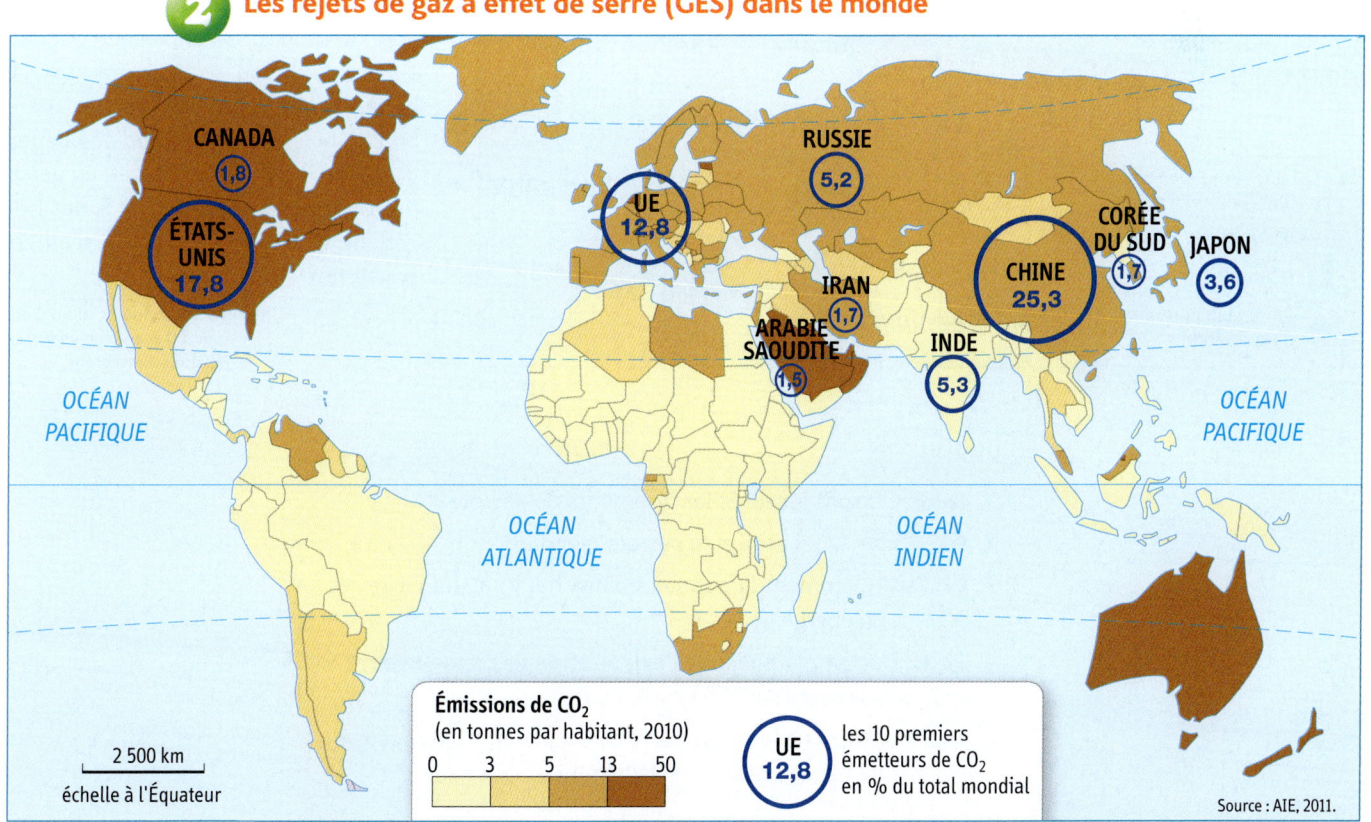

- CANADA : 1,8
- ÉTATS-UNIS : 17,8
- UE : 12,8
- RUSSIE : 5,2
- CORÉE DU SUD : 1,7
- JAPON : 3,6
- CHINE : 25,3
- IRAN : 1,7
- ARABIE SAOUDITE : 1,5
- INDE : 5,3

Émissions de CO_2 (en tonnes par habitant, 2010) : 0 – 3 – 5 – 13 – 50

UE 12,8 : les 10 premiers émetteurs de CO_2 en % du total mondial

Échelle : 2 500 km à l'Équateur

Source : AIE, 2011.

125

Étude de cas 2

Le Nigeria : entre abondance pétrolière et pénurie énergétique

État en développement du golfe de Guinée, le Nigeria est le 10e producteur mondial de pétrole avec 263 millions de tonnes en 2012, soit 23 % de la production africaine. Néanmoins, ses 170 millions d'habitants souffrent de pénurie énergétique, faute d'une gestion efficace et durable de la ressource.

A — Abondance, pénurie et gestion inefficace

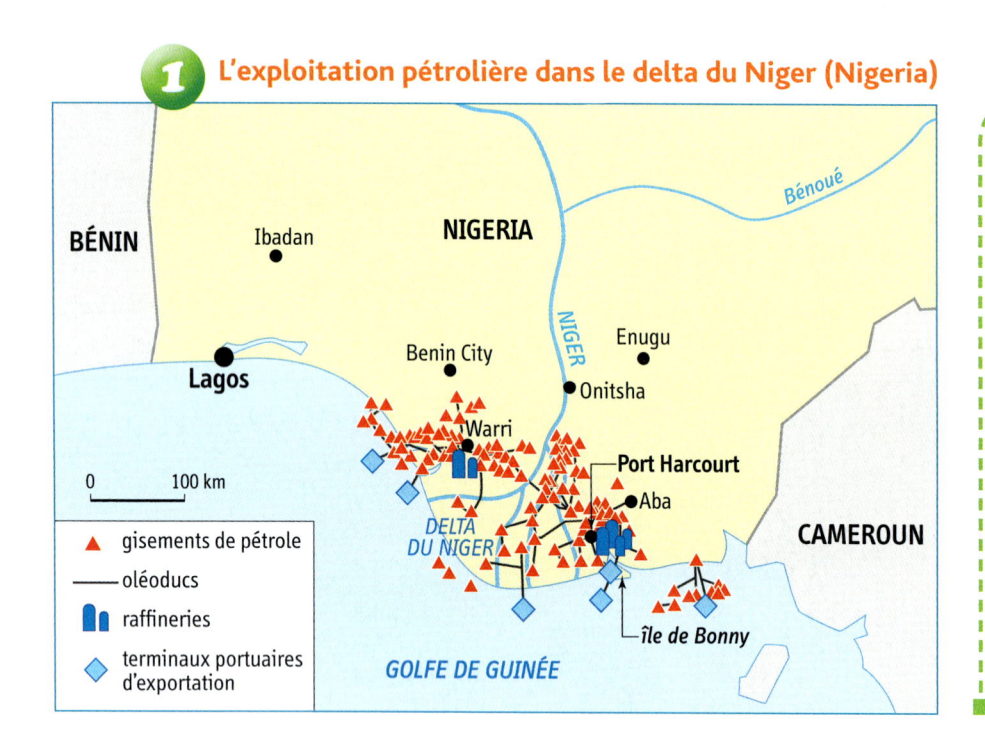

1. L'exploitation pétrolière dans le delta du Niger (Nigeria)

Légende :
- ▲ gisements de pétrole
- — oléoducs
- 🏭 raffineries
- ◆ terminaux portuaires d'exportation

2. Du pétrole pour qui ?

« Tous les pays exportateurs de pétrole ne sont pas de riches émirats sous-peuplés. Le Nigeria, pays de 924 000 km², est le pays le plus peuplé d'Afrique. Lagos (plus de 11 millions d'habitants) consomme 45 % de toute l'énergie nationale, l'essentiel de l'électricité alors que 80 % des besoins énergétiques de la population sont assurés par la biomasse traditionnelle (bois et charbon de bois). La population augmente d'environ 3 millions par an et, en dépit des richesses pétrolières, 70 % des Nigérians vivent en dessous du seuil de pauvreté »

B. Barré, B. Mérenne-Schoumaker, *Atlas des énergies mondiales*, Éditions Autrement, 2011.

Questions

1. **Doc. 1** Où sont localisés les gisements de pétrole ?
2. **Doc. 2, 3 et 4** À qui profite le pétrole nigérian ?
3. **Doc. 2 et 5** Comment la population nigériane satisfait-elle ses besoins en énergie ?
4. **Doc. 3** Décrivez l'impact de l'exploitation des ressources en hydrocarbures sur le paysage du delta du Niger.

BILAN Montrez que la situation énergétique du Nigeria relève à la fois de l'abondance et de la pénurie.

L'enjeu énergétique 4

3 Le terminal pétrolier et gazier Shell de Bonny Island dans le delta du Niger

Le plus important terminal pétrolier et gazier (Shell) du Nigeria est situé sur l'île de Bonny dans le delta du Niger. L'exploitation est réalisée par des compagnies étrangères occidentales.
1. Torchère
2. Bacs à pétrole du terminal pétrolier
3. Bonbonnes de gaz naturel
4. Estuaire de Bonny

5 Une vente informelle d'essence au Nigeria

Du pétrole brut détourné à partir de sabotages sur les oléoducs est raffiné en essence dans une distillerie illégale.
10 % de la production pétrolière du pays est détournée et alimente des marchés parallèles dans la région (contrebande).

4 Le Nigeria, sixième exportateur mondial de pétrole

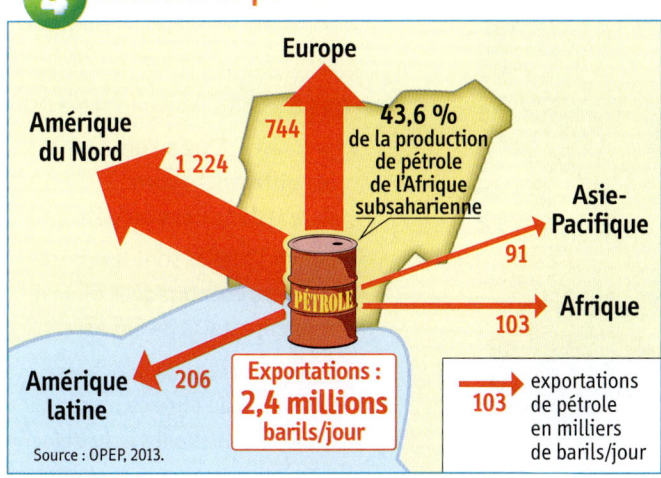

Europe : 744
Amérique du Nord : 1 224
Asie-Pacifique : 91
Afrique : 103
Amérique latine : 206

43,6 % de la production de pétrole de l'Afrique subsaharienne

Exportations : 2,4 millions barils/jour

103 → exportations de pétrole en milliers de barils/jour

Source : OPEP, 2013.

127

Étude de cas 2 — Le Nigeria : entre abondance pétrolière et pénurie énergétique

B — Tensions et impacts environnementaux

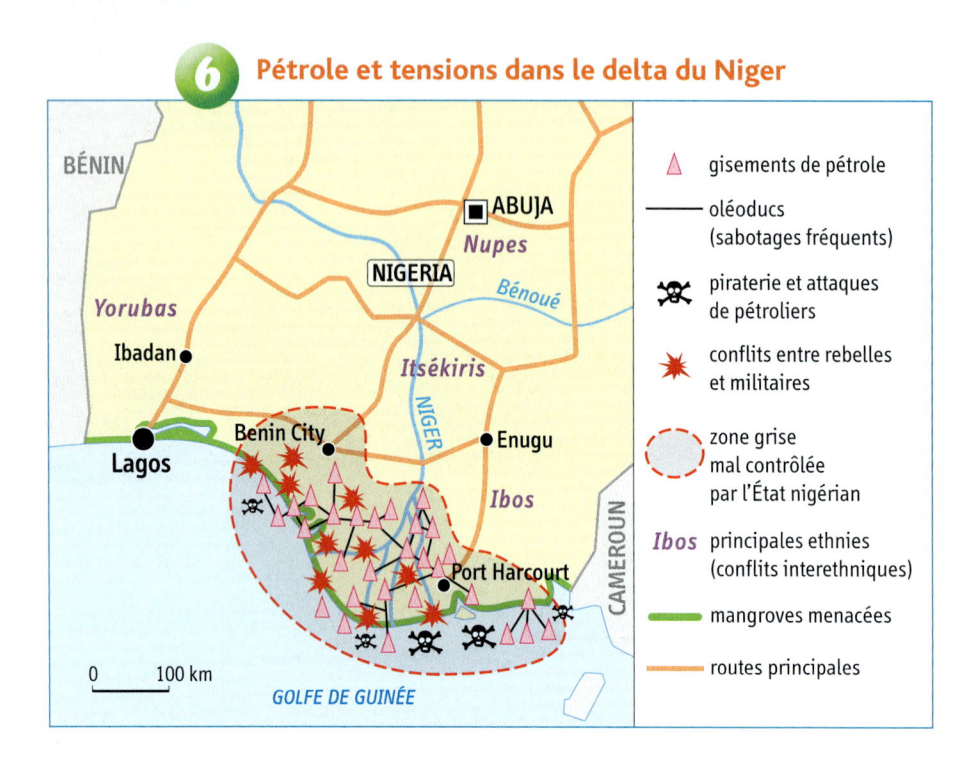

6 Pétrole et tensions dans le delta du Niger

Légende :
- gisements de pétrole
- oléoducs (sabotages fréquents)
- piraterie et attaques de pétroliers
- conflits entre rebelles et militaires
- zone grise mal contrôlée par l'État nigérian
- *Ibos* principales ethnies (conflits interethniques)
- mangroves menacées
- routes principales

8 Les tensions internes liées au pétrole

« La manne pétrolière occupe une place centrale dans l'économie du pays : 40 % du PIB et 85 % des recettes d'exportation. Mais ces hydrocarbures sont un facteur de déstabilisation intérieure car la redistribution de la rente pétrolière provoque la rébellion de certains territoires de la fédération nigériane qui comprend 36 États, 774 gouvernements locaux, 250 ethnies, avec un clivage entre un Nord musulman et un Sud majoritairement chrétien. Malgré la volonté du gouvernement fédéral d'octroyer une part plus importante aux neuf États pétroliers du Sud de la Fédération, on assiste depuis 2003 à une montée des revendications dans les États du delta. [...] Les populations locales sont frustrées de voir cette richesse leur échapper, pratiquent des sabotages dans les sites de production. Le mouvement rebelle Niger Delta People's Volunteer Force contrôle même une zone d'extraction illégale qui lui permet de détourner 100 000 barils par jour, raffinés dans des installations de fortune. Malgré cette guerre du pétrole, [...] les compagnies pétrolières ne veulent pas quitter la région. [...] Les États-Unis qui absorbent déjà [50 % en 2012] du pétrole nigérian, entendent augmenter leurs importations. [...] Cette manne pétrolière est un atout pour le Président nigérian qui entend monnayer le pétrole contre l'annulation de la dette. »

A. Ciattoni et Y. Veyret (dir.), *Géographie et géopolitique des énergies*, © Hatier, 2007.

7 Le sabotage d'un oléoduc au Nigeria

Questions

1. **Doc. 6 et 8** Quels sont les différents types de tensions liées au pétrole ?
2. **Doc. 7** Quelles sont les conséquences économiques et environnementales de cet acte ?

BILAN Montrez que la richesse pétrolière du Nigeria n'est pas exploitée de manière durable.

C — Quelles solutions durables pour la population ?

9. Un plan « énergies renouvelables » au Nigeria

« *Environ 500 000 emplois pourraient être créés au cours des dix prochaines années au Nigeria grâce aux énergies renouvelables. Le pays compte faire de ce secteur un enjeu du développement économique.*

Développer les énergies renouvelables ; penser, construire et maintenir des technologies en faveur de ce type de filière pourra créer de nombreux emplois au Nigeria ainsi qu'une industrie moderne et puissante, a déclaré M. Odigha Odigha du Conseil nigérian des énergies renouvelables au quotidien national This Day.

Selon lui, ce secteur deviendra stratégique car il permettra à ce pays d'Afrique de l'Ouest de protéger ses réserves de pétrole, de développer l'économie et d'améliorer les conditions de vie de sa population, dont les trois quarts vivent dans l'extrême pauvreté.

Les ressources naturelles comme le soleil, l'eau, le vent ou d'autres produits végétaux sont capables de générer de l'énergie grâce aux technologies inventées par les hommes. Un Plan directeur sur les énergies renouvelables prévoit d'atteindre une capacité de 2 945 mégawatts d'ici à 2025.

"C'est un choix économique pour le long terme au regard de la diminution des énergies fossiles. Le pays possédera plusieurs sources énergétiques et pourra bénéficier de manière plus stratégique de ses ressources en pétrole", explique M. Odigha Odigha. [...]

Leur développement pourrait à l'avenir se révéler un secteur clé de l'économie. Outre la création d'emplois, la filière pourrait rapporter près d'un milliard de dollars par an, a-t-il déclaré. L'économie nigériane devrait également pouvoir en bénéficier car les énergies renouvelables offrent aux entreprises une alternative en cas de pannes de courant, des coupures qui leur coûtent chaque année 768 millions d'euros. »

B. Vanacker, « Des emplois grâce aux énergies renouvelables », site internet IPS, www.ipsnouvelles.be, 2013.

10. La dénonciation de la corruption

En janvier 2012, des manifestants protestent à Lagos contre l'abolition des aides sur le prix des carburants et la corruption qui gangrène l'État.

11. Une école flottante et ses panneaux solaires

À Makoko, l'un des bidonvilles de Lagos, l'architecte Kunle Adeyem a conçu une école, fabriquée à partir de matériaux locaux, qui flotte sur 256 barils de plastique recyclé. Elle est alimentée par des panneaux solaires pour fournirde l'électricité aux élèves.

Questions

1. **Doc. 9** Quelles sont les retombées attendues du Plan directeur sur les énergies renouvelables ?
2. **Doc. 10** Identifiez les causes de cette manifestation.
3. **Doc. 11** Ce projet représente-t-il une véritable alternative énergétique ?

BILAN La richesse pétrolière est-elle un atout pour le développement du Nigeria ? Justifiez.

Étude de cas 2

CHANGER D'ÉCHELLE ▶ Du Nigeria au contexte mondial

Rédiger le bilan de l'étude de cas

A — Abondance, pénurie et gestion inefficace

1• Expliquez pourquoi la richesse pétrolière au Nigeria ne permet pas l'amélioration de la sécurité énergétique de la population. (p. 126-127)

B — Tensions et impacts environnementaux

2• Rédigez un paragraphe expliquant les conflits liés à l'exploitation du pétrole au Nigeria (acteurs, causes). (p. 128)

3• Quels sont les impacts environnementaux ? (p. 128)

C — Quelles solutions durables pour la population ?

4• Quelles sont les initiatives menées pour répondre aux besoins énergétiques de la population tout en respectant l'environnement ? (p. 129)

Mettre en perspective

cartes 1 et 2 ci-contre
a. Identifiez d'autres États dans une situation similaire à celle du Nigeria.

carte p. 132-133
b. Cette situation est-elle représentative de tous les pays exportateurs de pétrole ? Justifiez votre réponse.

carte p. 132-133
c. Identifiez des États où le pétrole est source de conflits.

carte p. 132-133
d. Citez d'autres choix énergétiques engagés pour assurer un développement durable.

Schéma bilan ▶ L'enjeu énergétique dans un pays pauvre

Des acteurs inégaux
- Puissance des compagnies pétrolières des pays riches
- Faiblesse de l'État pétrolier
- Vulnérabilité énergétique de la population
- Mobilisation des acteurs extérieurs et locaux du développement durable : ONG, organismes internationaux, population

Un pays pauvre exportateur de pétrole et faiblement consommateur d'énergie

IMPACTS GÉOPOLITIQUES
- Tensions internes
- Tensions population / compagnies pétrolières

IMPACTS ÉCONOMIQUES ET SOCIAUX
- Manne financière du pétrole mal redistribuée
- Faiblesse du développement

IMPACTS ENVIRONNEMENTAUX
- Importance des dégradations de l'environnement

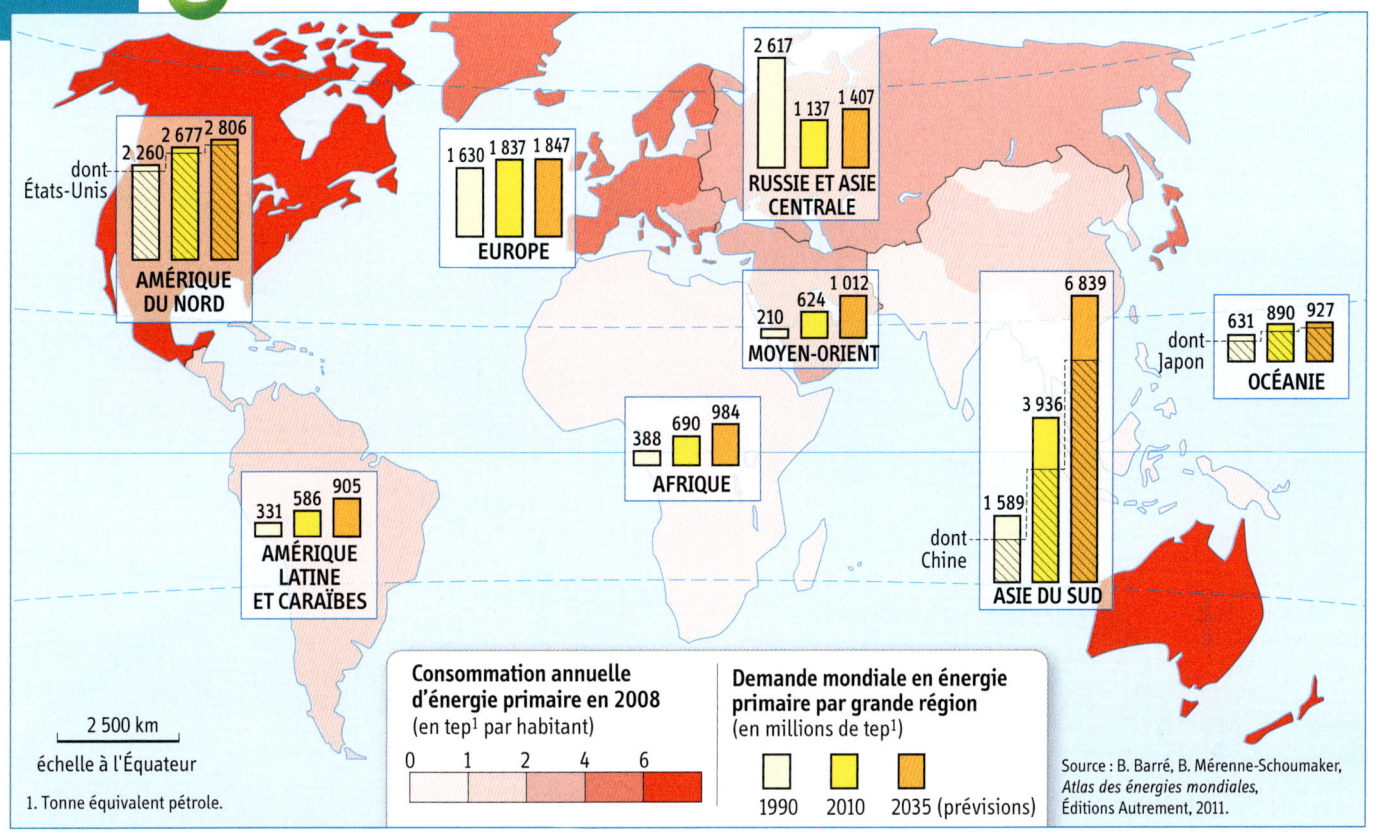

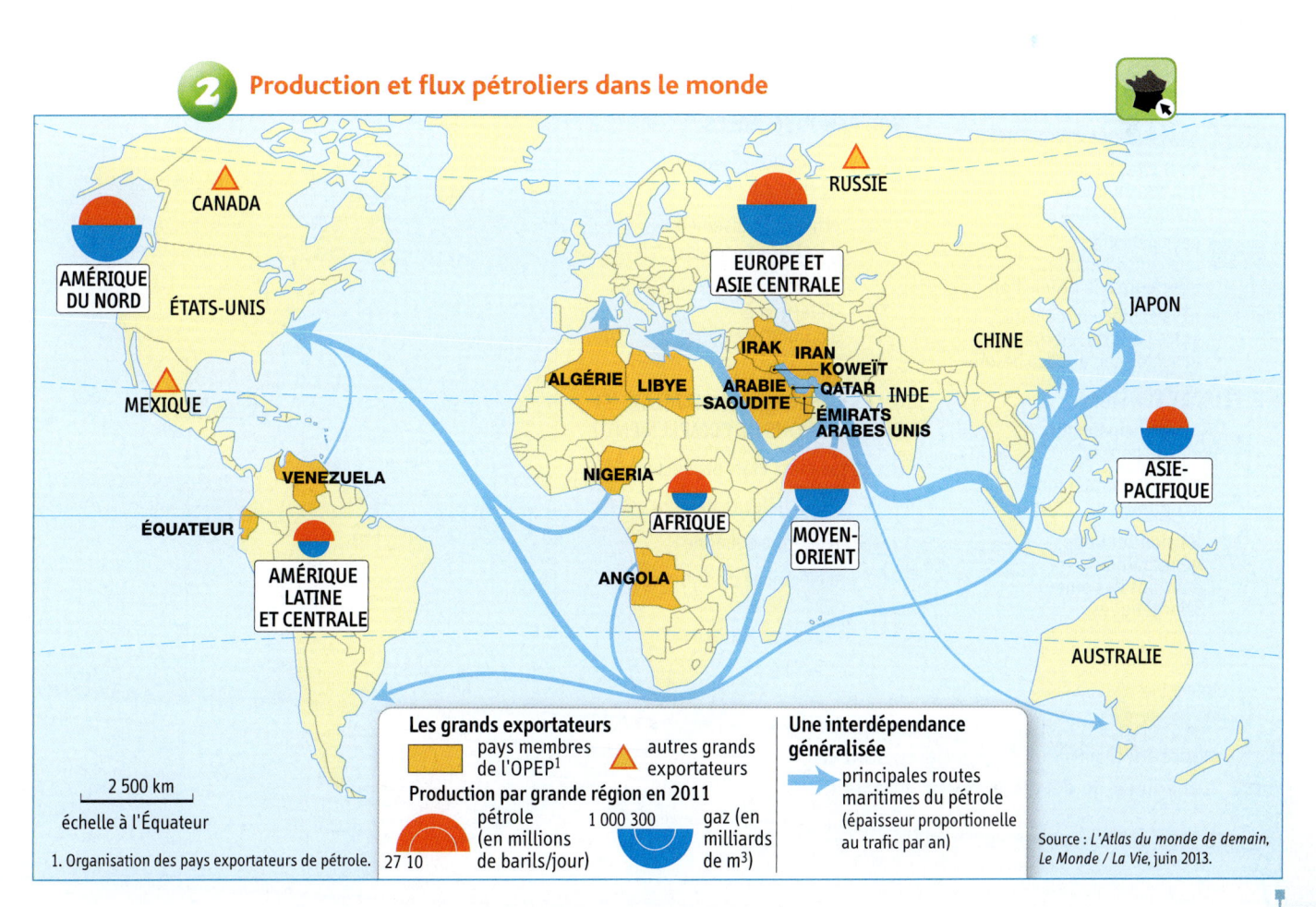

L'enjeu énergétique

1. La consommation d'énergie primaire par habitant et par grandes aires géographiques

Amérique du Nord (dont États-Unis) : 2 260 / 2 677 / 2 806
Europe : 1 630 / 1 837 / 1 847
Russie et Asie centrale : 2 617 / 1 137 / 1 407
Moyen-Orient : 210 / 624 / 1 012
Océanie (dont Japon) : 631 / 890 / 927
Afrique : 388 / 690 / 984
Amérique latine et Caraïbes : 331 / 586 / 905
Asie du Sud : 1 589 / 3 936 / 6 839 (dont Chine)

Consommation annuelle d'énergie primaire en 2008 (en tep[1] par habitant) : 0 – 1 – 2 – 4 – 6

Demande mondiale en énergie primaire par grande région (en millions de tep[1]) : 1990 / 2010 / 2035 (prévisions)

échelle à l'Équateur : 2 500 km

[1]. Tonne équivalent pétrole.

Source : B. Barré, B. Mérenne-Schoumaker, *Atlas des énergies mondiales*, Éditions Autrement, 2011.

2. Production et flux pétroliers dans le monde

Amérique du Nord – Canada – États-Unis – Mexique – Venezuela – Équateur – Amérique latine et centrale – Russie – Europe et Asie centrale – Algérie – Libye – Irak – Iran – Koweït – Qatar – Arabie Saoudite – Émirats arabes unis – Nigeria – Angola – Afrique – Moyen-Orient – Inde – Chine – Japon – Asie-Pacifique – Australie

Les grands exportateurs
- pays membres de l'OPEP[1]
- autres grands exportateurs

Une interdépendance généralisée
- principales routes maritimes du pétrole (épaisseur proportionnelle au trafic par an)

Production par grande région en 2011
- pétrole (en millions de barils/jour) : 27 / 10
- gaz (en milliards de m³) : 1 000 / 300

échelle à l'Équateur : 2 500 km

[1]. Organisation des pays exportateurs de pétrole.

Source : *L'Atlas du monde de demain*, Le Monde / La Vie, juin 2013.

Carte — L'enjeu énergétique

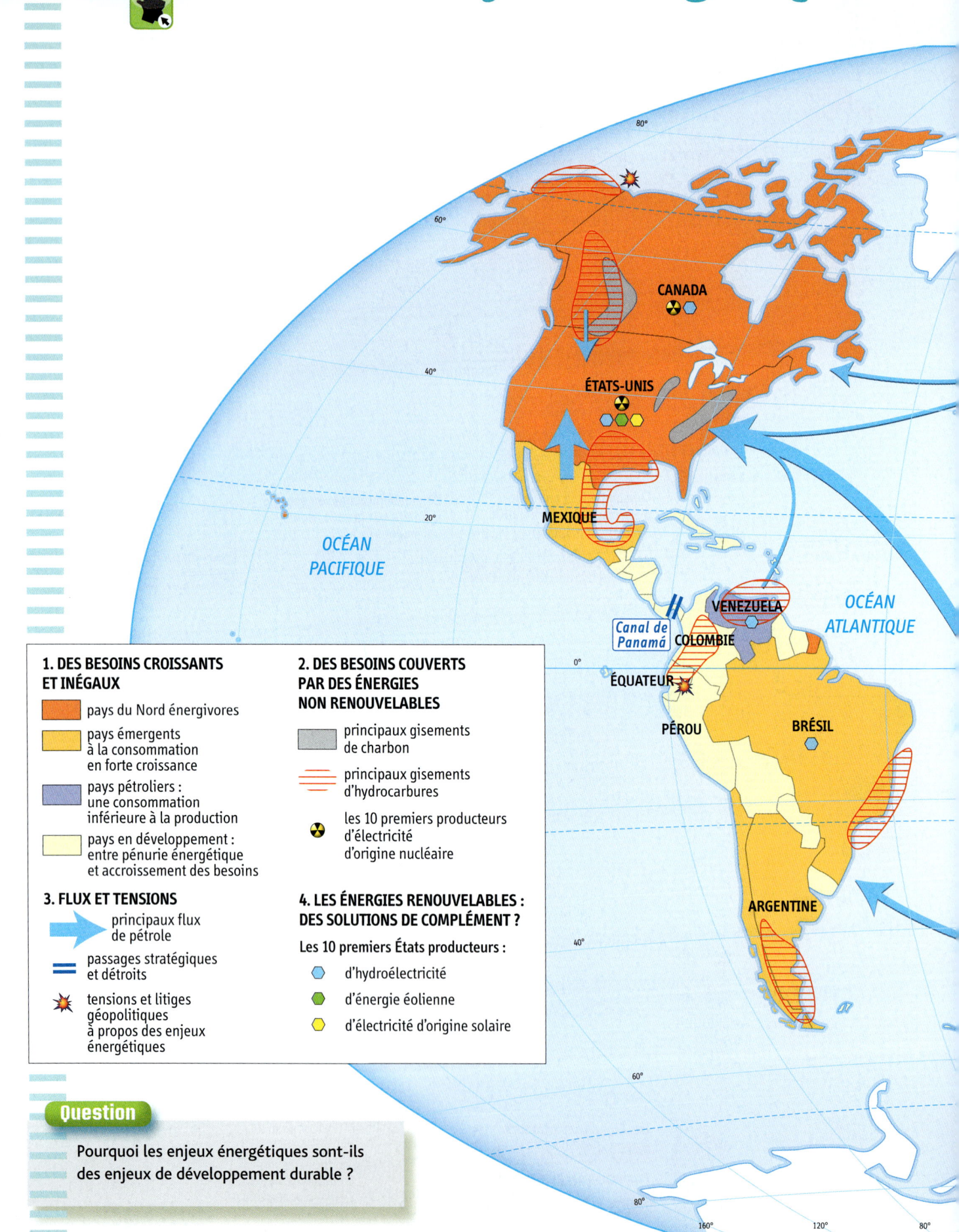

1. DES BESOINS CROISSANTS ET INÉGAUX

- 🟧 pays du Nord énergivores
- 🟨 pays émergents à la consommation en forte croissance
- 🟪 pays pétroliers : une consommation inférieure à la production
- 🟡 pays en développement : entre pénurie énergétique et accroissement des besoins

2. DES BESOINS COUVERTS PAR DES ÉNERGIES NON RENOUVELABLES

- ▨ principaux gisements de charbon
- ≡ principaux gisements d'hydrocarbures
- ☢ les 10 premiers producteurs d'électricité d'origine nucléaire

3. FLUX ET TENSIONS

- ➡ principaux flux de pétrole
- = passages stratégiques et détroits
- 💥 tensions et litiges géopolitiques à propos des enjeux énergétiques

4. LES ÉNERGIES RENOUVELABLES : DES SOLUTIONS DE COMPLÉMENT ?

Les 10 premiers États producteurs :
- 🔵 d'hydroélectricité
- 🟢 d'énergie éolienne
- 🟡 d'électricité d'origine solaire

Question

Pourquoi les enjeux énergétiques sont-ils des enjeux de développement durable ?

L'enjeu énergétique 4

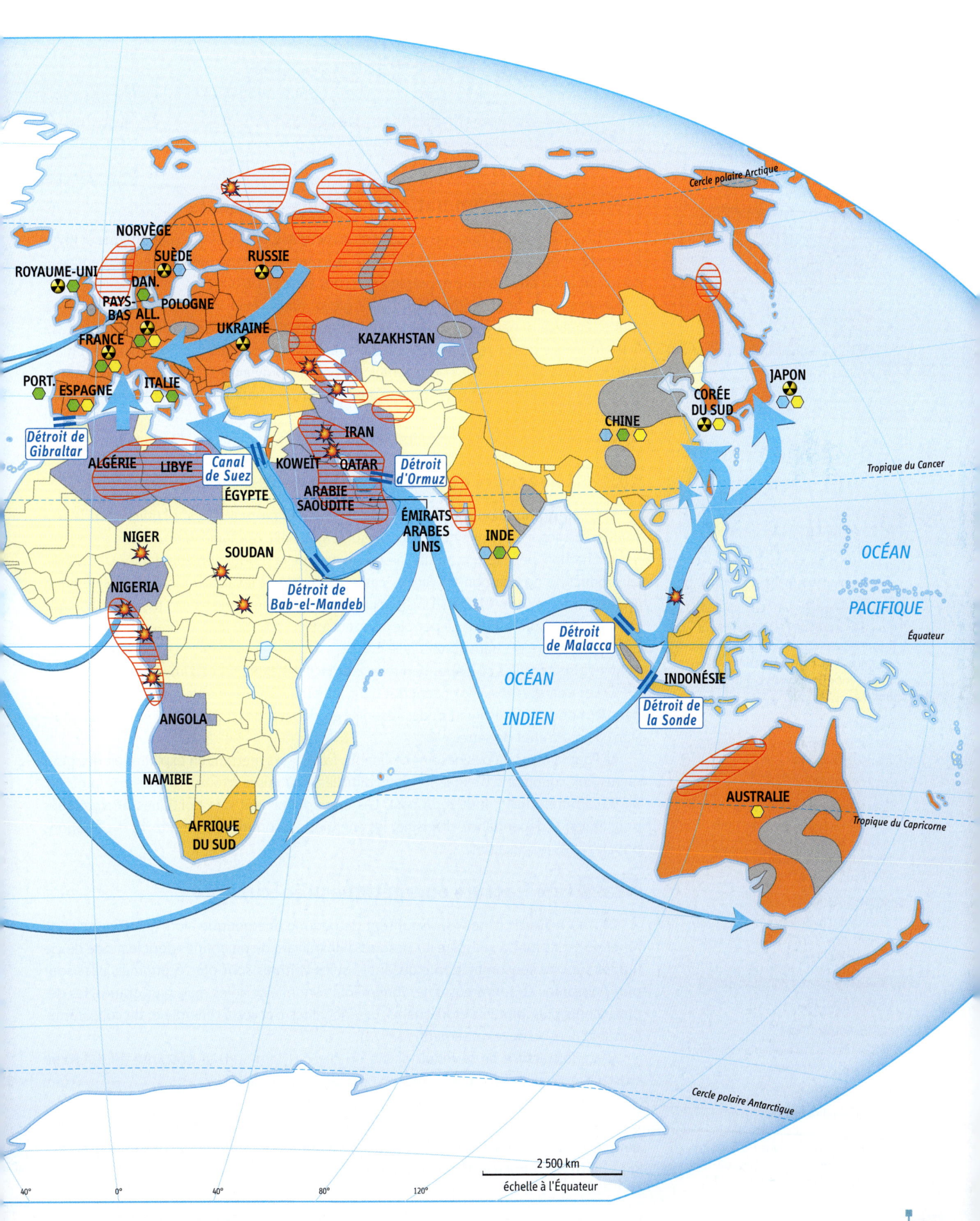

133

Cours 1 — Besoins en énergies et gestion des ressources

L'énergie est indispensable au développement économique et social des sociétés.

1 Une consommation mondiale croissante

- L'augmentation rapide de la population mondiale, la croissance économique et l'évolution des modes de vie (urbanisation, essor des mobilités) expliquent le doublement de la consommation énergétique depuis le milieu des années 1970.
- Vers 1900, la consommation d'**énergie primaire** était inférieure à un milliard de tonnes équivalent pétrole (tep) par an. Elle est aujourd'hui de 12,2 milliards de tep **(doc. 1)**. Si la croissance des pays développés se ralentit, grâce en partie à l'amélioration de l'efficacité énergétique, 70 % de la consommation d'énergie proviendra d'ici 2030 des pays émergents. La Chine est devenue en 2009 le premier consommateur mondial d'énergie, devant les États-Unis.
- Le développement économique et social et la consommation d'énergie sont liés.

2 Le recours massif aux énergies fossiles

- La consommation mondiale d'énergies repose en majorité sur l'utilisation de ressources fossiles, c'est-à-dire non renouvelables à l'échelle humaine (**énergies de stock**).
- Charbon, pétrole, gaz naturel assurent 80 % de la production énergétique mondiale. La production de charbon n'a jamais cessé de croître et les **réserves** sont considérables (Chine, Australie **(doc. 4)**, États-Unis). Le charbon est la deuxième source d'énergie primaire (27 % de la consommation). Le pétrole à lui seul fournit plus du tiers de l'énergie. C'est l'énergie la plus échangée, transportée, celle dont le marché est mondialisé. Le Moyen-Orient détient les gisements les plus abondants, les plus faciles à exploiter et d'importantes réserves.
- Les **énergies fossiles** posent des défis majeurs : des gisements inégalement répartis dans le monde, une évaluation des réserves en débat à des fins géopolitiques, des émissions de gaz à effet de serre.
- Pour faire face à des besoins croissants, les acteurs mettent en exploitation des gisements aux conditions d'extraction plus difficiles, coûteuses (**gisement offshore** profond, **hydrocarbures non conventionnels**). Les États définissent des politiques énergétiques pour limiter la dépendance, diversifier les énergies consommées, accroître les exportations pour les États producteurs.

3 Une fracture énergétique préoccupante

- Trois milliards d'individus souffrent de pénurie énergétique alors que l'essentiel de l'énergie est destiné à satisfaire les besoins d'un milliard de personnes dont le mode de vie repose sur une consommation croissante : si les voitures sont plus économes, elles sont plus puissantes et nombreuses, les logements sont mieux isolés mais plus grands, les déplacements plus lointains et fréquents. Les inégalités d'accès à l'énergie et de consommation sont liées au développement. **(doc. 3)**
- Cette **fracture** ne se réduit plus à un clivage Nord-Sud. La **précarité énergétique** s'installe au cœur des sociétés riches (en France par exemple). **(doc. 2)**

▶ Le développement a pris essentiellement appui sur les énergies fossiles abondantes et même gaspillées. Les sociétés peuvent-elles continuer à consommer autant sans mettre en péril leur développement ?

Chiffres clés

Consommation annuelle moyenne par habitant en tep

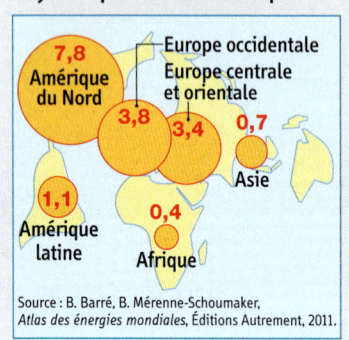

- Amérique du Nord : 7,8
- Europe occidentale : 3,8
- Europe centrale et orientale : 3,4
- Asie : 0,7
- Amérique latine : 1,1
- Afrique : 0,4

Source : B. Barré, B. Mérenne-Schoumaker, *Atlas des énergies mondiales*, Éditions Autrement, 2011.

---

vocabulaire

Énergie primaire
Énergie disponible dans l'environnement, non transformée mais directement exploitable (pétrole, charbon…).

Énergies de stock
Énergies issues de gisements de combustibles (charbon, pétrole, gaz naturel) et d'uranium. Les stocks sont plus ou moins importants mais par définition limités.

Réserves
Ressources identifiées et économiquement exploitables.

Énergies fossiles
Énergies produites à partir de roches issues de la fossilisation des êtres vivants : pétrole, gaz naturel et houille. Elles sont présentes en quantité limitée et non renouvelables.

Gisement offshore
Gisement d'hydrocarbure situé sous l'océan, exploité à partir d'une plate-forme pétrolière.

Hydrocarbures non conventionnels
Cf. doc. 2 p. 118.

Fracture énergétique
Inégalités d'accès à l'énergie en raison de difficultés sociales.

Précarité énergétique
Difficulté à disposer de l'énergie nécessaire à la satisfaction des besoins élémentaires ou lorsque les dépenses énergétiques absorbent plus de 10 % du budget d'un ménage.

1 La demande en énergie primaire

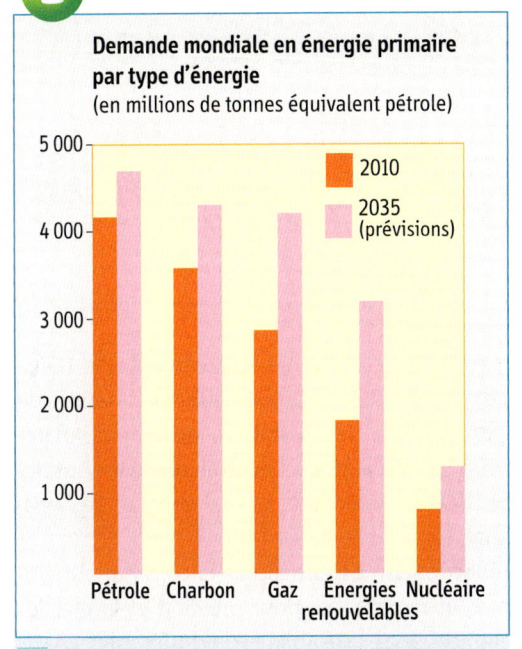

Demande mondiale en énergie primaire par type d'énergie
(en millions de tonnes équivalent pétrole)

Légende : 2010 — 2035 (prévisions)

Catégories : Pétrole, Charbon, Gaz, Énergies renouvelables, Nucléaire

1. Quelle est l'énergie primaire la plus sollicitée dans le monde actuellement ? En 2035 ?

2. Quelle part représentera-t-elle dans la demande mondiale en 2035 ? Quelle sera celle des énergies renouvelables ?

2 La lutte contre la précarité énergétique dans un pays riche

ILS S'AIMENT, MAIS CE N'EST PAS CE QUI LES RAPPROCHE.

8 millions de personnes souffrent du froid parce qu'ils n'ont pas les moyens de chauffer leur logement. AGISSONS !

Fondation Abbé Pierre pour le logement des défavorisés

3 Les liens entre électricité et « Objectifs du millénaire » pour le développement

Objectifs	Ce que permet le recours à l'électricité
1. Éliminer l'extrême pauvreté et la faim	▸ Développement d'activités. ▸ Conservation de la nourriture.
2. Assurer l'éducation primaire pour tous	▸ Possibilité de s'éclairer. ▸ Moins de temps pour la collecte du bois et de l'eau.
3. Promouvoir l'égalité des sexes et l'autonomie des femmes	▸ Idem et allégement des activités de cuisine.
4. Réduire la mortalité des enfants de moins de 5 ans	▸ Possibilité d'utiliser de l'eau bouillie. ▸ Moins de pollution intérieure dans les maisons.
5. Améliorer la santé maternelle	▸ Réduction des maladies liées à la pollution intérieure et à l'eau ainsi qu'au ramassage du bois. ▸ Meilleurs soins dans les cliniques.
6. Combattre les maladies	▸ Meilleurs soins médicaux. ▸ Meilleure information via les télécommunications.
7. Assurer un environnement soutenable	▸ Limitation des pollutions et du déboisement.
8. Mettre en place un partenariat mondial pour le développement	▸ Mise en place de projets énergétiques abordables, fiables et soutenables.

J.-M. Chevalier, « Les nouveaux défis de l'énergie », *Economica*, 2009.

4 Une mine de charbon à ciel ouvert (Australie)

Si la part du charbon dans le bilan énergétique des pays industrialisés a diminué, le combustible conserve deux marchés essentiels : la sidérurgie et l'électricité thermique. L'abondance des réserves en fait une énergie fossile essentielle.

Cours 2 — Impacts environnementaux et tensions géopolitiques

Longtemps associée au progrès et au bien-être, l'énergie est devenue synonyme de risques dans un contexte de forte tension sur les énergies fossiles et de préoccupations environnementales.

Chiffres clés

Les dix plus grands groupes pétroliers au monde

1	Exxon Mobil (États-Unis)
2	Petro China (Chine)
3	Royal Dutch Shell (Roy.-Uni)
4	Chevron (États-Unis)
5	SA Petrobras (Brésil)
6	Gazprom (Russie)
7	British Petroleum (Roy.-Uni)
8	Total (France)
9	Ecopetrol (Colombie)
10	China Petroleum & Chemical Corporation (Chine)

Source : CNUCED, « Coup d'œil sur les produits de base », édition spéciale sur l'énergie, n° 3, février 2012.

1 Énergies et risques

De la production jusqu'à la consommation finale d'énergie en passant par le transport, chaque énergie présente des risques. L'extraction du charbon expose les mineurs à de nombreux dangers (coup de grisou). Les hydrocarbures, très instables, facilement inflammables ou explosifs **(doc. 3)** exigent beaucoup de précautions. L'énergie nucléaire suscite les craintes les plus vives liées au stockage des déchets radioactifs et aux menaces de catastrophes d'une ampleur sans égale (Fukushima).

La sécurité est donc devenue une préoccupation essentielle de la communauté internationale et des États qui édictent normes et règlements pour prévenir et limiter les risques. Lors des accidents, la difficulté à démêler les responsabilités des différents acteurs montre la grande complexité de la gestion des risques énergétiques.

2 Énergies et changement climatique

Les énergies fossiles conservent la part la plus importante dans le système énergétique. La combustion des énergies fossiles (raffinage, centrale thermique, industrie, transports) dégage de grandes quantités de **gaz à effet de serre** additionnel. Ces gaz sont naturellement présents dans l'atmosphère terrestre dont ils garantissent l'équilibre thermique. Mais leur accumulation très rapide à partir de la révolution industrielle participe au changement climatique.

Les émissions de gaz à effet de serre dépendent de la quantité d'énergie produite et consommée et des sources d'énergie utilisées **(doc. 2)**. Les pays les plus riches, mais aussi ceux qui utilisent le plus les énergies fossiles, sont ceux qui émettent les quantités les plus importantes, loin devant les pays pauvres.

3 Énergies et tensions géopolitiques

À l'échelle mondiale, les tensions les plus fortes portent sur les hydrocarbures, le pétrole surtout puisque c'est l'énergie la plus consommée et qu'on s'interroge sur le niveau réel des réserves, et sur le nucléaire. La sécurité de leur approvisionnement est l'obsession des grandes puissances. L'accès de certains États à l'énergie nucléaire est devenu un sujet de tensions internationales très vives (Iran, Corée du Nord). La décision prise par certains États d'exploiter les hydrocarbures non conventionnels peut à terme bouleverser la géopolitique de l'énergie.

Les flux mondiaux d'hydrocarbures doivent être sécurisés. Sur certaines routes maritimes, les détroits sont des passages stratégiques vulnérables, facilement bloqués **(doc. 1)**. La piraterie constitue aussi un danger. Certains oléoducs et gazoducs traversent aussi des zones instables (Caucase, Europe centrale), ce qui fait peser une menace constante sur les approvisionnements.

À une autre échelle, les ressources énergétiques sont l'occasion de tensions et même de conflits à l'intérieur des États : minorités exigeant le respect de leurs droits (Amérique) ; guerres civiles qui se nourrissent du détournement des richesses (golfe de Guinée).

▶ **Les risques sanitaires, environnementaux, climatiques et géopolitiques sont désormais au cœur de la question énergétique.**

Vocabulaire

Gaz à effet de serre (GES)
Dioxyde de carbone (CO_2), méthane, oxyde nitreux dénoncés comme responsables de ce que l'on nomme « l'effet de serre additionnel », source possible d'un changement climatique.

❶ Le détroit d'Ormuz : une route maritime stratégique

1. Une des principales réserves d'hydrocarbures
- principaux gisements de pétrole et de gaz
- oléoducs et gazoducs

2. Un passage stratégique
- terminaux portuaires nombreux de part et d'autre du détroit

Bases militaires tout au long du parcours
- base omanaise
- base française
- base américaine
- navire d'assaut et porte-avions

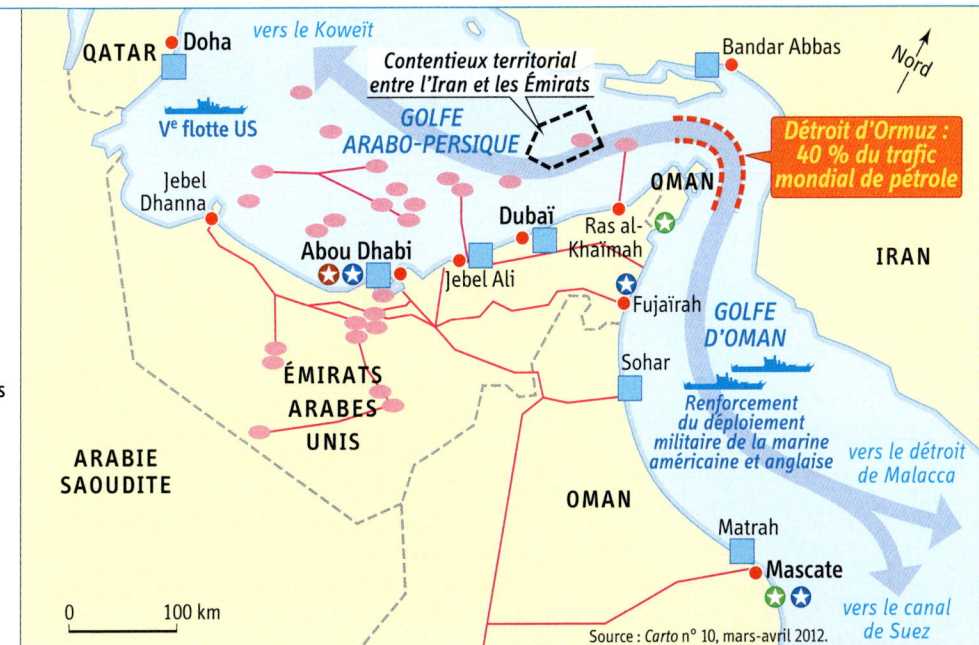

Détroit d'Ormuz : 40 % du trafic mondial de pétrole

Contentieux territorial entre l'Iran et les Émirats

Renforcement du déploiement militaire de la marine américaine et anglaise

Source : Carto n° 10, mars-avril 2012.

Comment se justifie la présence de bases militaires dans le détroit d'Ormuz ?

❷ Avantages et inconvénients par source d'énergie

Source d'énergie et usages	Avantages	Inconvénients
NON RENOUVELABLES		
Charbon Chauffage, électricité, industrie chimique	Abondant	Fortes émissions de CO_2 et de poussières
Pétrole Carburant (transport), électricité, industrie pétrochimique	Abondant jusqu'au XXIe siècle ; usages polyvalents et bonne adaptation aux transports	Réserves limitées, fortes émissions de CO_2, risques d'accidents et tensions géopolitiques
Gaz naturel Chauffage, électricité, transport	Stockage assez facile	Infrastructures coûteuses, réserves limitées, assez fortes émissions de CO_2
Nucléaire Électricité	Pas d'émissions de CO_2	Infrastructures coûteuses et dangereuses, stockage des déchets, réserves limitées d'uranium
RENOUVELABLES		
Hydroélectricité Électricité	Potentiel important mais inégalement réparti, faible coût, pas d'émissions de CO_2	Dépendance climatique, perturbations sociales et environnementales liées aux grands barrages
Solaire Électricité, chauffage	Abondant, exploitation possible à toutes les échelles, pas d'émissions de CO_2	Intermittent, nécessité d'installations complémentaires, rendements assez faibles
Éolien Électricité	Nuisances faibles, coût modéré, pas d'émissions de CO_2	Intermittent, nécessité d'installations complémentaires, paysages modifiés, bruit
Géothermie Chauffage, électricité	Pas d'émissions de CO_2, énergie constante et puissante	Mal répartie, investissements assez élevés
Bois et biomasse Chauffage, transport	Stockage facile, assez peu d'émissions de CO_2	Risques de déforestation et de dégradation des écosystèmes, notamment dans les pays peu développés

❸ L'accident de Lac-Mégantic au Québec (6 juillet 2013)

L'explosion du train transportant des produits pétroliers a provoqué la mort de 47 personnes et des dégâts considérables.

Cours 3 — Quels choix énergétiques pour l'avenir ?

La croissance des besoins, l'accumulation des gaz à effet de serre, l'aggravation des inégalités d'accès aux énergies imposent une **transition énergétique**.

1 Économiser les ressources : un impératif

○ L'effort des pays développés porte sur les économies d'énergie. L'Union européenne devrait économiser 20 % de sa consommation énergétique d'ici 2020, notamment grâce à des progrès techniques prometteurs (usage de nouveaux matériaux, moteurs plus économes, construction de réacteurs nucléaires de nouvelle génération). La politique énergétique passe par la construction de bâtiments, voire de quartiers entiers moins exigeants en énergies (écoquartier), par la remise en cause de l'étalement urbain et par une lutte contre les gaspillages.

○ L'Agenda 21 et les Agendas 21 locaux mettent en avant des formes d'urbanisation compatibles avec la réduction des usages énergétiques en privilégiant les circulations douces (vélos, tramway) et en renforçant l'isolation thermique des logements.

○ Les efforts déjà réalisés ont permis d'augmenter l'**efficacité énergétique**. **(doc. 2 et 4)**

2 Améliorer l'efficacité énergétique

○ L'innovation technologique permet d'améliorer les conditions d'exploitation et d'utilisation des énergies fossiles, de réduire les émissions de gaz à effet de serre, de prévoir le captage et le stockage du carbone. Il est possible de filtrer les fumées dégagées par les centrales thermiques et les transports pour retenir une partie des matières polluantes.

○ Depuis la Conférence de Kyoto (1997), les États sont impliqués dans la réduction des pollutions. Le protocole fixe des objectifs aux pays développés pour diminuer leurs rejets de gaz à effet de serre. Toutefois, beaucoup de pays développés hésitent à s'engager davantage (retrait du Canada du protocole en 2012) et les pays émergents font prévaloir la nécessité de se développer en priorité.

○ L'énergie nucléaire est-elle une solution ? Elle fait partie des énergies non carbonées et produit de l'électricité à un coût acceptable. Elle utilise de l'uranium dont les réserves sont encore abondantes. Néanmoins, elle pose des problèmes de sécurité (Fukushima en 2011) et de déchets. La filière exige une très forte capitalisation, la maîtrise d'une technologie sensible. C'est ce qui explique sa diffusion très contrôlée et sélective. **(doc. 3)**

3 Développer les énergies renouvelables et propres

○ Les **énergies renouvelables**, largement disponibles à l'échelle du globe, sont des énergies alternatives qui représentent moins de 15 % de la production d'énergie.

○ L'énergie éolienne dépend de la force et de la fréquence du vent. Les éoliennes sont parfois bruyantes et s'intègrent difficilement dans les paysages. L'énergie solaire permet de produire de la chaleur et de l'électricité. Elle est fiable et son fonctionnement est peu coûteux, mais sa rentabilité doit être améliorée **(doc. 1)**. La **biomasse** est utilisée dans les pays pauvres. Les agrocarburants réduisent les pollutions liées aux transports, mais leur production consomme de l'énergie fossile. L'énergie hydraulique est l'énergie renouvelable la plus utilisée. Elle produit peu de GES et est très économique. De plus, les barrages ont plusieurs fonctions (irrigation, écrêtage des crues). Néanmoins, leur impact social et environnemental est de plus en plus dénoncé.

○ Les énergies renouvelables fournissent de l'énergie à des espaces ruraux de plus ou moins forte densité et à des régions éloignées des grands réseaux de distribution.

▶ **Les choix énergétiques sont des choix essentiellement politiques qui impliquent des acteurs internationaux et nationaux, parfois aux intérêts contradictoires.**

---

vocabulaire

Transition énergétique
Changement de système énergétique, de sources et de formes d'énergie utilisées, d'usages et de besoins, d'accès à l'énergie.

Efficacité ou intensité énergétique
Produire plus et mieux avec moins d'énergie.

Énergies renouvelables
Énergies générées par des processus naturels : force de l'eau, du vent, rayonnement solaire, biomasse, géothermie. Elles sont peu polluantes.

Biomasse
Énergie utilisant des ressources végétales (bois par exemple) et animales (déjections).

1 Une ferme solaire en Andalousie (Espagne)

2 Les quatre leviers de la transition énergétique

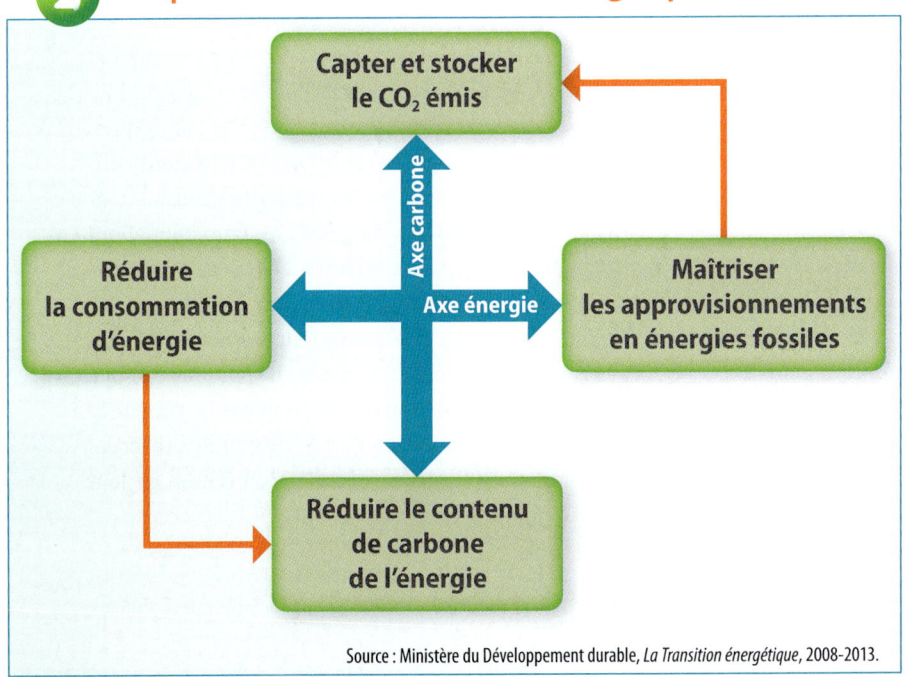

- Capter et stocker le CO_2 émis
- Réduire la consommation d'énergie
- Maîtriser les approvisionnements en énergies fossiles
- Réduire le contenu de carbone de l'énergie

Axe carbone / Axe énergie

Source : Ministère du Développement durable, *La Transition énergétique*, 2008-2013.

3 L'énergie nucléaire est-elle une énergie renouvelable ?

« L'énergie nucléaire est une énergie non renouvelable puisque sa matière première, l'uranium, est en quantité finie, mais ce n'est pas non plus une énergie fossile puisque l'origine du combustible ne résulte pas de la transformation de matières organiques. La consommation d'énergie nucléaire progresse dans le monde (elle représente 7 % de la consommation mondiale d'énergie) et évite actuellement le rejet de 2,1 milliards de tonnes de CO_2 par an dans l'atmosphère. Néanmoins, l'utilisation de cette énergie suscite des débats en termes de sécurité (accidents de Tchernobyl et de Fukushima par exemple) au point que certains pays, notamment en Europe, envisagent de l'abandonner. »

Atlas mondial, Éditions Autrement-Courrier international, 2012.

4 Améliorer l'efficacité énergétique

« Limiter les émissions pour stabiliser les concentrations atmosphériques de GES à un niveau acceptable exige la participation de tous les grands pays émetteurs, des acteurs de l'énergie et de l'aménagement et du citoyen. Il faut donc envisager chaque secteur où les énergies fossiles sont présentes pour réduire leur usage ou les remplacer par des énergies renouvelables.
Des "Plans climat" sont mis en place à différentes échelles : pays, régions, villes… pour réduire l'usage des énergies fossiles et les rejets de GES. Ils prônent :
– un habitat basse calorie, voire un habitat positif. En 2006, le secteur du bâtiment était responsable de 23 % des émissions de CO_2 en France. Aujourd'hui, grâce à l'écoconstruction, les économies d'énergie sont importantes et on parvient à des bâtiments qui fournissent de l'énergie au réseau (habitat passif). L'usage des énergies renouvelables tend à se généraliser. Les économies d'énergie passent aussi par les transports. L'usage de carburants de substitution, peu ou pas polluants, l'essor des véhicules économes en énergie (voitures électriques ou mixtes), les circulations douces sont désormais mis en œuvre dans les villes. Se pose aussi la question de l'étalement urbain, du périurbain. Ces questions renvoient au type de ville du futur, à l'habitat à privilégier : habitat collectif de type tour, petit collectif, etc. »

Y. Veyret, © Hatier, 2014.

Points de vue

La pénurie de pétrole est-elle pour demain ?

Le pétrole fait partie des hydrocarbures, qui sont une des sources d'énergie les plus utilisées aujourd'hui. Le pétrole est présent dans tous les aspects de la vie quotidienne (production d'électricité, automobile, textile, matières plastiques...), et une grande partie de l'économie repose sur cette ressource. Cependant, il s'agit d'une ressource non renouvelable.

Qu'en pense un géographe ?

« Au niveau d'un gisement, le fait est facilement compréhensible : au fur et à mesure que l'exploitation progresse, le pompage et les diverses opérations liées à l'extraction sont de plus en plus difficiles et consomment plus de temps et d'énergie. L'exploitation perd donc progressivement de sa rentabilité et, même s'il contient encore une quantité appréciable de brut, le gisement est considéré comme épuisé. Le taux de récupération du pétrole est, à l'heure actuelle, de 30 à 35 %. [...]

Pour le monde, les calculs sont plus malaisés car certaines zones n'ont pas été encore prospectées et même si l'on connaît l'existence de réserves, celles-ci n'ont pas été estimées avec précision (offshore profond, régions arctiques). Les hydrocarbures non conventionnels offrent des ressources nouvelles mais leur coût est très élevé.

Les plus optimistes croient beaucoup aux progrès techniques qui devraient permettre d'augmenter le taux de récupération. Les plus pessimistes évoquent par contre une surévaluation des réserves actuelles notamment au Moyen-Orient et les surcoûts tant financiers qu'écologiques liés à l'exploitation toujours plus difficile et risquée de certains gisements. [...]

L'estimation des réserves d'hydrocarbures ne cesse d'évoluer. La mise en exploitation d'un gisement permet d'affiner l'importance de volumes en place. La rentabilité des réserves dépend du prix de vente, des techniques, du contexte géopolitique : c'est le cas des gisements offshore ou des hydrocarbures non conventionnels.

Mais les estimations des réserves ne dépendent pas seulement de facteurs techniques ou économiques. Elles traduisent des stratégies de la part des États et des firmes. En publiant les chiffres de leurs réserves, les pays producteurs expriment leurs poids. Ils sont très jaloux de ces chiffres et en général n'indiquent pas comment ils ont été calculés. Pour les firmes, le niveau des réserves des gisements qu'elles contrôlent est un critère de leur valorisation boursière. »

D'après B. Mérenne-Schoumaker,
Géographie de l'énergie – Acteurs, lieux et enjeux,
Éditions Belin, 2007.

vocabulaire

Brut Pétrole non raffiné.

Taux de récupération du pétrole Part de pétrole ou de gaz que l'on peut récupérer dans un gisement lors de son exploitation, par rapport à la totalité des hydrocarbures qu'il contient.

Prospection Recherche des gisements d'hydrocarbures par des géologues.

Gisement offshore Gisement d'hydrocarbure situé sous l'océan, exploité à partir d'une plate-forme pétrolière.

Hydrocarbures non conventionnels Cf. doc. 2 p. 118.

Questions

1. Dans un tableau, classez les arguments qui montrent que la fin du pétrole est relative (arguments techniques, politiques, économiques, environnementaux).

2. En quoi la découverte d'hydrocarbures non conventionnels relance-t-elle le débat ?

Exercices et méthodes

L'enjeu énergétique 4

1 Lire et exploiter une carte par anamorphose

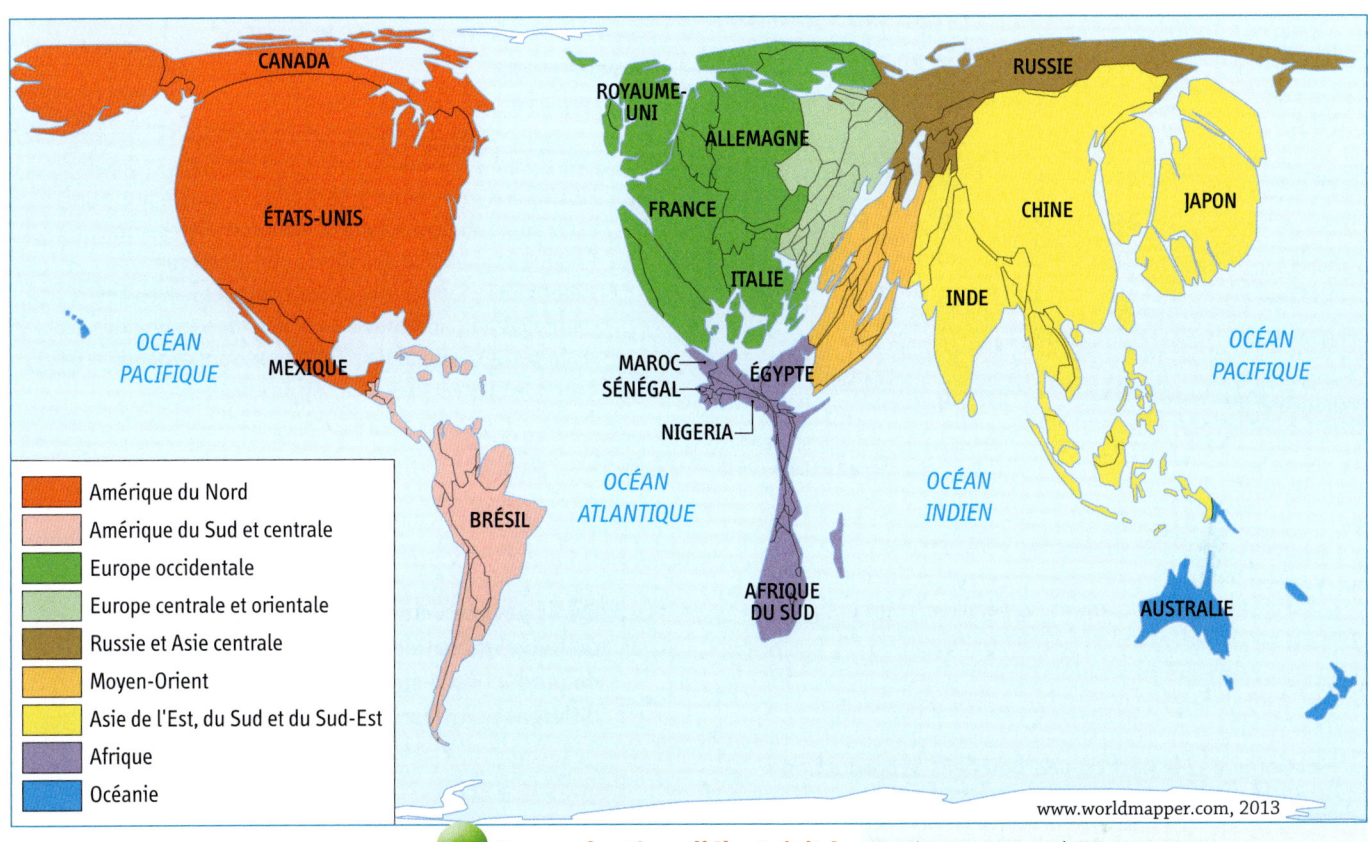

Légende :
- Amérique du Nord
- Amérique du Sud et centrale
- Europe occidentale
- Europe centrale et orientale
- Russie et Asie centrale
- Moyen-Orient
- Asie de l'Est, du Sud et du Sud-Est
- Afrique
- Océanie

www.worldmapper.com, 2013

La production d'électricité dans le monde. Tous les ans sont produits en moyenne 2 584 kilowatts heure d'électricité à l'échelle du globe. Mais cette production n'est en réalité pas uniforme.

ÉTAPE 1 > Lire la carte

1. Pourquoi l'Amérique du Nord est-elle représentée de manière plus imposante que l'Amérique du Sud sur cette carte ?
2. Classez l'Allemagne, le Japon, le Sénégal et le Brésil en termes de production d'électricité dans le monde selon cette carte ?

ÉTAPE 2 > Expliquer

3. Comment se répartit la production d'électricité sur le continent africain ? Comment pouvez-vous expliquer ces différences de production ?
4. Comparez la production d'électricité en Australie et en Chine. Comment expliquez-vous ces différences ?

ÉTAPE 3 > Mettre en relation

5. En quoi la production d'électricité peut-elle être un facteur de développement ?

À savoir

La carte par anamorphose

Procédé cartographique qui déforme les proportions réelles des espaces afin de mettre en valeur une information principale. Ici, la taille des pays correspond à l'importance de leur production d'électricité.

— Quel est l'intérêt d'une carte par anamorphose par rapport à une carte thématique « classique » ?

AIDE

Questions 5 : Aidez-vous du document 3 p. 135.

141

Exercices et méthodes

2 Lire et exploiter un tableau statistique

Part des différentes sources de production d'électricité (en % du total)

	États-Unis	Inde	Japon	Russie	France
Charbon	45	68	28	16	4
Gaz	24	12	28	50	5
Pétrole	1	3	9	1	1
Nucléaire	19	3	26	16	75
Hydraulique	7	12	7	16	12
Autres énergies renouvelables	4	2	2	1	3

Source : D'après le site perspective.usherbrooke université de Sherbrooke) repris par *Le Monde*, 2013.

À savoir

L'électricité est produite à partir de plusieurs sources : l'hydraulique, le charbon, le pétrole, le gaz, le nucléaire ou encore l'énergie solaire ou éolienne par exemple. Chaque pays choisit des sources de production d'électricité, notamment en fonction des ressources naturelles dont il dispose, mais aussi des techniques qu'il maîtrise. Ces sources de production n'ont cependant pas toutes le même impact sur l'environnement.

ÉTAPE 1 > Présenter un document

1. Présentez le document : type, date, source, sujet.

ÉTAPE 2 > Prélever des informations

2. Comparez la part du charbon dans la production d'électricité en Inde et en France.

3. Comparez la part de l'énergie hydraulique dans la production d'électricité du Japon et de la Russie.

4. Décrivez la répartition des sources de production d'électricité aux États-Unis, puis celle de la France.

ÉTAPE 3 > Expliquer

5. Quels pays se démarquent pour leur forte ou faible utilisation du nucléaire comme source de production d'électricité ? Expliquez cette différence d'utilisation.

ÉTAPE 4 > Rédiger

6. Rédigez un paragraphe montrant que les différentes sources de production d'électricité dans le monde sont inégales selon les pays. Vous expliquerez les causes de ces différences : rôle des ressources naturelles, des choix politiques de chaque État et inégal développement.

AIDE

Questions 2 à 4 : Il faut relever les chiffres pour chaque pays, mais aussi les comparer entre eux. Par exemple : « La part du charbon dans la production d'électricité est 10 fois plus importante aux États-Unis qu'en France. » Cela apporte de la valeur ajoutée à vos réponses.

exercice d'application

● À partir de la méthode d'analyse ci-dessus, présentez le tableau, puis décrivez et expliquez les différences observées entre les différents types de pétrole et de régions de production.

Comparaison des coûts de production du pétrole

	PÉTROLES CONVENTIONNELS			PÉTROLES NON CONVENTIONNELS		
	Déjà produit	Moyen-Orient, Afrique du Nord	Autres	Arctique	Extra-lourd et bitume (Venezuela, Alberta canadien...)	Offshore ultra-profond (Brésil...)
Réserves récupérables (en milliards de barils)	1 200	1 100	1 200	100	1 500	200
Coûts de production en 2012 (US $/baril)	3-30	10-27	10-75	40-100	50-120	70-100

Source : IFP, 2013.

AIDE : Les coûts de production sont des fourchettes de prix. Ils dépendent des conditions d'extraction, qui peuvent être variables selon les gisements, y compris dans un même espace géographique.

VERS LE BAC
3 Réaliser un croquis à l'échelle d'un pays

Le Nigeria : les enjeux et les tensions autour de la ressource pétrolière

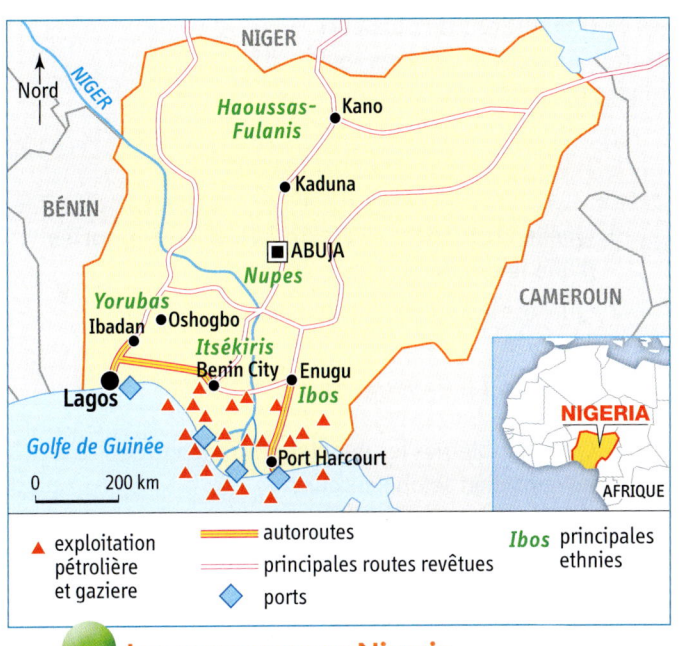

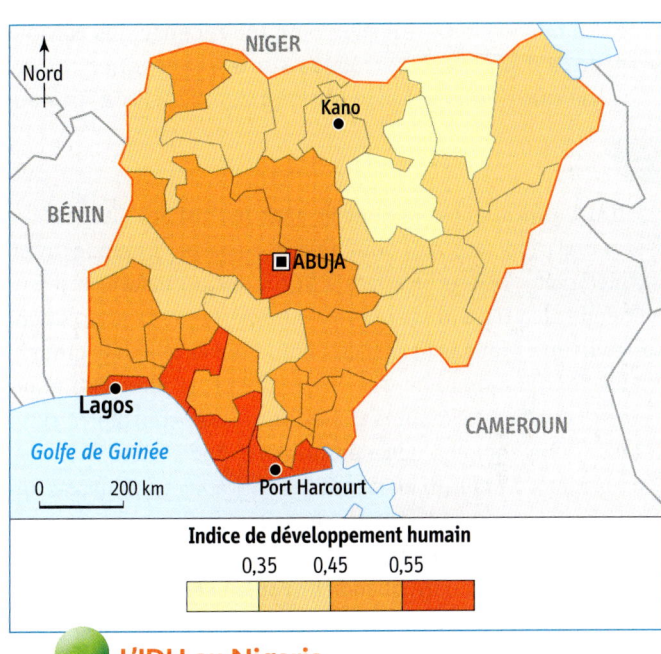

Les ressources au Nigeria
- ▲ exploitation pétrolière et gazière
- autoroutes
- principales routes revêtues
- ♦ ports
- *Ibos* principales ethnies

L'IDH au Nigeria
Indice de développement humain : 0,35 – 0,45 – 0,55

Après avoir analysé le sujet, sélectionné les thèmes et informations à représenter en vous appuyant sur les cartes ci-dessus et la carte p. 128, recopiez et complétez le croquis et sa légende.

1. Un pays centré sur ....
.... gisements d'...........
Un équipement en routes et ports
.... les principales ....
....

2. Un développement régional inégal
☐ un arrière-pays pauvre (IDH inférieur à ....)
☐ un littoral .... (IDH supérieur à ....)

3. Des .... et des risques ....
.... une zone de ....
.... des risques .... (marées noires, destruction des mangroves)

Exercices et méthodes

4 VERS LE BAC — Analyser un texte long

Consigne : Après avoir présenté le texte, vous montrerez les problèmes rencontrés par l'auteur dans son quotidien. Vous expliquerez les raisons et les conséquences de cette pénurie et évoquerez les solutions possibles.

Ce texte est extrait d'un blog qui recense des témoignages de populations de plusieurs pays d'Afrique interrogées sur les conséquences des pénuries énergétiques dans leur vie quotidienne. Ici, le témoignage de Salma Amadore qui vit au Cameroun.

« Il n'y a qu'à voir comment ils sont insensibles aux cris de la population face aux nombreuses coupures intempestives d'électricité. Insensibles face à la fourniture insuffisante en énergie électrique dont une majeure partie de la population est victime. Nous pensions être enfin sauvés quand le groupe AES-Sonel est venu au Cameroun. C'était la promesse pour nous : des factures moins chères, un réseau constant d'électricité, une équipe à notre écoute, bref une société rien que pour nous. C'était un leurre. AES-Sonel nous a fait découvrir un nouveau mot : "délestage" finalement devenu "détestage" tellement la rage montait peu à peu.

AES coupait le courant quand elle voulait sans nous prévenir. AES nous faisait payer un entretien de compteur […]. AES augmentait le prix du kilowatt quand cela l'enchantait. AES s'était finalement plus investie dans le business des mines que dans sa mission première : nous fournir de l'électricité. […]

Comment penser au développement quand suite à des coupures d'électricité, des congélateurs ne fonctionnent pas et que trois jours, voire une semaine après, quand c'est rétabli, les commerçants nourrissent les populations avec du poisson ou de la viande faisandée ? Comment penser au développement quand, lorsque l'État veut encourager les PME et qu'un jeune ouvre une scierie, qu'elle ne fonctionne pas pendant des semaines, alors qu'il a des employés à payer ? Comment vouloir s'arrimer au reste du monde et à l'usage des nouvelles technologies par la jeunesse quand, par manque d'électricité, une salle d'informatique dans un établissement X ne peut fonctionner pour que les élèves en profitent ? […]

Des Camerounais ingénieux se sont tournés vers le Roi Soleil[1]. Heureusement, parce que désormais nous avons des lampes, des panneaux, des torches, des téléphones et même des ordinateurs solaires. Malheureusement, car en saison pluvieuse il sera difficile de les utiliser vu comment le climat est instable. Ces outils quotidiens solaires nécessitent sans doute, encore des recherches approfondies pour une plus longue autonomie et une durée de vie plus grande. Quand ce sera fait, il faudra revoir le prix car pour que chaque famille jouisse des technologies solaires, il faut bien que le prix de ces outils colle à la réalité de son pouvoir d'achat. »

« L'électricité en Afrique, un problème majeur de développement », extrait du blog http://eyesango.mondoblog.org/tag/enerca/, 23 août 2013.

[1]. L'auteur parle ici de l'énergie solaire.

ÉTAPE 1 > Présenter le texte

1. Quelle est la source du texte ? Quelle est la portée d'une telle source ?
2. Quel est le statut du document ?

ÉTAPE 2 > Lire et exploiter le texte

3. Quels problèmes les populations rencontrent-elles au quotidien selon l'auteur ?
4. Quels espoirs nourrissait la population avec l'arrivée d'AES Énergie ? Quels impacts a eu l'installation de cette compagnie dans le pays selon l'auteur ?
5. Pourquoi les populations manquent-elles d'électricité ? Quelles en sont les conséquences notamment en terme de développement ?
6. Quelles solutions sont envisagées ? Quels sont leurs points positifs et négatifs ?

AIDE

Les questions 2 à 5 vous aident à construire le développement de votre réponse, qui s'organisera en trois parties.

Question 5 : Classez les conséquences par domaines : emploi, santé…

ÉTAPE 3 > Rédiger une réponse à la consigne

7. Répondez à la question posée en consigne en reprenant la présentation du texte en introduction et en vous appuyant sur vos réponses aux questions 3 à 6.
8. Rédigez une conclusion montrant l'intérêt d'étudier le témoignage d'un habitant, mais aussi les limites d'un tel document. Avec quel autre type de document devrait-on « croiser » ce texte ?

TICE

5 Avoir une approche critique face à Internet

Énergie nucléaire : les centrales de Chinon et de Tricastin

Site EDF (http://energie.edf.com), page sur la centrale de Chinon

Site du *Monde* (www.lemonde.fr), article sur la centrale de Tricastin

Prélever des informations sur un site

Site EDF

Sur le site http://energie.edf.com, **sélectionnez** Chinon parmi les centrales. Puis **cliquez** sur publication, en bas de la page **téléchargez** la plaquette de présentation de la centrale.

1. Présentez brièvement l'auteur du document. De quel type de source s'agit-il ?
Localisez la centrale de Chinon (région, département, fleuve) et présentez-la (date de création, puissance, nombre d'emplois).
2. Quel est l'objectif premier de la construction d'une centrale nucléaire ? La centrale de Chinon y répond-elle ? Sa production d'électricité fournit-elle uniquement la ville de Chinon ?
3. Que nous apprend le site sur le fonctionnement d'une centrale ? Pourquoi est-elle située à proximité immédiate d'un cours d'eau ? (pages 6-7)
4. Le site insiste sur un objectif de sécurité : pourquoi ? Comment EDF met-il en avant cet objectif de sécurité ?

Qu'est-ce que le site ne dit pas sur la réaction des populations locales, mais aussi d'autres populations vivant plus loin de la centrale ? (pages 2, 3, 6 et 7)

Croiser des informations sur internet

Site Le Monde

Tapez « Tricastin Le Monde » dans un moteur de recherche. **Cliquez** ensuite sur « Tricastin, une centrale sans failles ? », puis lisez l'article.
5. Quels dangers cet article dénonce-t-il ? En quoi la situation de la centrale dans une région potentiellement sismique aggrave-t-elle la situation ?
6. Pourquoi cet article contraste-t-il avec le discours d'EDF ?

Avoir une approche critique

7. Qu'en déduisez-vous sur les avantages et les inconvénients d'utiliser uniquement un type de site pour faire une recherche sur internet ? Quel est donc l'intérêt de croiser les sources d'information sur internet ?

145

Réviser — L'enjeu énergétique

1 Besoins en énergie et gestion des ressources

- La consommation d'énergie a doublé depuis le milieu des années 1970, sous l'effet de la croissance (démographique et économique) et de la diversification des besoins. C'est désormais dans les pays émergents que la croissance de la consommation d'énergie est la plus rapide.

- Les énergies fossiles, non renouvelables, assurent 80 % de la production énergétique mondiale. Le pétrole, énergie indispensable pour les transports, fournit un tiers de l'énergie. Pour couvrir les besoins, des gisements de plus en plus coûteux sont mis en exploitation (offshore profond, hydrocarbures non conventionnels).

- Les énergies renouvelables n'occupent encore qu'une place secondaire et sont essentiellement utilisées pour produire de l'électricité. Mal adaptées à la fourniture de besoins de plus en plus spatialement concentrés, elles ne sont que des sources d'énergie complémentaires.

Notions clés
- Énergie fossile
- Énergie renouvelable
- Précarité énergétique
- Transition énergétique

2 Impacts environnementaux et tensions géopolitiques

- Le recours aux énergies fossiles participe massivement aux émissions de gaz à effet de serre et donc au changement climatique. Les risques, sanitaires et environnementaux, sont multiples, de l'extraction jusqu'à l'usage final. L'utilisation de l'énergie nucléaire, non carbonée, pose des questions de sécurité et engage l'avenir pour la gestion des déchets. Le choix du nucléaire relève des États.

- La sécurité énergétique devient une préoccupation des États, des organismes internationaux et la cause de fortes tensions. Il s'agit de contrôler les ressources, d'assurer l'approvisionnement.

3 Quels choix énergétiques pour l'avenir ?

- La transition suppose des modifications profondes, dépendant de choix et de comportements individuels et collectifs. Améliorer l'efficacité énergétique est devenu une priorité. Mais, au-delà, des changements des modes de vie et de développement semblent inévitables.

- La fracture énergétique est devenue partout un enjeu social majeur d'une transition énergétique durable.

Aller plus loin

Sites Internet

- http://www.lemonde.fr/culture/article/2013/11/25/fort-mcmoney-le-film-dont-vous-etes-le-heros_3518810_3246.html, l'interview d'un concepteur d'un web documentaire sous forme de jeu vidéo sur Fort Mac Murray
- http://www.fortmcmoney.com/#/fortmcmoney, un extrait du jeu vidéo sur Fort Mac Murray

Films et documentaires

- *There will be blood*, film réalisé en 2008 par P.-T. Anderson, d'après l'œuvre d'Upton Sinclair, *Pétrole*
- *La Cité du pétrole* de Marc Wolfensberg, documentaire réalisé en 2009 sur l'exploitation offshore dans la mer Caspienne, au large de l'Azerbaïdjan
- *RAS nucléaire, rien à signaler*, film réalisé en 2009 par Alain de Halleux sur l'industrie nucléaire civile européenne
- *Still Life*, film réalisé en 2006 par Jia Zhang Ke, sur le barrage des Trois Gorges

vérifier ses connaissances

Entraînez-vous en ligne sur www.geo-hatier.com (corrigés p. 287 du manuel).

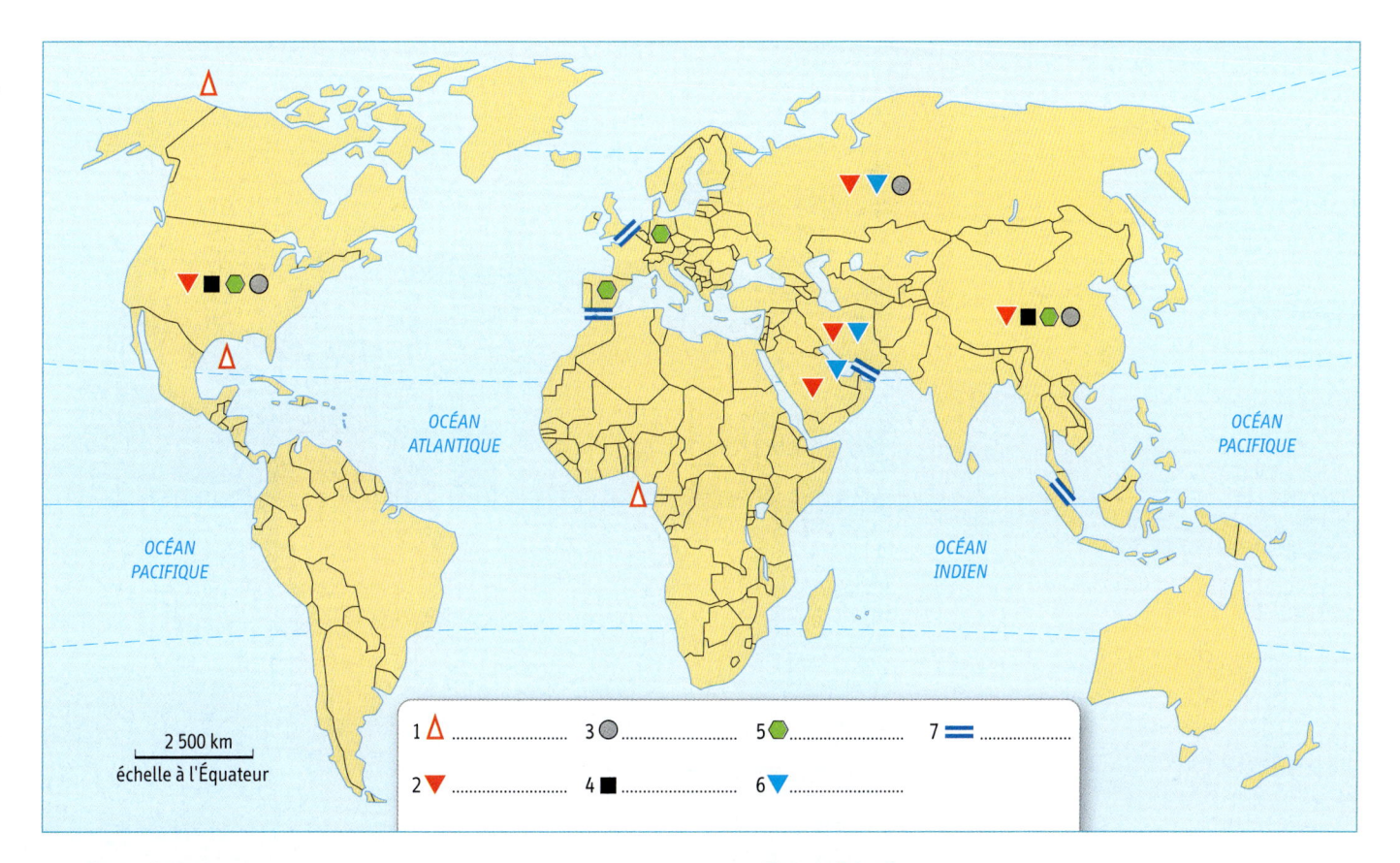

| 1 △ .... | 3 ⬤ .... | 5 ⬡ .... | 7 ═ .... |
| 2 ▽ .... | 4 ■ .... | 6 ▽ .... | |

Exercice 1

1. Identifiez les figurés de la carte en les associant aux définitions suivantes.
– Les trois premiers émetteurs de CO_2
– Les cinq premiers producteurs de pétrole
– Gisements offshore d'hydrocarbures
– Deux pays grands utilisateurs de charbon pour la production d'électricité
– Trois pays ayant les plus importantes réserves de gaz naturel
– Quatre passages maritimes par où transitent d'importants flux de pétrole
– Quatre pays développant l'énergie éolienne

2. Recopiez et complétez la légende de la carte.

3. Recopiez le planisphère et ajoutez les noms des États et passages maritimes.

Exercice 2

__ Définissez les mots ou expressions suivants.
– Intensité énergétique
– Énergies fossiles
– Gisements offshore
– Agrocarburants

Exercice 3

__ Pouvez-vous citer ?
– Trois avantages de l'énergie solaire
– Deux inconvénients du pétrole
– Trois objectifs pour une gestion durable des énergies fossiles
– Deux exemples de tensions géopolitiques liées au pétrole

Exercice 4

__ Répondez par vrai ou faux aux affirmations suivantes.

a. L'énergie nucléaire est une énergie renouvelable.

b. Les trois énergies émettant le plus de gaz à effet de serre additionnel sont :
– le charbon ;
– le gaz naturel ;
– l'énergie nucléaire.

c. La France est au 1er rang mondial pour le pourcentage d'électricité produite à partir de l'énergie nucléaire.

d. Les réserves mondiales de charbon sont en voie d'épuisement (moins de trente ans de consommation).

e. La consommation mondiale d'énergie dépasse aujourd'hui 120 millions de tep (tonnes équivalent pétrole).

f. Les énergies fossiles représentent encore 80 % du total de la consommation d'énergie.

Thème 3 Aménager la

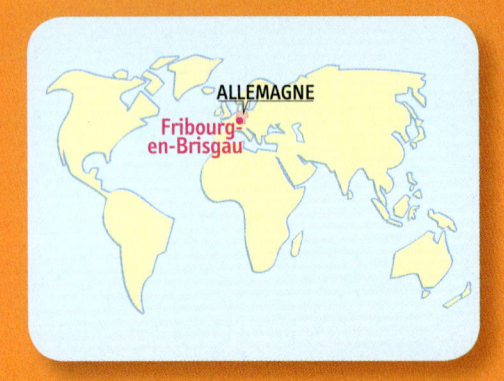

ALLEMAGNE
Fribourg-en-Brisgau

**Écoquartier Vauban
à Fribourg-en-Brisgau, en Allemagne**
Créé en 1996, cet écoquartier est un laboratoire de la ville durable. Construits en bois et peints avec de la peinture écologique, les logements sont alimentés par l'énergie solaire. Les eaux de pluie sont récupérées. Les espaces verts occupent une place importante. Les habitants se déplacent en vélos ou tramway. Mais, les logements, chers, ne sont pas accessibles à tout le monde.

ville

5 Villes et développement

Plus de la moitié de l'humanité vit dans des villes, et on estime que cette proportion va augmenter dans les années à venir. Cette situation est à l'origine d'enjeux économiques, sociaux, environnementaux et politiques dans tous les pays. Cela suscite une nouvelle réflexion sur le rôle de la ville dans le développement des sociétés.

▶ **Quelles sont les mesures engagées par les acteurs urbains pour inscrire les villes dans le développement durable ?**

1 La reconstruction de la *skyline* de New York (États-Unis)

Après les attentats du 11 septembre 2001 et l'effondrement du *World Trade Center*, de nouvelles tours sont reconstruites à l'emplacement de *Ground zero*. La puissance et la richesse de New York rendent possible la résilience.

durable

Dubaï (Émirats arabes unis) : une ville dans le désert

Une station de ski couverte a été construite à l'intérieur d'un centre commercial. La richesse de l'émirat explique cette réalisation.

② Lagos, une mégapole du Sud (Nigeria)

Lagos, bientôt première ville du continent africain, présente un paysage urbain très contrasté avec de l'habitat informel aux pieds de tours modernes.

151

Étude de cas 1

New York, une mégapole de pays développé

New York est confrontée à des défis majeurs qui témoignent des limites de sa durabilité. Comment cette mégapole de pays développé, première ville des États-Unis et quatrième agglomération mondiale, s'engage-t-elle dans la voie d'un développement plus durable ?

A — Les défis d'une mégapole de pays développé

1. La croissance démographique de l'agglomération de New York

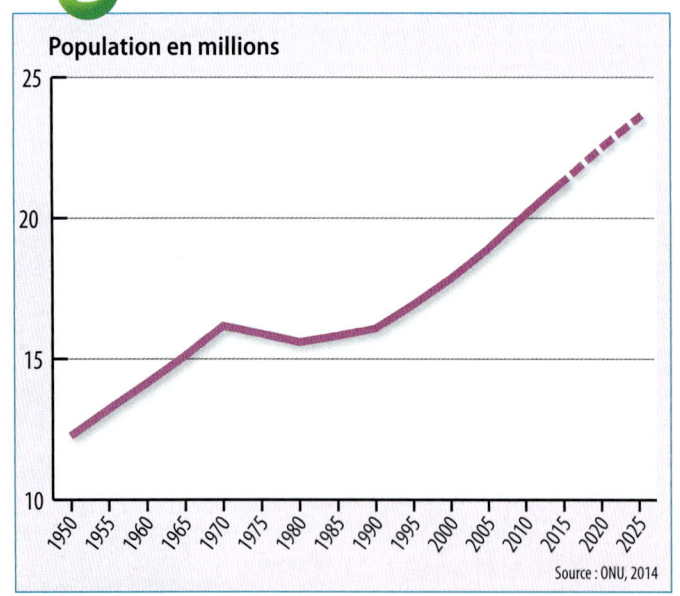

Population en millions
Source : ONU, 2014

2. L'étalement urbain à New York

Source : D'après R. Le Goix, *Atlas de New York*, Éditions Autrement, 2013.

LE FRONT D'URBANISATION
Date de construction par unité de recensement
1946 — 1956 — 1966 — 1978 — 1999

non pris en compte car moins de 50 habitants

parc
aéroport
---- limite d'État fédéré

Questions

1. **Doc. 1 et 2** Comment se traduit spatialement la croissance démographique de New York ?
2. **Doc. 3, 4 et 5** À quels défis urbains majeurs New York est-elle confrontée ?

BILAN Pourquoi peut-on dire de New York qu'elle doit faire face à des difficultés d'une ville de pays développé ?

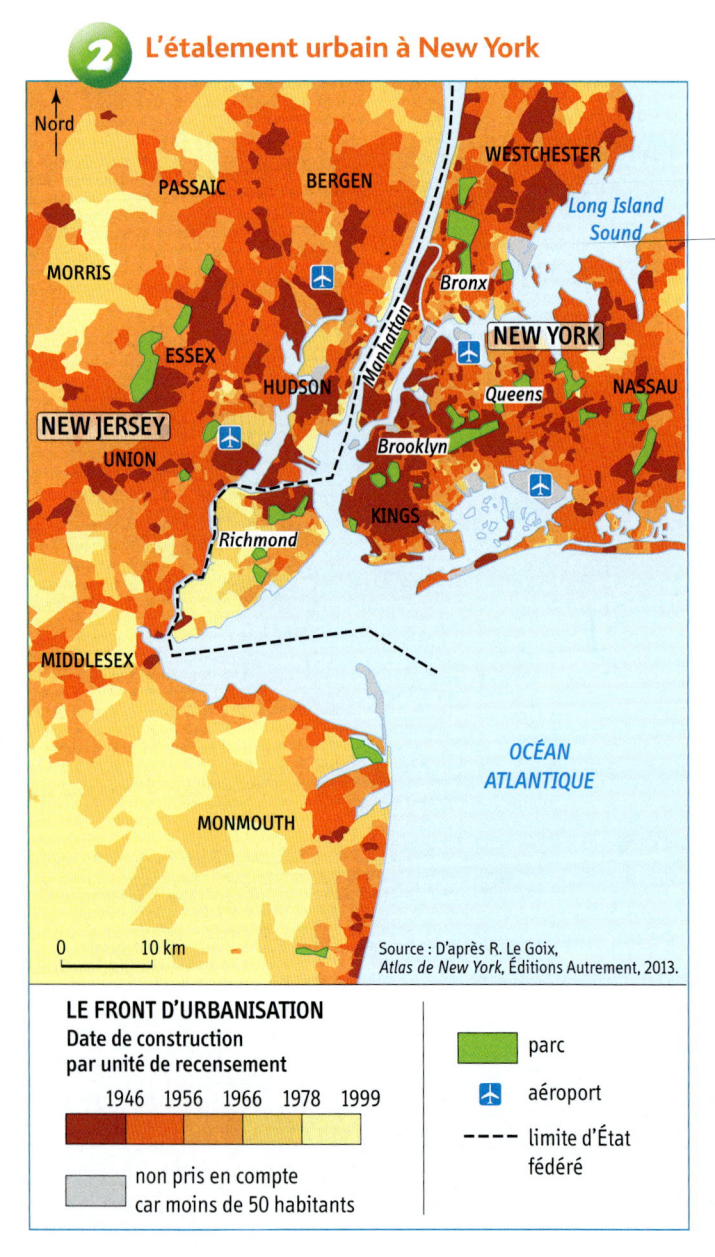

3 La mosaïque ethnique à New York

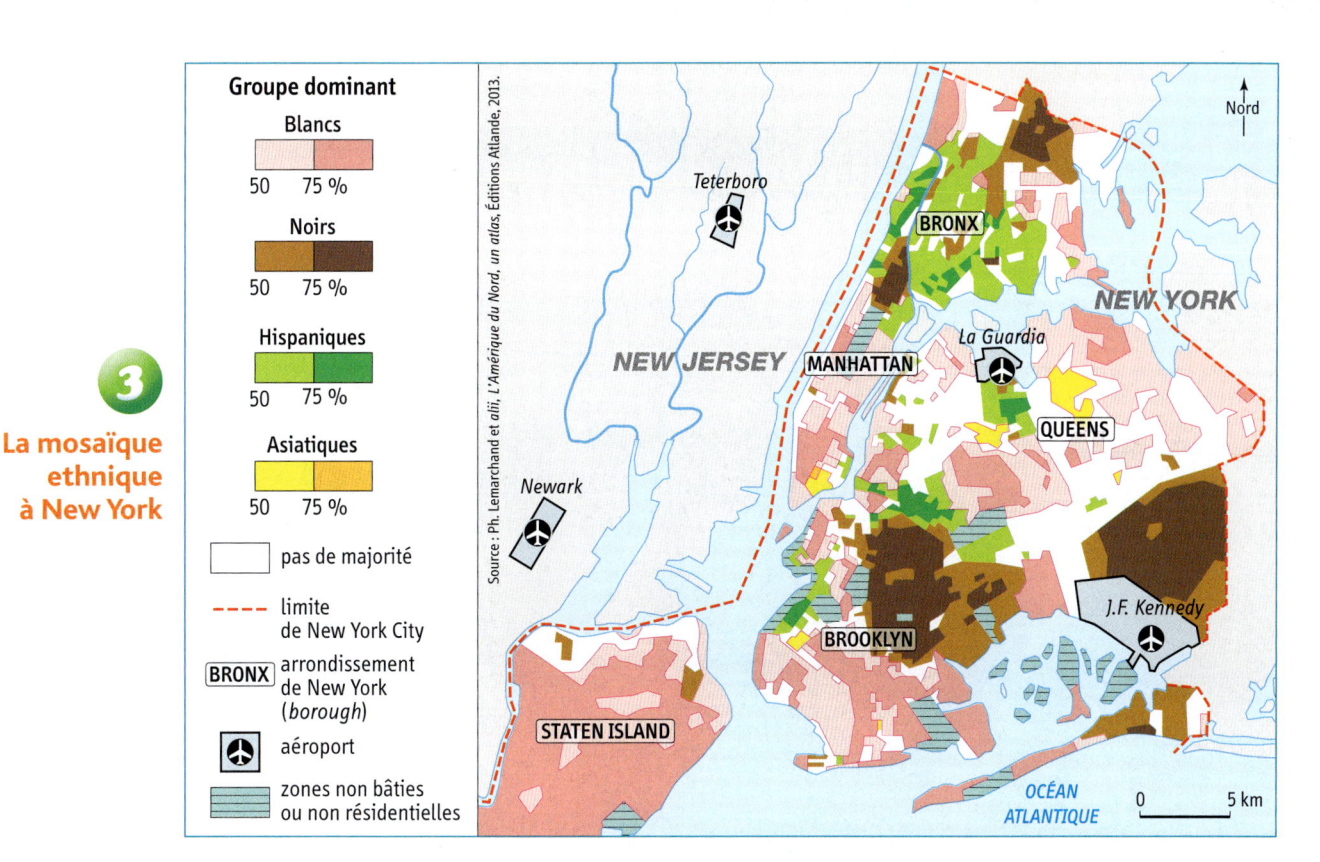

Groupe dominant
- Blancs : 50 – 75 %
- Noirs : 50 – 75 %
- Hispaniques : 50 – 75 %
- Asiatiques : 50 – 75 %
- pas de majorité
- --- limite de New York City
- BRONX arrondissement de New York (*borough*)
- aéroport
- zones non bâties ou non résidentielles

Source : Ph. Lemarchand et alii, *L'Amérique du Nord, un atlas*, Éditions Atlande, 2013.

4 Inégalités sociales et vulnérabilité

« Le développement des emplois peu qualifiés dans le cadre de la globalisation et le recul de l'intervention publique dans le domaine social contribuent à augmenter les inégalités sociales et spatiales. On trouve d'un côté des habitants très qualifiés et riches, et de l'autre des habitants peu qualifiés assurant les services à la personne, tandis que les classes moyennes ont fui le centre-ville. [...] Majoritairement immigrée, africaine-américaine ou hispanique, la population pauvre ne cesse d'augmenter depuis 1980. Elle réside plutôt dans les banlieues industrielles et, malgré sa composition raciale diversifiée, New York est finalement l'une des villes des États-Unis où l'indice de ségrégation de populations africaines-américaines est le plus fort. Dans le cœur de l'agglomération, les différences de revenus entre les plus riches et les plus pauvres augmentent en lien avec le phénomène de gentrification.

Ces inégalités prennent tout leur sens lors d'épisodes exceptionnels. Outre la vulnérabilité accentuée des quartiers d'habitat social situés le long de l'eau, la reconstruction met en jeu les problématiques d'une métropole durable : lutte contre les inégalités sociales, fragilisation des espaces économiques. »

M.-F. Albecker, *in* « Les villes mondiales », *Questions internationales* n° 60, La Documentation française, mars-avril 2013.

5 Le casse-tête de la gestion des transports

« Tunnels et ponts constituent l'armature des réseaux de transports de la ville et le paiement des péages urbains fait partie du quotidien. Néanmoins, la part belle faite aux infrastructures automobiles a entraîné l'obsolescence du système de transports en commun, structurellement déficitaires. En 1968, la *Triborough Bridge Authority* a fusionné avec la *Metropolitan Transit Authority* créée en 1965 afin de financer les investissements dans le métro, les bus et les trains dont cette dernière a la charge. Le modèle a ses limites, mais globalement le transport automobile contribue à financer les transports en commun. Planifier l'aménagement des transports à New York, pris dans la nasse de plusieurs autorités publiques partenaires et concurrentes aux réseaux qui s'entrecroisent dans les gares et les aéroports, tient du casse-tête chinois. »

R. Le Goix, *Atlas de New York*, © Éditions Autrement, 2013.

L'ouragan Sandy (octobre 2012) a provoqué une montée des eaux océaniques de plus de 4 m, inondant une grande partie de la ville.

étude de cas 1 — New York, une mégapole de pays développé

B Comment s'inscrire dans le développement durable ?

6 New York, ville compacte ?

7 Répondre aux mobilités urbaines

a. Le plus grand réseau de métro du monde

« 70 % des déplacements à destination du *Central Business District* sont effectués en métro. Long de 390 km, le réseau fonctionne 24 heures sur 24, 7 jours sur 7. Les lignes A et C vont de Rockaway au sud de l'aéroport de JKF, au Bronx, en desservant l'ensemble de Manhattan (52 km). Cinquième réseau du monde en nombre de passagers après ceux de Moscou, Tokyo, Paris et Mexico, le système revendique aujourd'hui sa ponctualité et sa modernité : rénové, climatisé, traité contre les graffitis, le matériel a fait l'objet de lourds investissements depuis les années 1990 pour devenir un système de transport plébiscité. »

R. Le Goix, *Atlas de New York*, © Éditions Autrement, 2013.

b. Développer les taxis hybrides pour limiter la pollution

Villes et développement durable 5

8 Se renouveler en permanence

« La transformation des fonctions économiques a eu comme conséquence une restructuration profonde de l'organisation spatiale de la ville : développement de quartiers de bureaux, de divertissement (*entertainment*) et de logements haut de gamme, régénération des friches industrielles et des fronts d'eau – ces derniers sont considérés comme le "6e *borough*" dans le plan d'urbanisme de la ville de New York. Ces espaces délaissés, mais souvent très bien situés, voient leur valeur reconsidérée et se transforment en espaces emblématiques du succès économique, "glamour", souvent redessinés par de grands architectes internationaux.[...]

Le dernier grand projet en cours à Manhattan est celui d'*Hudson Yards* : [...] cette friche ferroviaire doit devenir une extension du *CBD*. [...]

Les acteurs urbains de la ville globale, anxieux de soutenir son développement économique et son image, mettent ainsi l'accent sur de grands projets destinés à attirer l'investissement. De ce fait, les opérations de régénération urbaine gagnent des espaces plus périphériques et le cœur de l'agglomération connaît des formes de débordement du centre économique sur ses anciennes banlieues industrielles limitrophes en raison d'un foncier moins cher, de taxes moins élevées (hors de la ville de New York) et de bonnes connexions par les transports en commun (métro vers Brooklyn, Queens mais aussi vers le New Jersey). »

M.-F. Albecker *in* C. Ghorra-Gobin et A. Musset (dir.), *Canada, États-Unis, Mexique*, © SEDES, 2012.

Une ancienne ligne ferroviaire désaffectée, la High Line, *a été reconvertie en promenade verte suspendue afin de renforcer le verdissement de la ville et contribuer aux mobilités douces. Cette opération d'amélioration du cadre de vie est un succès auprès des New-Yorkais, mais aussi une étape incontournable pour les touristes.*

9 Limiter la vulnérabilité aux risques : le projet de *Coney Island Creek*

Au sud de Brooklyn, *Coney Island* a été l'un des quartiers les plus touchés par les inondations consécutives à Sandy. La création d'une zone humide permettrait de verdir la ville, mais aussi d'aménager un espace-tampon de protection contre les vagues de submersion. Un système d'écluses empêcherait l'arrivée de l'eau en cas de tempête.

Questions

1. **Doc. 6 et 7** Montrez que certains atouts de New York en termes de durabilité sont anciens.

2. **Doc. 7, 8 et 9** Quelles sont les innovations en termes de développement durable à New York ? Quelles sont leurs limites ?

BILAN Montrez que les initiatives new-yorkaises reposent sur les trois piliers du développement durable.

155

Étude de cas 2

Lagos, une mégapole de pays en développement

Capitale économique du Nigeria, Lagos devrait dépasser les 13 millions d'habitants en 2015 et devenir ainsi la plus grande ville d'Afrique. Dans un contexte de mal-développement, cette croissance urbaine s'inscrit mal dans la durabilité. Comment une mégapole du Sud peut-elle relever les défis du développement durable ?

A les difficultés d'une mégapole du Sud

1 La croissance démographique de l'agglomération de Lagos

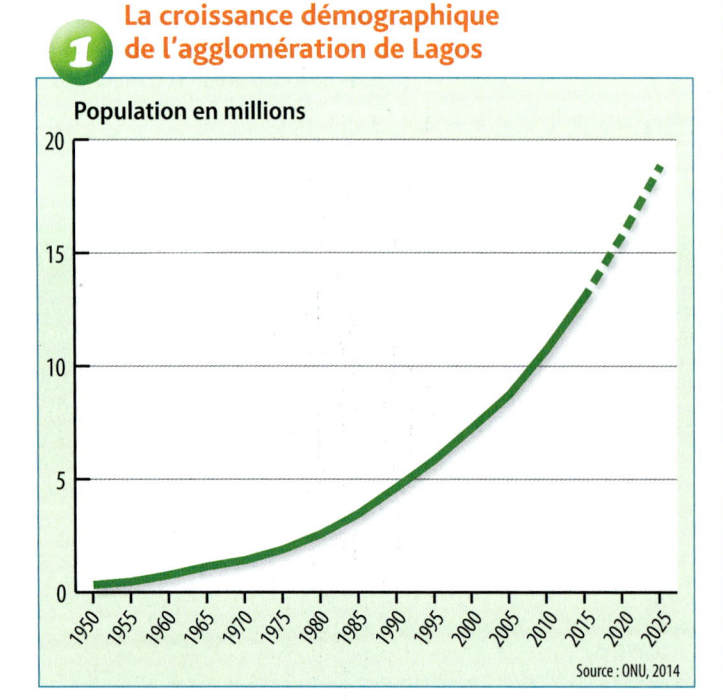

Population en millions (axe de 0 à 20, années de 1950 à 2025)

Source : ONU, 2014

2 Étalement urbain et contrastes socio-spatiaux à Lagos

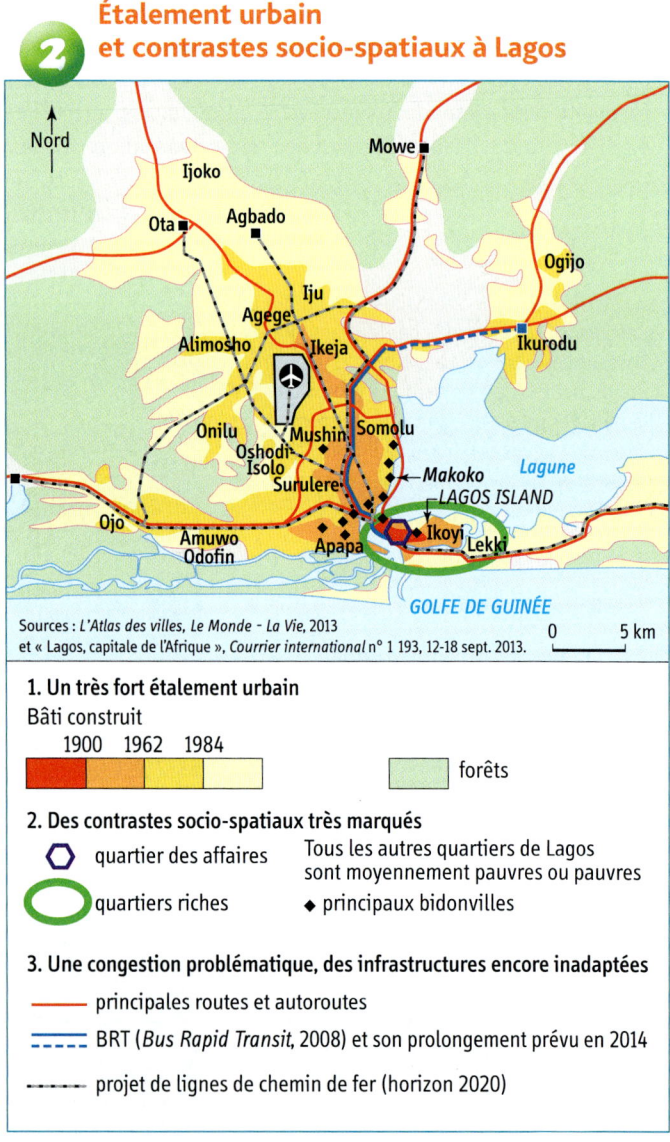

Sources : *L'Atlas des villes, Le Monde - La Vie*, 2013 et « Lagos, capitale de l'Afrique », *Courrier international* n° 1 193, 12-18 sept. 2013.

1. Un très fort étalement urbain
Bâti construit : 1900 1962 1984
forêts

2. Des contrastes socio-spatiaux très marqués
- quartier des affaires
- quartiers riches
- Tous les autres quartiers de Lagos sont moyennement pauvres ou pauvres
- ♦ principaux bidonvilles

3. Une congestion problématique, des infrastructures encore inadaptées
- principales routes et autoroutes
- BRT (*Bus Rapid Transit*, 2008) et son prolongement prévu en 2014
- projet de lignes de chemin de fer (horizon 2020)

Questions

1. **Doc. 1 et 2** Comment se traduit spatialement la croissance démographique de Lagos ?
2. **Doc. 2, 3, et 4** À Lagos, quel est le pilier du développement durable le plus fragilisé ?

BILAN Montrez que les enjeux auxquels est confrontée Lagos sont ceux d'une ville du Sud.

3 Une mégapole engorgée

« Lagos, qui représente plus de 50 % du PIB du pays, ne cesse de grossir. On estime que près de 6 000 personnes viennent chaque jour s'y établir dans l'espoir d'une vie meilleure. La croissance de sa population – 6 % par an – est l'une des plus élevées du monde. Cette pieuvre étend même ses tentacules sur l'État voisin d'Ogun. À cheval entre le continent, une île et une presqu'île, Lagos suffoque de son manque de terres. Pas assez de ponts, pas assez de routes… Résultat : des embouteillages légendaires, les *go slow*. Dès cinq heures du matin, des dizaines de milliers de personnes massées dans les *danfos*, les minibus jaunes qui font le trajet vers les quartiers d'affaires de Victoria Island et Ikoyi. Les douze kilomètres du *Third Mainland Bridge* sont totalement saturés ; de nombreuses routes sont quasiment impraticables quelle que soit l'heure de la journée. Ce frein à la mobilité de la population et des marchandises pénalise la productivité de la capitale économique du Nigeria. »

J. Vandal, *Alternatives internationales*, hors-série n° 13, mai 2013.

4 Le bidonville de Makoko

« La pauvreté de l'immense majorité des habitants, leurs difficultés à trouver une offre de biens et de services adaptée à leurs besoins, et les lacunes des pouvoirs publics locaux font de l'informalité un mode de fonctionnement indispensable à la ville. Les activités dites informelles (logement, transports, eau, ramassage des déchets…) sont plus facilement accessibles au plus grand nombre et elles contribuent à l'emploi urbain (près des trois quarts de la population active de Lagos). »

J.-F. Steck, article « Lagos », *Encyclopaedia Universalis*, 2014.

L'habitat informel représente les deux tiers de la ville. Les bidonvilles sont particulièrement sensibles aux risques d'inondations, notamment celui de Makoko sur la lagune.

Étude de cas 2 — Lagos, une mégapole de pays en développement

B. Gérer les défis pour un développement durable ?

5. Le succès de la modernisation des transports et d'autres projets pour 2020

« Fort de la réussite de la création du BRT ou *Bus Rapid Transit* (des lignes d'autobus roulant sur des voies qui leur sont dédiées) avec près de 200 000 passagers quotidiens avec un ticket de bus qui coûte deux fois moins cher qu'avant et le remboursement de l'emprunt en deux ans au lieu des trois années prévues, [...] le gouvernement de l'État de Lagos a mis au point un plan de développement stratégique à l'horizon 2020 qui intègre l'ensemble des moyens de transport, y compris le train et le bateau. Sept lignes de chemin de fer urbain vont être construites. La "ligne bleue", première du genre financée sur fonds propre par l'État de Lagos, a commencé à sortir de terre dans la partie ouest de la ville. [...] Quant à la zone lagunaire qui encercle la mégapole, elle se pare de bateaux-navettes. Ils sont désormais 1,2 million à braver, chaque mois, leur appréhension de la navigation pour diviser par quatre ou cinq leur temps de transport. »

J. Vandal, *Alternatives internationales*, hors-série n° 13, mai 2013.

Le Bus Rapid Transit

6. Développer l'économie et les emplois : la zone franche[1] de *Snake Island*

« Au début des années 1990, cette île au nom peu engageant, qui lui vient de son contour en forme de serpent était l'un des rares lieux épargnés par l'urbanisation galopante. Isolée, mais accessible aux navires à fort tirant d'eau, Snake Island a été choisie pour abriter la zone franche industrielle destinée au secteur pétrolier, lequel représente 80 % des recettes du pays. Privatisée en 2000, l'île est désormais gérée par Nigerdock, filiale du groupe privé nigérian Jagal. Sous sa houlette, Snake Island a vocation à devenir un fleuron de la politique gouvernementale de promotion des intérêts nigérians – *Nigerian Oil and Gas Industry Content Development Bill* – dans le secteur extractif. Les bureaux de l'entreprise sont situés sur la pointe est de l'île, à quelques encablures du port d'Apapa, principale porte d'entrée maritime du Nigeria. Trois secteurs occupent les 2 500 travailleurs de Nigerdock : la construction de plateformes pétrolières ou gazières – de loin l'activité la plus importante –, la fabrication de conteneurs et de citernes, la réparation et la construction navales. À cela s'ajoute un centre de formation technique qui assure la mise à niveau de ses employés et de ceux de ses clients.

[...] La taille de son chantier en fait l'un des sites de construction de plateformes les plus grands d'Afrique de l'Ouest [...]. L'accès au gigantesque bassin de main-d'œuvre de Lagos (13 millions d'habitants) est un autre avantage crucial. [...] Pour l'heure, trois grands chantiers sont visibles sur le site, véritable ruche d'ouvriers aux couleurs de Nigerdock, rouge et blanc. »

C. Le Bec, « Nigeria : Snake Island, l'île où naissent les plateformes », *Jeune Afrique*, 28 novembre 2013.

[1]. Dans une zone franche, les entreprises bénéficient de conditions fiscales privilégiées (taxes et impôts allégés), ce qui leur permet de diminuer leurs coûts.

7 Un Lagos pour les riches ?

« Sur les bords de l'Atlantique, l'île de Victoria constitue un espace privilégié à Lagos. [...] Son littoral est cependant érodé par l'action de la mer. La zone ne se situe qu'à deux mètres au-dessus du niveau de la mer et des entreprises localisées le long de l'autoroute côtière ont déjà été inondées par le passé. [L'ancien gouverneur de l'État de Lagos a décidé] de gagner des terrains sur l'océan et d'ériger un mur côtier. L'espace nouvellement gagné entre l'ancien rivage et le nouveau mur, d'un total de dix km², sera rempli de tours étincelantes d'appartements de luxe et de commerces de détail, de gratte-ciel destinés aux entreprises les plus rentables de Lagos, de parcs, et d'une marina artificielle. Au total, ce projet coûtera plusieurs milliards de dollars. [...] Bientôt, 250 000 riches Nigérians et étrangers vivront dans la version lagosienne du dessin animé futuriste "Les Jetsons".

Le gouvernement de l'État de Lagos a récemment publié une courte et habile vidéo vantant Lagos comme la "Grosse Pomme[1] de l'Afrique", qui montre des plans d'une ville artificielle et fastueuse, connue sous le nom Eko Atlantic. [...] La vidéo n'était peut-être pas destinée à être regardée par de vrais Lagosiens [...]. Aux yeux des résidents de Lagos, il serait difficile de soutenir que leur ville est en pleine transformation depuis la dernière décennie : les problèmes persistants – les bidonvilles surpeuplés et mal desservis ; les mauvaises conditions d'hygiène, et les écoles en difficulté – rendent cette vidéo gênante. Eko Atlantic souligne l'inquiétude chez certains habitants de Lagos que leur gouvernement ne veut protéger de la hausse du niveau des mers que la ville des riches. »

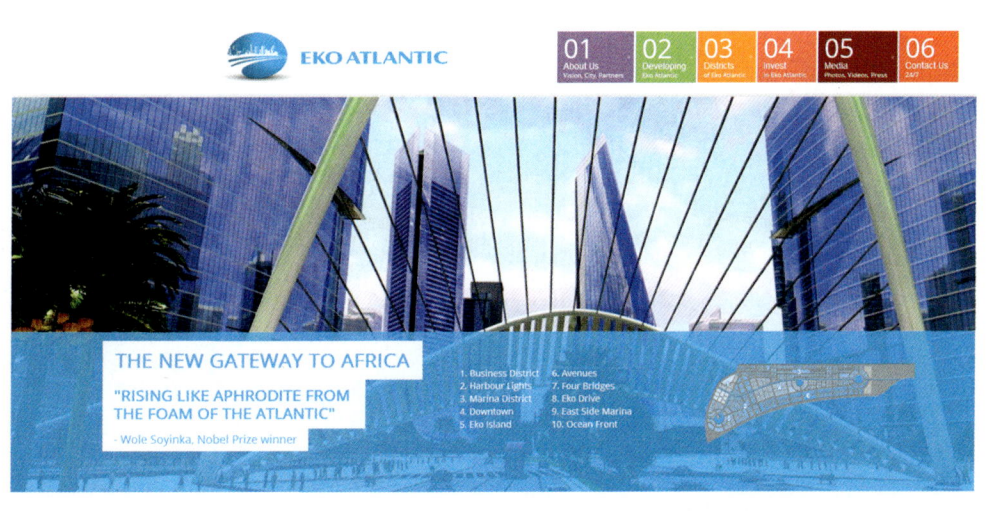

A. Okeowo, *"A Safer Waterfront in Lagos, If You Can Afford It"* (« Un front de mer plus sûr à Lagos, si vous en avez les moyens »), *The New Yorker*, 21 août 2013.

[1]. Allusion à New York, également surnommée *Big Apple*, « Grosse Pomme ».

8 Les initiatives de la population

« Les Nigérians proposent des moyens novateurs pour aider les riverains défavorisés. L'architecte Kunle Adeyimi a conçu une école flottante révolutionnaire pour Makoko, le bidonville sur l'eau. Selon lui, son idée peut être utilisée pour développer durablement les communautés côtières d'Afrique.

"Le gouvernement n'a encore rien fait pour nous, alors les gens essaient d'améliorer eux-mêmes l'environnement, d'améliorer leurs pratiques sanitaires", dit Afose Sulayman, un résident de Makoko. Les habitants de Makoko n'ont pas accès à l'eau potable et subissent une pauvreté endémique. »

A. Okeowo, *"A Safer Waterfront in Lagos, If You Can Afford It"* (« Un front de mer plus sûr à Lagos, si vous en avez les moyens »), *The New Yorker*, 21 août 2013.

9 Transformer le cadre de vie ?

« Des panneaux appellent à plus de propreté, à cesser l'affichage sauvage et à ne pas uriner n'importe où. Souterrains et ronds-points ont été débarrassés des marchands informels et recouverts de gazon et de fleurs. Certains *areas boys*, ces voyous qui s'attaquaient aux piétons et aux automobilistes, sont maintenant employés aux travaux d'embellissement. À Lagos, ils sont nombreux à penser que la criminalité a reculé. [...] L'effet n'est pas seulement cosmétique. Autrefois, la ville rebutait. Aujourd'hui de nombreuses compagnies étrangères s'y installent, comme la chaine de supermarchés sud-africaine Shoprite qui y a ouvert trois magasins haut de gamme. »

X. Rice, *Jeune Afrique*, 28 août 2012.

Questions

1. **Doc. 5 et 6** En quoi la modernisation des transports et la création de la zone franche contribuent-elles au développement économique et social ?
2. **Doc. 7, 8 et 9** Montrez que, malgré les initiatives, le pilier social du développement durable reste problématique.

BILAN Rédigez un paragraphe montrant les réussites et les limites des initiatives de développement durable dans une ville comme Lagos.

Études de cas 1 et 2

CHANGER D'ÉCHELLE
Des études de cas aux mégapoles du XXIe siècle

Rédiger le bilan de l'étude de cas | Mettre en perspective

A — La ville au cœur du développement durable

1• Comment les villes de New York et de Lagos illustrent-elles les défis urbains ? (p. 152-153 et p. 156-157)

2• Citez les similitudes et les différences entre les difficultés rencontrées par ces deux villes. (p. 152-153 et p. 156-157)

> **carte 1 ci-contre**
> **a.** Que révèle l'augmentation des villes multimillionnaires dans le monde ?

B — Des différences entre villes du Nord et villes du Sud

3• Montrez que les processus d'urbanisation sont différents à Lagos et à New York. (doc. 1 p. 152 et doc. 1 p. 156)

4• Quelles sont les spécificités dues aux disparités de développement ? (doc. 4 et 5 p. 153, doc. 3 et 4 p. 157)

> **carte 2 ci-contre**
> **b.** En quoi ce planisphère révèle-t-il les disparités entre villes du Nord et villes du Sud ?

C — Les villes, foyers de progrès et d'innovation en termes de durabilité

5• Montrez que New York et Lagos mettent en œuvre des expériences innovantes de développement durable. (p. 154-155 et p. 158-159)

> **carte p. 172-173**
> **c.** Localisez des initiatives de développement durable dans les villes.

Schéma bilan ▶ Les mobilités au cœur des enjeux urbains

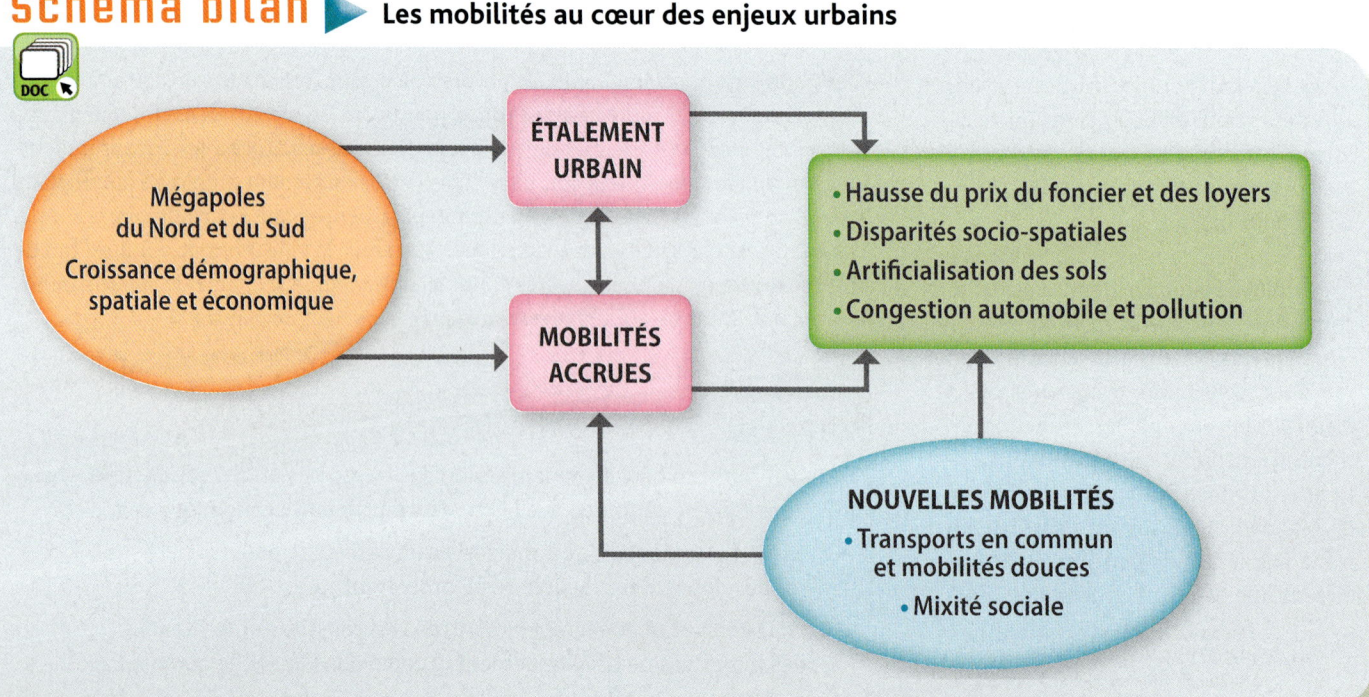

- **Mégapoles du Nord et du Sud** — Croissance démographique, spatiale et économique
  → **ÉTALEMENT URBAIN**
  → **MOBILITÉS ACCRUES**

- Conséquences :
  - Hausse du prix du foncier et des loyers
  - Disparités socio-spatiales
  - Artificialisation des sols
  - Congestion automobile et pollution

- **NOUVELLES MOBILITÉS**
  - Transports en commun et mobilités douces
  - Mixité sociale

160

Villes et développement durable

1. Les plus grandes villes dans le monde

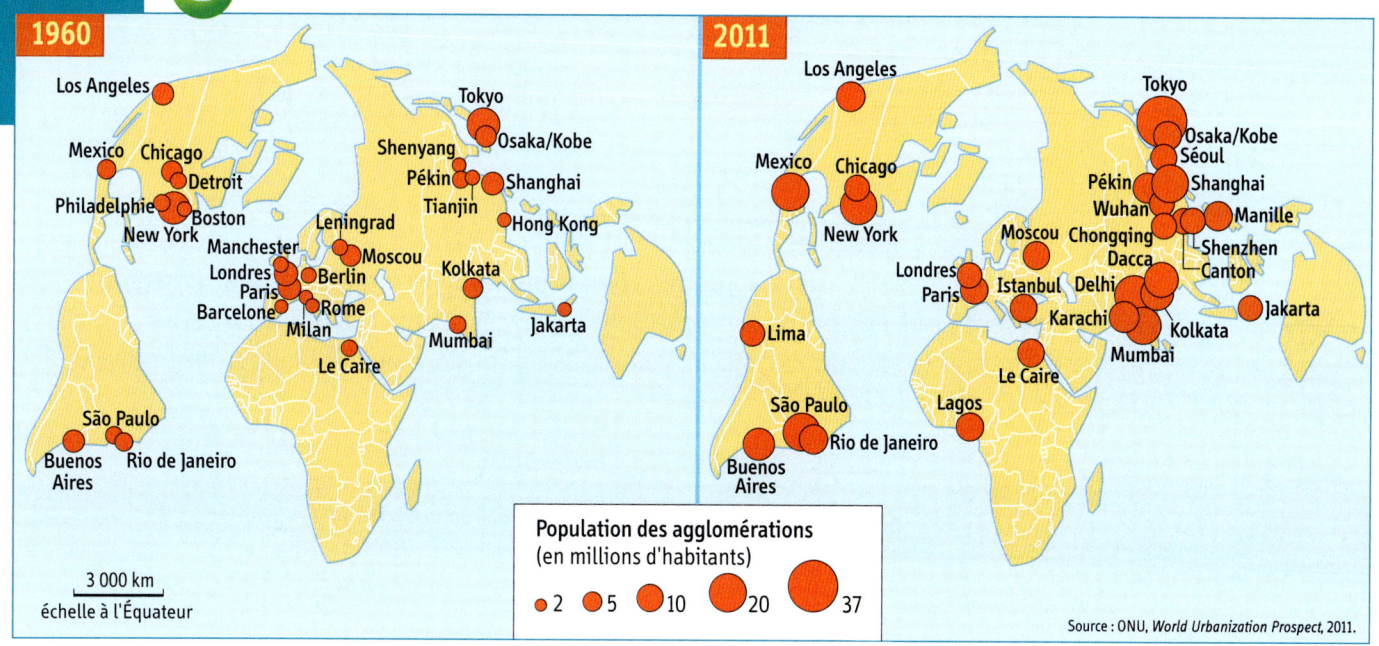

1960

Los Angeles, Mexico, Chicago, Detroit, Philadelphie, Boston, New York, Tokyo, Osaka/Kobe, Shenyang, Pékin, Shanghai, Tianjin, Hong Kong, Leningrad, Moscou, Manchester, Londres, Paris, Berlin, Barcelone, Rome, Milan, Kolkata, Jakarta, Mumbai, Le Caire, São Paulo, Buenos Aires, Rio de Janeiro

2011

Los Angeles, Mexico, Chicago, New York, Londres, Paris, Lima, São Paulo, Buenos Aires, Rio de Janeiro, Lagos, Le Caire, Istanbul, Moscou, Karachi, Delhi, Mumbai, Dacca, Kolkata, Tokyo, Osaka/Kobe, Séoul, Pékin, Wuhan, Chongqing, Shanghai, Shenzhen, Canton, Manille, Jakarta

Population des agglomérations (en millions d'habitants) : 2, 5, 10, 20, 37

échelle à l'Équateur : 3 000 km

Source : ONU, *World Urbanization Prospect*, 2011.

2. Les bidonvilles dans le monde

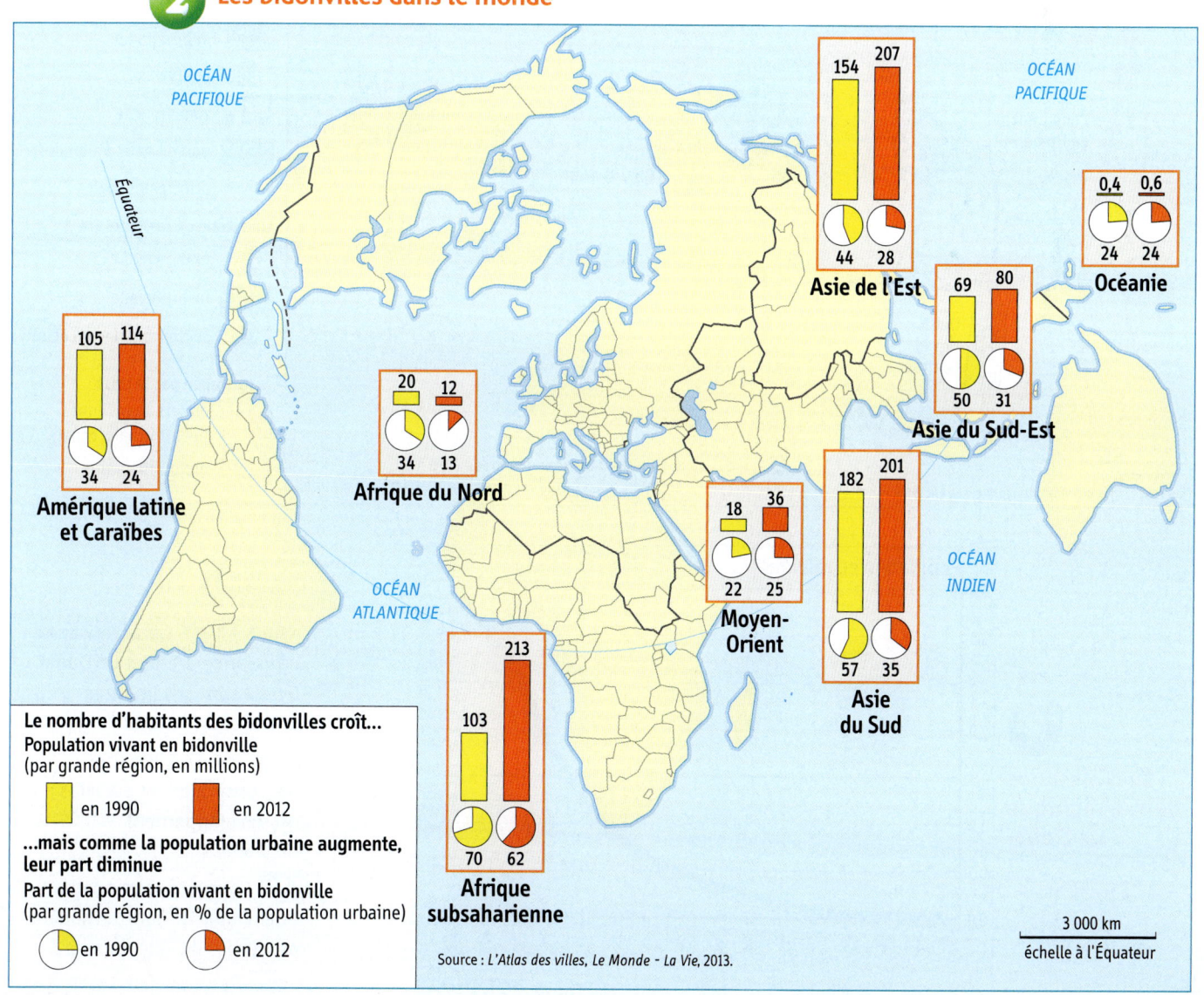

Amérique latine et Caraïbes : 105 (1990) / 114 (2012) ; 34 / 24

Afrique du Nord : 20 / 12 ; 34 / 13

Afrique subsaharienne : 103 / 213 ; 70 / 62

Moyen-Orient : 18 / 36 ; 22 / 25

Asie de l'Est : 154 / 207 ; 44 / 28

Asie du Sud-Est : 69 / 80 ; 50 / 31

Asie du Sud : 182 / 201 ; 57 / 35

Océanie : 0,4 / 0,6 ; 24 / 24

Le nombre d'habitants des bidonvilles croît...
Population vivant en bidonville (par grande région, en millions) : en 1990 / en 2012

...mais comme la population urbaine augmente, leur part diminue
Part de la population vivant en bidonville (par grande région, en % de la population urbaine) : en 1990 / en 2012

échelle à l'Équateur : 3 000 km

Source : *L'Atlas des villes*, Le Monde – La Vie, 2013.

Étude de cas 3

Dubaï, une ville durable ?

En quelques décennies, Dubaï (Émirats arabes unis) est passée d'un modeste village de pêcheurs à une vaste agglomération urbaine, symbole d'un émirat émergent. Souvent citée en contre-exemple pour ses excès, Dubaï est-elle en mesure d'inventer la ville du XXIe siècle, y compris en matière de développement durable ?

A. Une ville surgie du désert

1. Dubaï : une urbanisation linéaire entre mer et désert

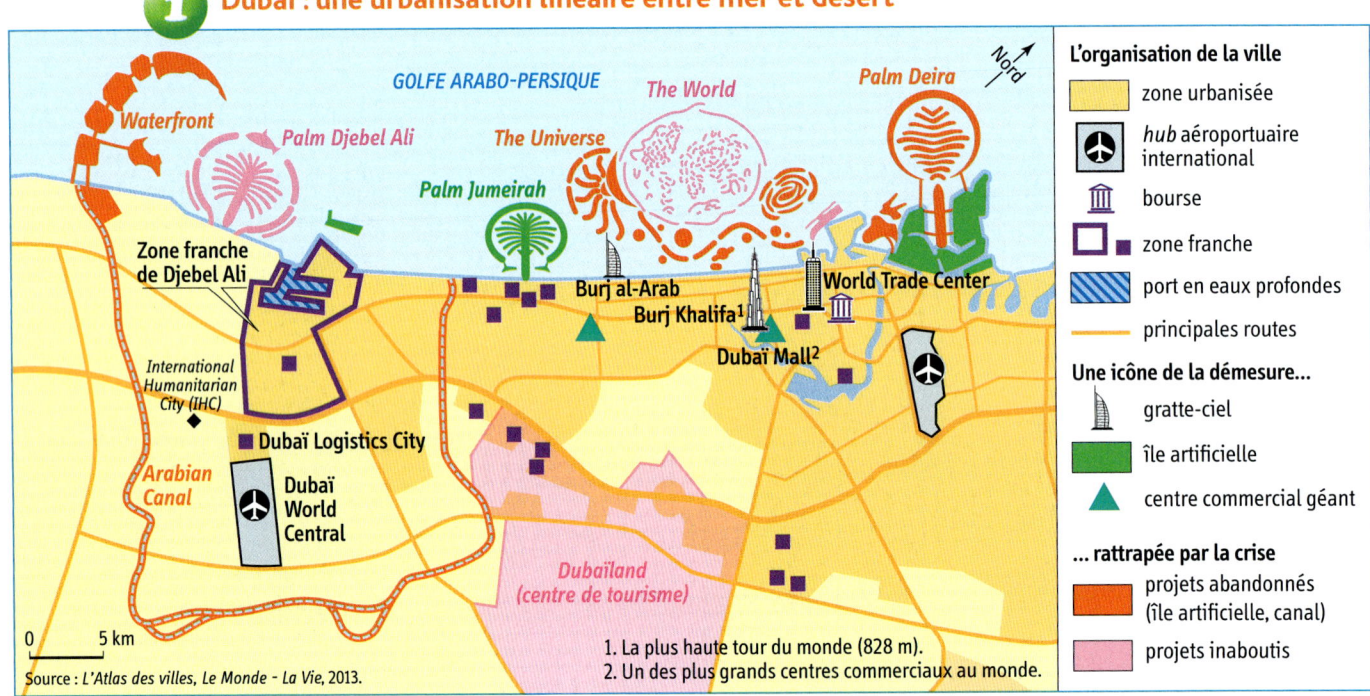

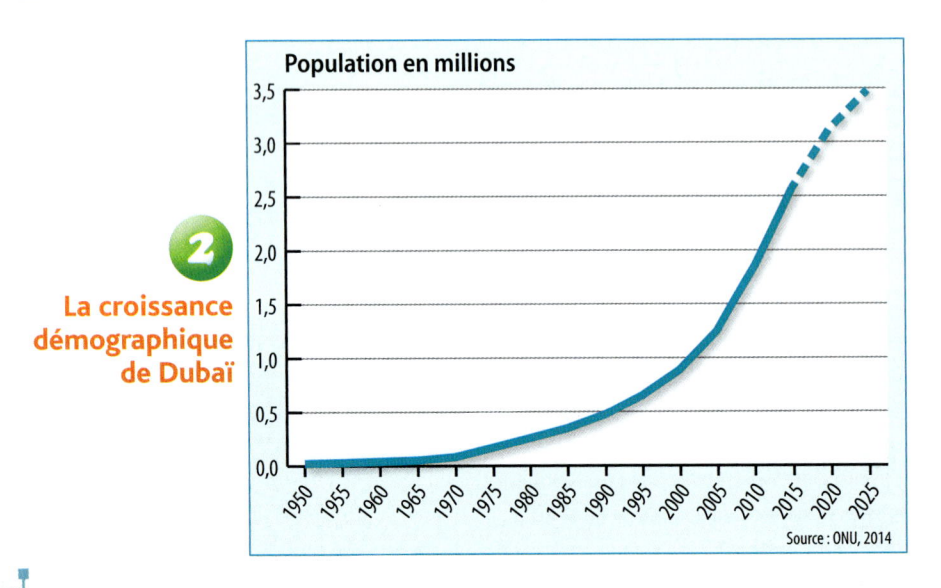

L'organisation de la ville : zone urbanisée ; hub aéroportuaire international ; bourse ; zone franche ; port en eaux profondes ; principales routes.

Une icône de la démesure… : gratte-ciel ; île artificielle ; centre commercial géant.

… rattrapée par la crise : projets abandonnés (île artificielle, canal) ; projets inaboutis.

Éléments figurant sur la carte : Waterfront, Palm Djebel Ali, The Universe, Palm Jumeirah, The World, Palm Deira, Zone franche de Djebel Ali, Burj al-Arab, Burj Khalifa[1], Dubaï Mall[2], World Trade Center, International Humanitarian City (IHC), Dubaï Logistics City, Arabian Canal, Dubaï World Central, Dubaïland (centre de tourisme), Golfe arabo-persique.

1. La plus haute tour du monde (828 m).
2. Un des plus grands centres commerciaux au monde.

Source : *L'Atlas des villes*, Le Monde – La Vie, 2013.

2. La croissance démographique de Dubaï

Population en millions, de 1950 à 2025 (de presque 0 à environ 3,5 millions).

Source : ONU, 2014.

Questions

1. **Doc. 1, 2, 3 et 4** Caractérisez la croissance urbaine de Dubaï. Quels sont ses impacts environnementaux ?

2. **Doc. 1 et 5** Quelles sont les conséquences sociales du développement de Dubaï ?

BILAN Pourquoi peut-on qualifier Dubaï de contre-modèle en termes de ville durable ?

③ Entre verticalité et étalement urbain

« Dubaï peut s'enorgueillir de la présence d'une quinzaine de tours de plus de 300 mètres – dont Burj Khalifa – et, sur les cent plus hauts gratte-ciel en construction dans le monde, vingt y sont localisés. »

Questions internationales n° 60, mars-avril 2013.

④ Extension urbaine et impacts environnementaux

« Dubaï ne peut pas faire l'impasse sur une image de ville respectueuse de l'environnement. Elle fait grand cas de résultats honorables dans ce domaine. Certes, on peut créditer la ville d'avoir résolu les problèmes de gestion des déchets, d'évacuation et de traitement des eaux usées, dans un environnement très fragile. La propreté des espaces publics est maintenue par une armée de balayeurs parcourant les trottoirs et les bordures d'autoroutes, de jour comme de nuit, à l'affût du moindre mégot.

Il n'empêche que la consommation d'énergie y est dévorante et la pollution atmosphérique en croissance exponentielle, en rapport avec le nombre d'automobiles en particulier, même si les vents dispersent l'air vicié au-dessus de l'environnement désertique ou marin. [...]

Plus que les atteintes faites au niveau global par la croissance des villes du Golfe, ce sont les dégradations faites à leur environnement même qui inquiètent. Les perturbations au milieu marin et côtier causées par la construction d'extensions urbaines insulaires ou péninsulaires, et la durcification linéaire du littoral, entraînent la disparition d'un écosystème riche, celui des barrières coralliennes comme des mangroves côtières et lagunaires, avec leur flore et leur faune uniques et vulnérables : disparition des lamantins, par exemple. La production d'eau douce grâce au dessalement entraîne de son côté une sursalinisation de l'eau de mer et contribue par là à la stérilisation de la flore et de la faune marines... [...]

Tout aussi impressionnant et inquiétant est le fait que le sable est désormais une matière première introuvable : le BTP fait une consommation gigantesque des dunes environnantes pour la construction, et la construction des îles et presqu'îles s'est faite en raclant le sable des fonds marins côtiers, supprimant toute vie marine, et faisant fi des courants et des équilibres fragiles de la nature. »

M. Lavergne, *Hérodote* n° 133, « Dubaï, utile ou futile ? Portrait d'une ville rêvée à l'heure de la crise », © Éditions de La Découverte, 2ᵉ trimestre 2009.

⑤ Une société urbaine singulière

« La ville globalisée est sans environnement, sans histoires et sans durée : c'est une ville des sables, une ville qui préfère l'univers liquide et désertique à une inscription territoriale soucieuse d'un contexte. [...] Dubaï est une ville folle de ses tours de Babel, une ville qui voit trop haut... Mais, par-delà la fragilité liée à la vitesse de son développement, il y a une raison simple à cela : elle n'a pas d'habitants, elle ne connaît que des gens en transit qui passent comme dans un aéroport, qu'ils soient des internationaux ou des Bédouins du désert, des professionnels ou des touristes, et des serviteurs cachés dans des dortoirs en périphérie, les travailleurs venus de toute l'Asie, dévoués aux services et condamnés au silence. Certes les habitants, les Bédouins qui en sont les concepteurs, les promoteurs et les financiers sont visibles, mais on ne les voit que dans les espaces de transit où ils règlent des affaires et consomment. Dubaï est une ville inhabitée par les rentiers qui en tirent les fils et les bénéfices. »

O. Mongin, « Dubaï, un Hong Kong des sables ? » in *Tous urbains* n° 1, © PUF, mai 2013.

163

Étude de cas 3 — Dubaï, une ville durable ?

B — Promouvoir un développement plus durable

6 Mobilités urbaines et développement durable

Mode de transport	Réalisations effectives	Atouts	Limites
Métro	Inauguré en 2009, le plus long métro automatique du monde ▸ Ligne rouge 52,1 km, 29 stations ▸ Ligne verte 17,6 km, 20 stations	Avantages d'un réseau en site propre	Ligne « mauve » de 49 km en attente de réalisation
Tramway	En construction : ▸ phase 1 : 10 km, 13 stations ; ▸ phase 2 : 14 km, 19 stations.	Avantages d'un réseau en site propre	Reprise des travaux en 2011 après un arrêt lié à la crise en 2009 et 2010
Bus	Réseau en pleine expansion	▸ Flotte composée à majorité de bus neufs, moins polluants ▸ Coordination horaires avec les autres transports en commun	Horaires imprécis, bus victimes de la congestion urbaine et bondés aux heures de pointe
Vélos en location	100 vélos dans 10 stations dans le centre-ville et la marina	Souplesse et absence de pollution	Ville peu adaptée à la pratique du vélo (taille, vitesse et nombre d'automobiles, climat), à part dans quelques secteurs animés ou résidentiels

Sources : sites Internet du routard (www.routard.com), d'Emirates (www.emirates.com) et de Destination Dubaï (www.destination-dubai.fr), 2014.

7 Dubaï, future capitale du *Green Building* ?

« *Burj Al-Arab*, unique hôtel 7 étoiles au monde ; Burj Khalifa, tour la plus haute du monde avec ses 828 m de hauteur et ses 211 étages ; *Dubaï Mall*, plus grand centre commercial avec ses 112 hectares de surface marchande… Dubaï collectionne les records mondiaux. Quel titre détient la capitale économique des Émirats arabes unis dans le domaine de la construction "verte" ? […] L'immeuble accueillant la Chambre de Commerce et d'Industrie des Émirats arabes unis à Dubaï a été, fin 2009, le premier bâtiment certifié *Leed*[1] du monde arabe. Néanmoins, pour visiter l'immeuble affichant le titre du plus grand bâtiment gouvernemental certifié *Leed Platinum* – il fallait bien trouver un record mondial de plus pour Dubaï –, il faut s'éloigner des tours à l'architecture iconique du centre-ville. L'immeuble qui accueille les nouveaux bureaux de la *Dubaï Electricity and Water Autorithy*, sorti de terre en 2013, ne s'élève que sur deux étages. […] Mais le bâtiment le plus "vert" de la ville est certainement *The Change Initiative*, [centre commercial] accueillant 25 boutiques spécialisées dans les produits durables. […] Afin de multiplier le nombre de bâtiments "verts" dans la ville, la municipalité a également établi un *Green Building Code* qui sera effectif début 2014 et a annoncé, en novembre, que 40 projets en cours respectent d'ores et déjà ces nouvelles exigences. Ce nouveau cadre participe à la volonté de la ville de modifier avant 2020, date à laquelle elle accueillera l'Exposition universelle, l'image "bling-bling" que renvoie aujourd'hui Dubaï. À la lumière du regard que porte Mike Davis, sociologue urbain américain, sur la cité-État émiratie, la tâche sera ardue : "parce qu'elle préfère les vrais diamants au strass, Dubaï a déjà surpassé Las Vegas, cette autre vitrine désertique du désir capitaliste, dans la débauche spectaculaire et la surconsommation d'eau et d'électricité". »

E. Leysens, « Dubaï, ville verte : la métropole émiratie va-t-elle devenir la capitale du "*green building*" ? », www.lemoniteur.fr, 4 décembre 2013.

1. Certification environnementale américaine.

Villes et développement durable

8 Préparer l'après-pétrole : le port de Dubaï

Pour préparer l'après-pétrole et diversifier son économie, l'émirat entend valoriser sa localisation et devenir un *hub* portuaire sur la grande artère du commerce mondial qui relie l'Europe à l'Asie.

9 L'Exposition universelle de 2020 à Dubaï

« Dubaï a une longue tradition de catalyseur de connexions et d'idées novatrices. L'Exposition universelle à Dubaï en 2020 serait à l'image de cette tradition, un catalyseur mondial ; avec 70 % des 25 millions de visiteurs attendus venant de l'étranger, Dubai Expo 2020 serait l'Exposition universelle la plus internationale de toute l'histoire des Expositions universelles.

Dubaï Expo 2020 constituerait alors une plate-forme unique rassemblant les communautés internationales, pour explorer ensemble des solutions créatives et innovantes pour répondre aux trois sous-thèmes qui ont été identifiés comme les principaux moteurs du développement mondial :
- durabilité ;
- mobilité ;
- opportunité.

Dubaï Expo 2020 est une invitation à étudier l'interdépendance de ces trois sous-thèmes, à identifier de potentiels partenariats aboutissant à terme à une dynamique d'innovation durable. »

Site Internet de l'exposition Dubaï 2020, www.expo2020dubai.ae/fr, 2013.

EXPO 2020 DUBAI, UAE

Questions

1. **Doc. 6, 7, 8 et 9** Montrez les initiatives qui s'inscrivent dans une perspective de développement durable.
2. **Doc. 6, 7, 8 et 9** Quelles sont leurs limites ?

BILAN Montrez comment et pourquoi Dubaï est en mesure d'innover en matière de développement durable.

Étude de cas 4

Curitiba : une expérience pionnière de ville durable

Curitiba (Brésil), ville du Sud, a réussi à faire du développement durable avant même l'invention et la popularisation de cette notion. Elle a même été souvent considérée comme un modèle.

A — Une ville pionnière du développement durable dans un pays émergent

1 Curitiba : la capitale de l'État du Paraná (Brésil)

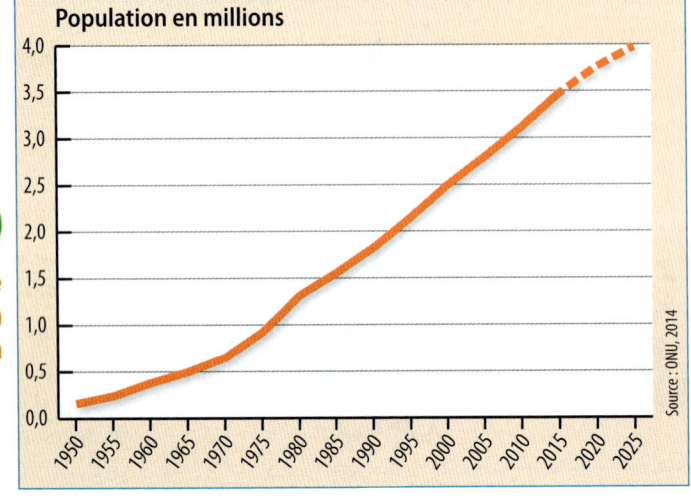

2 La croissance de l'agglomération de Curitiba

Population en millions. Source : ONU, 2014.

Questions

1. **Doc. 1 et 2** Expliquez pourquoi la croissance urbaine de Curitiba relève d'une ville du Sud.

2. **Doc. 3, 4 et 5** Montrez que les politiques urbaines de Curitiba reposent sur les trois piliers du développement durable.

BILAN Pourquoi peut-on dire que Curitiba est considérée comme une ville durable ?

Villes et développement durable

3 Curitiba, ville pionnière

« À la fin des années 1970, des urbanistes audacieux y instaurèrent un "modèle vert et social", utopie urbaine, sociale et écologique. [...]

Les Curitibains, y compris les enfants, se mirent à trier et recycler tout élément utilisé par la société urbaine. La figure du *carrinheiro* ("celui qui trie") y est maintenant célèbre. En échange, les habitants des quartiers pauvres reçoivent de la nourriture avec les surplus récupérés auprès des petits paysans, ce qui les sort de l'assistanat. Curitiba dispose ainsi du taux de récupération le plus élevé dans les grandes villes du monde. La circulation urbaine a été réorientée vers les transports en commun, réduisant le volume de trafic alors que la population a augmenté. Le slogan adopté fut "une ville faite pour les gens, pas pour les voitures". Curitiba s'est dotée de la plus grande surface piétonnière et commerciale au monde en centre-ville. L'organisation d'une circulation à haute fréquence des autobus, dite "métro de surface", BRT (*Bus Rapid Transit*) s'est établie sur de larges voies réservées, avec une "ligne verte" comme section majeure. [...] Les bus fonctionnent à l'électricité et aux biocarburants. [...]

On a organisé l'écoulement des eaux à travers de vastes parcs et étendues vertes, au lieu d'enfouir les rivières dans des canalisations cachées. [...] La surface des espaces verts dépasse les 2 100 hectares, soit 52 m^2 par habitant [...].

La ville joue également la carte de l'éducation pour lutter contre la criminalité urbaine : cours du soir dans les quartiers défavorisés, bibliothèques ouvertes jusqu'à 21 heures.

Les services urbains sont également orientés vers une politique de qualité de la desserte en eau (99 % des besoins fournis par des systèmes d'adduction en eau potable contre 9 % dans le pays), l'organisation de la santé publique, la fourniture d'électricité pour le confort domestique, la diffusion de la culture ("phares du savoir" ou médiathèques avec accès internet). La ville est parée de monuments, musées, parcs qui renforcent son attractivité. »

G. Fabre, *L'Amérique latine – Au défi de l'émergence*, © Ellipses, 2013.

4 Le Réseau intégré de transport (RIT) : l'invention du métro de surface

Le réseau est composé de 340 lignes de bus sur plus de 1 000 km avec 60 km de voies réservées et 225 stations-tubes dont 25 de correspondance, et est desservi par près de 2 000 bus. Les plus récents roulent au biodiesel et mesurent parfois près de 30 m de long. Près de 2 millions de passagers utilisent ces transports urbains devenus une référence internationale.

5 La nature en ville

Grâce au partenariat avec l'Agence française de développement, la municipalité de Curitiba va encore accroître les espaces verts et la biodiversité en ville. Les parcs existants vont être reliés entre eux pour constituer un corridor écologique le long des berges réaménagées du *Rio Bariguï*.

étude de cas 4 — Curitiba : une expérience pionnière de ville durable

B — Poursuite et limites dans la voie engagée

6 Les embouteillages à Curitiba

La hausse du niveau de vie, l'augmentation du prix des transports en commun et parfois leur saturation du fait leur succès : toutes les conditions sont réunies pour expliquer l'apparition de la congestion automobile.

7 Le revers de l'étalement urbain

« La ville est située à 900 mètres d'altitude sur un plateau au sol ingrat, sans grande valeur, ce qui explique l'extension démesurée de l'agglomération à partir du noyau plus ancien organisé suivant un plan géométrique. Au-delà de cette zone centrale, les quartiers de résidence ou les zones industrielles s'étendent sans grande continuité, au hasard de la spéculation foncière. Les maisons individuelles de ces quartiers s'opposent aux immeubles élevés du centre-ville. Des zones de végétation naturelle, prairies ou forêts d'araucarias, séparent souvent les différentes parties de la ville. De ce fait, l'organisation de la vie de relations et celle des infrastructures (eau, électricité, égouts) sont particulièrement difficiles dans un espace urbain démesuré par rapport à l'importance de la population et aux ressources générales de la puissance publique. »

M. Rochefort, article « Curitiba », *Encyclopaedia Universalis*, 2014.

8 Poursuivre le développement durable

« L'abondance attire et les nouveaux habitants affluent. En quarante ans, la population triple. En 2011, la ville comptait plus d'1,8 million d'habitants. [...]
Jusqu'à présent, Curitiba a absorbé ce surplus de population, mais aujourd'hui les défis changent d'échelle. La ville se prépare à passer le cap des 2 millions d'habitants. Cette explosion démographique perturbe son modèle de développement. Les transports en commun sont pratiquement saturés. Les habitants se tournent vers la voiture individuelle ; certains se plaignent d'embouteillages. [...]
Le cercle vertueux du développement durable est-il en train de se transformer en cercle vicieux ? Le modèle éco-responsable mis en place par Jaime Lerner survivra t-il à la croissance exponentielle de la ville ? De nouveaux défis s'imposent aux autorités. Le réseau intégré de transport souffre de la multiplication des usagers, il sera renforcé par la création d'un métro pour désengorger l'axe Nord-Sud. La ville parie également sur des lignes de bus supplémentaires. La *"linha verde"*, ligne verte, complétera les cinq axes structurants de la ville en la traversant d'est en ouest. Des lignes perpendiculaires interquartiers multiplieront les dessertes. Ce nouvel axe devrait désenclaver la partie ouest de la ville.
Curitiba ne renonce pas pour autant à son parti pris écolo. L'avenue de la *linha verde* respectera la nature. Un parc central s'étendra sur 20 km entre les corridors d'autobus et plus de cinq millions d'arbres devraient être plantés. Un projet de corridor écologique le long de la rivière Barigui complétera le plan de circulation. Ce projet de réserve naturelle, alliant faune et flore, inaugure le concept de biodiversité urbaine en constituant le premier axe de circulation vert.
La ville tente de prolonger les recettes de son succès. »

M. Palmer, « Les paradoxes de Curitiba, la mégapole verte », © pays-emergents.com, janvier 2014.

Villes et développement durable

9 Du métro de surface au métro souterrain

La construction d'un métro souterrain est devenue nécessaire. La première ligne, la *Linha azul* s'étendra sur un peu plus de 14 km et comptera 13 stations.

10 Développement économique et emplois : le site Ayrton Senna de Renault

« Le complexe Ayrton Senna a ouvert en 1998, un an après la création de Renault do Brasil, la filiale brésilienne du groupe. Le site de Curitiba regroupe trois activités :
– une usine de véhicules particuliers (carrosserie et montage) ;
– une usine de moteurs, Mecanica Mercosul, ouverte en 1999 ;
– une usine de véhicules utilitaires légers, ouverte en 2000 et exploitée avec Nissan dans le cadre de l'Alliance.
4 000 employés travaillent sur le site.
Les deux lignes de production de l'usine fabriquent notamment des Logan, Sandero, Duster et Mégane.
Depuis 1998, plus d'un million de voitures particulières et de véhicules utilitaires légers sont sortis de ses lignes de production. À partir de 2013, l'usine produira 100 000 véhicules supplémentaires par an, portant la capacité annuelle de l'usine à plus de 380 000 unités annuelles.
Certifiée ISO 14 0011 depuis 2003, l'usine entreprend de nombreuses actions pour minimiser son empreinte sur l'environnement. Les déchets sont valorisés dans des filières adaptées : les chutes de polystyrène sont par exemple transformées en accessoires de décoration ou en matériaux de construction. Le système de récupération et de recyclage des eaux pluviales mis en place a permis de diviser par quatre les consommations d'eau. »

D'après le site internet de Renault, www.renault.com, 2013.

1. Cette norme de l'Organisation internationale de normalisation définit une série d'exigences spécifiques à la mise en place d'un système de gestion environnemental au sein d'une organisation ou d'une entreprise.

Questions

1. Doc. 6, 7 et 8 Quelles sont les limites des initiatives pour le développement durable à Curitiba ?

2. Doc. 9 et 10 Quels sont les piliers du développement durable illustrés par ces documents ?

BILAN Rédigez un paragraphe montrant que Curitiba est une ville pionnière du développement durable.

Études de cas 3 et 4

CHANGER D'ÉCHELLE ▶ De la ville à la ville durable

Rédiger le bilan de l'étude de cas | Mettre en perspective

A — Les villes, lieux d'enjeux économiques, sociaux et environnementaux

1• Montrez à quelle difficulté similaire sont confrontées les villes de Dubaï et Curitiba. (doc. 2 p. 160 et doc. 2 p. 166)

2• Pourquoi, dans les deux cas, le problème des mobilités est-il crucial ? (doc. 4 p. 163 et doc. 6 p. 168)

> **carte 1 ci-contre et carte p. 172-173**
> **a.** Quel est le rapport entre urbanisation, développement et motorisation automobile à l'échelle mondiale ?

B — Des spécificités liées à l'histoire et au niveau de développement des villes

3• Qu'est-ce qui différencie l'histoire et le niveau de développement de ces deux villes ? (p. 162-163 et p. 166-167)

> **carte 2 ci-contre**
> **b.** Où se situent les villes à l'origine des initiatives les plus nombreuses du point de vue du développement durable ?

C — Les villes, lieux de l'innovation en termes de durabilité

4• Peut-on parler de modèle et de contre-modèle pour, respectivement, Curitiba et Dubaï ? (doc. 1 p. 162, doc. 4 p. 163 et doc. 3 p. 167)

5• Pourquoi peut-on dire qu'il s'agit de foyers d'innovation en matière de développement durable ? (doc. 6 p. 164, doc. 8 p. 165, doc. 5 p. 167 et doc. 9 p. 169)

> **carte 2 ci-contre et p. 172-173**
> **c.** Localisez les initiatives de développement durable dans les villes.

Schéma bilan ▶ La ville, lieu de durabilité

LES DÉFIS URBAINS
- Impacts environnementaux à toutes les échelles
- Étalement urbain
- Accroissement des inégalités

ÉCOQUARTIERS ET VILLE DURABLE

LA MISE EN ŒUVRE
- Transports en commun et nouvelles mobilités
- Écoquartiers, normes, labels
- Agendas 21
- Plans Climat

CARACTÉRISTIQUES DE LA VILLE DURABLE
- Faible consommation en énergie
- Réduction des inégalités sociales
- Foyer économique, richesses, innovations
- Qualité de l'environnement

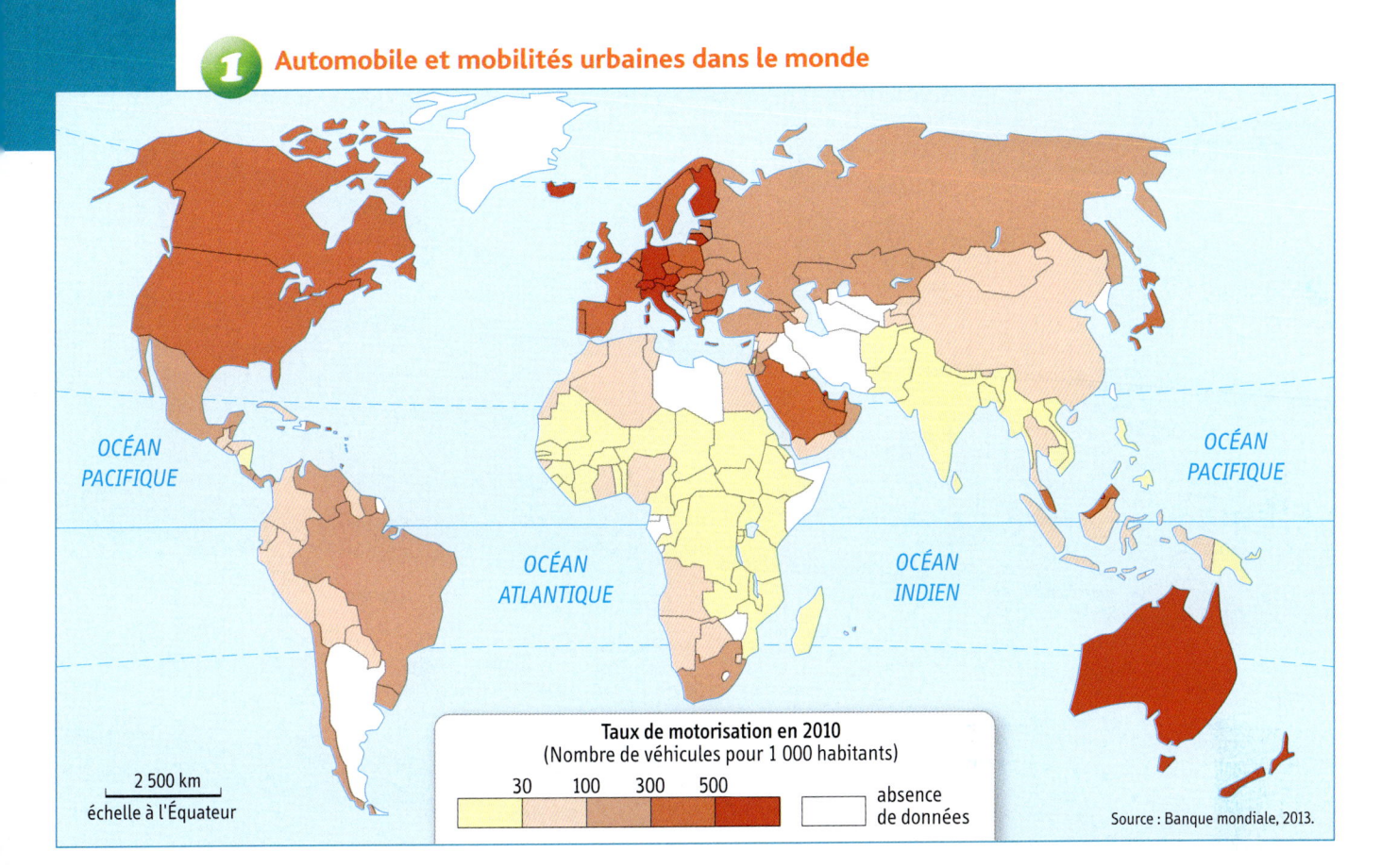

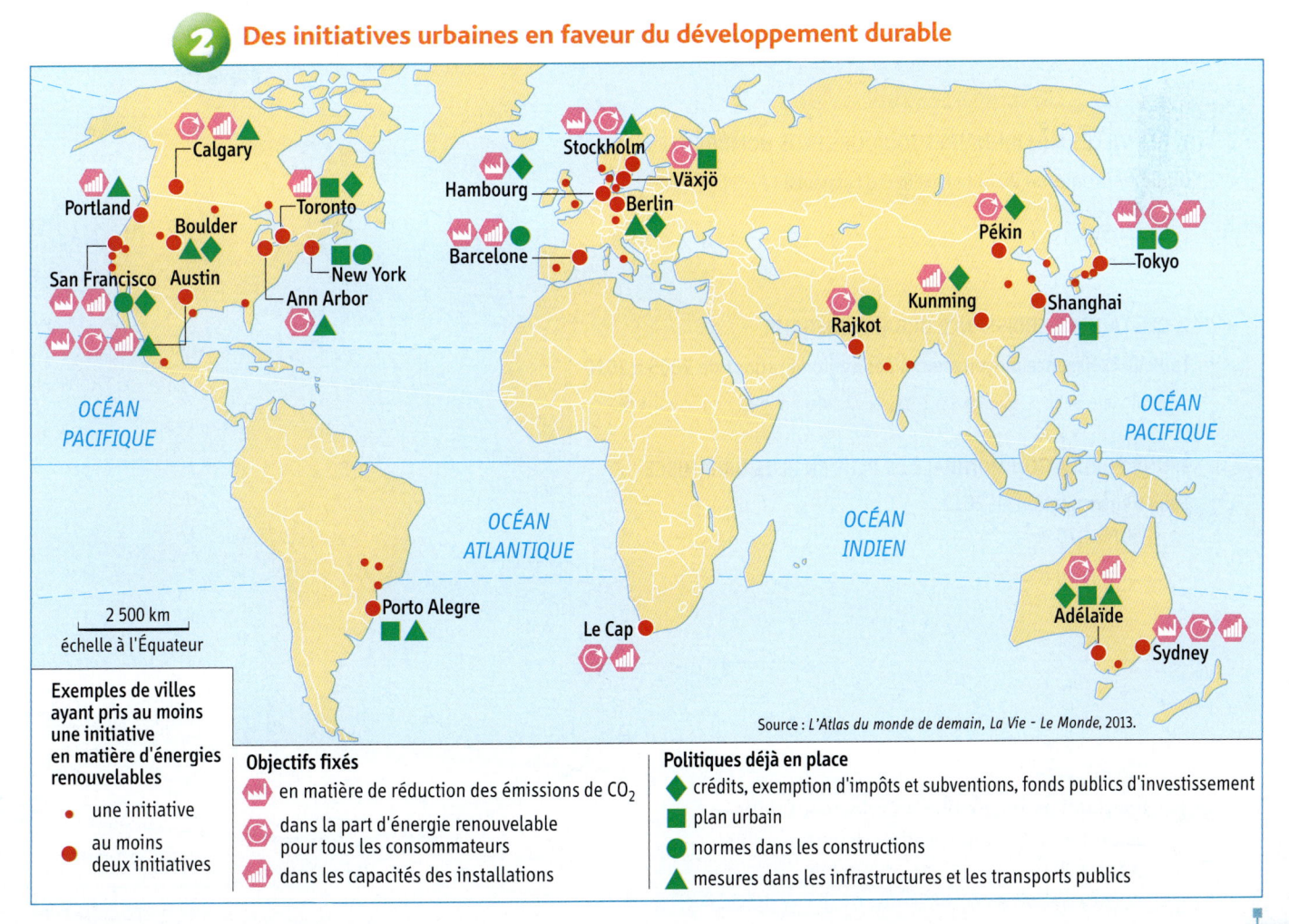

Villes et développement durable 5

1 Automobile et mobilités urbaines dans le monde

Taux de motorisation en 2010
(Nombre de véhicules pour 1 000 habitants)

30 — 100 — 300 — 500 | absence de données

Source : Banque mondiale, 2013.

2 Des initiatives urbaines en faveur du développement durable

Villes citées : Calgary, Portland, Boulder, Toronto, San Francisco, Austin, New York, Ann Arbor, Stockholm, Hambourg, Växjö, Berlin, Barcelone, Pékin, Kunming, Rajkot, Shanghai, Tokyo, Porto Alegre, Le Cap, Adélaïde, Sydney.

Source : L'Atlas du monde de demain, La Vie – Le Monde, 2013.

Exemples de villes ayant pris au moins une initiative en matière d'énergies renouvelables
- une initiative
- au moins deux initiatives

Objectifs fixés
- en matière de réduction des émissions de CO_2
- dans la part d'énergie renouvelable pour tous les consommateurs
- dans les capacités des installations

Politiques déjà en place
- crédits, exemption d'impôts et subventions, fonds publics d'investissement
- plan urbain
- normes dans les constructions
- mesures dans les infrastructures et les transports publics

171

Carte — Villes et développement

Les écoquartiers en Europe

Helsinki, Stockholm, Aalborg, Växjö, Aarhus, Copenhague, Malmö, Leicester, Coventry, Greenwich, Amsterdam, Utrecht, Nieuwland, Bristol, Sutton, Culemborg, Hanovre, Dunkerque, Lille, Francfort, Reims, Tübingen, Angers, Strasbourg, Munich, Poitiers, Besançon, Linz, Fribourg-en-Brisgau, Bordeaux, Lyon, Zürich, Grenoble, Bologne, Perpignan, Barcelone, Séville

500 km

1. DES VILLES MILLIONNAIRES TOUJOURS PLUS NOMBREUSES

Agglomérations en 2011 (en millions d'habitants)

- Tokyo : 37
- 15 à 25
- 8 à 15
- 5 à 8
- 3 à 5

2. DES TAUX DE CROISSANCE URBAINE INÉGAUX

Taux de croissance moyen annuel des agglomérations de 2005 à 2010

- plus de 3 %
- de 2 à 3 %
- de 1 à 2 %
- ≤ 1 %

3. UNE POPULATION MONDIALE DE PLUS EN PLUS URBANISÉE

Taux d'urbanisation en 2012

50 %   70 %

53 % moyenne mondiale

Question

Pourquoi peut-dire que les principaux défis de l'humanité sont et seront de plus en plus urbains ?

Sources : ONU, *World Urbanization Prospect*, 2011, *Population Reference Bureau*, 2014.

Villes et développement durable

Cours 1 : Croissance urbaine, étalement urbain et inégalités socio-spatiales

La population mondiale est devenue majoritairement urbaine. Quelles en sont les conséquences spatiales et sociales ?

1. Une urbanisation généralisée

○ Depuis 2007, un habitant de la planète sur deux est un citadin. Cette concentration accélérée des hommes et des activités dans les villes correspond à un changement géographique majeur à l'échelle mondiale. En 1800, le **taux d'urbanisation** était de 5 %, il sera de 60 % en 2025. **(doc. 3)**

○ Ce processus mondial traduit le passage de sociétés rurales à des sociétés de plus en plus urbanisées. La notion de **transition urbaine** permet de définir ce processus.

○ L'affirmation des villes est la conséquence des grandes évolutions techniques et économiques. Les villes sont des centres de production de richesses et de savoirs, facteurs de progrès et d'innovation.

2. Une urbanisation contrastée

○ Cette transformation ne s'est pas effectuée de la même manière et selon le même rythme. Dans les pays développés, le taux d'urbanisation s'est stabilisé. Dans les pays en voie de développement, la croissance se poursuit à une cadence soutenue.

○ Dans les villes du Nord, elle ralentit, surtout en Europe. Les pays développés présentent des taux d'urbanisation souvent supérieurs à 75 % et qui se maintiennent à ce niveau élevé. La croissance urbaine se traduit plus spatialement que démographiquement.

○ Les villes du Sud sont en pleine expansion. Elles connaissent une croissance démographique et spatiale soutenue. Dans ces sociétés encore rurales, la transition urbaine est loin d'être achevée. De surcroît, les villes du Sud cumulent souvent un **solde migratoire** positif ainsi qu'un **solde naturel** encore élevé. Des disparités importantes subsistent : en Amérique latine, les taux d'urbanisation atteignent 75 % alors qu'en Afrique et en Asie, ils approchent les 40 %. À l'avenir, les villes multimillionnaires seront de plus en plus dans le Sud.

3. Un étalement urbain croissant et des disparités socio-spatiales marquées

○ En 1950, 75 villes dépassaient le million d'habitants, elles sont actuellement plus de 500. Une trentaine dépasse même les 10 millions d'habitants. Celles-ci sont qualifiées de **mégapoles**.

○ Ce gigantisme se traduit spatialement par un étalement urbain aux limites sans cesse repoussées et de plus en plus floues. **(doc. 1)** Dans les pays développés, ce processus peut conduire à la constitution de **mégalopoles** : mégalopoles américaine et asiatique ou dorsale européenne. Au sein des villes du Nord, cet étalement est à l'origine d'une concurrence accrue pour l'occupation de l'espace, en particulier au centre. Ainsi perdurent des poches de pauvreté où des populations défavorisées sont rejetées à la périphérie.

○ Dans les pays en développement, une croissance anarchique explique la multiplication de quartiers illégaux du type bidonvilles. L'accès à l'eau, au réseau d'assainissement, à l'éducation et aux soins est souvent problématique. Du fait des tensions exacerbées, des émeutes peuvent éclater. Ces violences urbaines peuvent concerner aussi bien les villes en développement que celles des pays développés. **(doc. 2)**

▶ **La croissance urbaine généralisée est à l'origine de mobilités plus fréquentes et sur des distances de plus en plus grandes.**

L'urbanisation du monde

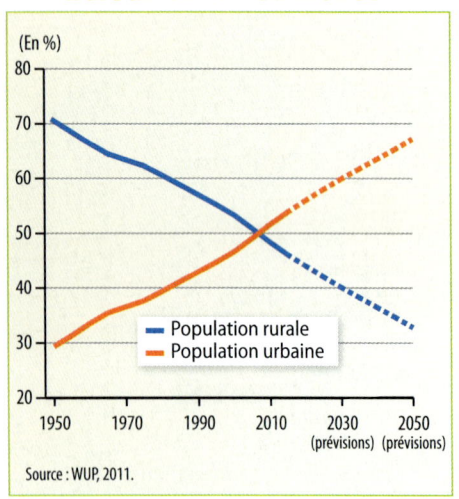

Graphique : Population rurale et Population urbaine (En %), de 1950 à 2050 (prévisions).
Source : WUP, 2011.

---

vocabulaire

Taux d'urbanisation
Pourcentage de la population urbaine par rapport à la population totale.

Transition urbaine
Passage d'une société rurale à une société urbaine.

Solde migratoire
Différence entre les entrées et les sorties d'hommes dans un espace donné.

Solde naturel
Différence entre le nombre de naissances et le nombre de décès dans un espace donné.

Mégapole
Ville géante comptant plusieurs millions d'habitants.

Mégalopole
Espace urbanisé réunissant plusieurs aires urbaines sur des centaines de kilomètres.

1. L'étalement des banlieues pavillonnaires à San Diego (États-Unis)

2. Inégalités et émeutes urbaines à Londres (août 2011)

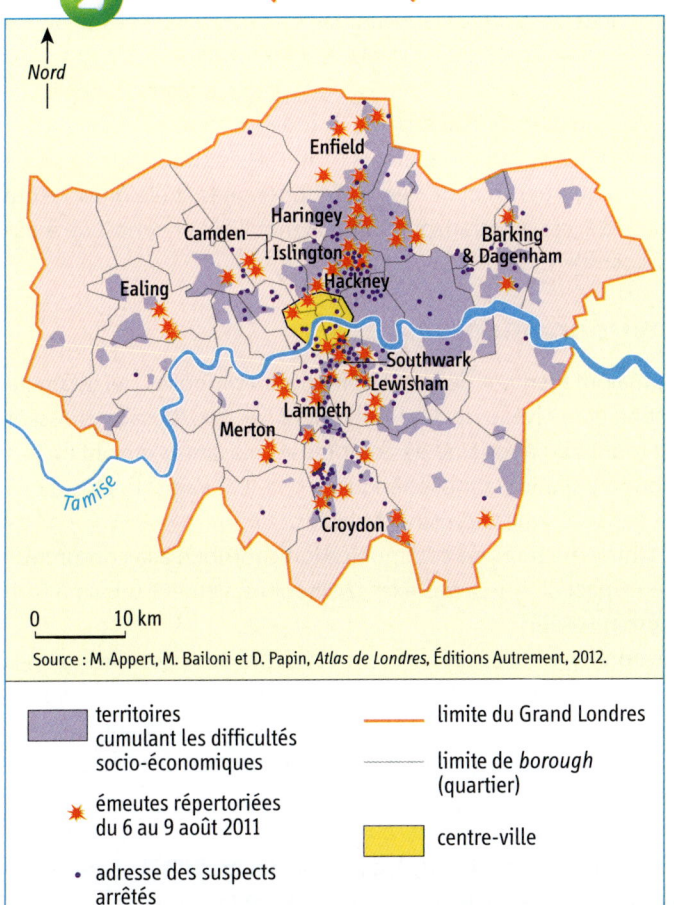

- territoires cumulant les difficultés socio-économiques
- émeutes répertoriées du 6 au 9 août 2011
- adresse des suspects arrêtés
- limite du Grand Londres
- limite de *borough* (quartier)
- centre-ville

Source : M. Appert, M. Bailoni et D. Papin, *Atlas de Londres*, Éditions Autrement, 2012.

3. Les villes et l'urbanisation

« Si l'urbanisation façonne effectivement le monde, bien des gouvernements ont eu, durant ces cinquante dernières années qui ont tout changé, des attitudes ambivalentes par rapport à ce phénomène, voire des positions hostiles pour bon nombre d'entre eux. Car l'évolution urbaine met en cause les ordres établis et les schémas culturels et cognitifs[1] classiques. Ce n'est d'ailleurs pas un hasard si la critique de l'urbanisation généralisée (très courante) finit toujours par dénoncer des pratiques spatiales qu'on juge stupides et destructrices, que cette critique soit d'inspiration morale – on dénonce l'abêtissement des mœurs urbaines et la laideur des paysages qu'ils instaurent et réclament – ou environnementale – ce sont alors les dégradations liées aux pratiques mobilitaires et / ou résidentielles qui sont stigmatisées.

Cependant, malgré ces attitudes de méfiance, l'urbanisation n'a jamais cessé, même dans les pays où on a voulu l'empêcher. Comme si le mouvement était plus puissant que toutes les résistances politiques et idéologiques. Sans doute parce que, comme on le verra, malgré les difficultés qu'on peut y rencontrer, une agglomération constitue presque toujours – hors situation de guerre, car dans ce cas l'urbain est un milieu d'exposition majeure au risque – un espace d'opportunités économiques, sociales, culturelles, un espace où l'accès aux biens publics et aux services reste, dans la plupart des cas, plus facile. »

M. Lussault, *L'Avènement du Monde – Essai sur l'habitation humaine de la Terre*, © Éditions du Seuil, 2013.

1. Relatif à la connaissance.

Cours 2 — Transports et mobilités

L'étalement urbain, la spécialisation fonctionnelle et sociale des espaces urbains entraînent une augmentation des mobilités et une forte demande en infrastructures de transport.

1 Des mobilités accrues par l'urbanisation

● Les économies et modes de vie urbains sont fondés sur les échanges de biens et de services et sur le déplacement des personnes. La concentration des hommes et des activités dans les villes, ainsi que les progrès techniques et l'abaissement des coûts, ont accru les mobilités. La multiplication des aéroports, des **plates-formes multimodales** ainsi que la densification des réseaux routiers et autoroutiers en témoignent.

● À l'échelle des agglomérations, les évolutions de la répartition de la population et des activités entraînent l'accroissement de déplacements. Fondée en partie sur le **zonage**, la spécialisation toujours plus forte des espaces urbains entraîne la séparation des activités industrielles, commerciales et de services, des loisirs, mais aussi leur dissociation avec les espaces résidentiels. L'étalement urbain, favorisé par le goût des populations pour la maison individuelle, participe aussi à la progression de ces mobilités entre les centralités urbaines et les couronnes périurbaines sans cesse plus éloignées. Les trajets domicile-travail, mais aussi ceux liés aux achats et aux loisirs, sont toujours plus nombreux et plus longs.

● La croissance urbaine se poursuit ainsi le long des voies de communication, puis en tache d'huile entre ces principaux axes, notamment dans les villes du Sud.

2 Des coûts économiques et sociaux

● L'accroissement des mobilités et l'étalement urbain ont des coûts économiques importants pour les gestionnaires des villes, à commencer par la perte de temps considérable engendrée par la congestion automobile. De surcroît, le coût et la difficulté de mise en place et d'exploitation de transports publics à partir des zones périurbaines les plus éloignées et/ou les moins densément peuplées, encouragent encore les déplacements en voiture. Dans les villes du Sud à la croissance rapide, comme Lagos, les difficultés sont décuplées faute de moyens.

● L'accès aux moyens de transport, indispensable à tous les citadins, devient un facteur majeur de détermination des prix des logements **(doc. 3)**. Les populations les plus pauvres sont reléguées dans les quartiers mal desservis, périphériques et éloignés, ce qui accentue encore les disparités d'accès aux transports et aux mobilités et contribue à aggraver la **ségrégation socio-spatiale**.

3 Des coûts environnementaux

● Les villes engendrent majoritairement des déplacements automobiles qui augmentant avec le taux d'urbanisation et le niveau de développement **(doc. 2)**. L'usage croissant de la voiture et du transport routier est à l'origine de nombreuses nuisances qui ont un fort impact environnemental : bruit, pollution atmosphérique **(doc. 1)**. Il s'agit de plus d'une consommation de ressources énergétiques non renouvelables.

● L'emprise des voies et infrastructures de communication contribue à la consommation et à l'artificialisation de l'espace **(doc. 4)**. Ces axes facilitent l'étalement urbain à l'origine directement de la **périurbanisation**.

● Les conséquences environnementales se mesurent à l'échelle des villes elles-mêmes mais aussi au-delà, sur des distances parfois considérables. Les villes sont en effet reliées entre elles par des flux majoritairement routiers, mais aussi aériens ou maritimes. Les deux premiers modes sont parmi les plus grands pourvoyeurs de gaz à effet de serre additionnels.

▶ Révélatrice des dysfonctionnements urbains, la question des mobilités et des transports est centrale dans une perspective de développement durable des villes.

---

vocabulaire

Plate-forme multimodale
Équipement qui permet de passer rapidement d'un mode de transport à un autre (mer / route, route / rail...).

Zonage
Politique consistant à diviser l'espace urbain en secteurs distincts et à affecter une fonction particulière (industrie, entrepôts, commerce, résidence…) à chacun de ces secteurs.

Ségrégation socio-spatiale
Séparation dans l'espace de différentes catégories sociales en fonction de leurs revenus.

Périurbanisation
Mouvement d'étalement urbain au-delà des limites des agglomérations, dans les communes rurales situées à leur périphérie.

1 **La pollution à Shanghai (Chine)**

2 **Densité urbaine et consommation d'énergie**

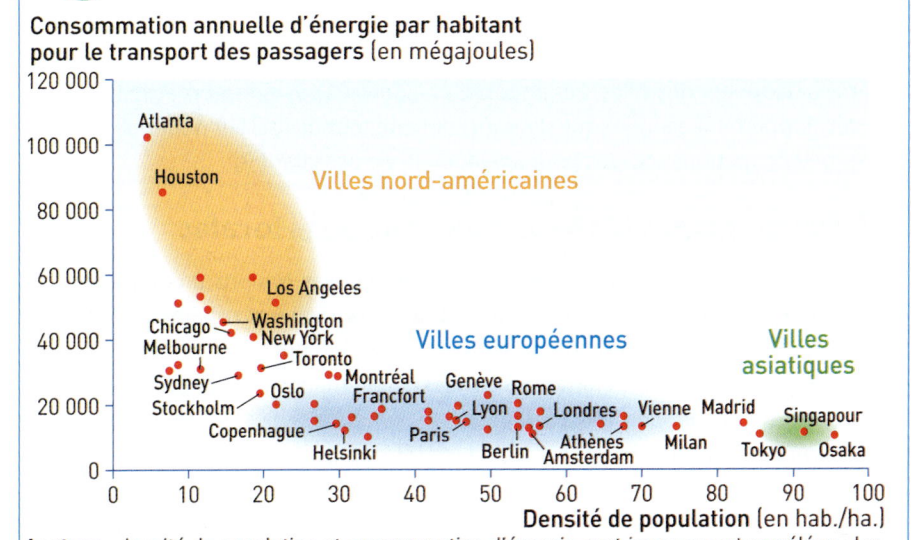

Consommation annuelle d'énergie par habitant pour le transport des passagers (en mégajoules)

[Graphique : axe vertical de 0 à 120 000 mégajoules ; axe horizontal densité de population de 0 à 100 hab./ha. Villes nord-américaines : Atlanta, Houston, Los Angeles, Washington, Chicago, New York, Melbourne, Sydney, Toronto. Villes européennes : Stockholm, Oslo, Copenhague, Montréal, Francfort, Helsinki, Genève, Paris, Lyon, Rome, Berlin, Londres, Athènes, Amsterdam, Vienne, Milan, Madrid. Villes asiatiques : Tokyo, Singapour, Osaka.]

Lecture : densité de population et consommation d'énergie sont inversement corrélées : les villes américaines, très étalées, sont plus énergivores que les métropoles européennes et surtout, asiatiques, plus compactes. Ainsi, les habitants de Houston consomment cinq fois plus d'énergie pour leurs déplacements que ceux de Lyon, qui est cinq fois plus dense.

Source : IUTP.

3 **Une accessibilité douce au centre de Séville (Espagne)**

4 **Désengorger Mumbai (Inde)**

« D'ici à la fin de l'année, un monorail et une ligne de métro aérienne de 11 kilomètres devraient être inaugurés à Mumbai. "En soi, construire une ligne de métro paraît simple, mais dans une ville aussi congestionnée que Mumbai, c'est un immense défi", a déclaré le ministre en chef du Maharashtra, l'État dont Mumbai est la capitale. De fait, l'acquisition de terrains dans une ville aussi peuplée (20 millions d'habitants) se heurte à l'opposition des habitants, et les procédures judiciaires peuvent être interminables, sans parler de la destruction ou du déplacement d'édifices religieux, un sujet très sensible. [...]
Il n'est pas moins difficile de creuser des lignes ferroviaires souterraines. À Mumbai comme ailleurs en Inde, le système d'égout est mal cartographié et les nombreux puits illégaux ralentissent l'exécution des travaux. [...]
Puisqu'il est si difficile de construire des routes ou des chemins de fer dans la mégapole, des urbanistes plaident pour la construction d'infrastructures en pleine mer. Le *Bandra-Worli Sea Link*, un pont enjambant la mer qui relie les quartiers de Worli et Bandra, inauguré en grande pompe en 2010, a désengorgé une partie de Mumbai.
Les autorités ont même envisagé de relier la presqu'île de Mumbai à la rive qui lui fait face par un pont géant. Les moyens de transport maritime, comme des ferrys, sont également à l'étude pour relier le sud au nord de la ville. Les projets sont nombreux, mais peu d'entre eux ont abouti.
Seuls 200 millions de dollars (148 millions d'euros) par an sont investis dans les infrastructures à Mumbai, alors que la ville a besoin de quinze fois plus, selon le Centre de recherche sur le développement urbain durable, à New Delhi. Les riches habitants du nord de Mumbai, qui rechignent à prendre le train ou redoutent d'interminables embouteillages, renoncent déjà à se rendre au sud de la mégapole. [...] Ceux-ci préfèrent aller en avion à Dubaï pour y acheter un sac de luxe, plutôt que de se rendre dans l'une des boutiques du sud de Mumbai. »

J. Bouissou, © *Le Monde*, 26 septembre 2013.

Cours 3 — Aménager des « villes durables » ?

Comment adapter la ville aux exigences du développement durable ? Définir la ville durable est une nécessité et l'échelle locale est la plus pertinente pour la mise en œuvre de nouvelles politiques urbaines, non sans poser question.

1 La notion de ville durable

○ L'accélération de l'urbanisation mondiale risque de porter atteinte aux qualités des villes, lieux d'échanges, de proximité et d'innovation, foyers de richesses et de civilisation. Les enjeux sont d'autant plus importants que le fait urbain est devenu universel.

○ La plupart des grandes villes ont une inscription spatiale et temporelle très ancienne. La volonté d'améliorer la vie en ville l'est également, comme l'attestent les idées hygiénistes du XIXe siècle en faveur de l'assainissement. La gestion des déchets ou le désir d'accroître la place de la nature en ville ne sont pas récents. Pour la majorité des citadins, le verdissement est la composante principale de la ville durable.

○ Pour préserver les avantages de l'urbanité, les dynamiques urbaines doivent s'inscrire sur le long terme avec des modalités plus respectueuses de l'environnement, à l'intérieur comme à l'extérieur des villes. Ces impératifs ne doivent pas compromettre la prospérité ou le développement économique dans un contexte mondialisé. Les politiques doivent intégrer les préoccupations sociales pour améliorer la vie des citadins.

2 Des principes globaux aux politiques locales

○ À l'échelle mondiale, les sommets, les programmes des Nations unies, malgré des limites, confirment l'appréhension globale des dysfonctionnements urbains tant au Nord qu'au Sud. Depuis plusieurs années, des initiatives sectorielles ont été prises en matière de développement durable dans de nombreuses villes. La thématique privilégiée est souvent celle des déplacements urbains. Les alternatives ne sont accessibles qu'aux habitants des centres au détriment des périphéries sur lesquelles se reportent les problèmes.

○ À l'échelle européenne, les textes majeurs et les Agendas 21 locaux témoignent d'une volonté d'agir transversalement **(doc. 2)**. Les villes tentent d'imbriquer toutes les thématiques. Parfois, l'organisation d'événements comme les Expositions universelles, favorise cette transversalité et confère un effet accélérateur.

○ Dans les villes du Nord, il s'agit de reconstruire la ville sur elle-même en l'adaptant aux impératifs de la durabilité. Dans les villes des pays pauvres, les urgences concernent le développement : accès à l'eau, à l'alimentation, au logement, aux soins, à l'enseignement et à l'emploi. De la solution à ces problèmes dépend aussi la durabilité de ces villes à la croissance loin d'être achevée.

3 Les écoquartiers, laboratoires de la ville durable ?

○ Les écoquartiers sont des laboratoires de la ville durable **(doc. 3)**. Souvent des friches urbaines sont utilisées pour élaborer ces laboratoires avec un urbanisme respectueux de l'environnement, peu gourmand en ressources fossiles, voire producteur d'énergie renouvelable. La mixité sociale et des activités est recherchée. La priorité est donnée aux piétons et la desserte en transports publics densifiée.

○ De nombreuses interrogations demeurent. Ces écoquartiers ne constituent-ils pas des « ghettos écolos » avec des logements plus chers et complexes techniquement ? Comment passer de l'écoquartier à la ville durable ? Quelle échelle géographique et quelle échéance temporelle envisager ?

▶ Les situations ne peuvent être traitées que localement du fait des contrastes de développement tant à l'échelle mondiale qu'à l'échelle de chaque ville.

---

vocabulaire

Urbanité
Qualités propres à la ville grâce au couple densité / diversité qui croît avec la taille de la ville. Plus la ville est grande, plus l'urbanité progresse.

Écoquartier
Nouveau quartier construit de toutes pièces dans l'espace urbain. Il tente à l'échelle micro-locale d'illustrer ce que pourrait être la ville en satisfaisant les exigences du développement durable.

1. Les principes de l'urbanisme et leurs évolutions

Charte d'Athènes (1933)	Charte d'Aalborg (1994)
Principe de la table rase (reconstruction totale du bâti et des réseaux de voieries).	Importance de la dimension patrimoniale. L'existant est pris en compte dans l'élaboration de nouveaux projets urbains et architecturaux.
Le bâti est sans rapport avec le cadre environnemental. Le style est international.	L'insertion du bâti dans l'environnement doit être envisagée. Sa dimension patrimoniale est bien présente.
Zonage	Mixité fonctionnelle
Circulation aisée, séparation des modes de déplacement	Réduction de la mobilité, contrainte ; une voie pour plusieurs modes de transport
L'urbanisation est le fait des experts, dans le but de « rationaliser la ville »	Urbanisation participative, gouvernance. Singularité des réponses.

Source : D'après C. Emelianoff in Y. Veyret et J. Jalta, *Développements durables, tous les enjeux en 12 leçons*, © Éditions Autrement, 2010.

2. Qu'est-ce qu'un Agenda 21 local ?

« L'agenda doit fournir des réponses à une série d'enjeux pour le futur pour un territoire donné. Un Agenda 21 local n'est pas seulement un catalogue de mesures pour une ville durable, c'est un projet de territoire (pour dix à quinze ans) fondé sur une gestion plus économe, plus équitable, plus intégrée du territoire. Le projet est soutenu par l'ensemble de la collectivité, porté par les élus municipaux après qu'ont été définis les besoins, les attentes de la population et après concertation. C'est un projet fondé sur une démarche participative. La gouvernance est fondamentale. L'agenda impose de décloisonner les compétences pour travailler de manière transversale. L'Agenda 21 implique une approche patrimoniale qui met l'accent sur le capital naturel et culturel, sur la politique de réhabilitation, l'embellissement de la ville. Il nécessite une approche sociale fondée sur l'équité. L'Agenda 21 inclut une dimension économique qui concilie mécanisme du marché et gestion économique de la ville. Il est aussi établi sur les grands principes qui fondent le développement durable : le principe de précaution, le principe pollueur-payeur, le principe de participation (gouvernance), le principe de responsabilité et le principe d'intégration (y compris des aspects sociaux). Beaucoup de villes ou de communautés urbaines en France comme en Europe se sont dotées d'un Agenda 21. »

Y. Veyret et R. Le Goix (dir.), *Atlas des villes durables*, © Éditions Autrement, 2011.

3. L'écoquartier d'Orestad à Copenhague (Danemark)

Points de vue

Pourquoi la ville est-elle souvent rejetée ?

Dans la littérature, mais aussi plus récemment au cinéma (*World war Z, Le Jour d'après, Je suis une légende*), les villes sont souvent perçues comme des lieux dangereux, tant sur le plan de la criminalité que d'un point de vue sanitaire ou environnemental. Certains sociologues, comme Mike Davis, reprennent également cette thématique. Pourtant, le développement durable est aujourd'hui une préoccupation majeure des acteurs de la ville.

Couverture de M. Davis, *Le Pire des mondes possibles*, Éditions de La Découverte, 2007.

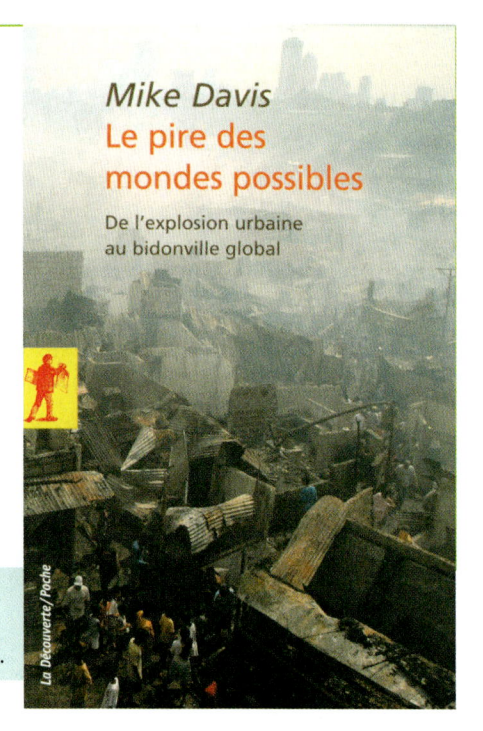

Qu'en pense un géographe ?

« [Les] grandes villes – plus encore que les villes en général – entretiennent une relation forte avec les trois piliers du développement durable (écologique, économique et social). La sobriété en surface des transports collectifs et des configurations d'habitat des zones denses permet une consommation limitée des ressources naturelles (sol, air, eau). Les forts gradients d'urbanité[1] favorisent aussi la croissance économique, tout particulièrement dans les contextes contemporains où cette croissance est fondée sur l'innovation et la créativité. Les enjeux de santé publique avantagent clairement la marche à pied, outil de mobilité majeur dans les centres des grandes villes (55 % des déplacements à Paris intra-muros). Enfin, la mixité des populations et la variété des fonctions donnent toute leur valeur aux liens qui se tissent dans l'espace public, y compris dans les transports publics. Aussi peut-on considérer la ville comme la composante spatiale du développement durable. [...]

Lorsque, parfois, les courants écologistes intégristes traduisent leur antihumanisme fondateur en haine de la ville, ils avancent l'idée que le monde urbain serait intrinsèquement[2] prédateur, du seul fait qu'il va chercher ses ressources naturelles à l'extérieur de son périmètre et que, a contrario, un espace de plus faible densité serait plus autosuffisant, donc plus respectueux de la nature. C'est en fait l'inverse. Ce qu'il faut comparer, c'est, toutes choses égales par ailleurs, l'impact spécifique des différents types de configurations spatiales. Si l'on considère une population de cent mille, un million ou dix millions d'habitants, dans quel agencement géographique sera-t-elle la plus sobre ? La réponse ne fait pas de doute : la capacité des établissements humains les rend plus économes en ressources (intrants) naturelles. Si tous les habitants de la France métropolitaine vivaient dans une seule ville ayant la densité de Paris intra-muros, ils n'auraient besoin que d'environ 3 000 km², soit plus de la moitié de la surface d'un département moyen. Les quatre-vingt-quatorze autres seraient vides d'hommes et pourraient être consacrés à une agriculture respectueuse de l'environnement ou à des parcs naturels. »

J. Lévy, *Réinventer la France*, © Librairie Arthème Fayard, 2013.

1. L'urbanité désigne les qualités propres à la ville grâce au couple densité / diversité qui croît avec la taille de la ville. Plus la ville est grande, plus l'urbanité progresse.
2. Par essence.

Bilan

1. Pourquoi les villes sont-elles perçues négativement ?
2. Dans quelle mesure le texte nous montre-t-il que les villes sont au contraire des lieux du développement durable ?

AIDE

Question 1 : Réfléchissez aux problèmes environnementaux, sociaux et économiques auxquels les villes sont confrontées.

Exercices et méthodes

Villes et développement durable — 5

1 — Analyser un paysage urbain et réaliser un croquis

Jakarta, une mégapole du Sud (Indonésie)

1. Étalement urbain anarchique à perte de vue
2. Habitat de type bidonville
3. Tours modernes (bureaux réservés aux activités tertiaires ou résidences haut de gamme)
4. Espaces verts au sein de secteurs privilégiés
5. « Poches » de pauvreté dans les quartiers riches
6. Routes et autoroutes souvent victimes de congestion

ÉTAPE 1 > Présenter le document et identifier son intérêt

1. Présentez la photographie (lieu, prise de vue…).
2. Dans quel type de pays est située Jakarta ? Pourquoi étudier une ville dans ce type de pays ?

ÉTAPE 2 > Identifier les plans et les analyser

3. Que voit-on au premier plan de la photographie ? Quelles sont les conditions de vie dans ce quartier ?
4. Que voit-on au 2ᵉ plan de la photographie ? Quelles y sont les conditions de vie ? Quelle activité économique y est prédominante ?
5. Que voit-on au 3ᵉ plan de la photographie ? Par quoi est guidé cet étalement urbain ?
6. Quels problèmes sociaux, économiques et environnementaux présente Jakarta ? En quoi cela entre-t-il en contradiction avec les objectifs du développement durable ?

AIDE
Questions 5 : Observez le côté droit de la photographie.

AIDE
Questions 3 à 6 : il s'agit d'identifier trois unités paysagères et l'un des facteurs qui guide l'étalement de Jakarta. Cela vous aidera à construire un croquis.

ÉTAPE 3 > Réaliser un croquis paysager

7. Construisez la légende de votre croquis :
– dans une première partie, montrez l'importance de l'étalement urbain et ses raisons ;
– dans une deuxième et troisième parties, montrez les limites de cet étalement dans une ville du Sud.
8. Réalisez le croquis (voir méthode p. 247).

Conseil
Pour la légende, choisissez un titre pour chaque partie en faisant ressortir les principaux problèmes rencontrés et la thématique du développement durable. Choisissez les éléments entrant dans vos parties au brouillon.

181

Exercices et méthodes

2 Exploiter deux documents de manière critique

De l'écoquartier à la ville durable, l'exemple de Coventry

1 Coventry, nouveau laboratoire de développement durable

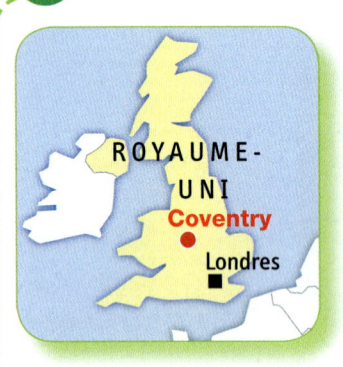

« Coventry se transforme jour après jour depuis que la municipalité et l'université, s'appuyant sur l'avis et le vécu des habitants, ont décidé, il y a trois ans, d'en faire un *Urban Living Lab* : un laboratoire grandeur nature destiné à faire de cette *Old Lady* de 350 000 âmes la ville de demain, une cité zéro carbone d'ici à 2020. De l'habitation du futur aux transports hybrides en passant par la multiplication d'espaces verts ou le développement de l'agroécologue, Coventry bouillonne de projets.

Celle qui fut le berceau de l'industrie automobile anglaise ambitionne ainsi de devenir le fer de lance de la voiture propre. [...] Fin 2010, une centaine de citoyens, tous volontaires, ont accepté de rouler dans des véhicules hybrides, électriques ou hydrogènes. Quelque 36 bornes de recharge ont été installées, à proximité de leur domicile, de leur lieu de travail ou en centre-ville. Pendant un an, ils ont donc pu s'habituer à conduire une voiture verte, consignant chaque jour les usages qu'ils en faisaient (type de trajet, kilomètres parcourus, modalités de recharge du véhicule, etc.).

Une même démarche participative préside aux recherches sur les bâtiments durables. Le bailleur social Orbit Housing s'est dit prêt à investir 3 millions de livres (3,6 millions d'euros) dans la construction de 23 maisons à basse consommation d'énergie. Conjuguant qualité architecturale et exigences de développement durable, jusque dans la gestion de l'eau et des déchets, chaque logement a été équipé d'appareils de mesure et de contrôle de la température, de l'humidité et de l'éclairage. [...]

L'ensemble des projets qui participent à la dynamique du *Coventry Lab* sont traversés par un même dessein : inciter les entreprises locales à se saisir des opportunités créées par la transition vers une économie durable. [...]

L'université de Coventry investit annuellement 40 millions de livres dans les nouveaux habits de la ville. Une enveloppe abondée par les entreprises partenaires sur les différents projets, ainsi que par le Fonds européen de développement régional.

Le retour sur investissement devrait être à la hauteur des attentes des acteurs. Les opportunités économiques liées à la croissance verte (sobriété énergétique, construction, etc.) ont été évaluées à 2 milliards de livres avec à la clé la création de 26 000 emplois. »

L. Van Eeckhout, © *Le Monde*, 15 décembre 2013.

2 Le campus de l'université de Coventry

La faculté d'ingénierie et d'informatique. Coventry a reçu le label européen *Urban Living Lab*, comme 21 villes et territoires en Europe.

S'INTERROGER DE MANIÈRE CRITIQUE

1. Classez les actions menées à Coventry dans les trois piliers du développement durable. Tous les piliers du développement durable sont-ils concernés par ce projet ?

2. Le nombre de personnes touchées par ce projet vous paraît-il significatif ? Les actions menées vous paraissent-elles changer radicalement les conditions environnementales de Coventry et de ses environs ? Justifiez vos réponses.

3. Comment le passé industriel de la ville est-il mis à contribution dans ce projet ? Vous citerez des passages pour justifier votre réponse.

4. Quels sont les acteurs du développement durable à Coventry ? Peut-on réellement qualifier cette démarche de « démarche participative » ? Pourquoi ?

5. Le nombre de villes concernées par ce type de projets vous semble-t-il important ? Cela a-t-il un impact sur la pollution ou sur les modes de vie des habitants en Europe ?

6. En quoi ce projet favorise-t-il davantage certains piliers du développement durable plus que d'autres ? Expliquez l'expression « transition vers une économie durable ».

BILAN Rédigez une réponse à partir du plan proposé ci-dessous :
« De la ville industrielle au laboratoire du développement durable : Coventry est-elle un exemple de ville durable ? »
I. Une ville en totale transformation
II. Un projet qui s'insère dans une logique de développement durable
III. Les limites de ce projet

exercice d'application

La ville en Chine

« Terrain d'observation exceptionnel pour tous ceux qui s'intéressent aux villes et à leur développement, les villes chinoises fascinent. L'Union européenne n'a-t-elle pas choisi en 2012 de bâtir son partenariat stratégique avec la Chine sur le thème de l'urbanisation ? La France n'est-elle pas engagée dans un projet de construction d'une ville durable dans la banlieue de Wuhan ?

L'urbanisation chinoise est frappante par son caractère rapide, et son ampleur, tant du point de vue de sa population que de son territoire, dit Jean-François Doulet, directeur adjoint du centre franco-chinois Villes & Territoires, qui nous plonge, sans complaisance, dans les horizons urbains chinois. Il s'y construit tous les six mois l'équivalent de la métropole francilienne. En 2012, la population urbaine a franchi la barre des 50 %, atteignant les 690 millions de Chinois, contre moins de 200 millions en 1980. À ce rythme, ils seront un milliard en 2030.

Si les performances de la Chine en termes d'urbanisation sont impressionnantes, si elles favorisent la croissance et une amélioration des conditions de vie, pour ce géographe qui a derrière lui vingt ans d'observation sur le terrain, on ne saurait cependant sous-estimer "les dérives d'une vie urbaine modelée par un régime autoritaire". Les dizaines de millions de Chinois migrant chaque année vers les villes, paysans mais aussi jeunes diplômés, restent des citoyens de seconde zone, des "sans-papiers" dans leur pays. Ne détenant pas de *hukou*, – ce permis de résidence, héritage du maoïsme –, ils ne bénéficient pas des droits des habitants des villes pour l'accès aux services sociaux et aux logements, et sont souvent réduits à chercher des habitations de fortunes.

À cela s'ajoute la multiplication des constructions nées bien souvent de la spéculation et cherchant à valoriser le foncier plutôt qu'à promouvoir un développement durable. Dans le Grand Ouest, on n'hésite pas à araser des collines pour y imposer la ville. De piètre qualité et peu durables, les quartiers résidentiels sont mal connectés aux centres urbains. Sans parler de la pollution croissante qui entrave la vie urbaine. Pour Jean-François Doulet, la question de l'existence dans la durée de cette "urbanisation de la démesure" est bel et bien posée, socialement, économiquement et écologiquement. Le régime a affiché, avec son XIIe plan quinquennal (2011-2015), une volonté de favoriser un développement plus durable et se tourne aujourd'hui vers d'autres pays. Mais cela permettra-t-il de susciter une vraie réflexion sur les enjeux écologiques, économiques et sociaux de la ville ? »

L. Van Eeckhout, *Le Monde*, 11 février 2014 (citations extraites de J.-F. Doulet, *La Ville « made in China »*, © Éditions B2, 2013).

● Vous montrerez comment ce texte illustre **les principales limites de l'urbanisation en Chine**.

Conseil : Vous pourrez fonder votre réponse sur les trois piliers du développement durable. N'hésitez pas à vous poser des questions critiques comme dans l'exercice précédent. Ici, le regard critique du journaliste peut vous y aider.

Exercices et méthodes

TICE

3 Utiliser le site Géoportail

L'étalement urbain et les mobilités urbaines autour du parc de Disneyland Paris

Le site Géoportail, www.geoportail.gouv.fr

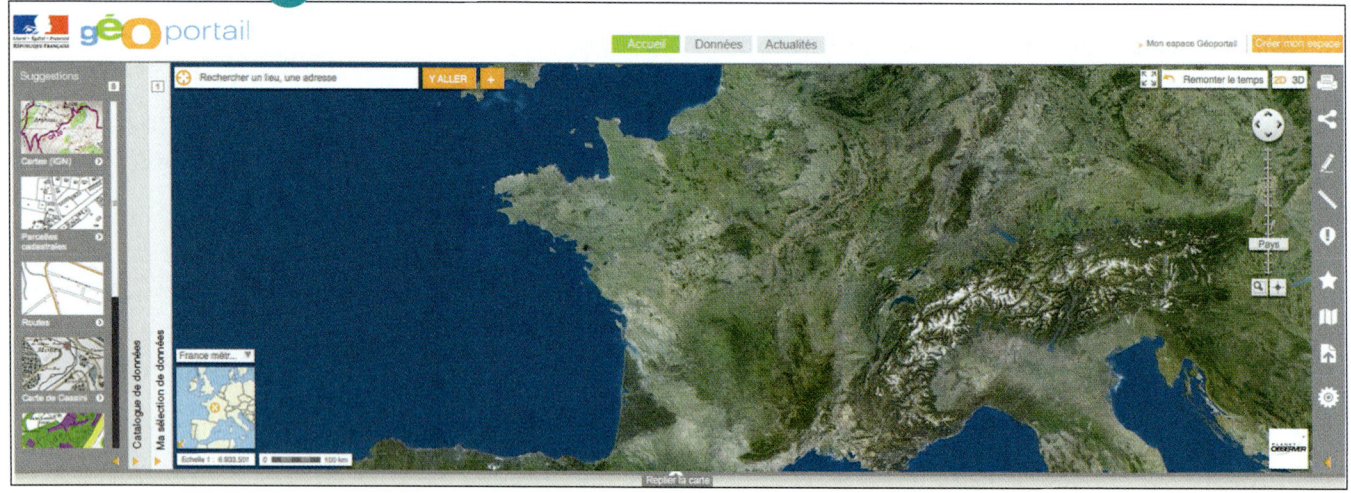

Aller sur le site www.geoportail.fr.

En haut à droite, **cliquez** sur ⛶ pour passer en mode plein écran.

En bas à gauche, dans l'onglet latéral « Catalogue de données », **sélectionnez** la rubrique « Cartes », puis cliquez sur « Carte IGN ».

Inscrivez dans la case de recherche « 77700 Chessy », puis cliquez sur « Y aller ».

À l'aide de la commande « Zoom » en haut à droite, **cherchez à obtenir le cadrage** correspondant à la capture d'écran ci-dessous.

En bas à gauche, **ouvrez** l'onglet latéral « Ma sélection de données », puis **actionnez les curseurs** « Cartes IGN » et « Photographies aériennes » pour jouer sur le niveau de transparence ou ne faire apparaître que l'un ou l'autre (donc l'un à 0 % et l'autre à 100 %) selon les préférences et les questions posées.

1. En « dézoomant » (passage à une échelle plus petite), quelle est la ville à l'origine de l'étalement urbain dans la zone observée ? À quelle distance sommes-nous de cette ville ?

2. Zoomez de nouveau sur la ville de Chessy : décrivez les types d'habitat qui correspondent à cet étalement urbain.

3. À côté de quels éléments sont regroupées les habitations ? En quoi peut-on dire que ces éléments guident et permettent l'étalement urbain ?

4. Observez les zones présentant des constructions représentées en gris clair : à quelles activités correspondent ces bâtiments ? Pourquoi sont-ils localisés à la périphérie de l'agglomération ? Cherchez également d'autres types d'infrastructures fortement consommatrices d'espace et intégrez-les à votre réponse.

5. Repérez les infrastructures de loisirs : quelles populations attirent-elles ? Pourquoi sont-elles placées dans cette région ?

6. Cet étalement urbain et cette fonction touristique provoquent-ils beaucoup de déplacements en voiture et en transports en commun ? Quelles en sont les conséquences ?

7. Quels indices témoignent du maintien d'une certaine ruralité ?

BILAN Décrivez les formes de l'étalement urbain de la région de Chessy. Expliquez les raisons de cet étalement, puis montrez ses conséquences spatiales et environnementales.

Réviser : Villes et développement durable

1 Croissance urbaine, étalement urbain et inégalités socio-spatiales

- L'urbanisation est un processus généralisé à l'ensemble de la planète : un habitant sur deux est citadin.

- La notion de transition urbaine définit cette évolution de la répartition de la population à l'échelle mondiale. Toutefois, elle n'est pas encore achevée en Asie et en Afrique.

- L'urbanisation prend des formes différentes : elle est plus spatiale que démographique dans les villes des pays développés ; elle est à la fois démographique et spatiale dans les villes des pays du Sud où le processus a été beaucoup plus rapide. Solde naturel et solde migratoire se combinent pour expliquer « l'explosion » urbaine.

- La croissance profite surtout aux mégapoles. Les disparités socio-spatiales sont très fortes dans les villes multimillionnaires, notamment des pays du Sud (quartiers d'habitat informel). Elles peuvent générer des violences urbaines.

Notions clés
Transition urbaine
Ville durable

2 Transports et mobilités

- Les mobilités ne cessent d'augmenter à l'échelle des agglomérations : mobilités entre centres et périphéries, trajets domicile-travail et trajets liés aux loisirs.

- Les coûts économiques et sociaux sont croissants : perte de temps, exigence en moyens de transports, congestion automobile, consommation d'énergie... Ces déplacements ont des impacts environnementaux : bruits, pollutions diverses. L'emprise des voies et infrastructures de communication contribue à la consommation et à l'artificialisation de l'espace.

- L'ampleur de ces problèmes varie en fonction du niveau de développement des États auxquels appartiennent les villes ?

3 Aménager des « villes durables » ?

- Penser une « ville durable » s'impose dans la mesure où les dynamiques urbaines s'inscrivent sur le long terme. Il s'agit de maîtriser les difficultés sans porter atteinte aux qualités des villes, foyers de richesse et de civilisation. La ville durable ne doit pas être seulement « une ville verte ».

- Les principes globaux ont été définis à l'échelle des Nations unies dans le cadre de l'Agenda 21, mais les réalisations sont locales (Agendas 21 locaux).

- Les écoquartiers sont des exemples à l'échelle micro-locale de ce que pourrait être une « ville durable ». Toutefois, des interrogations demeurent : les écoquartiers présentent peu de mixité sociale.

Aller plus loin

Sites Internet

- Le site des Nations unies sur l'urbanisation (rapports et statistiques) : www.esa.un.org/unpd/wup
- Deux sites français sur les démarches de l'Agenda 21 : www.agenda21france.org et www.comite21.org
- Les sites officiels du gouvernement français : www.developpement-durable.gouv.fr/-Ville-durable-amenagement et www.ecoquartiers.developpement-durable.gouv.fr

vérifier ses connaissances

Entraînez-vous en ligne sur www.geo-hatier.com
(corrigés p. 287 du manuel).

Exercice 1

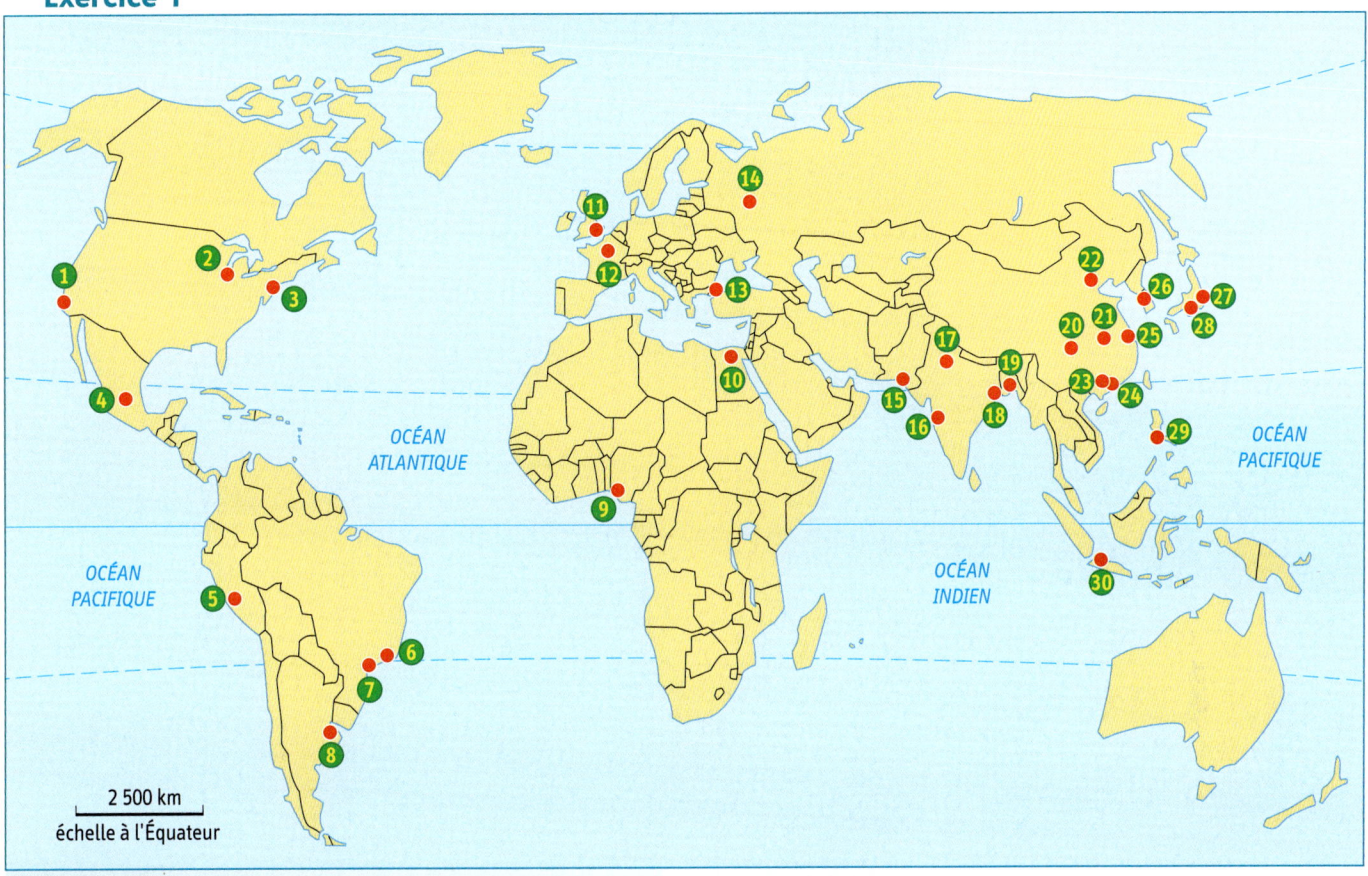

___ Localisez.

Nommez correctement les trente premières villes mondiales localisées sur ce planisphère.

Exercice 2

___ Répondez par vrai ou faux aux propositions suivantes.

a. Le taux d'urbanisation mondial est supérieur à 60 % depuis quelques années.
b. C'est dans les pays les moins développés et certains pays émergents que le taux de croissance de la population urbaine est le plus rapide.
c. Dans les pays les plus développés, la croissance de la population urbaine est désormais très ralentie mais l'étalement urbain se poursuit.
d. Le taux d'urbanisation en Amérique latine est identique à celui des pays émergents asiatiques.
e. En 2025, plus de 2 milliards d'hommes habiteront dans les quartiers informels des mégapoles du Sud.
f. Dans les éco-quartiers, les habitants sont incités à employer un véhicule automobile particulier.

Exercice 3

___ Définissez les mots suivants.

- Mégapole
- Écoquartier
- Habitat informel
- Zonage

Exercice 4

___ Reliez chacune des propositions suivantes à l'un des piliers du développement durable (attention, plusieurs réponses possibles).

a. Arroser les espaces verts avec de l'eau de pluie récupérée.
b. Mettre en place des dispensaires de quartier et des centres de vaccination gratuite.
c. Aménager des zones d'activités pour des entreprises de récupération des déchets.
d. Câbler de nouveaux quartiers pour l'Internet à haut débit.
e. Aménager des parcs de stationnement près des gares et des stations de métro.
f. Prolonger les lignes de métro et de tramway en banlieue.
g. Délocaliser des musées dans des villes moyennes.
h. Élaborer des Agendas 21 scolaires.
i. Encourager lycéens et étudiants à ne pas jeter leurs mégots de cigarettes dans les rues.
j. Organiser des partenariats et des jumelages avec des villes des pays les moins développés.
k. Financer des forages pour installer le chauffage par géothermie dans les quartiers rénovés.

187

Thème 4 — Gérer les esp[aces]

La Grande Barrière de corail en Australie (Queensland)

La Grande Barrière de corail, longue de 2 000 kilomètres, est inscrite au patrimoine mondial de l'UNESCO depuis 1981. Ce paysage est protégé, mais aussi géré comme une zone à usages multiples qui menacent l'intégrité de certains sites. Aujourd'hui, l'UNESCO envisage de placer la Grande Barrière au nombre des sites en danger.

aces terrestres

6 Les mondes arctiques, « une nouvelle frontière »

Les mondes arctiques appartiennent au milieu du froid, contraignant et faiblement peuplé. Grâce à la fonte saisonnière de la banquise, ils s'ouvrent à la navigation et leurs ressources terrestres et maritimes sont susceptibles d'être exploitées. Cette « nouvelle frontière » suscite des convoitises, l'espoir d'un nouvel eldorado.

▶ Dans quelle mesure l'Arctique est-il un enjeu pour les équilibres mondiaux ?

1 Iqaluit, capitale du Nunavut (Canada)

Iqaluit, capitale du Nunavut, territoire de la fédération canadienne depuis 1999, est une ville du froid : sous la neige d'octobre à juin, les températures y sont extrêmes. La ville compte 7 200 habitants, en majorité des Inuits.

sur la planète »

CANADA — RUSSIE

Affiche en faveur de l'éducation au Nunavut (Canada)

ᐃᓕᓐᓂᐊᕐᓂᓕᕆᓂᖅ ᓄᓇᕗᒻᒥ:
ᐃᓄᑦᑐᑦᐊᓂᖅ ᐃᓄᖅᑐᖅᑐᖅᓯᑦ, ᐊᑐᖅᑕᐅᖃᑦᑕᖅᑐᖃᖅᐅᑎᔪᑦ
ᐊᑐᖅᑕᐅᐊᐅᐅᖅᓯᓚᖅᑐᔪᑦ!

ILIHAINIQ NUNAVUNMI:
Ayuirhaiyuq ilitquhitigut, pitquhitigut ihumaliurniqmullu!

EDUCATION IN NUNAVUT:
Learning with tradition, culture and innovation!

L'ÉDUCATION AU NUNAVUT :
tradition, culture et innovation!

ᐃᓕᓐᓂᐊᕐᓂᓕᕆᔨᒃᑯᑦ
Ilinniaqtuliqiyikkut
Department of Education
Ministère de

L'affiche est rédigée en trois langues : inuktitut, anglais et français.

② L'Arctique russe, nouvelle voie du commerce mondial ?

Sur la route du Nord-Est, en juillet 2011, les deux brise-glace russes « Taymir » et « Yamal » permettent le transit du navire « Persévérance ». Ce passage pourrait s'ouvrir au commerce international.

191

Étude de cas 1

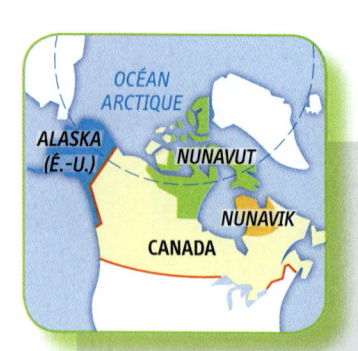

L'Arctique américain : un nouveau front pionnier

L'Arctique, jamais totalement négligé pour son intérêt géostratégique, suscite un nouvel intérêt de la part des États-Unis et du Canada. La réduction de la banquise saisonnière pourrait faciliter l'accès aux ressources exploitables dans les conditions techniques actuelles et ouvrir une nouvelle voie maritime, « la voie du Nord-Ouest », libre de glace pour la première fois durant l'été 2007. Cette appropriation n'est pas sans susciter des interrogations et des tensions.

A Un front pionnier dans un milieu polaire

1 Un froid extrême

Station	Latitude nord	Température moyenne annuelle	Température du mois le plus froid	Température du mois le plus chaud
Resolute	74°43	- 16,4 °C	- 35 °C	5 °C
Baker Lake	64°18	- 12,3 °C	- 26,9 °C	11,8 °C
Churchill	58°45	- 7,3 °C	- 32,6 °C	11,1 °C

Source : A. Ciattoni, © Hatier, 2014.

2 Un peuplement ponctuel et isolé : Shishmaref (Alaska)

Grâce à l'avion, les populations locales sortent de leur isolement et la mise en valeur des ressources est facilitée.

3 Les conditions de vie

« J'ai compris le mot nordicité. Dans le Nord, j'ai plongé. J'ai ri de ne pas mourir grâce aux caribous encore vivants qui trottaient autour de moi. Malgré le gel transosseux et les glaçons dans mes nasaux, j'ai perçu l'haleine enfiévrée de l'umimmak[1]. J'ai défoncé la glace de mes rêves, tâté des eaux lustrales, goûté au blizzard. Partout, il faisait – 40° C. J'aurais voulu modeler le vent, le déposer dans un écrin.

Dans l'iglou de mes rêves, c'est doux, c'est rond, ça sent le passé. Un vieil homme raconte des histoires de chasseurs transformés en pétrels[2]. Couché sur une peau de caribou, on se claque dans le dos pour écraser les puces ; ça sent la graisse fondue et la plume de nirliq[3]. Le blizzard veut entrer. On suce un glaçon, on se roule en boule, on dort, on retrouve des forces. Puis on se lève de nouveau. [...] Il y a partout des odeurs de neige, des effluves d'Umiujaq [un village]. [...] Lèvres closes, fronts raidis ou joues roses, de la neige saupoudrant nos paupières, nous mourons tous, jour après jour, nous mourons de si bien vivre, éblouis par les soleils multiples de la Beauté blanche. »

J. Désy, « Nordicité », *Géo Plein Air*, Éditions Tricycle (Montréal), 2001.

1. Bœuf musqué.
2. Oiseau marin très vorace.
3. Échassier au corps massif.

Les mondes arctiques, « une nouvelle frontière sur la planète »

4 L'organisation de l'Arctique américain

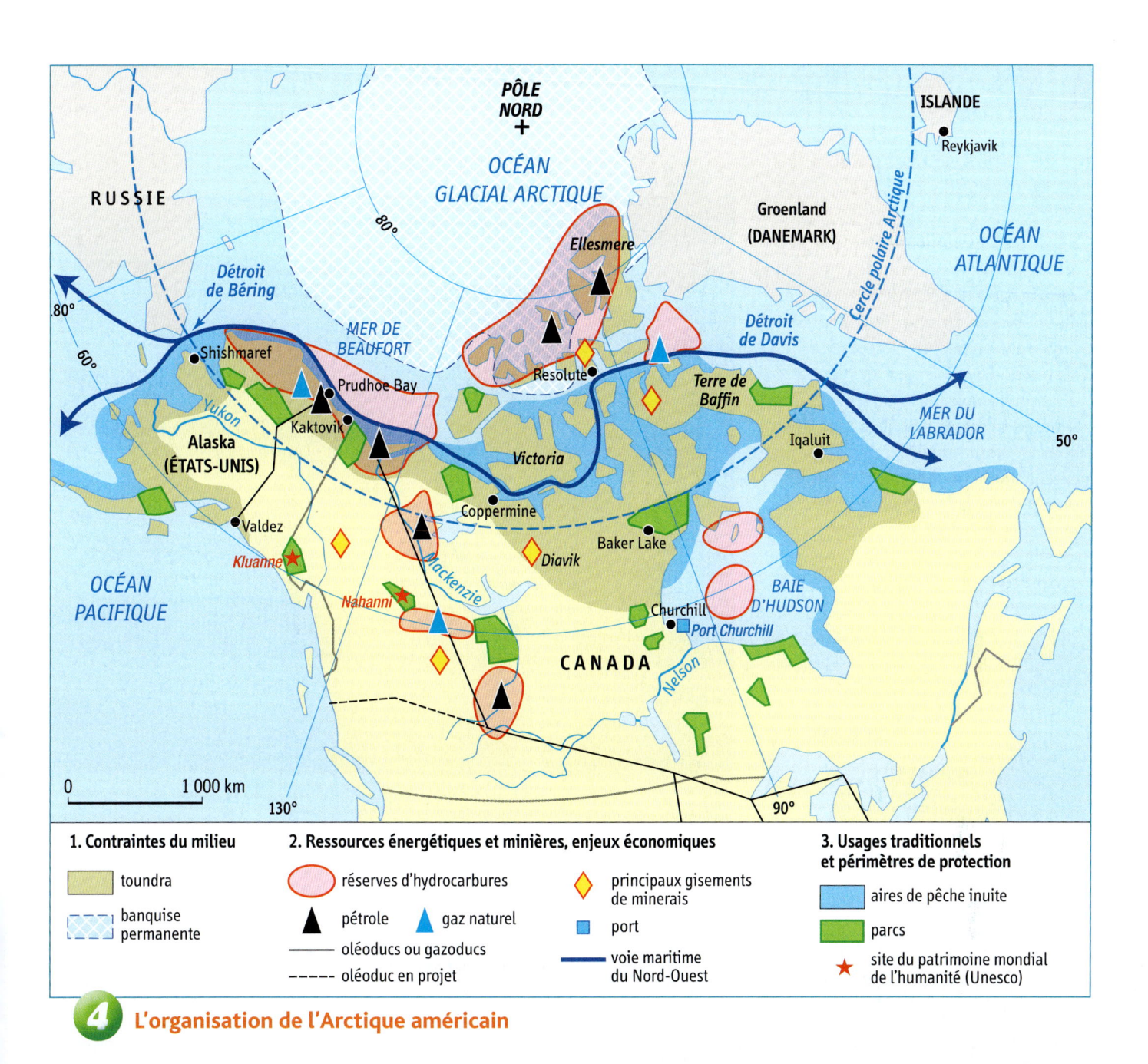

1. Contraintes du milieu
- toundra
- banquise permanente

2. Ressources énergétiques et minières, enjeux économiques
- réserves d'hydrocarbures
- pétrole
- gaz naturel
- oléoducs ou gazoducs
- oléoduc en projet
- principaux gisements de minerais
- port
- voie maritime du Nord-Ouest

3. Usages traditionnels et périmètres de protection
- aires de pêche inuite
- parcs
- site du patrimoine mondial de l'humanité (Unesco)

5 Des modes de vie traditionnels

« Pendant des millénaires, des groupes humains – Eskimo en particulier – venus de Sibérie ont essaimé dans le domaine circumarctique où ils ont surmonté les contraintes des milieux polaires dans le cadre d'une gestion raisonnée des ressources naturelles, terrestres et surtout marines. Leur mode de gestion de l'espace était fondé sur l'utilisation extensive de vastes territoires, sur la base d'une mobilité répondant à des rythmes saisonniers très marqués. [...] Le vocabulaire désignant la faune, la glace, les sites propices à la chasse, à la pêche ou à la cueillette apparaît d'une extrême richesse. [...] La rythmicité saisonnière très marquée du monde polaire (jour/nuit, banquise/eau libre) pèse lourdement sur le cours des activités. »

A. Godard et M.-F. André, *Les Milieux polaires*, Armand Colin, 1999.

Questions

1. Doc. 1, 2 et 3 Quelles sont les contraintes du milieu arctique américain ?

2. Doc. 4 et 5 Comment le territoire arctique américain est-il mis en valeur (peuplement, activités économiques et espaces protégés) ?

BILAN Expliquez pourquoi l'Arctique américain est un front pionnier.

Étude de cas 1 — **L'Arctique américain : un nouveau front pionnier**

B — Des enjeux économiques importants

6 Des ressources potentielles en hydrocarbures

« Les ressources existent dans l'ensemble de l'Arctique canadien : 1,7 milliard de barils de pétrole et 880 milliards de m³ de gaz sans parler des réserves prouvées, probables ou possibles qui représenteraient le tiers du pétrole et du gaz non exploités. Il s'agit bien sûr de simples ordres de grandeur qui valent pour le "Nord canadien" c'est-à-dire au-dessus du 60° de latitude. De fait, l'exploration ne fait que commencer tant les étendues sont vastes et méconnues. De surcroît, les années 1980 avaient été surtout occupées à régler des dossiers clés entre l'État et les peuples autochtones, eux-mêmes conscients que le développement du Grand Nord nécessiterait l'argent des hydrocarbures. »

T. Garcin, *Géopolitique de l'Arctique*, Economica, 2013.

vocabulaire

Permafrost (ou pergélisol)
Sous-sol gelé en permanence. Seule la surface dégèle pendant l'été.

7 L'oléoduc transalaskien

Exploité depuis 1977, le gisement de Prudhoe Bay couvre 8 % de la production étatsunienne. L'oléoduc Nord-Sud, le Trans-Alaska, long de 1 300 km achemine le pétrole jusqu'au port de Valdez. Il est construit sur pilotis car la présence du permafrost est une contrainte pour l'installation des conduites, ce qui comporte des risques pour l'environnement.

8 La mine de diamant de Diavik (Territoires du Nord-Ouest)

La mine de diamants de Diavik est une mine à ciel ouvert située sur une île de 20 km² au sud du cercle polaire. Elle contiendrait 6 % des stocks de diamants du monde. Durant la période estivale, on peut observer les carrières d'extraction. La mine possède aussi des installations souterraines (logement du personnel). L'aéroport permet d'assurer la vie du site grâce aux liaisons avec le reste du territoire canadien.

9 Port Churchill, le *hub* canadien le plus septentrional

Situé en eaux profondes, Port Churchill permet un accès direct à l'Océan. Compte tenu du retrait constaté de la banquise estivale, la saison navigable est passée de 6 semaines à près de 3 mois en quelques années. Il devient envisageable de le relier au port russe de Mourmansk afin de créer « une autoroute de l'Arctique » entre le Canada et la Russie.

10 L'ouverture au tourisme de croisière

« Récente, la mise en tourisme de l'Arctique nord-américain apparaît à partir des années 1970, mais se développe surtout à partir des années 1990. La Royal Caribbean propose 12 croisières en Alaska. L'image proposée témoigne de ce nouvel engouement pour une nature sauvage et dite fragile du fait du recul de la banquise. »

D'après P. Duhamel, « Le tourisme, lectures géographiques », *Documentation photographiques* n° 8 094, La Documentation française, 2013.

Questions

1. **Doc. 6 à 10** Relevez les différentes ressources susceptibles d'assurer un développement des régions polaires nord-américaines.
2. **Doc. 6, 7 et 8** À quels obstacles se heurte l'exploitation des ressources potentielles de l'Arctique américain ?

BILAN Rédigez un paragraphe montrant les différents aspects de l'intégration de l'Arctique américain dans l'économie mondiale.

Étude de cas 1 — L'Arctique américain : un nouveau front pionnier

C — De nouvelles tensions

11. La reconnaissance d'une identité polaire

Avec l'invention du Nunavut, 20 000 Inuits canadiens ont accédé à une forme d'autonomie politique sur un territoire de plus de 2 millions de km². Ils ont obtenu notamment des prérogatives en matière de développement local.

« En 1973, le gouvernement fédéral canadien qui a en charge l'administration des communautés autochtones polaires, exceptées celles du Québec, accepte le "principe de la négociation des revendications foncières dans le Nord". Depuis 1971, les revendications inuites sont formalisées par l'association inuite Tapirisat du Canada qui défend les droits des populations boréales. Cette défense est favorablement relayée par des jugements de la Cour suprême du Canada. [...] Après le rejet des premiers projets jugés trop "ethniques" et un vote favorable à la partition des TNO[1] en 1982, le Nunavut est lancé.

Dix-sept ans plus tard [avril 1999], il devient une réalité territoriale. »

É. Canobbio, *Atlas des pôles*, Éditions Autrement, 2007.

1. Territoires du Nord-Ouest.

Légende de la carte :
- territoire fédéral du Nunavut
- terres du Nunavut appartenant aux Inuits
- région administrative du Nunavik (Québec)
- village inuit

Source : É. Canobbio, *Atlas des pôles*, Éditions Autrement, 2007.

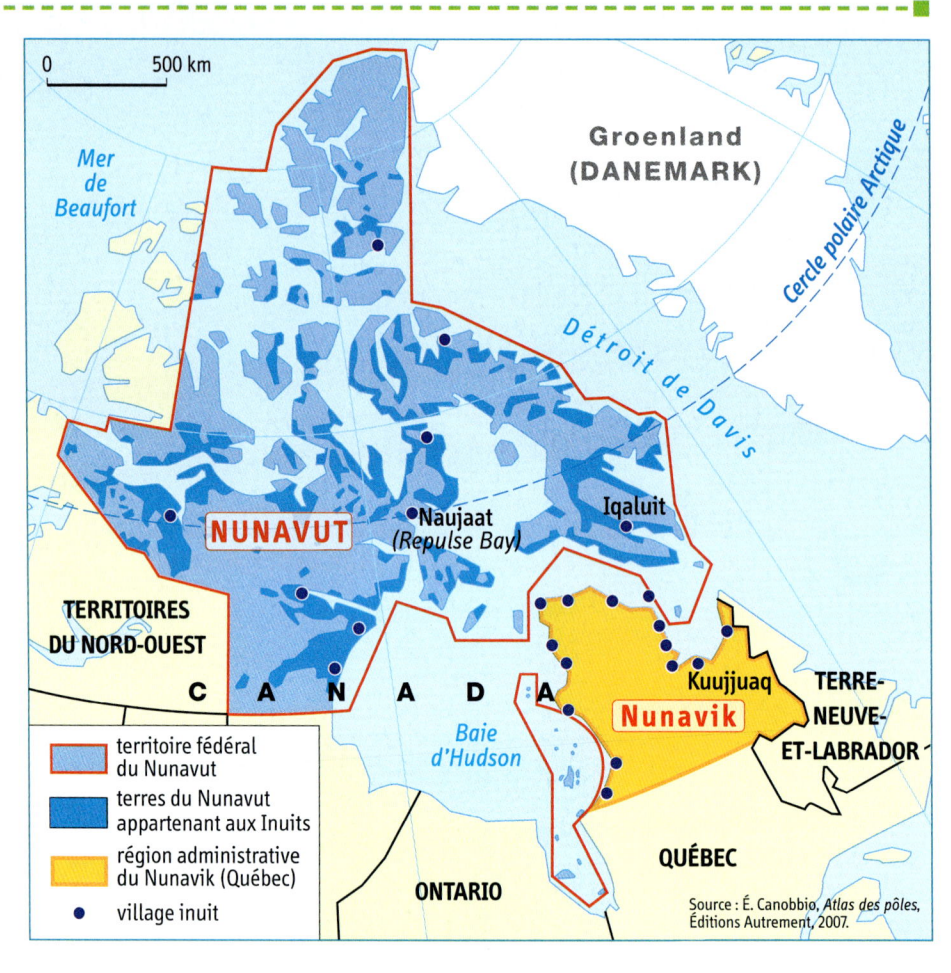

12. Les inégalités socio-économiques

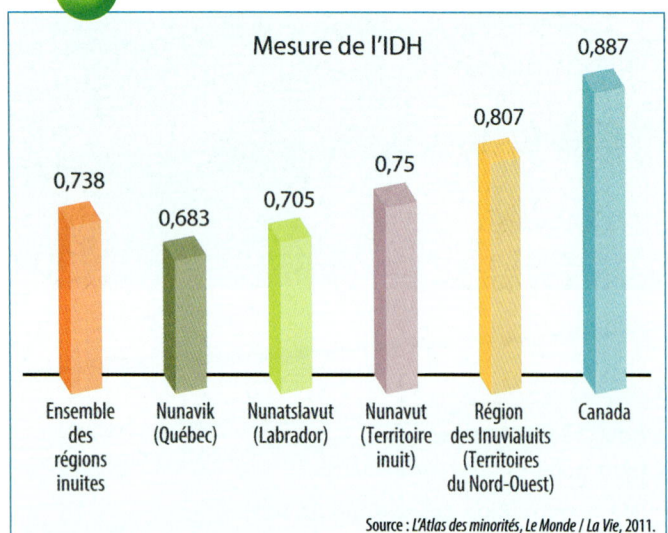

Mesure de l'IDH

- Ensemble des régions inuites : 0,738
- Nunavik (Québec) : 0,683
- Nunatsiavut (Labrador) : 0,705
- Nunavut (Territoire inuit) : 0,75
- Région des Inuvialuits (Territoires du Nord-Ouest) : 0,807
- Canada : 0,887

Source : *L'Atlas des minorités*, Le Monde / La Vie, 2011.

L'indice de développement humain (IDH) est un indice compris entre 0 et 1. Il intègre le PIB/habitant, l'espérance de vie et le pourcentage d'adultes analphabètes. On compare ici le niveau moyen de bien-être des régions inuites et de l'ensemble du Canada.

13. Les conflits d'acteurs et d'usages

« Le village inupiat de Kaktovik, qui possède environ 400 km² de terres potentiellement riches en pétrole, s'est longtemps montré favorable aux forages, ce qui lui a valu l'inimitié[1] de ses voisins, les Gwich'in [...], qui y passent l'été. Les Inupiats savent bien à qui ils doivent l'argent, les emplois, l'école, le générateur et, depuis peu, les toilettes équipées de chasse d'eau dont bénéficie Kaktovik. "Nous voulons la même chose que tout le monde : une vie meilleure pour nos enfants et nos petits-enfants, confie le maire du village, mais nous aimerions pouvoir maîtriser nos destinées. Officiellement, le village reste favorable à une exploitation pétrolière responsable, à condition de garder le contrôle de la situation." Dans la réalité, le village semble très divisé et ils sont de plus en plus nombreux à s'opposer farouchement à l'exploitation pétrolière du Refuge national de la vie sauvage arctique (ANWR[2] ou *Arctic Wildlife Refuge*). »

J. K. Bourne, « La fin d'un monde sauvage ? », *National Geographic* n° 80, mai 2006.

1. Hostilité.
2. L'ANWR a été créé en 1980 par les États-Unis, mais la loi de protection environnementale de l'Alaska ouvre la possibilité d'exploiter la partie littorale, riche en pétrole.

16 Les rivalités entre États riverains

« L'Arctique est le théâtre de nombreux litiges non résolus en matière territoriale. Le Canada et les États-Unis ne s'entendent pas sur la frontière maritime entre l'Alaska et le Yukon. Le Canada et le Danemark ont tous deux planté leur drapeau sur la petite île Hans. Le Canada continuera en 2010 de préparer la revendication de sa souveraineté sur des fonds marins allant jusqu'au pôle Nord, en vertu de la Convention des Nations unies [sur le droit de la mer]. Aucun pays n'est prêt à reconnaître que le passage du Nord-Ouest, qui relie les océans Atlantique et Pacifique (il existe actuellement deux ou trois routes maritimes possibles), appartient au Canada. Les États-Unis, la Russie et l'Union européenne estiment plutôt qu'il s'agit d'une voie maritime internationale. Le plus difficile, pour Ottawa, est de déterminer s'il doit considérer Washington comme un rival ou comme un partenaire dans le Grand Nord – et il devra bientôt choisir. Les deux pays collaborent-ils dans la gestion des voies de navigation ? Sont-ils en passe de résoudre leur conflit concernant les frontières maritimes ? Se soutiennent-ils mutuellement face à la Russie ? [...]
[Au Canada,] tous les partis s'accordent à dire que le développement et la protection du Grand Nord sont des priorités nationales. »

J. Simpson, « À la conquête du Grand Nord », *Le Monde en 2010*, *The Economist-Courrier international*, hors-série n° 30, déc. 2009-fév. 2010.

14 La plate-forme « Kulluk » échouée près des côtes de l'Alaska (3 janvier 2013)

L'exploitation pétrolière dans l'Arctique est difficile compte tenu des conditions météorologiques. Les accidents peuvent avoir de graves conséquences environnementales dans un milieu très fragile.

15 L'affirmation de la souveraineté canadienne ?

Le 9 avril 2006, le Canada entend affirmer ses droits sur les Îles de la Reine-Elisabeth (Nunavut) pour rappeler que le territoire est canadien, comme la mer qui le borde, et par conséquent le passage du Nord-Ouest. Les États-Unis estiment que ce passage relie deux océans et doit donc être considéré comme un détroit international assujetti au droit maritime. Le Canada considère, lui, qu'il s'agit d'eaux intérieures et prétend y assurer sa souveraineté.

Questions

1. **Doc. 11, 13, 15 et 16** Relevez les types de conflits d'acteurs et d'usages.
2. **Doc. 12** Quelles informations ce graphique apporte-t-il ?
3. **Doc. 14** Quelles peuvent être les conséquences environnementales de l'exploitation pétrolière ?

BILAN Décrivez, puis expliquez les tensions générées par l'intégration de l'Arctique américain à l'œkoumène.

Étude de cas 1

CHANGER D'ÉCHELLE ▶ De l'Arctique américain au contexte mondial

Rédiger le bilan de l'étude de cas | Mettre en perspective

A — Un front pionnier dans un milieu polaire

1• À quelles contraintes la mise en valeur du milieu arctique américain se heurte-t-elle ? (p. 192-193)

▶ **carte 1 ci-contre**
a. Cherchez dans le monde d'autres exemples de territoires appartenant au domaine du froid.

B — Des enjeux économiques importants

2• Identifiez les ressources potentielles du monde arctique américain. (p. 194-195)

▶ **carte p. 206-207**
b. Quelles sont les autres régions arctiques qui détiennent des ressources semblables ?

C — De nouvelles tensions

3• Réalisez un tableau montrant les types de tensions liées à la mise en valeur de l'Arctique américain et leurs conséquences. (p. 196-197)

▶ **carte 2 ci-contre**
c. Identifiez les peuples autochtones de l'Arctique.

Schéma bilan ▶ L'intégration du front pionnier froid américain à l'œkoumène

ENJEU ÉCONOMIQUE
- Développement possible
- Fortes contraintes (accessibilité, coûts élevés)
- Ressources énergétiques et minières potentielles
- Nouvelle voie maritime pour le commerce

ENJEU ENVIRONNEMENTAL
- Milieu fragile
- Réchauffement climatique

ENJEU SOCIAL
- Emplois
- Ouverture, désenclavement
- Accès des populations autochtones au développement
- Flux migratoires

ENJEU GÉOPOLITIQUE
- Revendications identitaires et économiques des peuples autochtones
- Revendications de souveraineté des États riverains
- Tensions internationales pour le contrôle des ressources et de la voie maritime

- Nouvelle frontière
- Un monde du froid peu peuplé, en cours d'intégration à l'œkoumène

Enjeu local
Enjeu mondial

198

Les mondes arctiques, « une nouvelle frontière sur la planète »

1 Les climats froids dans le monde

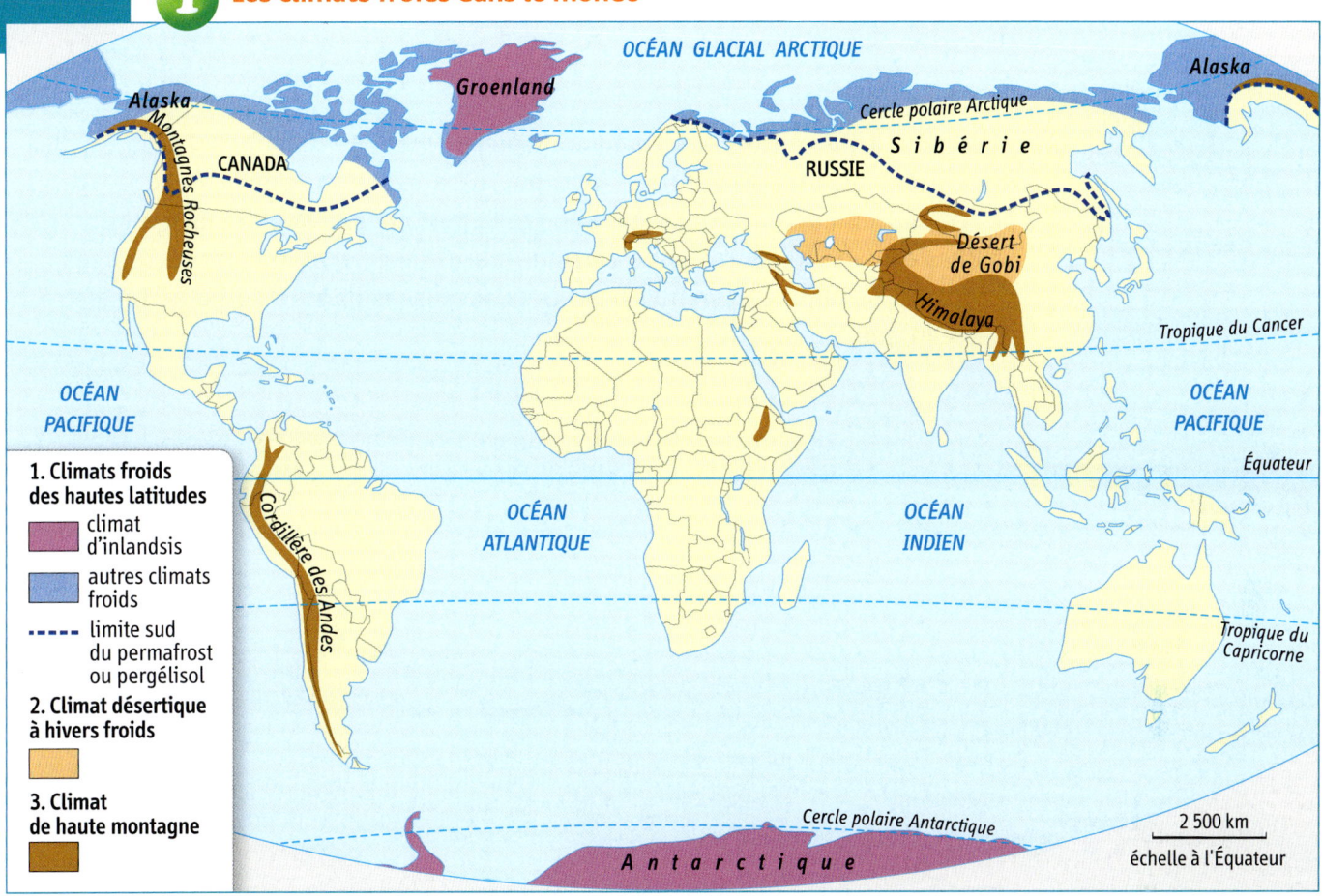

1. Climats froids des hautes latitudes
- climat d'inlandsis
- autres climats froids
- ---- limite sud du permafrost ou pergélisol

2. Climat désertique à hivers froids

3. Climat de haute montagne

2 Les peuples autochtones de l'Arctique

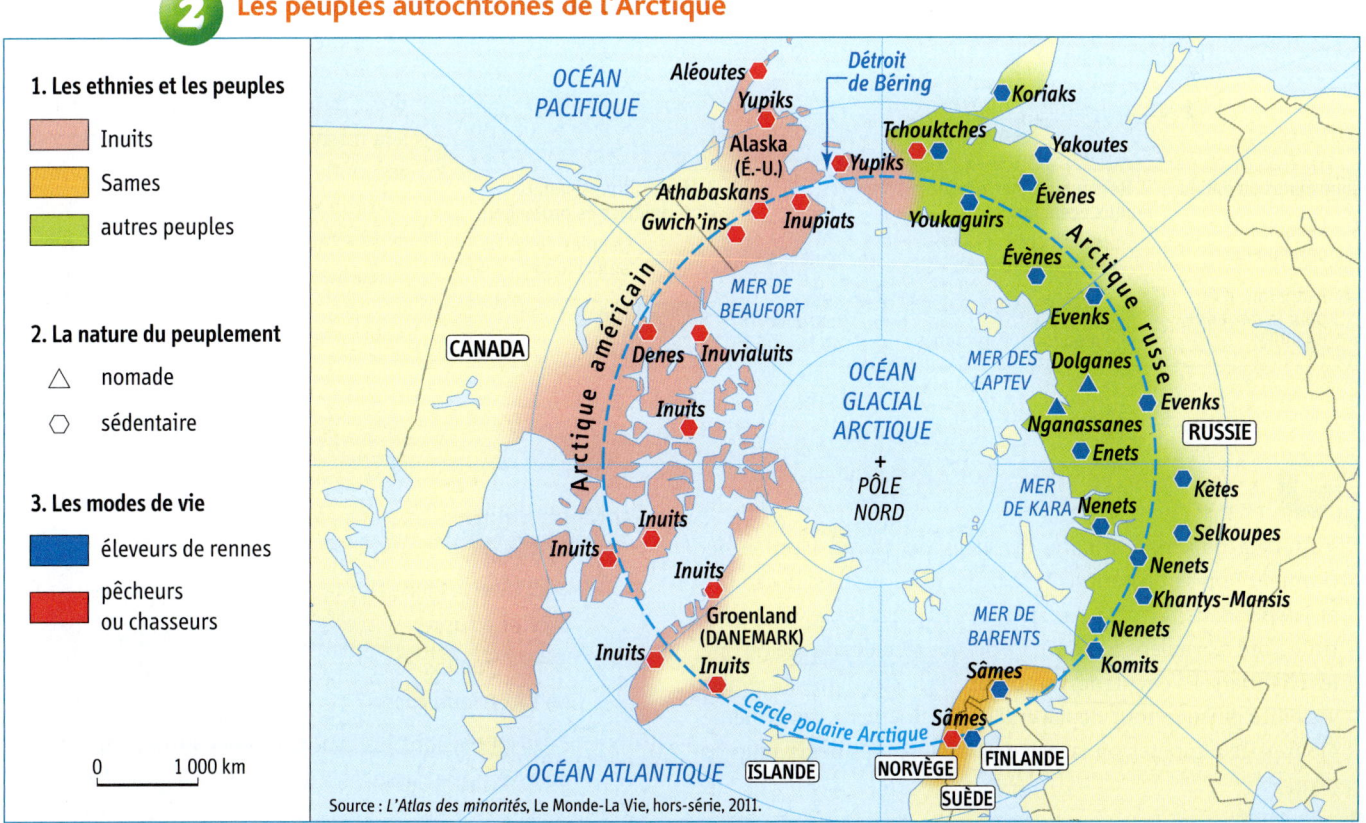

1. Les ethnies et les peuples
- Inuits
- Sames
- autres peuples

2. La nature du peuplement
- △ nomade
- ○ sédentaire

3. Les modes de vie
- ■ éleveurs de rennes
- ■ pêcheurs ou chasseurs

Source : *L'Atlas des minorités*, Le Monde-La Vie, hors-série, 2011.

Étude de cas 2

L'Arctique russe

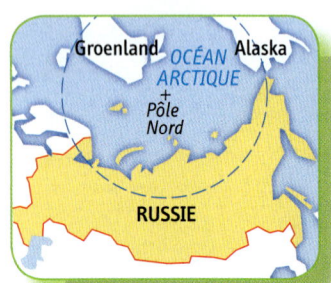

Alors que l'URSS a toujours voulu contrôler la grande voie maritime du Nord-Est, l'intérêt géopolitique pour l'Arctique russe est relancé dans un contexte de réchauffement climatique qui allonge la période estivale de navigation. La Russie souhaite contrôler ce corridor maritime et exploiter les ressources naturelles, notamment en hydrocarbures, localisées dans le domaine terrestre et océanique.

A — Un milieu contraignant et faiblement peuplé

1 L'organisation de l'Arctique russe

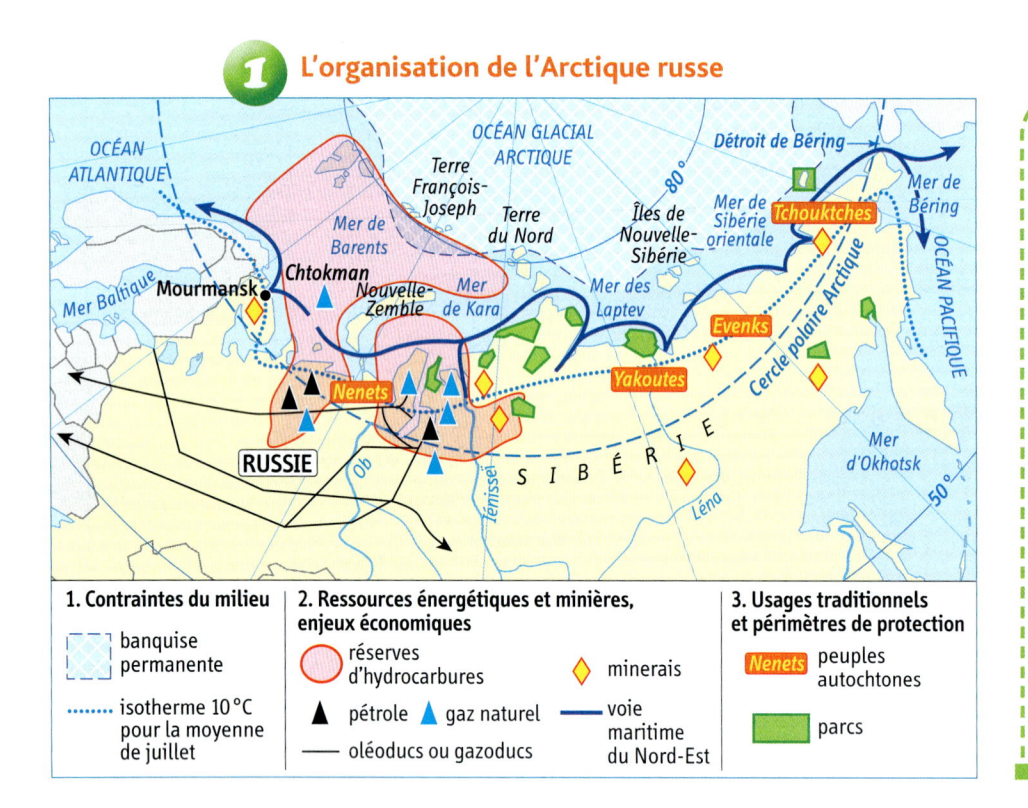

1. Contraintes du milieu
- banquise permanente
- isotherme 10 °C pour la moyenne de juillet

2. Ressources énergétiques et minières, enjeux économiques
- réserves d'hydrocarbures
- pétrole
- gaz naturel
- oléoducs ou gazoducs
- minerais
- voie maritime du Nord-Est

3. Usages traditionnels et périmètres de protection
- Nenets : peuples autochtones
- parcs

2 Un froid très long

« Le caractère le plus lancinant du froid russe est sa longueur. Et celle-ci est directement liée à la latitude. Plus on va vers le nord, plus l'hiver est long. Or, plus des 9/10 du territoire russe sont au nord de 50° de latitude et le centre de gravité géométrique du pays est proche du cercle polaire. [...] Sur le littoral nord de la presqu'île de Kola à Mourmansk (68°58 Nord) les moyennes quotidiennes restent en dessous de 0 °C pendant 6 à 7 mois, habituellement de la fin septembre à la mi-avril. Cette limite climatique correspond grossièrement à la frontière méridionale du pergélisol[1] discontinu. [...] Le tapis neigeux y est de 200 jours. »

L. Touchard, *La Russie et le changement climatique*, L'Harmattan, 2011.

1. Synonyme de « permafrost » : sous-sol gelé en permanence. Seule la surface dégèle pendant l'été.

3 Vivre dans les villes de l'Arctique russe

« Au-delà du cercle polaire, les villes du Grand Nord fonctionnent non seulement dans le froid, mais aussi en décembre et janvier dans la nuit permanente. Les ports de la voie maritime nord travaillent à la lumière des projecteurs de même que les chantiers. La circulation automobile souffre d'une mauvaise visibilité puisque tout déplacement est nocturne, sans même ajouter les tempêtes ou la neige balayée par les déplacements d'air. »

L. Touchard, *La Russie et le changement climatique*, L'Harmattan, 2011.

Questions

1. **Doc. 1, 2 et 3** Identifiez les contraintes du milieu arctique russe.
2. **Doc. 1** Quelles sont les ressources potentielles de l'Arctique russe ?

BILAN Quels sont les atouts et les contraintes de l'Arctique russe ?

B. Un nouvel eldorado ?

5. La route du Nord-Est, un enjeu économique majeur

« Le patron de Rosatomflot, la flotte russe de brise-glace à propulsion nucléaire basée à Mourmansk a un grand projet : faire de la mythique route du Nord-Est, qui relie l'Asie à l'Europe par le nord de la Russie, une alternative économique au non moins légendaire canal de Suez. [...] 18 000 navires (100 millions de tonnes de produits transportés) transitent par le canal de Suez tout au long de l'année, contre une quarantaine le long de la route du Nord-Est (1,2 million de tonnes) durant les 5 à 6 mois où la navigation est devenue possible en raison du réchauffement climatique [...] et la période de navigation s'allonge. Elle s'est étendue cette année et – pour la première fois – de juin à la mi-novembre, alors qu'elle ne courait que de juillet à septembre durant la décennie 2000. [...] Cet allongement s'est produit au fur et à mesure que la banquise rétrécissait, tandis que le coût du carburant s'envolait, ce qui fait le jeu de la route du Nord-Est [...]. La route du Nord-Est reste un nain par rapport au canal de Suez [...] mais le fait est là : cette route du Nord russe intéresse de plus en plus la marine marchande. »

P. Mossberg, *Le Monde*, 12 décembre 2012.

Note : 2 navires ont emprunté le passage en 2009 et 296 en 2013.

6. D'importantes ressources potentielles

« Dans la zone arctique s'effectue l'extraction de 91 % du gaz naturel russe. [...] Hormis les hydrocarbures surtout concentrés dans la partie nord de la province de Kola, la région arctique contient aussi des réserves de nickel (85 %), de cuivre (60 %), de terres rares (plus de 95 %), [...] du chrome dans la région de Mourmansk, du titane, du manganèse, des diamants... Parmi tous les minerais, l'Arctique est particulièrement riche en métaux non-ferreux. »

D'après le site internet de la radio « La Voix de la Russie », 29 novembre 2011.

4. Le port de Mourmansk en hiver (mer de Barents)

Le port est libre de glace toute l'année et pourrait être relié à Port Churchill (Canada).

7. L'exploitation des hydrocarbures : la plate-forme « Prirazlomnaya »

Située en pleine mer de Pechora, au-delà du cercle polaire, la plate-forme exploitée par Gazprom va commencer à extraire du pétrole.

Questions

1. **Doc. 4** Pourquoi Mourmansk est-il un port stratégique pour l'Arctique russe ?
2. **Doc. 5, 6 et 7** En quoi la fonte de la banquise saisonnière est-elle un atout ?
3. **Doc. 5 et 6** Quels sont les avantages de l'éventuelle ouverture de la route du Nord-Est pour le commerce mondial ?

BILAN Montrez que l'Arctique russe est en cours d'intégration à l'économie mondiale.

Étude de cas 2 — *L'Arctique russe*

C — De nouveaux enjeux identitaires, géopolitiques et environnementaux

8 — Les sous-marins nucléaires : un enjeu géopolitique

À l'époque soviétique, la flotte du Nord était la plus importante flotte mondiale de sous-marins à propulsion nucléaire ; sa base principale était Mourmansk. Le démantèlement de cette flotte par la Russie a pris du retard, ce qui génère des pollutions radioactives.

Le « Prince Vladimir » est aujourd'hui un sous-marin destiné à protéger les intérêts nationaux et à appuyer les revendications russes dans l'Arctique. Ce souhait s'inscrit dans le temps long de l'histoire russe : être présent sur tous les océans et les mers et accéder toute l'année à des mers libres de glace.

9 — L'État russe et ses peuples arctiques

« La loi signée en 2001 par Vladimir Poutine est un texte – dont les décrets d'application ne sont toujours pas parus – qui donne aux autochtones priorité pour l'exploitation des ressources renouvelables (pêche et chasse) du territoire sur lequel ils vivent et prévoit le versement en leur faveur de dividendes sur les gains procurés par les richesses du sous-sol. La mise en œuvre effective de cette loi sera sans doute une des batailles que devra livrer le RAIPON[1], avec l'aide des "cousins" du Canada, de l'Alaska et du Groenland, durant la deuxième Décennie internationale des populations autochtones proclamée par l'ONU (2005-2014). Officiellement, ces peuples sont en Russie classés en deux catégories en fonction de leur taille : les plus importants numériquement (comme les Sakhas-Yakoutes, les Bouriates) ont leurs propres républiques, tandis que les 41 "petits peuples du Nord", rebaptisés durant la perestroïka des années 1980 "peuples à faibles effectifs" résident dans des arrondissements autonomes portant leurs noms ou dans des entités administratives à l'identité plus hétérogène. »

B. Chichlo, « Le Grand Nord russe »,
Le Courrier des pays de l'Est, n° 1 066,
La Documentation française, 2008.

1. Association russe des peuples autochtones du Nord.

Questions

1. **Doc. 8** Quel est le point commun entre ces deux photographies ?
2. **Doc. 8 à 13** Classez les informations des documents en fonction des enjeux qu'ils soulèvent.
3. **Doc. 13** Pourquoi certains projets sont-ils abandonnés ?
- **BILAN** Décrivez les enjeux géopolitiques de la mise en valeur de l'Arctique pour la Russie.

10 Un plan russe pour l'Arctique

a. « Un nettoyage général des territoires de l'Arctique »

« En 2010, Vladimir Poutine, alors Premier ministre, annonce de grands plans pour l'Arctique. Il évoque "un véritable nettoyage général" des territoires arctiques. Il s'agira de "supprimer les décharges accumulées pendant des décennies autour de nos villes et villages polaires, autour des gisements et des bases militaires ainsi que dans la toundra et sur les îles de l'océan glacial Arctique." […]
Ce chantier a commencé mais il est énorme. Cette vaste pollution freine les opérations sismiques indispensables à l'exploration pétrolière et gazière. »

b. Un plan d'investissements pour l'Arctique (2010-2020)

« "Notre plan comprend la modernisation des voies d'accès par les rivières, les routes et les chemins de fer, des communications et des aérodromes du Nord, ainsi que la rénovation de l'aviation polaire", a déclaré M. Poutine, ajoutant que les compagnies publiques et privées qui choisiraient le transport maritime arctique jouiraient d'avantages économiques. Le plan prévoit également la construction d'installations d'extraction de pétrole et de gaz.
[…] Début août, Nikolaï Patrouchev, secrétaire du Conseil de sécurité russe, a dévoilé quelques détails de ce vaste plan d'équipement du Grand Nord. Il a notamment évoqué l'établissement de bases destinées à accueillir des navires militaires et des garde-côtes. »

O. Truc, *Le Monde*, 3 décembre 2012.

12 « Arctique, l'autre guerre froide »

Couverture du *Courrier international* n° 935, 2 octobre 2008.

11 Les conflits d'usage dans la péninsule de Yamal

L'activité gazière prélève des terres aux Nenets, éleveurs de rennes, et la qualité des pâturages ne cesse de diminuer.

13 L'abandon du projet de Teriberka

« Jusqu'en 2008, Teriberka, dans le nord-ouest de la Russie, à 150 km de Mourmansk, faisait partie de ces zones interdites que le KGB gardait jalousement. Mais la pression s'est relâchée depuis que le géant russe de l'énergie a jeté son dévolu, il n'y a pas loin de dix ans, sur ce petit village des bords de la mer de Barents. Gazprom avait l'intention d'y construire une usine destinée à transformer en gaz liquéfié le produit de l'immense gisement de Chtokman, à 60 km au large. Avec une petite difficulté toutefois : ce projet monumental est gelé en raison des coûts excessifs et de complications techniques. Les installations du gisement pourraient en outre être menacées, car le réchauffement climatique fissure la banquise et jette dans l'Arctique d'immenses icebergs. Pour l'instant, les promesses faites à Teriberka ont volé en éclats. […] Cela fait des lustres que Chtokman, symbole de la ruée vers les ressources arctiques fait les gros titres. Mais à Teriberka le gisement et ses richesses semblent bien loin. Il n'y a même plus de café, les deux tiers des bâtiments sont impropres à l'habitat […], les épaves de navires de pêche pourrissent dans la baie. »

O. Truc, *Le Monde*, 10 août 2013.

Note : Gazprom est associé au norvégien Statoil et au français Total, actionnaires de la société Chtokman development AG.

Étude de cas 2

CHANGER D'ÉCHELLE ▶ De l'Arctique russe au contexte mondial

Rédiger le bilan de l'étude de cas | Mettre en perspective

A — Un milieu contraignant et faiblement peuplé

1• À quelles contraintes la mise en valeur du milieu arctique russe se heurte-t-elle ? (p. 200)

> **carte 1 ci-contre**
> **a.** Identifiez d'autres exemples de fronts pionniers.

B — Un nouvel eldorado ?

2• Quelles sont les principales ressources de l'Arctique Russe ? (p. 201)

> **carte 2 ci-contre**
> **b.** Quels avantages présente la route du Nord-Est pour le trafic maritime mondial ?

C — De nouveaux enjeux identitaires, géopolitiques et environnementaux

3• Rédigez un paragraphe mettant en avant les divers enjeux liés à l'ouverture de l'Arctique russe. (p. 202-203)

> **cartes p. 206-207**
> **c.** Quels risques comporte la mise en exploitation de l'Arctique russe ?

Schéma bilan ▶ L'intégration du front pionnier froid russe à l'œkoumène

ENJEU ÉCONOMIQUE
- Développement possible
- Fortes contraintes (accessibilité, coûts élevés)
- Ressources énergétiques et minières potentielles
- Nouvelle voie maritime pour le commerce

ENJEU ENVIRONNEMENTAL
- Milieu fragile
- Réchauffement climatique
- Pollution liée aux déchets nucléaires

- Nouvelle frontière
- Un monde du froid peu peuplé, en cours d'intégration à l'œkoumène

ENJEU SOCIAL
- Emplois
- Ouverture, désenclavement
- Accès des populations autochtones au développement
- Flux migratoires

ENJEU GÉOPOLITIQUE
- Revendications identitaires et économiques des peuples autochtones
- Revendications de souveraineté des États riverains
- Tensions internationales pour le contrôle des ressources et de la voie maritime
- Retour de la Russie dans la géopolitique mondiale

Enjeu local
Enjeu mondial

Les mondes arctiques, « une nouvelle frontière sur la planète »

1 Les fronts pionniers dans le monde

1. La répartition de la population
- un point représente 500 000 habitants

2. Les grandes agglomérations
- plus de 10 millions d'habitants

3. Les fronts pionniers
- agricoles
- à des fins d'exploitation d'hydrocarbures et de minerais
- touristiques

Fronts pionniers indiqués : Arctique américain, Alaska, Alberta, Groenland, Arctique russe, Alaska, Kamchatka, Sakhaline, Xinjiang, Himalaya, Sahara, Amazonie, Rép. Dém. du Congo, Madagascar, Andes, Patagonie, Antarctique.

Agglomérations : Londres, Paris, Moscou, Istanbul, Le Caire, Beijing (Pékin), Tokyo, Osaka-Kobé, Shanghai, Delhi, Karachi, Dacca, Guangzhou, Shenzhen, Mumbai, Kolkata, Manille, Los Angeles, New York, Mexico, Lagos, Rio de Janeiro, São Paulo, Buenos Aires.

Échelle : 2 500 km (échelle à l'Équateur)

2 Les routes maritimes dans le monde

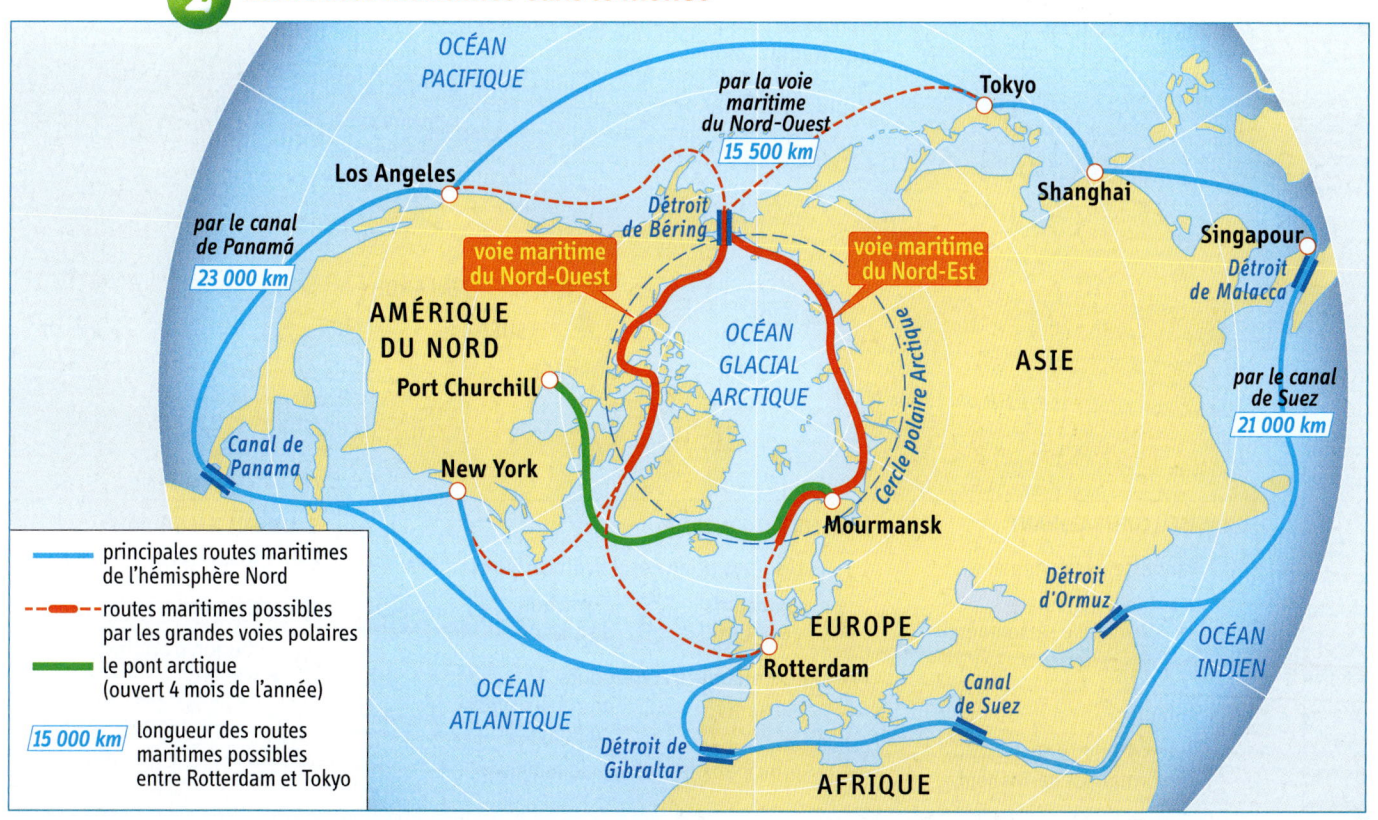

- principales routes maritimes de l'hémisphère Nord
- routes maritimes possibles par les grandes voies polaires
- le pont arctique (ouvert 4 mois de l'année)
- 15 000 km : longueur des routes maritimes possibles entre Rotterdam et Tokyo

Indications sur la carte :
- par la voie maritime du Nord-Ouest : 15 500 km
- par le canal de Panamá : 23 000 km
- par le canal de Suez : 21 000 km
- voie maritime du Nord-Ouest
- voie maritime du Nord-Est
- Détroit de Béring, Détroit de Malacca, Détroit d'Ormuz, Détroit de Gibraltar
- Villes : Tokyo, Los Angeles, Shanghai, Singapour, Port Churchill, New York, Mourmansk, Rotterdam

205

Carte — Les mondes arctiques

1. Un nouvel eldorado dans un milieu froid ?

1. UN MILIEU CONTRAIGNANT
- banquise permanente
- extension maximale de la banquise saisonnière
- inlandsis
- toundra
- limite d'extension du permafrost permanent

2. UN MILIEU CONVOITÉ
- réserves prouvées d'hydrocarbures
- ▲ extraction de pétrole
- ▲ extraction de gaz
- Principaux oléoducs et gazoducs
  - ——— existants
  - ------ en construction ou en projet
- ◆ principaux gisements de minerais

3. UN MILIEU SOUMIS AUX POLLUTIONS
- ◇ marée noire
- ☢ pollution d'origine nucléaire

Les mondes arctiques, « une nouvelle frontière sur la planète »

2 Des tensions et des interrogations

1. DES ACTEURS AUX INTÉRÊTS DIVERGENTS
États riverains de l'océan glacial Arctique
■ territoire inuit ■ territoire autonome

2. DES PRÉTENTIONS TERRITORIALES ET DES DIFFÉRENDS
- - - limites des juridictions maritimes
▓ eaux internationales
✕ litiges concernant la délimitation des eaux territoriales
★ bases militaires

3. DE NOUVELLES VOIES MARITIMES
— voie maritime du Nord-Ouest
⋯ voie maritime du Nord-Est
⋯⋯ pont arctique

Question
Confrontez les deux cartes : pourquoi l'Arctique est-il un enjeu pour les équilibres mondiaux ?

207

Cours 1 — L'Arctique : un milieu contraignant

L'Arctique, à la faveur du recul de la banquise saisonnière, est un **front pionnier** en voie d'intégration à l'**œkoumène**.

1 Un milieu soumis aux contraintes du froid

● L'Arctique est situé aux hautes latitudes, au nord du cercle polaire situé à 66°33 de latitude nord. Cette limite définit un espace de plus de 21 millions de km² dont les deux tiers sont occupés par l'océan glacial Arctique. Il se caractérise par l'importance du froid pendant la longue nuit polaire et l'absence d'été puisque la température moyenne des mois sans nuit n'atteint jamais +10 °C. Bassin océanique bordé par le Canada, l'Alaska (États-Unis), le Groenland (danois), la Norvège et la Russie, il porte des îles et des archipels (Nouvelle-Zemble, Svalbard).

● De novembre à avril, les glaces de mer couvrent l'océan, sur une surface de 14 à 15 millions de km² ; 7 millions de km² fondent en été. La banquise qui a une épaisseur moyenne d'environ 4 mètres, dérive à une vitesse de 5 km/jour. La banquise saisonnière perd aujourd'hui de sa surface et, pour certains chercheurs, la banquise permanente devrait aussi se réduire, voire disparaître au cours du XXIe siècle. À Iqaluit, capitale du Nunavut (Canada), l'eau est libre de glace pendant 3 à 5 mois, contre 2 à 2,5 il y a quelques années. Les Inuits disent de mémoire n'avoir jamais assisté à un tel phénomène. Dès lors, l'Arctique devient un territoire exploitable et qui pourrait s'ouvrir à la navigation. Néanmoins, ce déclin de la banquise ne sera pas uniforme. **(doc. 1, 2 et 3)**

2 Un espace anciennement découvert

● Des populations ont commencé à occuper le littoral de l'Arctique à partir de la fonte des grands **inlandsis** quaternaires qui couvraient notamment le Nord du Canada. Les populations originaires de Sibérie, venues par le détroit de Béring alors partiellement émergé, se sont établies dans le nord canadien et au Groenland et ont vécu en symbiose avec un milieu difficile (nomadisme, chasse au phoque en hiver, chasse au caribou dans la toundra en été). **(doc. 4 et 5)**

● À partir des XVIe-XVIIe siècles, l'Arctique est peu à peu découvert par les Européens par le biais des Compagnies de traite qui recherchent des fourrures (Compagnie de la baie d'Hudson) et des missionnaires venus évangéliser les **autochtones**. À partir du XVIIIe siècle, les expéditions se multiplient (Frederick Cook). Le pôle est finalement atteint en 1909 par l'Américain Peary. L'Arctique est progressivement intégré aux États américain, canadien, norvégien, danois et russe.

3 Un espace peu peuplé

● 150 000 Inuits vivent au Canada et au Groenland, 60 000 Sâmes ou Lapons en Norvège, 200 000 Nenets, Evènes, Tchouktches ou autres peuples autochtones en Russie. Au cours du XXe siècle, ces populations se sont sédentarisées dans de petites villes où les modes de vie sont ceux des Canadiens ou des Américains vivant plus au sud. Elles se déplacent en motoneige et la plupart ont des activités d'élevage, de pêche ou de chasse modernisées. Beaucoup de problèmes résultent de ces changements rapides tels que l'alcoolisme.

● Ces populations représentent environ 10 % des 4 millions d'habitants du monde arctique avec de fortes disparités d'occupation géographique (au Nunavut, 31 000 habitants, 80 % des résidents sont Inuits). Elles font aujourd'hui valoir leurs droits sur les territoires du Nord, notamment celui de gérer leurs ressources et de promouvoir leur culture. Groenland et Canada mis à part, les populations autochtones sont désormais minoritaires, car le développement énergétique attire de nombreux migrants.

▶ L'Arctique devient un espace qui suscite beaucoup de convoitises.

Des populations autochtones minoritaires dans l'Arctique

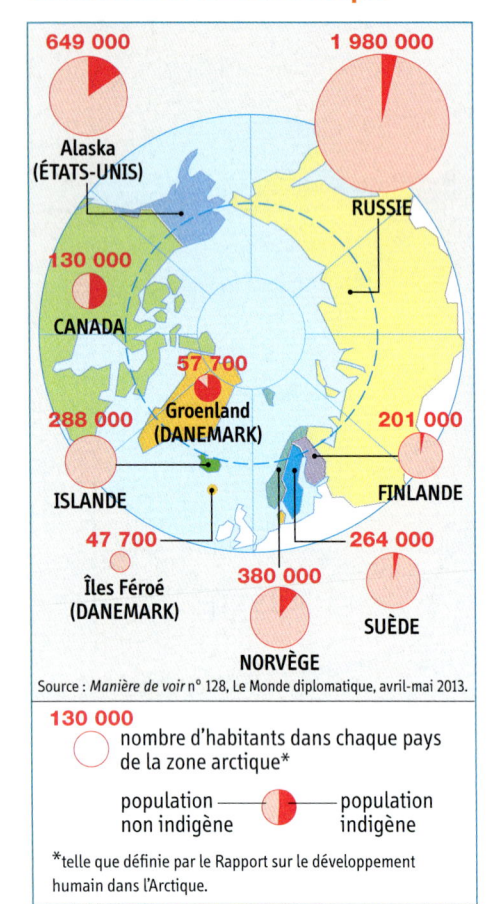

- Alaska (ÉTATS-UNIS) : 649 000
- RUSSIE : 1 980 000
- CANADA : 130 000
- Groenland (DANEMARK) : 57 700
- ISLANDE : 288 000
- FINLANDE : 201 000
- Îles Féroé (DANEMARK) : 47 700
- NORVÈGE : 380 000
- SUÈDE : 264 000

Source : *Manière de voir* n° 128, Le Monde diplomatique, avril-mai 2013.

130 000 : nombre d'habitants dans chaque pays de la zone arctique*
population non indigène — population indigène

*telle que définie par le Rapport sur le développement humain dans l'Arctique.

---

vocabulaire

Front pionnier
Nouvel espace de mise en valeur et d'intégration à l'œkoumène.

Œkoumène
Espace occupé par l'homme.

Inlandsis
Grands glaciers continentaux des régions polaires situés dans l'Antarctique, le Groenland et sur les archipels.

Peuple autochtone
Peuple indigène.

1. La banquise

« Le milieu arctique est fondamentalement océanique. La dynamique des glaces de mer y joue un rôle essentiel. Au centre de l'océan glacial Arctique, quasi fermé, sauf sur l'Atlantique, flotte en permanence un gigantesque radeau de glace. De plusieurs milliers de kilomètres de diamètre, son épaisseur varie de quelques centimètres à près d'une centaine de mètres par endroits. Cette incertitude sur l'épaisseur de la banquise pose un problème pour estimer son risque et sa vitesse de fonte en fonction de différents scénarios de réchauffement climatique. »

P. Arnould et L. Simon, *Géographie de l'environnement*, Éditions Belin, 2007.

2. Le pack

« Le pack est une glace saisonnière. [...] Il entoure la banquise l'hiver à la façon d'une auréole. Auprès de la banquise à la fin de l'été, lorsque la température de l'air descend à − 12 °C environ, l'eau de mer atteint − 2 °C et commence à geler : une bouillie de cristaux et de saumure apparaît, donnant à l'eau un reflet huileux. [...] Spatialement, le pack arctique soude en hiver la banquise aux rivages continentaux, de telle sorte qu'on pourrait aller à pied d'Amérique en Sibérie, du moins théoriquement. En été, le pack rétrécit ou disparaît laissant un chenal à la navigation maritime le long des continents. »

J. Demangeot, *Les Milieux « naturels » du globe*, Armand Colin, 1996.

3. La banquise fond-elle ?

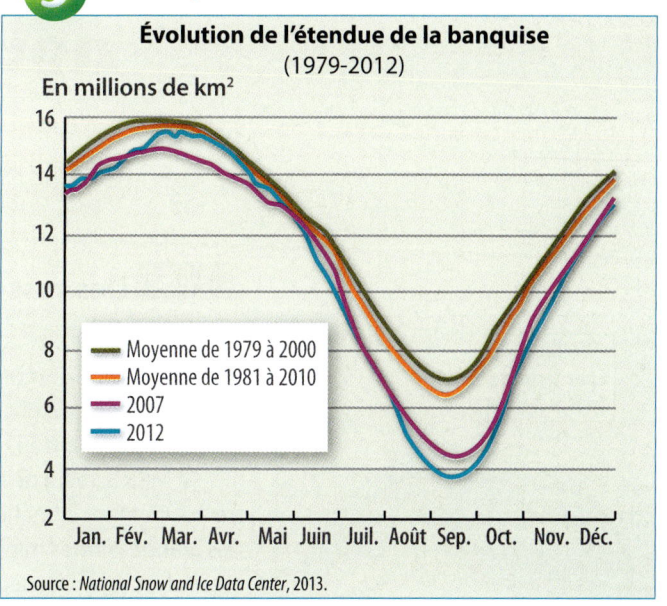

Évolution de l'étendue de la banquise (1979-2012)
En millions de km²

- Moyenne de 1979 à 2000
- Moyenne de 1981 à 2010
- 2007
- 2012

Source : *National Snow and Ice Data Center*, 2013.

4. La chasse au phoque

Des Inuits au-dessus d'un *aggloo*, le trou de respiration du phoque dans la banquise.

5. Les Inuits, peuples du froid

« Le peuple le plus caractéristique des régions arctiques est constitué par les Inuits (Esquimaux). Il occupe les vastes marges périglaciaires de l'œkoumène. [...] Les Inuits sont typiquement un peuple qui tire ses ressources d'animaux vivant dans les eaux froides, phoques, morses. La vie sédentaire de groupe en igloo (où la température est inférieure à 0 °C) durant l'hiver, cède la place à la dispersion familiale, à la vie errante (sous tente de peau) pendant l'été, saison de chasse. Les Inuits savent distinguer d'innombrables variétés de neige et de glace et cette connaissance leur permet de s'abriter et de chasser plus efficacement. [...] Ce tableau a été cependant bouleversé par l'intrusion de conditions de vie "modernes" dans la seconde moitié du XXᵉ siècle. »

D. Lamarre et P. Pagney, *Climats et sociétés*, Armand Colin, 1999.

Cours 2 — L'Arctique : une nouvelle « frontière »

L'Arctique pourrait devenir une nouvelle « frontière » de la planète si les ressources potentielles s'avéraient exploitables. Néanmoins, les contraintes demeurent fortes.

Le raccourci de l'Arctique

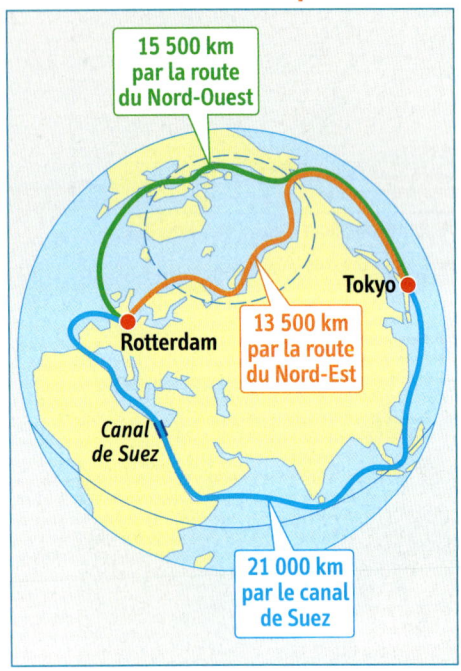

- 15 500 km par la route du Nord-Ouest
- 13 500 km par la route du Nord-Est
- 21 000 km par le canal de Suez

(Rotterdam, Tokyo, Canal de Suez)

1 Des ressources nombreuses et convoitées

○ Depuis le XIXᵉ siècle, s'est développée dans l'Arctique la chasse aux mammifères marins (baleine et morse pour l'ivoire) et la pêche **(doc. 4)**. D'autres ressources abondantes et convoitées existent dans l'océan ou ses bordures : or, nickel, étain, diamants, rubis, fer, phosphates, charbon.

○ Mais le recul de la banquise rendra possible l'exploitation de nouvelles ressources. Le réchauffement climatique constitue en effet un enjeu économique majeur pour les États et les grandes firmes minières (Areva) et pétrolières (Shell, Statoil). Tous les acteurs ont entamé des travaux de prospection dans les régions polaires qui pourraient devenir un nouvel eldorado minier et énergétique. L'Arctique recèlerait 22 % des réserves d'hydrocarbures dans le monde ; la majorité des gisements seraient offshore. Néanmoins, le défi technique pour extraire ces matières premières n'est pas à sous-estimer. La distance par rapport au marché exige des moyens de transport adaptés et la fonte du **permafrost** peut entraîner des dégâts sur les infrastructures existantes : routes, complexes industriels, conduites.

○ L'avenir de cet éventuel « eldorado » est très largement lié à l'évolution du marché de l'énergie dans le monde et aux réponses apportées aux contraintes du transport.

2 De nouvelles routes maritimes

○ Le recul de la banquise en fin d'été va faciliter également la navigation. Il permettra au moins pendant l'été de relier l'Atlantique et l'Asie en empruntant le passage du Nord-Ouest qui traverse l'archipel canadien ou celui du Nord-Est qui longe les côtes russes.

○ La première voie permet de ne parcourir que 15 500 km d'Amsterdam à Tokyo et la seconde 13 500 km au lieu de 23 000 km par le canal de Panama et 21 000 km par le canal de Suez. Cette diminution de la distance entraîne un gain de temps. Une route transpolaire reliant les ports canadien et russe de Churchill et Mourmansk, pourrait être ouverte. Ces ouvertures suscitent les convoitises d'États non arctiques, notamment de la Chine qui y conduit des expéditions scientifiques et des essais de navigation commerciale. **(doc. 1 et 2)**

○ Néanmoins, la navigation dans ces passages demeurera dangereuse avec des risques d'accidents liés aux glaces dérivantes et à la faiblesse des profondeurs. Des risques de pollution majeure existent aussi. **(doc. 3)**

3 De nouveaux conflits d'acteurs

○ Les conséquences positives du recul de la banquise débouchent sur des enjeux géopolitiques. Comment les États et les populations concernés vont-ils s'approprier l'océan glacial Arctique ? Où passeront les frontières ? Aujourd'hui, la zone internationale représente encore 40 % du territoire, mais elle serait ramenée à 10 % si toutes les revendications nationales devaient être satisfaites.

○ Comment vont également réagir les défenseurs de l'environnement ? Les conflits d'acteurs entre États, entreprises, populations locales et organisations de protection de la nature sont très nombreux. Comment les flux de travailleurs étrangers vont-ils s'intégrer dans les communautés autochtones ?

▶ L'Arctique présente tous les caractères d'un front pionnier et suscite beaucoup d'espoirs. Ceux-ci se réaliseront-ils ? Les interprétations divergent en effet sur les conséquences géoéconomiques de l'ouverture.

vocabulaire

Permafrost (ou pergélisol)
Sous-sol gelé en permanence. Seule la surface dégèle pendant l'été.

Les mondes arctiques, « une nouvelle frontière sur la planète » **6**

1 À quoi servent les routes maritimes polaires ?

Le ravitaillement local et régional		Le transit international
Ravitaillement des communautés polaires (villes et villages autochtones)	Trafic interrégional entre des centres de production (mines, hydrocarbures) et des installations portuaires (première transformation et exportation)	Les 46 passages annoncés en 2012 sur la Route maritime du Nord et de 27 en 2011 sur le passage du Nord-Ouest sont surtout des trafics de destination mais une navigation de croisière est en forte augmentation sur les deux passages. (En comparaison : 18 000 passages en moyenne par an par le canal de Suez et 14 000 par le canal de Panamá)

D'après É. Canobbio, conférence lors du Forum des ressources pour l'éducation au développement durable, Amiens, 7 et 8 février 2013.

2 Les routes polaires : avenir du commerce maritime international ?

« Le potentiel commercial des routes maritimes polaires est certain, mais nécessitera de nombreux efforts pour devenir effectif. L'augmentation du trafic maritime impliquera de mettre en place des infrastructures afin d'assurer la communication, la sécurité et le contrôle. Les armateurs devront faire face à des contraintes dont la livraison "juste à temps" qui proscrit tout retard, des coûts d'assurance plus élevés qu'à l'ordinaire et des coûts de construction supplémentaires afin de rendre le navire plus résistant. »

S. Maffionne, *Diplomatie* n° 64, octobre 2013.

3 La réglementation de la navigation dans l'Arctique

« La fonte [...] pose de nouveaux défis en terme de sécurité, de sauvetage et d'environnement. L'instauration de nouvelles règles de navigation dans les eaux polaires est au cœur de la conférence Arctic Frontiers qui se tient dans l'Arctique norvégien. [...] Obscurité, distances immenses, tempêtes arctiques, communications difficiles, banquise, absence quasi totale d'infrastructures, sont les défis imposés aux sauveteurs. [...] C'est pour ces raisons qu'un Code polaire en zone arctique s'impose. [...] S'il est adopté, les navires mouillant dans les eaux arctiques devront répondre à certains standards, comme le design de la coque, le respect des procédures d'urgence, la formation des équipages, les équipements de communications. »

O. Truc, *Le Monde*, 24 janvier 2014.

4 La pêche industrielle au Groenland

« Avec 70 % des stocks mondiaux de poisson maigre et environ la moitié du poisson consommé en Europe et en Amérique du Nord, l'importance économique de l'Arctique est significative dans le secteur de la pêche. La productivité biologique de la mer de Barents, qui abrite les derniers grands stocks de morue et fournit plus de la moitié de la morue disponible sur le marché mondial, est quatre fois supérieure à celle des autres océans de la planète. Ces ressources halieutiques sont de première importance pour les populations riveraines de l'Arctique. La pêche illégale demeure un problème majeur. »

P. Jacquet, R. Kumar Pachauri, L. Tubiana, *Regards sur la terre 2011*, Armand Colin, 2011.

211

Cours 3 — L'Arctique, un enjeu pour les équilibres mondiaux ?

L'intégration de l'Arctique au monde pourrait créer des tensions géopolitiques et susciter des inquiétudes sur le plan environnemental compte tenu de la fragilité du milieu.

1 Le découpage de l'Arctique, une nouvelle géopolitique ?

○ Pendant la Guerre froide, le détroit de Béring et le Bassin arctique ont été des lieux géostratégiques majeurs. L'importance des ressources et l'intérêt des passages maritimes renforcent les tensions entre les États riverains. Ainsi le Canada considère que le passage du Nord-Ouest est sous son entière souveraineté. De même, les détroits qui relient les différentes mers bordant la côte russe sont considérés par la Russie comme lui appartenant. Les États-Unis et l'Europe estiment au contraire que les eaux arctiques relèvent du régime juridique international des détroits, ce qui permet l'usage de ceux-ci à tous les navires.

○ Le découpage selon les principes de la Convention des Nations unies sur le droit de la mer est discuté par les pays riverains de l'Arctique pour lesquels le plateau continental s'étend au-delà des 200 milles marins. Dans ce cas, les règlements permettent de repousser la limite à 350 milles marins si la profondeur de la mer ne dépasse pas 2 500 mètres. Des contentieux portent aussi sur l'extension des États riverains vers le pôle. La Russie a affirmé sa présence au pôle Nord en plantant un drapeau sur le fond marin en août 2007. À cela s'ajoute la difficulté de fixer des frontières à certains endroits (tensions entre le Canada et les États-Unis en mer de Beaufort).

2 Quelle gouvernance pour l'Arctique ?

○ En octobre 2008, un traité international sur le modèle du traité de l'Antarctique a été envisagé pour lutter contre les menaces environnementales liées à l'exploitation des ressources. Le Parlement européen avait pris une résolution en ce sens.

○ Les ONG (WWF, Greenpeace) y étaient favorables. Ce projet a été rejeté par les États riverains. Une gouvernance arctique souple est assurée par des organisations régionales (Conseil euro-arctique) et par le Conseil de l'Arctique **(doc. 1 et 2)**, créé en 1996, mais qui n'est que consultatif.

3 Des menaces sur l'environnement ?

○ Les enjeux environnementaux liés à l'intégration de l'Arctique sont divers. **(doc. 3)** Il est affecté par une pollution radioactive, en mers de Barents et de Kara tout particulièrement. Les pollutions d'origine pétrolière sont importantes dans l'embouchure de l'Ob et en Alaska. L'échouage de l'Exxon Valdez en 1989 a déversé 40 millions de litres de pétrole brut et provoqué des pertes en termes de pêche et de biodiversité. Plus généralement, se pose la question des déchets car le froid ralentit la décomposition. Le Conseil de l'Arctique encadre des programmes sur les risques environnementaux.

○ L'Arctique offre aussi des espaces protégés. **(doc. 4)** Les premières réserves floristiques ont été créées en 1932 au Svalbard (territoire norvégien) qui compte également trois parcs nationaux, quinze réserves ornithologiques. On en compte aussi au Groenland, en Alaska… L'Arctique, monde fragile, est une sorte de puzzle d'espaces protégés, parfois difficiles à surveiller face à un tourisme qui prend de l'importance. La faune polaire, terrestre et maritime constitue un facteur d'attraction. Le tourisme de croisière augmente aussi.

▶ Entre usages et conservation, quels choix feront les acteurs concernés par l'Arctique alors que les ONG de protection de l'environnement s'inquiètent des conséquences de l'ouverture sur la biodiversité ?

1. Les minorités polaires et l'eldorado minier

« L'extrême fragmentation des situations minoritaires boréales rend particulièrement complexe un diagnostic unifié à l'échelle de l'immensité arctique. Plusieurs siècles de domination coloniale, de tentatives de spoliation des terres et de programmes étatiques d'assimilations ont inséré les sociétés autochtones boréales dans une mosaïque de cadres juridiques et politiques spécifiques. L'usage de l'espace polaire fut longtemps leur seul patrimoine commun. La mutualisation d'une conscience de la dégradation de leur environnement nourricier, de leurs vulnérabilités culturelles et l'urgence à formaliser des réponses adaptées aux mal-développements boréaux dans une économie arctique en mutation rapide scellent une vision commune à l'ensemble des minorités boréales. [...] Le Conseil arctique, créé en 1996, a offert une tribune permanente aux grandes associations autochtones transnationales. »

É. Canobbio, *L'Atlas des minorités*, Le Monde / La Vie, hors-série, 2012.

2. Le Conseil de l'Arctique : un reflet des enjeux géopolitiques

Le Conseil de l'Arctique (1996) a d'abord été créé pour débattre des questions environnementales, sanitaires et ethnoculturelles. Il s'agissait de mettre en place une « stratégie de protection de l'environnement arctique ». Les prérogatives ont été étendues aux litiges territoriaux, à la prévention des catastrophes, au développement social et culturel des habitants du froid.
Sa composition s'est ensuite élargie. Il comprend les États riverains (Canada, États-Unis, Russie, Norvège, Danemark et Suède), quatre organisations internationales représentant les peuples autochtones et des États observateurs. Il comprend aussi des acteurs économiques (sociétés pétrolières et gazières, agences de voyages) et des ONG.

3. Les enjeux de la protection de l'Arctique

« Les termes de la question de la protection écologique arctique s'articulent autour de trois problématiques. La première montre une concurrence croissante des territoires arctiques entre leurs valeurs écologiques et leurs valeurs économiques. Le retour des prospecteurs miniers et énergétiques dans des zones à fort potentiel écologique [...] (Nunavut, Nunavik, mers de Barents et de Kara) détermine une hiérarchie de valeur d'une région arctique qui, pour l'instant, penche en faveur de sa valeur économique. La deuxième est une approche rénovée d'un "développement durable boréal". L'Arctique se veut précurseur par ses politiques nationales et transnationales comme l'AEPS, la Stratégie de Protection Environnementale de l'Arctique, qui préfigurera la création du Conseil de l'Arctique en 1996, où siègent les associations autochtones et les nations polaires. La troisième intègre l'incertitude climatique. »

É. Canobbio, *Atlas des pôles*, Éditions Autrement, 2007.

4. Concilier ouverture et protection de l'environnement

La réserve des eiders (Alaska). L'eider est une espèce de canard marin de grande taille dont les colonies vivent en milieu arctique ou subarctique.

Points de vue

La mise en valeur de l'Arctique met-elle en danger sa biodiversité ?

Les médias et les ONG de protection de la nature dénoncent les conséquences de la mise en valeur des ressources de l'Arctique à la faveur du changement climatique. Les craintes font état de l'éventuelle disparition des ours polaires, des baleines, des rennes, des impacts graves des pollutions sur l'environnement.

N'EN RESTERA-T-IL QUE DES MOTS? IFAW.org

Qu'en pense un géographe ?

« Les grands écosystèmes de la planète vont mal : c'est ce qu'affirme le discours ambiant. Le constat est même alarmant : 25 à 50 % des espèces animales et végétales pourraient ne plus exister avant la fin du siècle. [...] La banquise fond à un rythme accéléré entraînant avec elle l'extinction des ours blancs, engloutissant les villages Inuits. [...] C'est donc bien la survie même de la planète et par conséquent de l'humanité qui est en jeu.

Le premier pilier du discours de crise est bien là : souligner la catastrophe en cours pour accélérer la prise de conscience, faire peur pour susciter des mesures rapides et radicales. [...]

Deuxième pilier du discours : la mise en cause de l'Homme responsable de la dilapidation des ressources, de la dégradation des milieux. [...]

Troisième pilier enfin de ce discours : sa globalisation. L'avenir de l'humanité étant en cause, c'est à l'échelle planétaire que se posent les problèmes et que doivent se concevoir les solutions. [...]

La géographie en général, la **biogéographie** en particulier, permettent de relativiser de tels discours. Le catastrophisme dominant ne saurait être accepté sans discussion.

Si nul ne songe à nier les risques inhérents à la déforestation, à la désertification ou encore à l'érosion de la biodiversité, la situation actuelle mérite d'être pour le moins relativisée. [...]

Chercher à préserver la nature en l'isolant des sociétés relève du mythe. [...] Il convient alors de rappeler trois aspects principaux du rapport Homme / Nature [...].

En premier lieu, s'il n'existe plus de nature indépendante des sociétés, alors il n'est plus possible de raisonner comme si l'action des sociétés se résumait à une ponction, voire à une destruction de ressources préexistantes. La question de la biodiversité l'illustre bien : le stock d'espèces vivantes sur Terre n'est pas une donnée figée : il est le fruit d'une évolution faite de disparitions et d'apparitions d'espèces, depuis peu sous l'influence de l'activité humaine. Si les sociétés ont bien contribué à la disparition de nombreuses espèces, elles ont aussi favorisé leur diversification par les processus de sélection et de mise au point de nouvelles variétés qu'elles ont opérées. [...]

Enfin rien ne vient démontrer de lien direct entre pression démographique et dilapidation des ressources. [...]

L'approche mondiale des questions d'environnement paraît s'imposer aujourd'hui [...] La géographie ne saurait admettre une telle approche sans la discuter [...]. »

P. Arnould et L. Simon, *Géographie de l'environnement*, Éditions Belin, 2007.

vocabulaire

Biogéographie
Branche de la géographie qui étudie la répartition des espèces (animales et végétales) à la surface de la Terre.

Bilan

1. Identifiez dans le texte le passage représentatif du discours général catastrophiste sur le sort des écosystèmes planétaires.

2. Identifiez les principaux arguments qui nuancent le constat d'une réduction de la biodiversité à l'échelle mondiale et dans l'Arctique.

Exercices et méthodes

1 Lire et exploiter un texte

« L'épopée arctique, une vieille histoire russe »

« La création de Mourmansk pendant la Première Guerre mondiale était destinée à procurer à la Russie un accès à la mer de Barents, libre de glace toute l'année. Parallèlement à la ville, la région entière s'est développée. Avec ses 300 000 habitants, Mourmansk est aujourd'hui la plus grande ville de l'Arctique. Aux quatre coins de leur empire, les Soviétiques avaient créé des compagnies régionales chargées du transport et de la logistique. Pour le Grand Nord occidental, la Compagnie maritime de Mourmansk avait été fondée en 1939. Il suffit de visiter son musée pour mesurer à quel point l'épopée arctique est une ancienne histoire russe. [...] Dès l'époque tsariste en 1877 des expéditions sont organisées en mer de Kara pour transporter des produits agricoles et des minerais de Sibérie. [...] Le géologue et explorateur suédois O. Nordenskjöld a été le premier à effectuer un trajet complet à bord du Vega en 1878-1879. Il avait toutefois considéré que les très difficiles conditions dues à la glace dans la partie orientale de la route ne permettraient pas son exploitation. Un siècle et demi plus tard, le réchauffement climatique a fait son œuvre. »

O. Truc, *Le Monde*, 30 novembre 2012.

QUESTIONS

1. Présentez le document.
2. Où est situé Mourmansk ? (cf. carte p. 206). Pourquoi cette ville et ce port ont-ils été installés ici ?
3. Pourquoi y a-t-il une continuité historique entre la politique des Tsars, celle de l'URSS et celle de la Russie actuelle concernant la valorisation de Mourmansk ?
4. Quel atout supplémentaire valorise actuellement le site et la situation de Mourmansk dans le commerce russe et international ?

BILAN Rédigez un paragraphe montrant en quoi ce texte est représentatif de la mise en valeur progressive des mondes arctiques.

2 VERS LE BAC
Analyser un sujet de composition

Sujet : Les mondes arctiques : une « nouvelle frontière »

Les mondes arctiques : une « nouvelle frontière »

Délimitez l'espace à étudier :
- Quels continents, pays ou portions de territoires entrent dans cette aire géographique ?
- Que nous montre ici l'emploi du pluriel ?

- Que signifie l'expression « nouvelle frontière » ?
- Quelles sont les spécificités des mondes arctiques ?
- Pourquoi leur mise en valeur est-elle représentative d'une nouvelle frontière ?

AIDE
- Aidez-vous des définitions de front pionnier et d'œkoumène (page 208).
- Utilisez le schéma bilan de la page « Changer d'échelle », page 198 ou 204.

QUESTIONS

1. Rédigez trois phrases présentant le sujet et son analyse.
2. Proposez un plan.

exercice d'application

- Analysez le sujet de composition suivant : « L'Arctique, un enjeu pour les équilibres mondiaux ? »
- Rédigez ensuite trois phrases présentant le sujet et son analyse.

215

Exercices et méthodes

3 Lire et confronter des images satellitales

vocabulaire

Banquise
Eau de mer gelée dans les régions polaires

1 Vue satellitale de la banquise en été 1975

Sibérie · Groenland · Alaska

2 Vue satellitale de la banquise en été 2012

216

Les mondes arctiques, « une nouvelle frontière sur la planète »

ÉTAPE 1 > Présenter les documents

1. Quelle est la nature des documents proposés ?
2. Quelle zone du globe est ici présentée ?
3. Quel espace la banquise recouvre-t-elle ? Aidez-vous de la définition de la page 216.

ÉTAPE 2 > Confrontez les documents

4. Analysez l'évolution de l'espace occupé par la banquise entre les deux dates des documents.

ÉTAPE 3 > Mobiliser ses connaissances

5. Quelles sont les nouvelles routes maritimes qui s'ouvrent avec la fonte estivale de la banquise ?
6. Quelles opportunités offre la fonte de la banquise pour l'exploitation des ressources (cf. cartes p. 206-207 et cours p. 210) ?

ÉTAPE 4 > Rédiger une réponse organisée

7. Après avoir présenté les documents, vous décrirez l'évolution de la banquise dans l'Arctique, puis vous expliquerez pourquoi la fonte saisonnière représente une nouvelle opportunité pour les territoires concernés.

TICE

4 Développer son regard critique face à Internet

Le tourisme dans l'Arctique

Certains professionnels du tourisme profitent de la mise en valeur récente de l'Arctique pour proposer à leurs clients des voyages et croisières dans cet espace entre terre, mer et banquise, au contact d'une faune particulière, et des populations autochtones. Toutefois, il s'agit d'un certain type de voyages, qui peut être remis en cause.

La page d'accueil du site Internet de l'agence de voyages 66°Nord : www.66nord.com/

1. À partir du site de l'agence de voyages 66° Nord, élaborez un devis fictif pour votre prochain voyage de 13 jours en Antarctique et au Groenland avec votre famille :
– quel serait le prix de ce voyage pour une famille de 4 personnes (2 adultes, 2 enfants) ;
– quels seraient les modes de transport utilisés ?

2. Quels sont les avantages et les inconvénients d'un tel voyage ? Est-ce accessible à tout le monde ?

3. Selon le site de l'agence de voyages, quelles attentes ont les touristes qui se rendent en Arctique ?

4. À l'aide de la page Internet rédigée par l'ONU http://www.un.org/apps/newsFr/storyF.asp?NewsID=14240#.Uo4qvidtb0c, montrez les principales étapes de la mise en tourisme de l'Arctique. Quels problèmes environnementaux et sociaux cette activité peut-elle représenter ?

Réviser : Les mondes arctiques, « une nouvelle frontière sur la planète »

Chiffres clés

Surface comparée des océans (en millions de km²)

Océan Pacifique	180
Océan Antarctique	92
Océan Indien	76
Océan glacial Arctique	15

Profondeur maximale de l'océan Arctique : 5 520 m

Notions clés

Front pionnier

Œkoumène

1 Un milieu contraignant

- L'Arctique est un monde du froid (températures extrêmes, banquise) qui, à la faveur de la fonte de la banquise saisonnière, s'intègre progressivement à l'œkoumène.

- C'est pourtant un espace découvert depuis longtemps. Les Européens, dès le XVIe siècle, venaient y chercher des fourrures et, au XVIIIe siècle, les expéditions ont conduit à son intégration aux États américain, canadien, norvégien, danois et russe.

- C'est un espace peu peuplé. Les autochtones (Inuits, Sâmes…) font aujourd'hui valoir le respect de leur culture et leurs droits sur les ressources. Des territoires autonomes ont été créés.

2 Une « nouvelle frontière »

- De nombreuses bases militaires américaines et soviétiques, puis russes, attestaient déjà de l'intérêt géostratégique de cet océan.

- Mais à la faveur de la découverte de ressources énergétiques (pétrole) et minières et de l'ouverture de nouveaux passages maritimes à cause de la fonte plus importante de la banquise saisonnière, l'Arctique devient une « nouvelle frontière ».

- Toutefois, les coûts d'exploitation des ressources sont élevés (forages en mer et éloignement) et la circulation difficile dans les nouvelles routes maritimes (glaces dérivantes, faiblesse des profondeurs).

3 Un enjeu pour les équilibres mondiaux ?

- La présence de ressources et le contrôle des passages maritimes suscitent des convoitises de la part des États riverains. Certains seraient favorables à un nouveau découpage de l'océan Arctique.

- Les protecteurs de l'environnement s'inquiètent des menaces que font peser sur le milieu l'exploitation des ressources, le développement du tourisme et leurs conséquences sur la biodiversité (disparition de l'ours polaire). Les espaces protégés y sont nombreux.

Aller plus loin

Livre
- T. Garcin, *Géopolitique de l'Arctique*, Economica, 2013

Films et documentaires
- R. Desjardins et R. Monderie, *L'Erreur boréale*, Canada, 1999
- Z. Kunuk, *Atarmajuat, la légende de l'homme rapide*, Canada, 2001

Sites Internet
- Site de l'Institut polaire français : www.institut-polaire.fr
- Site de l'expédition polaire Louis Étienne : www.jeanlouisetienne.com/poleairship

vérifier ses connaissances

Entraînez-vous en ligne sur www.geo-hatier.com (corrigés p. 287 du manuel).

Exercice 1

___ Identifiez les lieux indiqués sur la carte.

Exercice 2

___ Répondez par vrai ou faux.

a. Le monde arctique est essentiellement maritime.
b. La banquise est épaisse de plusieurs centaines de mètres.
c. Le pôle Nord est situé en territoire russe.
d. Les Inuits et les Sâmes sont des peuples autochtones ayant obtenu l'indépendance de leurs territoires.
e. Certaines estimations affirment que 30 % des réserves mondiales de gaz naturel se situent sous l'océan glacial Arctique.

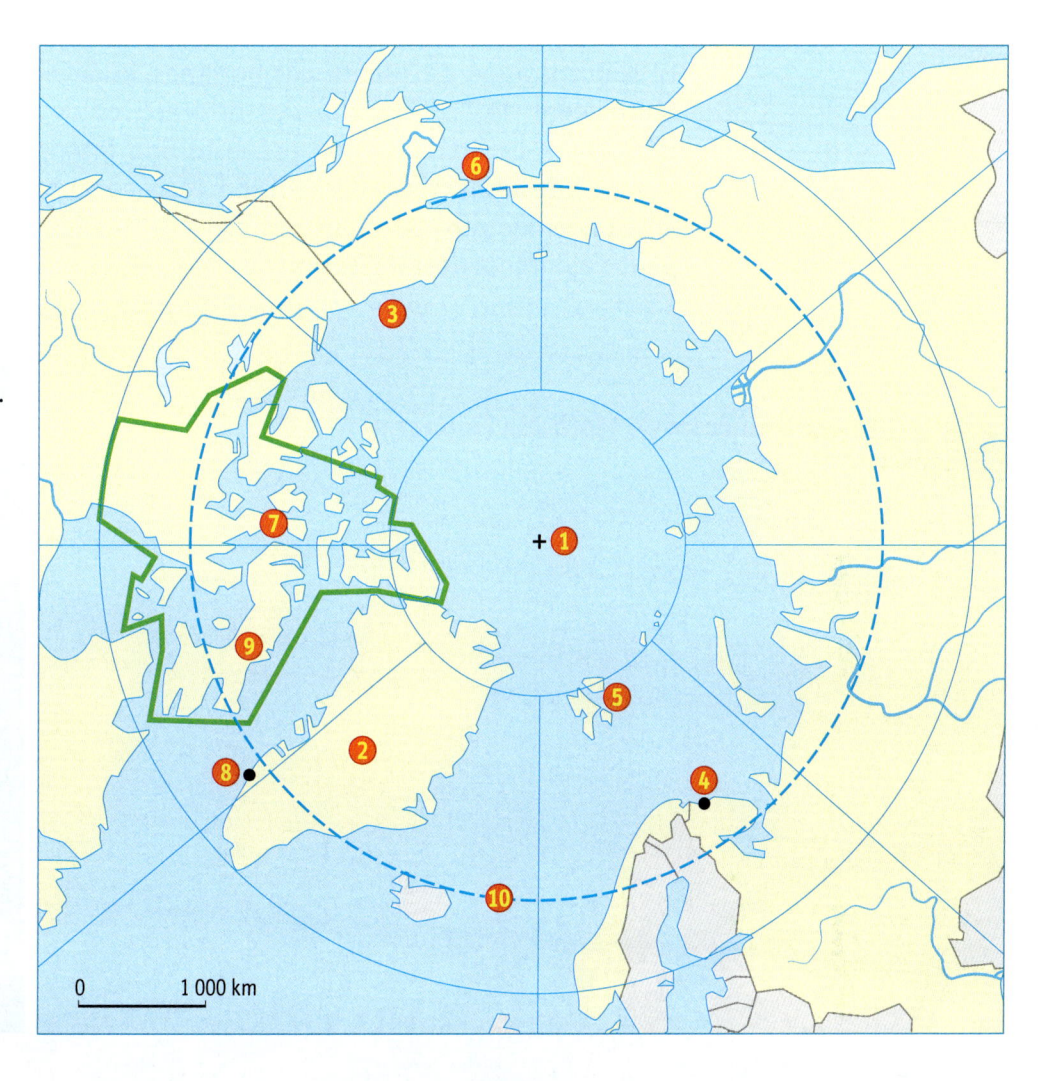

Exercice 3

___ Reliez les territoires suivants aux États correspondants.

a. Alaska
b. Svalbard
c. Groenland
d. Nouvelle-Zemble
e. Nunavut

v. Canada
w. Russie
x. États-Unis
y. Danemark
z. Norvège

Exercice 4

___ En climat polaire arctique, la température moyenne du mois le plus chaud :

a. ne dépasse pas 0 °C
b. peut atteindre 15 °C
c. ne dépasse pas 10 °C
d. est comprise entre 0 °C et 5 °C

Exercice 5

___ Quel État possède le plus grand nombre de brise-glace dans l'océan Arctique ?

a. Canada
b. États-Unis
c. Norvège
d. Russie
e. Japon

Exercice 6

___ Pouvez-vous expliquer les expressions suivantes ?

a. Banquise saisonnière
b. Passage du Nord-Est

7 Les littoraux, espaces convoités

La concentration croissante des hommes, le développement d'activités récentes témoignent de l'attractivité des littoraux et de l'affirmation de leur fonction d'interface. La littoralisation présente une intensité et des formes diverses en fonction de ses facteurs d'impulsion. Mais concurrences pour l'espace et impacts environnementaux affectent ces espaces fragiles : à la dégradation des milieux peut s'ajouter la déstabilisation des économies et des sociétés littorales.

▶ **Littoralisation et développement durable sont-ils compatibles ?**

1 La station balnéaire de Marbella (Espagne)

Marbella, en Andalousie, est une station touristique internationale. La bétonisation du front de mer a donné son nom à des littoraux touristiques densément construits (marbellisation).

Retour de pêche à Afurada (Portugal)

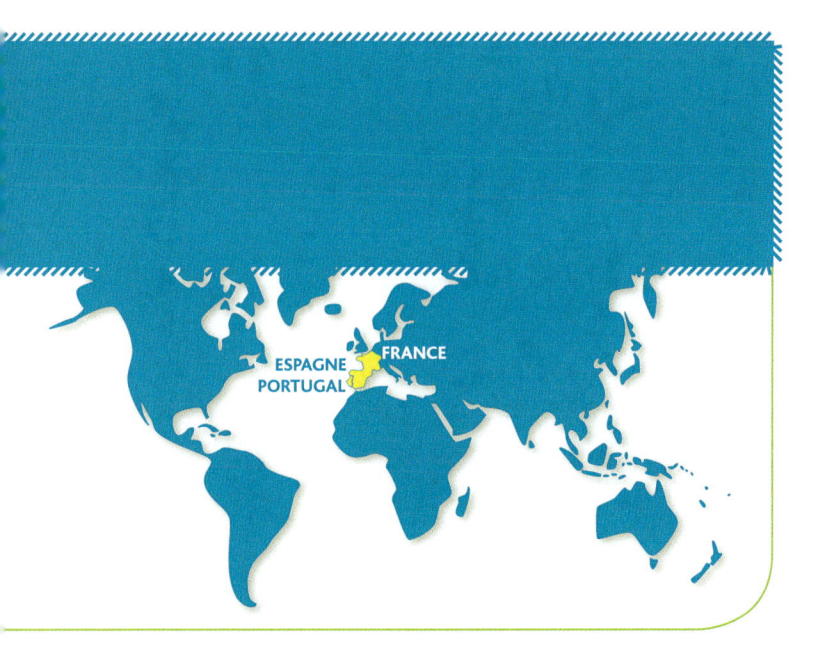

La pêche est une activité ancienne sur tous les littoraux du monde.

❷ Le port du Havre (Haute-Normandie, France)

- Pont de Normandie
- Terminal minéralier
- Port 2000 : terminaux à conteneurs
- Estuaire de la Seine
- Stockage pétrolier
- Centrale thermique EDF
- Digue de 5 km de long
- Ferry trans-Manche
- Port de plaisance
- Centre-ville reconstruit après 1945

Le Havre, sur la Manche, est le 11e port européen avec un trafic d'environ 63 millions de tonnes en 2012.

221

Étude de cas 1

Le littoral de la péninsule du Yucatán (Mexique)

Au Mexique, pays émergent, le littoral oriental de la péninsule du Yucatán (État du Quintara Roo) connaît un développement important grâce au tourisme de masse. Cette mise en valeur a un impact environnemental et suscite des conflits. Concilier développement et gestion durable des littoraux est ici difficile.

A. Une attractivité récente

1. La mise en valeur de la péninsule du Yucatán

Source : D'après Klaus Meyer-Arendt, « The Costa Maya : Evolution of a Touristic Landscape », Études caribéennes, 13-14 décembre 2009.

Légende :
1. Les aménagements touristiques
   - zone touristique
   - station balnéaire
   - port de croisière
2. Les dessertes
   - autoroute
   - route principale
   - aéroport
3. Le patrimoine naturel et historique
   - barrière de corail
   - réserve naturelle
   - site maya

2. La population du Quintana Roo

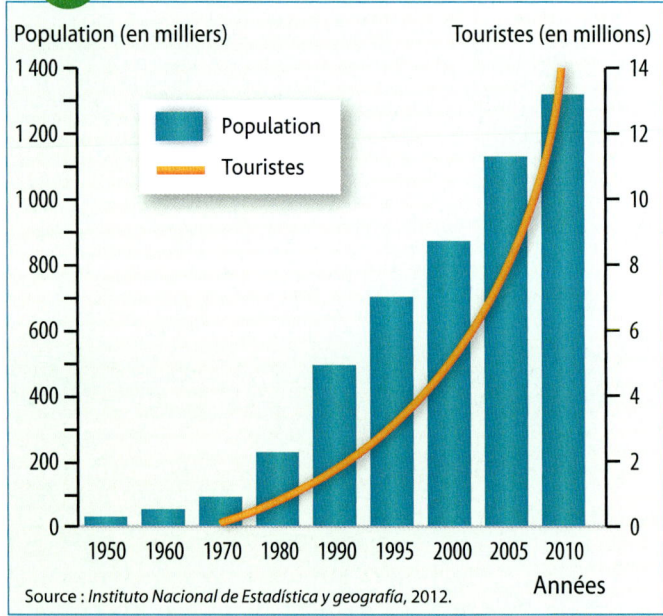

Source : Instituto Nacional de Estadística y geografía, 2012.

Entre 1970 et 2010, le taux de croissance de la population du Quintana Roo (4,1 %/an en moyenne) a été le plus élevé du Mexique.

Questions

1. **Doc. 1 et 3** Pourquoi le gouvernement mexicain a-t-il souhaité développer le tourisme à Cancún, puis sur la Riviera Maya ?
2. **Doc. 2, 3 et 4** Quels sont les effets du tourisme dans l'État du Quintana Roo ?
3. **Doc. 1, 3, 5 et 6** Comment se fait la progression du tourisme sur le littoral oriental de la péninsule du Yucatán ?

BILAN Analysez les facteurs et les conséquences de l'attractivité du littoral de la Riviera Maya.

③ Aux origines de la Riviera Maya : Cancún

« Le site de Cancún est révélateur des choix stratégiques opérés par le Mexique dans le domaine du tourisme. Il a été choisi par ordinateur afin de déterminer quelle serait la zone la plus propice à l'installation d'un complexe hôtelier de haute catégorie destiné à une clientèle internationale. Avec ses 240 jours de soleil par an, sa température moyenne annuelle de 27,5°C, sa mer cristalline, sa barrière corallienne et ses 22 kilomètres de plages de sable fin, Cancún a remporté tous les suffrages. En 1969, Cancún n'est qu'un modeste village de pêcheurs de moins de 200 habitants. [Aujourd'hui, sa population dépasse 700 000 habitants.]

Longtemps seule, Cancún est désormais relayée par d'autres stations, qui forment avec elle la Riviera Maya. L'aéroport international de Cancún a accueilli plus de 14 millions de passagers en 2012. Le tourisme représente plus de 75 % du PIB du Quintana Roo. »

D'après A. Musset, *Le Mexique*, Armand Colin, 1996 [chiffres actualisés].

④ Un hôtel international à Cancún

⑤ Playa del Carmen, une station balnéaire

Depuis le milieu des années 1990, le tourisme se développe autour de Cancún grâce à des capitaux privés. Au centre de la Riviera Maya, Playa del Carmen, bien reliée à Cancún et Cozumel, est particulièrement prisée par les retraités nord-américains et européens.

⑥ La croissance récente de la Riviera Maya

« Le taux de croissance de la Riviera Maya est presque incroyable – plus fort encore que le bond provoqué par Cancún. D'après le Consortium pour la promotion du tourisme sur la Riviera Maya, le nombre de chambres d'hôtel est passé du chiffre relativement modeste de 4 918 en janvier 1998 à plus de 34 600 en janvier 2012. Malgré cette croissance explosive, les hôtels de la Riviera Maya ont jusqu'à présent réussi à conserver un taux d'occupation extrêmement élevé – en 2012, il s'établissait à 75 %, le plus haut du Mexique. Dans le même temps, la ville de Cancún a continué de prospérer et de croître, comme les autres parties de l'État. »

G. Murray, "Constructing Paradise: The impacts of big tourism in the mexican coastal zone", *Coastal Management*, 35, 2007 [chiffres actualisés].

Étude de cas 1 — Le littoral de la péninsule du Yucatán

B — Impacts environnementaux et sociaux-économiques

7 L'artificialisation des paysages de la lagune de Cancún (1970 et 2009)

1970

Mer des Caraïbes — Lido — Lagune (eau saumâtre)

2009

Mer des Caraïbes — Hôtels internationaux — Lido — Lagune — Front de mer (immeubles, route)

Les aménagements touristiques littoraux s'accompagnent d'une importante dégradation de l'environnement. La fréquentation touristique entraîne par ailleurs le pompage excessif et la salinisation des nappes phréatiques, la mort des récifs coralliens sur-fréquentés, la pollution des lagunes transformées en égouts.

8 La station de Cancún

Carte de la station de Cancún

Lagune aménagée : 29 200 chambres sur 22 km de littoral en 2012

- Puerto Juárez
- CANCÚN
- vers Mérida
- Pok-ta-Pok
- Yamil Lu'um
- Lagune de Nichupté
- Ruinas del Rey
- MER DES CARAÏBES
- vers la Riviera Maya
- 0 2 km

1. Une station touristique récente créée ex-nihilo
- modeste noyau initial : un village de pêcheurs
- la ville actuelle : 700 000 habitants en 2012
- aéroport international
- voie express

2. Une spécialisation fonctionnelle et une disparité socio-spatiale très marquées
- concentration hôtelière sur la lagune aménagée
- principales plages
- port de plaisance
- golfs
- sites archéologiques exploités par le tourisme
- ---- coupure forte entre l'Est (populations locales ou autochtones pauvres et hispanophones) et l'Ouest (riches touristes anglophones)

9 Ville touristique et ville mexicaine, deux mondes à part

« La "richesse étalée", c'est le premier Cancún, en arrivant de l'aéroport. Un long boulevard à quatre voies sur une bande de plage de 22 km de long : 26 000 chambres d'hôtels qui ne laissent plus voir la mer. Des piscines, des golfs, les marques de luxe et les gazons verts. Cette zone est en majorité artificielle, construite par remblais sur une fine bande de plage entre mer et lagune. 95 % des mangroves originelles qui protégeaient des ouragans ont disparu.

Le second Cancún est une ville de 700 000 habitants. [...] Pour tous ses promoteurs, l'expansion prodigieuse de ce village de pêcheurs (100 habitants en 1970) est la preuve indéniable du moteur économique qu'est le tourisme. [...] Après les quatre voies de la zone hôtelière, puis les embouteillages du centre où vivent les cadres des hôtels, on arrive sur une route cabossée : des chemins de terre dignes de la brousse. Autour, une suite de bidonvilles, la majorité sans services, où habitent les petites mains de l'hôtellerie. Sur la péninsule du Yucatán, l'unique réseau d'eau potable est souterrain et complexe. La péninsule est en fait un vrai gruyère, abritant le fleuve souterrain le plus long au monde.

Chaque famille qui débarque à Cancún s'installe où elle peut, pose quelques tôles et creuse un trou pour les WC. Le réseau d'eau cristalline en dessous est aujourd'hui inutilisable. À cette pollution, se sont ajoutées les tonnes de fertilisants des golfs, tout aussi perméables au sous-sol. Résultat : l'eau destinée aux hôtels est puisée à 50 km en dehors de la ville et transportée par aqueducs.

Par contre, les déchets des touristes sont entassés au beau milieu de ces quartiers. La seconde décharge a dû ouvrir en catastrophe en octobre 2006. Présentée comme "provisoire" en raison de la proximité des habitations, elle ne l'est déjà plus. Cancún croule chaque jour sous 750 tonnes de déchets : la moitié provient des 700 000 habitants, l'autre moitié de ses 26 000 chambres d'hôtels… »

A. Vigna, « Cancún, paradis des touristes, enfer pour les Mexicains », www.rue89.com, 15 août 2008.

10 Un développement déséquilibré

« L'emploi reste dépendant des vicissitudes de l'industrie du tourisme, étant donné que 65 % de la population active en dépend. Les indicateurs économiques de l'État [du Quintana Roo] cachent des inégalités et une polarisation spatiale problématique. La zone touristique domine l'économie depuis la création de Cancún : en 1990, le Nord représente 75 % du PIB, le Sud 21 % et le Centre seulement 4 %.

La croissance de la population n'a pas été uniforme dans le territoire de l'État, et le peuplement est aujourd'hui inégal entre Nord et Sud, espace urbain et rural, littoral et intérieur. La zone touristique du Nord [Riviera Maya] a bondi de 28 % de la population totale en 1980 à 36 % en 1990 et plus de 60 % en 2000 […]. »

G. Murray, "Constructing Paradise: The impacts of big tourism in the mexican coastal zone", *Coastal Management*, 35, 2007.

Questions

1. **Doc. 7 et 9** Quels aménagements ont été mis en place pour le tourisme ? Quelles évolutions l'environnement littoral du Yucatán a-t-il subies ?
2. **Doc. 8 et 9** Pourquoi la zone touristique est-elle séparée du reste de la ville ?
3. **Doc. 10** Quels déséquilibres spatiaux le tourisme provoque-t-il ?

BILAN Quels piliers du développement durable sont ici mis à mal par la croissance du tourisme ?

Étude de cas 1 — Le littoral de la péninsule du Yucatán

C — Quelles solutions en faveur d'un développement littoral durable ?

11 Pour un tourisme durable : la loi mexicaine de 2009

« - Faire une utilisation optimale des ressources naturelles propices au développement du tourisme tout en s'appuyant sur les lois dans ce domaine pour les conserver.
- Respecter l'authenticité socioculturelle des communautés d'accueil, en conservant ses attractions culturelles, ses valeurs traditionnelles et son architecture.
- Assurer le développement d'activités économiques viables, qui rapportent des bénéfices socio-économiques [...], et qui améliorent les conditions de vie des communautés hôtes par la création de revenus et de services sociaux. »

P. Lapointe, *Le Tourisme de nature : un moyen de conserver l'écosystème côtier de la Costa Maya*, Université de Sherbrooke au Québec, 2011.

12 Le littoral touristique de la Costa Maya

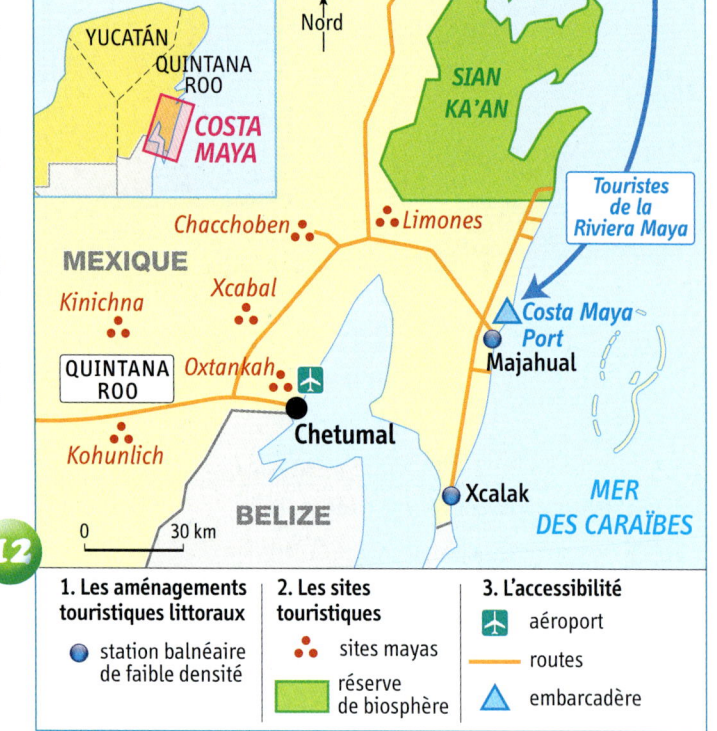

1. Les aménagements touristiques littoraux
   - station balnéaire de faible densité
2. Les sites touristiques
   - sites mayas
   - réserve de biosphère
3. L'accessibilité
   - aéroport
   - routes
   - embarcadère

13 Un littoral qui reste accessible

L'embarcadère de Costa Maya Port permet aux touristes de la Riviera Maya de visiter les sites de l'arrière-pays maya.

14 **Promouvoir un tourisme durable sur la Costa Maya**

À la fin des années 1990, les gouvernements fédéral et du Quintana Roo encouragent un tourisme plus durable au sud de la Riviera Maya, sur la Costa Maya. Fondé sur le tourisme de nature, appuyé sur les communautés locales, il a aussi pour vocation de rééquilibrer l'organisation de l'espace régional. Tous les hôtels doivent être de faible densité, soit 10, 15 ou 35 chambres par hectare. Les constructions ne pourront dépasser trois étages. Au moins 50 % du terrain doit être réservé aux espaces verts. Ici, le front de mer de la station de Majahual.

15 **Des touristes sur le site maya de Chachobben**

Questions

1. **Doc. 11, 12 et 14** Comment l'environnement est-il préservé sur la Costa Maya ?
2. **Doc. 12, 13 et 15** Sur quoi repose le développement du tourisme de l'arrière-pays ?
3. **Doc. 14** Comment ce document illustre-t-il la volonté de promouvoir un tourisme plus durable ?

BILAN Montrez comment le tourisme durable dans la Costa Maya s'inscrit dans le respect des trois piliers du développement durable.

Étude de cas 1

CHANGER D'ÉCHELLE ▶ Du littoral du Yucatán au contexte mondial

Rédiger le bilan de l'étude de cas | Mettre en perspective

A Une attractivité récente

1• Identifiez les étapes du développement du tourisme sur le littoral du Yucatán. (p. 222-223)

carte 1 ci-contre
a. Identifiez les autres bassins touristiques littoraux des pays en développement.
b. Quels sont leurs points communs du point de vue historique, climatique et paysager ?

B Impacts environnementaux et sociaux-économiques

2• Décrivez et expliquez les impacts environnementaux du tourisme sur le littoral du Yucatán. (p. 224-225)

carte p. 236-237
c. Quels sont les impacts environnementaux du tourisme et de la littoralisation des activités et du peuplement dans les pays tropicaux ?

C Quelles solutions en faveur d'un développement littoral durable ?

3• Quelles sont les solutions envisagées pour un tourisme durable sur la Costa Maya ? (p. 226-227)

carte 2 ci-contre
d. Pourquoi étendre la protection aux aires marines ?

Schéma bilan ▶ Les littoraux touristiques dans les pays émergents : des espaces convoités

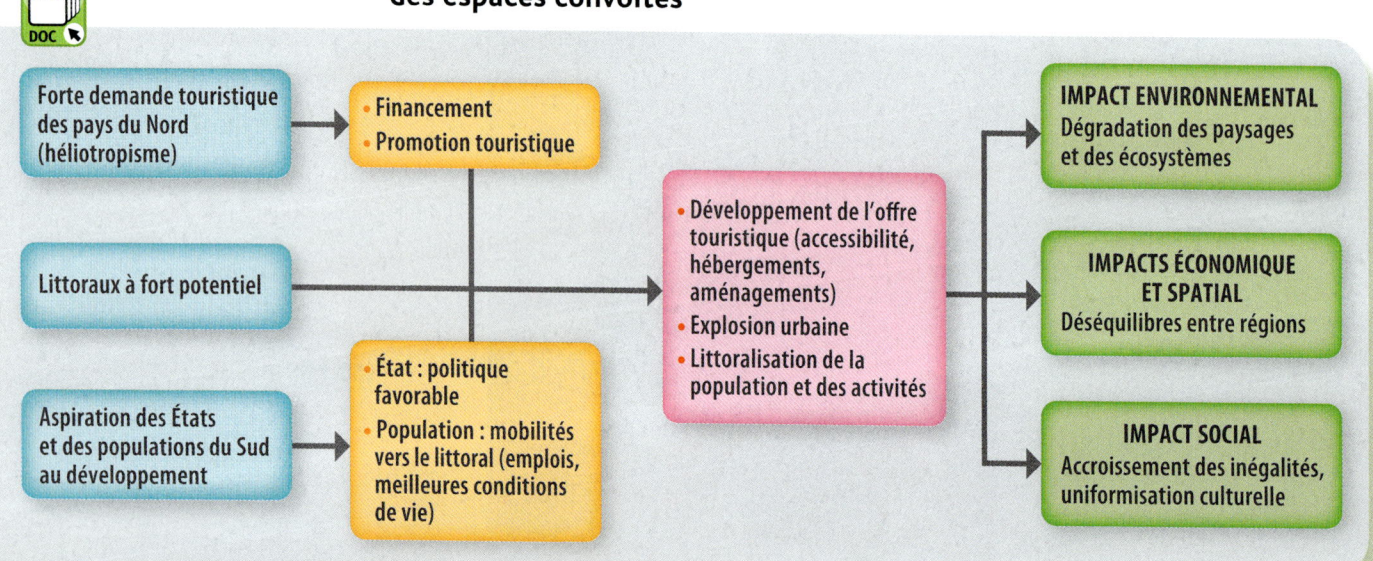

- Forte demande touristique des pays du Nord (héliotropisme)
- Littoraux à fort potentiel
- Aspiration des États et des populations du Sud au développement

→ Financement
→ Promotion touristique
→ État : politique favorable
→ Population : mobilités vers le littoral (emplois, meilleures conditions de vie)

→ Développement de l'offre touristique (accessibilité, hébergements, aménagements)
→ Explosion urbaine
→ Littoralisation de la population et des activités

→ **IMPACT ENVIRONNEMENTAL** : Dégradation des paysages et des écosystèmes
→ **IMPACTS ÉCONOMIQUE ET SPATIAL** : Déséquilibres entre régions
→ **IMPACT SOCIAL** : Accroissement des inégalités, uniformisation culturelle

7 Les littoraux, espaces convoités

1 Les littoraux touristiques dans le monde

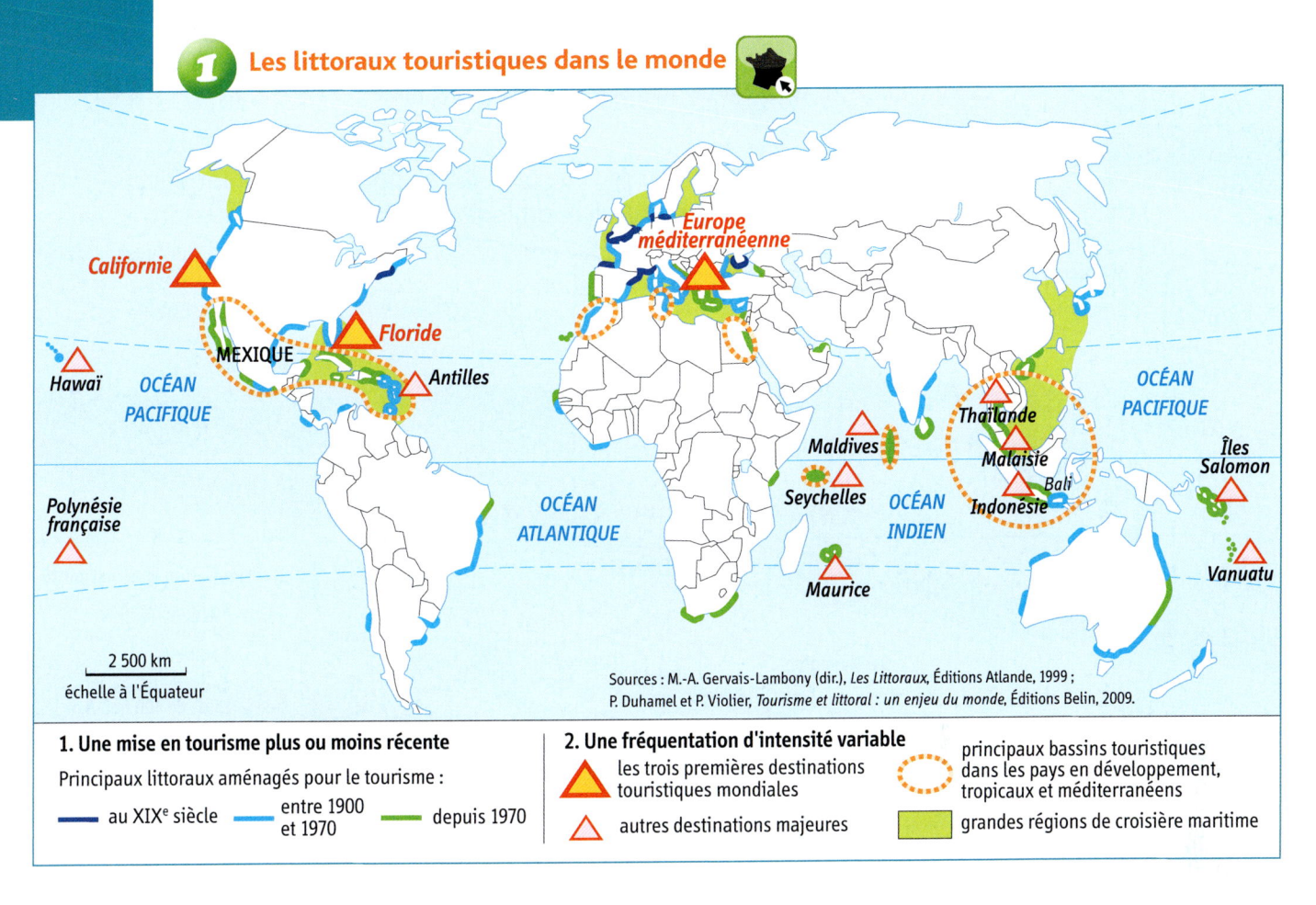

1. Une mise en tourisme plus ou moins récente
Principaux littoraux aménagés pour le tourisme :
- au XIXe siècle
- entre 1900 et 1970
- depuis 1970

2. Une fréquentation d'intensité variable
- ▲ les trois premières destinations touristiques mondiales
- △ autres destinations majeures
- ⬭ principaux bassins touristiques dans les pays en développement, tropicaux et méditerranéens
- grandes régions de croisière maritime

Sources : M.-A. Gervais-Lambony (dir.), *Les Littoraux*, Éditions Atlande, 1999 ; P. Duhamel et P. Violier, *Tourisme et littoral : un enjeu du monde*, Éditions Belin, 2009.

2 Les aires marines protégées dans le monde

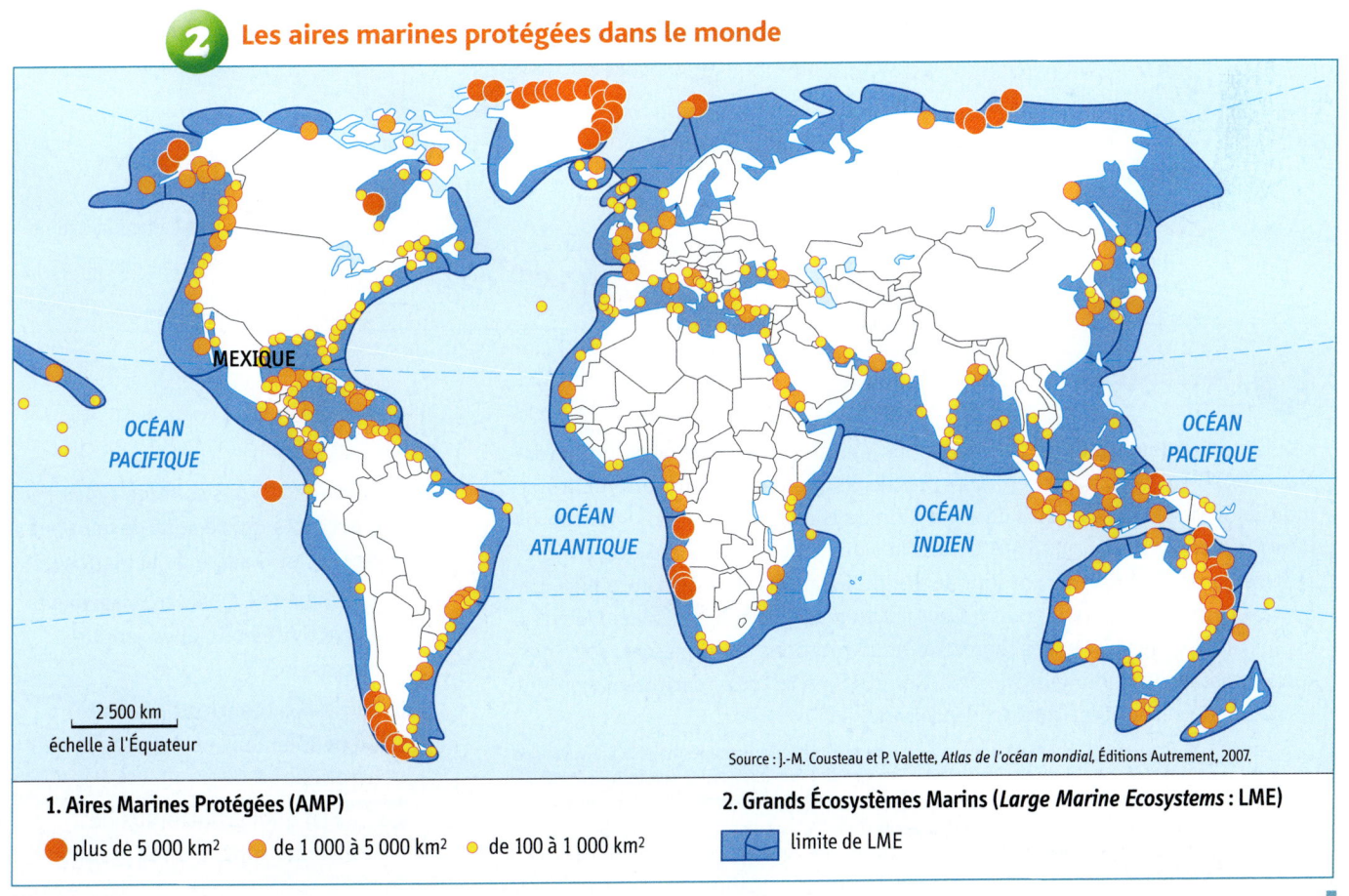

1. Aires Marines Protégées (AMP)
- ● plus de 5 000 km²
- ● de 1 000 à 5 000 km²
- ● de 100 à 1 000 km²

2. Grands Écosystèmes Marins (*Large Marine Ecosystems* : LME)
- limite de LME

Source : J.-M. Cousteau et P. Valette, *Atlas de l'océan mondial*, Éditions Autrement, 2007.

Étude de cas 2

Les littoraux de la Manche

Les littoraux de la Manche, littoraux de pays développés, concentrent une population dense et des activités économiques très diversifiées. Cette attractivité suscite des concurrences pour l'espace et des conflits d'acteurs. Une gestion intégrée des littoraux est mise en œuvre.

A — Des littoraux sous pression

1. Peuplement et activités sur les littoraux de la Manche

Légende :

1. Urbanisation et accessibilité
- agglomérations de plus de 100 000 habitants
- densité élevée (plus de 100 hab./km²)
- principaux axes de circulation terrestres

2. Activités littorales
- grands ports de commerce
- flux de navires de plus de 300 TJB[1]
- liaisons de ferries
- ports de pêche
- zones de pêche
- centrales et installations nucléaires
- tourisme littoral

1. Tonneaux de jauge brute.

2. L'intensité du trafic maritime dans la Manche

« Le Centre régional opérationnel des opérations de sauvetage et de secours Gris-Nez (CROSS) a comptabilisé en 2012 près de 38 000 navires empruntant la voie montante[1] du DST (Dispositif de séparation du trafic) et son homologue anglais (*Dover Coastguard Agency*), 37 200 dans la voie descendante. L'ensemble représente environ 250 navires par jour, le Pas-de-Calais étant le détroit le plus fréquenté au monde. Le trafic transversal est symbolisé par la ligne Calais-Douvres, la plus utilisée : les traversées représentent 15 rotations quotidiennes, soit environ 90 passages par jour (CROSS Gris-Nez 2013). À ce trafic maritime s'ajoutent les unités de pêche et les bateaux de plaisance. »

V. Herbert, « L'émergence des collectivités territoriales riveraines dans la gouvernance du Pas-de-Calais – *Dover strait* : une implication salutaire », *VertigO - La revue électronique en sciences de l'environnement*, hors-série n° 18, décembre 2013.

1. La densité du trafic est telle qu'il a été nécessaire d'organiser le trafic en délimitant des voies en fonction de la direction des navires. La voie montante est réservée aux bateaux allant vers le nord, la voie descendante à ceux qui se dirigent vers le sud.

Questions

1. **Doc. 1 et 2** Quels sont les types d'activités qui se sont développés de part et d'autre de la Manche ?

2. **Doc. 1, 2, 3, et 4** Quels aménagements ces activités ont-elles rendus nécessaires ?

3. **Doc. 1 et 2** Montrez l'intensité du peuplement et des usages littoraux.

BILAN En quoi les littoraux de la Manche sont-ils sous pression ?

Les littoraux, espaces convoités **7**

3 **La station balnéaire de Deauville (Normandie)**

Deauville, station touristique créée ex-nihilo à la fin du XIXe siècle, est un lieu privilégié de loisirs et de tourisme pour les Parisiens. Hippisme et festival de cinéma lui confèrent une réputation internationale.

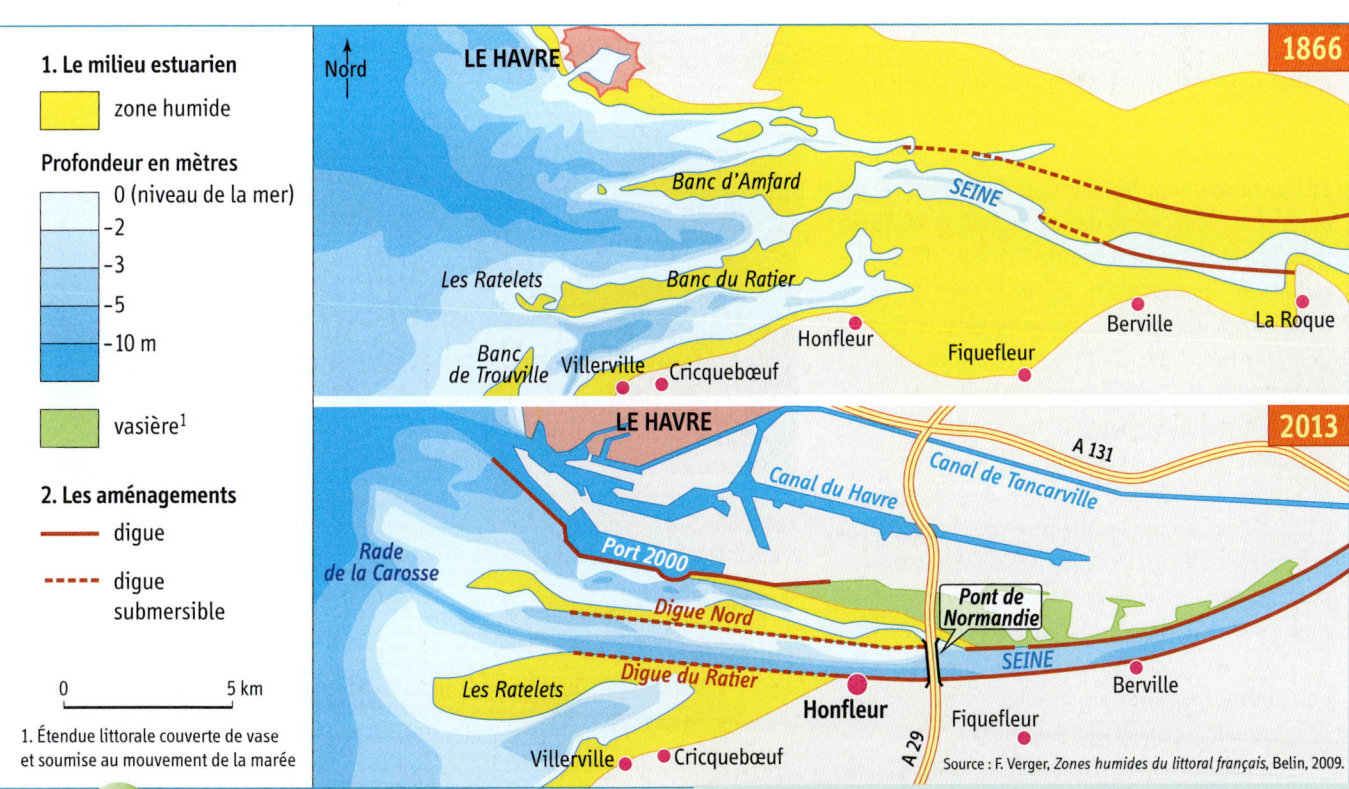

1. Le milieu estuarien
- zone humide

Profondeur en mètres
- 0 (niveau de la mer)
- −2
- −3
- −5
- −10 m

- vasière[1]

2. Les aménagements
- digue
- digue submersible

0   5 km

1. Étendue littorale couverte de vase et soumise au mouvement de la marée

1866 : LE HAVRE, Banc d'Amfard, SEINE, Les Ratelets, Banc du Ratier, Banc de Trouville, Villerville, Cricquebœuf, Honfleur, Fiquefleur, Berville, La Roque

2013 : LE HAVRE, A 131, Canal du Havre, Canal de Tancarville, Rade de la Carosse, Port 2000, Digue Nord, Pont de Normandie, Les Ratelets, Digue du Ratier, SEINE, Villerville, Cricquebœuf, Honfleur, A 29, Fiquefleur, Berville

Source : F. Verger, *Zones humides du littoral français*, Belin, 2009.

4 **L'artificialisation de l'estuaire de la Seine (1866-2013)**

L'estuaire de la Seine a connu depuis un siècle et demi une artificialisation intense afin d'être adapté aux exigences du trafic maritime. La rétraction des zones humides a été très forte.

231

Étude de cas 2 — Les littoraux de la Manche

B — Tensions et impacts environnementaux

5. Les conflits d'acteurs dans l'estuaire de la Seine

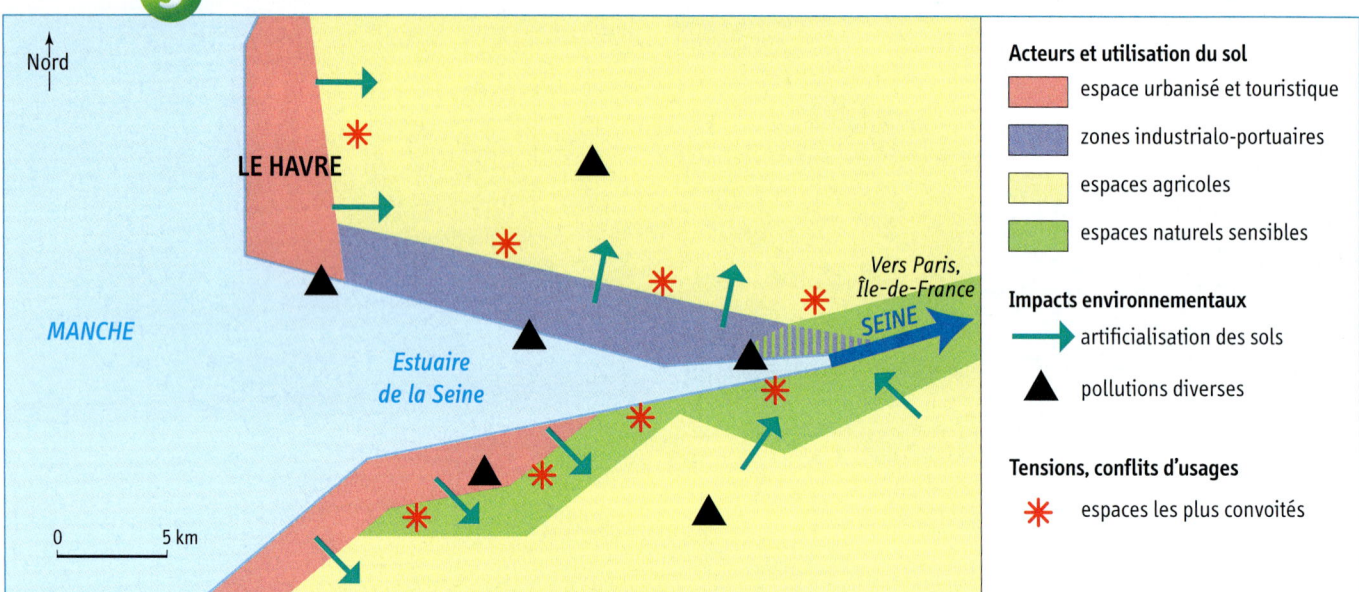

Acteurs et utilisation du sol :
- espace urbanisé et touristique
- zones industrialo-portuaires
- espaces agricoles
- espaces naturels sensibles

Impacts environnementaux :
- → artificialisation des sols
- ▲ pollutions diverses

Tensions, conflits d'usages :
- ✻ espaces les plus convoités

6. La pollution et la surpêche

« Malgré des conditions propices à une productivité élevée des stocks halieutiques, la plupart des stocks sont en déclin en raison de la surpêche. 30-40 % de la biomasse des espèces exploitées est capturée chaque année dans cette région ! [...] La Manche et le sud de la mer du Nord comprennent une grande diversité d'habitats côtiers (baies, estuaires, larges zones intertidales[1]) indispensables pour le maintien de la biodiversité et le renouvellement des populations marines, mais présentant différents niveaux de contamination chimique en relation avec le degré d'anthropisation. De nombreux grands fleuves (Seine, Rhin, Elbe, Tamise...) y déversent leurs eaux douces [...] renfermant des polluants divers ainsi que des nutriments pouvant engendrer des problèmes d'eutrophisation. Un état des lieux récemment réalisé a montré des différences d'imprégnation par les métaux chez les poissons le long de ce littoral, combinées à l'apparition de pathologies et à des performances biologiques moindres (moindre croissance...) pour les sites les plus anthropisés de la Manche orientale, c'est-à-dire l'estuaire de la Seine et les secteurs des ports de Calais et Dunkerque. »

D'après R. Amara, « Impact de l'anthropisation sur la biodiversité et le fonctionnement des écosystèmes marins. Exemple de la Manche-Mer du Nord. », *VertigO - La revue électronique en sciences de l'environnement*, hors-série n° 8, octobre 2010.

[1]. Synonyme d'estran.

7. L'incendie du MSC Flaminia (juillet 2012)

Le 14 juillet 2012, un incendie s'est déclaré à bord du Flaminia, à la suite d'une explosion. 151 conteneurs étaient étiquetés dangereux (solvants inflammables et produits toxiques).

Questions

1. **Doc. 5 et 6** Quelles sont les activités qui entrent en conflit ?
2. **Doc. 7** Pourquoi le trafic maritime des conteneurs peut-il être dangereux ?

BILAN Quels sont les conflits d'acteurs et d'usages sur les littoraux de la Manche illustrés par ces documents ?

C — Concilier développement et gestion durable : le Mont-Saint-Michel

8 — Le Mont-Saint-Michel, avant et après les travaux

Inscrit au patrimoine mondial de l'Unesco, le Mont-Saint-Michel était menacé d'ensablement. À la suite d'interventions humaines, terre et prés salés progressaient. Les travaux doivent rétablir, à l'horizon 2025, son caractère maritime en utilisant la puissance naturelle de la marée et du fleuve. La digue est remplacée par un pont-passerelle et, grâce à la mise en service d'un nouveau barrage sur le Couesnon, le fleuve retrouve de la force pour chasser les sédiments vers la mer et abaisser le niveau des grèves.

Le Mont-Saint-Michel en 2011

Le Mont-Saint-Michel en 2025 (images de synthèse)

9 — Tourisme et protection du patrimoine

« Au Mont-Saint-Michel, la Mère Poulard et ses voisins commencent à rire… jaune. Ce joyau qui a subi moult attaques, "ce château de fée planté dans la mer", comme l'admirait Victor Hugo, fait l'objet d'une bataille passionnée. Non plus celle des éoliennes, dont l'Unesco a demandé en juin l'arrêt des travaux, mais celle des touristes. Et plus particulièrement des Japonais, que l'abbaye classée monument historique fascine. Les 300 000 visiteurs nippons, sur 3 millions au total qui se rendent sur le site chaque année, menacent en effet de se rabattre sur d'autres destinations. En question, alors que les travaux qui permettront au Mont de redevenir une île s'accélèrent : les conditions d'accueil des touristes et notamment le point de départ des navettes situé à 800 mètres du futur parking. Les Japonais venant de Paris pour la journée […] n'ont que trois heures et demie pour la visite…

L'association des tour-opérateurs japonais à Paris a également écrit à 24 élus locaux, rappelant qu'un client japonais dépense 80 euros au Mont-Saint-Michel, et qu'une baisse d'activité de 30 % représenterait une perte de 7,2 millions d'euros par an pour le rocher… »

C. Bellemare, « Les Japonais protestent contre le Mont-Saint-Michel », www.lefigaro.fr, 12 septembre 2011.

Questions

1. **Doc. 8** À quels problèmes est confronté le Mont-Saint-Michel et pourquoi ?

BILAN Pourquoi ces aménagements suscitent-ils des conflits d'acteurs ?

Étude de cas 2

CHANGER D'ÉCHELLE ▶ Du littoral de la Manche au contexte mondial

Rédiger le bilan de l'étude de cas | Mettre en perspective

A Des littoraux sous pression

1• Décrivez les principales activités concentrées sur le littoral de la Manche. (p. 230).

2• Précisez les activités qui ont nécessité de nombreux aménagements. (p. 231)

> carte 1 ci-contre et carte p. 236-237
>
> **a.** Identifiez les littoraux qui présentent les mêmes caractéristiques que ceux de la Manche en termes de densité du peuplement et d'intensité des activités.

B Tensions et impacts environnementaux

3• Pourquoi les littoraux de la Manche font-ils l'objet de concurrences pour l'espace ? Quelles sont les activités en concurrence ? (p. 232)

> cartes 1 et 2 ci-contre et carte p. 236-237
>
> **b.** Montrez que les littoraux les plus peuplés et actifs sont aussi les plus pollués.

C Concilier développement et gestion durable

4• Expliquez le projet de transformation du littoral dans la baie du Mont-Saint-Michel et les limites qu'il rencontre. (p. 233)

5• À l'aide de cet exemple, montrez que développement et gestion durable du littoral sont difficiles à concilier. (p. 233)

> carte p. 236-237
>
> **c.** Citez d'autres sites protégés dans le monde.

Schéma bilan ▶ Les enjeux du développement durable sur les littoraux des pays développés

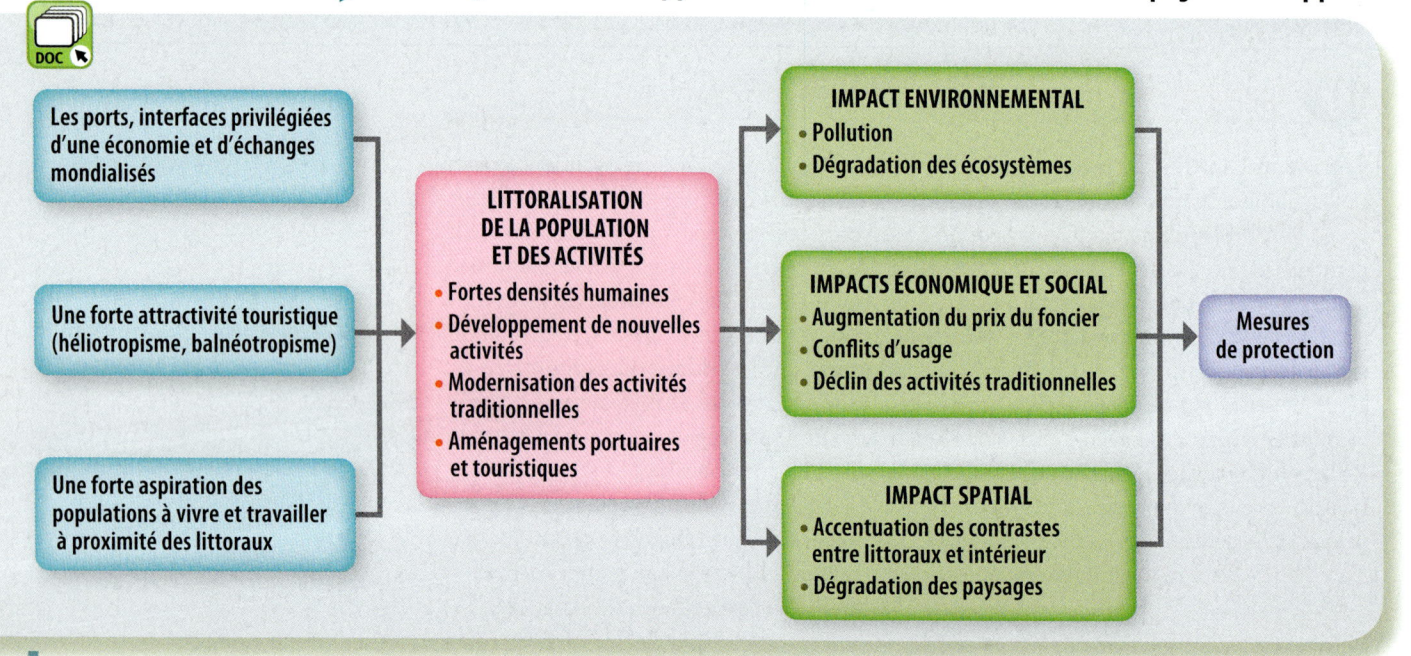

- Les ports, interfaces privilégiées d'une économie et d'échanges mondialisés
- Une forte attractivité touristique (héliotropisme, balnéotropisme)
- Une forte aspiration des populations à vivre et travailler à proximité des littoraux

→ **LITTORALISATION DE LA POPULATION ET DES ACTIVITÉS**
- Fortes densités humaines
- Développement de nouvelles activités
- Modernisation des activités traditionnelles
- Aménagements portuaires et touristiques

→ **IMPACT ENVIRONNEMENTAL**
- Pollution
- Dégradation des écosystèmes

IMPACTS ÉCONOMIQUE ET SOCIAL
- Augmentation du prix du foncier
- Conflits d'usage
- Déclin des activités traditionnelles

IMPACT SPATIAL
- Accentuation des contrastes entre littoraux et intérieur
- Dégradation des paysages

→ Mesures de protection

7 Les littoraux, espaces convoités

1 Littoraux et urbanisation dans le monde

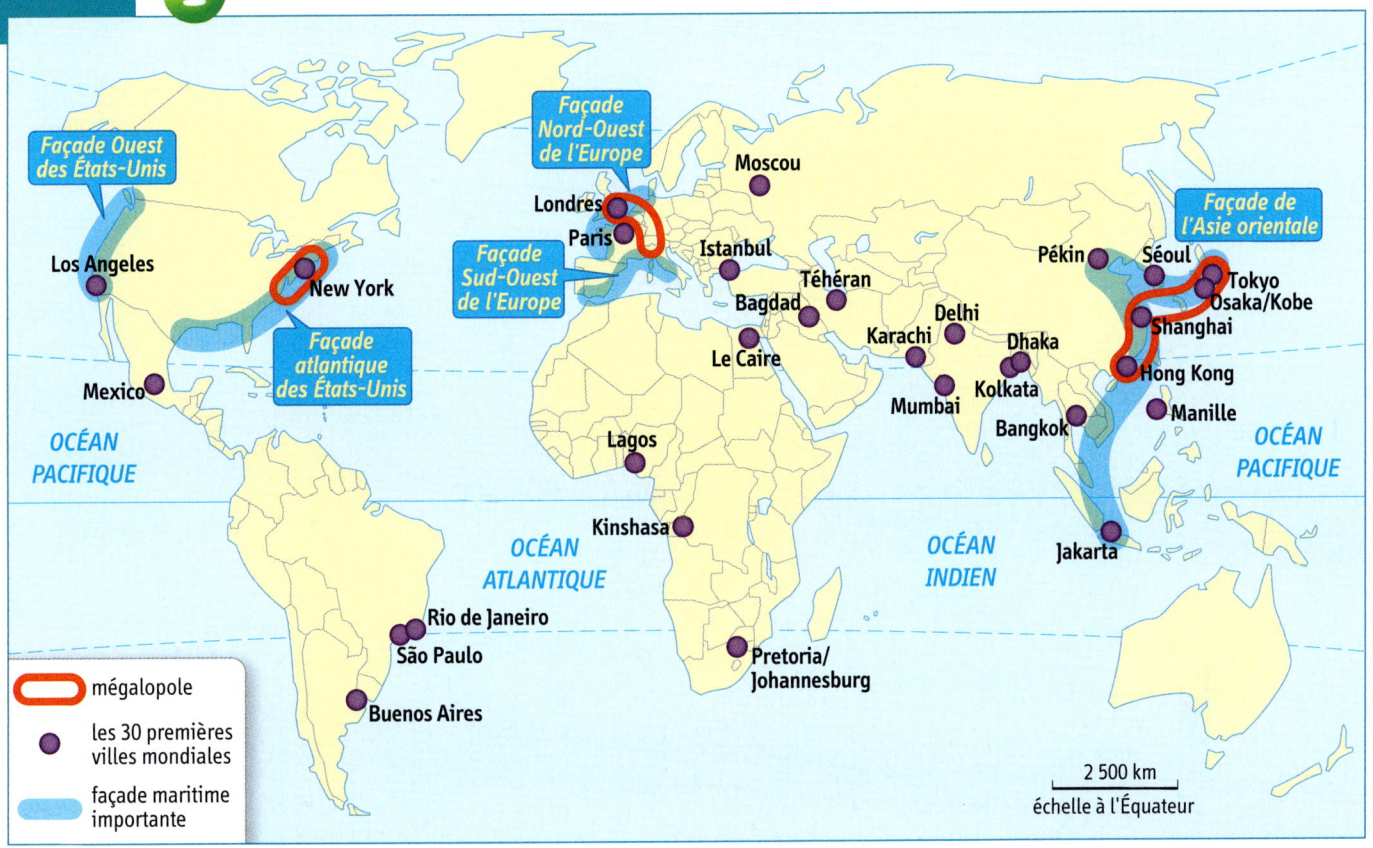

Façade Ouest des États-Unis
Façade Nord-Ouest de l'Europe
Façade de l'Asie orientale
Façade Sud-Ouest de l'Europe
Façade atlantique des États-Unis

Los Angeles, New York, Mexico, Moscou, Londres, Paris, Istanbul, Bagdad, Téhéran, Le Caire, Karachi, Delhi, Dhaka, Pékin, Séoul, Tokyo, Osaka/Kobe, Shanghai, Hong Kong, Manille, Mumbai, Kolkata, Bangkok, Lagos, Kinshasa, Jakarta, Rio de Janeiro, São Paulo, Pretoria/Johannesburg, Buenos Aires

OCÉAN PACIFIQUE — OCÉAN ATLANTIQUE — OCÉAN INDIEN — OCÉAN PACIFIQUE

2 500 km — échelle à l'Équateur

- mégalopole
- les 30 premières villes mondiales
- façade maritime importante

2 Les pollutions marines dans le monde

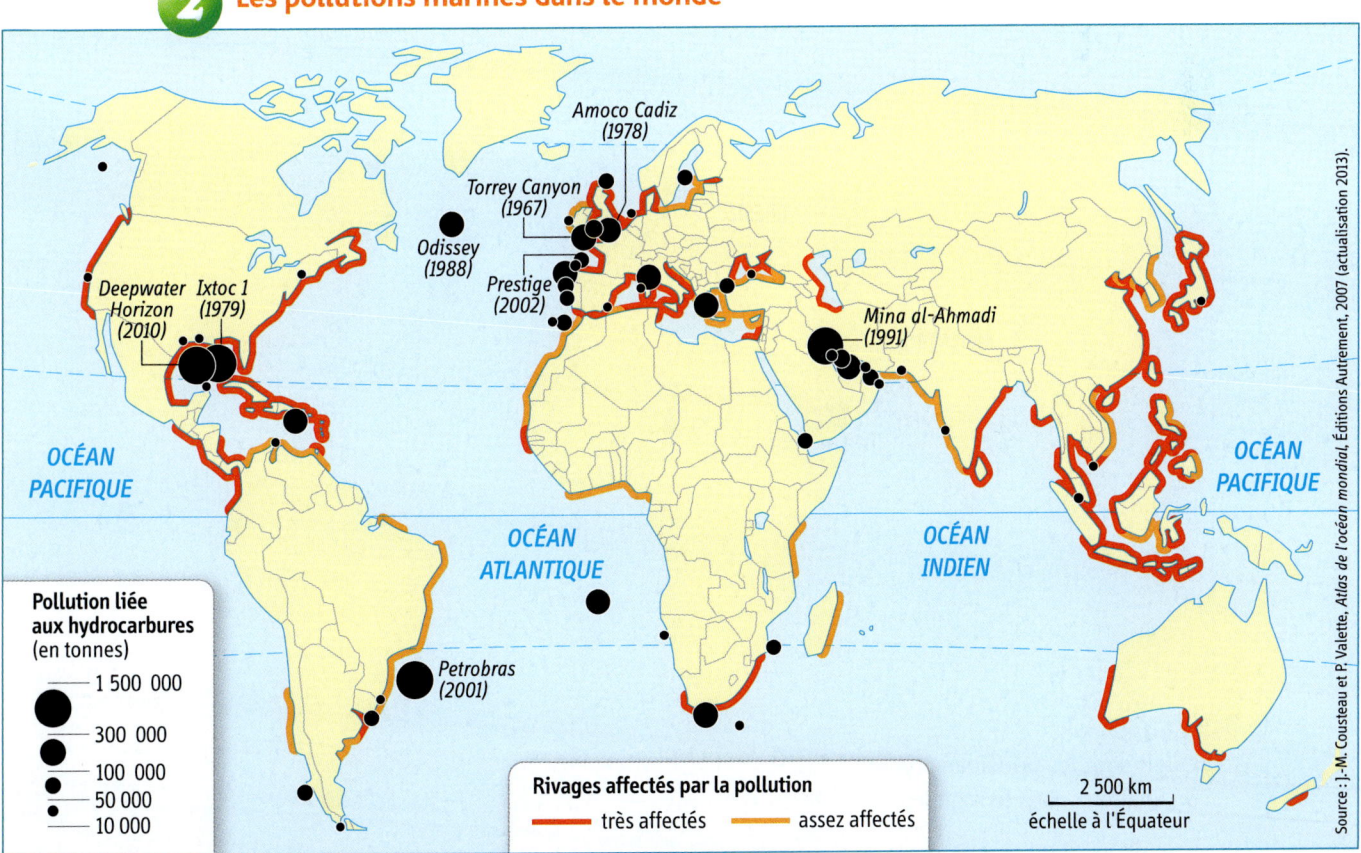

Amoco Cadiz (1978)
Torrey Canyon (1967)
Odissey (1988)
Prestige (2002)
Deepwater Horizon (2010)
Ixtoc 1 (1979)
Mina al-Ahmadi (1991)
Petrobras (2001)

OCÉAN PACIFIQUE — OCÉAN ATLANTIQUE — OCÉAN INDIEN — OCÉAN PACIFIQUE

Pollution liée aux hydrocarbures (en tonnes)
- 1 500 000
- 300 000
- 100 000
- 50 000
- 10 000

Rivages affectés par la pollution
- très affectés
- assez affectés

2 500 km — échelle à l'Équateur

Source : J.-M. Cousteau et P. Valette, *Atlas de l'océan mondial*, Éditions Autrement, 2007 (actualisation 2013).

235

Carte

Les littoraux,

OCÉAN PACIFIQUE

Détroit de Béring

Los Angeles Long Beach
Vancouver

CANADA

ÉTATS-UNIS

OCÉAN GLACIAL ARCTIQUE

MEXIQUE
Houston
South Louisiana

Svalbard

Groenland

Canal de Panamá

Îles Galapagos

Antilles

Hambourg
Rotterdam
Anvers

RUSSIE

Novorossiy

OCÉAN ATLANTIQUE

Détroit de Gibraltar

Canal de Suez

Banc d'Arguin

Récif de corail

BRÉSIL

ARGENTINE

Patagonie
Tubarao

Équateur

Questions

Quels sont les principaux types de littoraux dans le monde ?

236

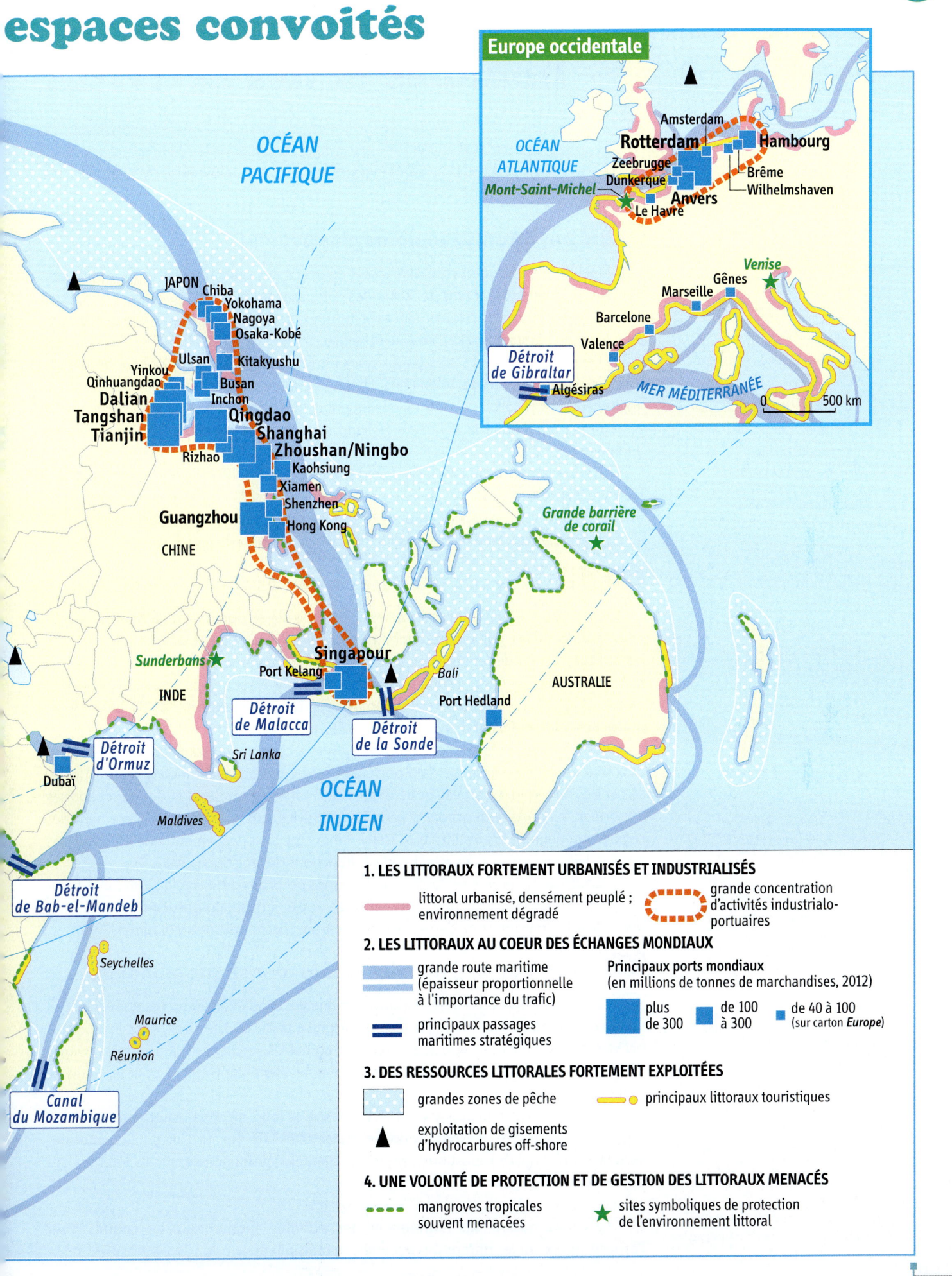

Les littoraux, espaces convoités

Europe occidentale

- Amsterdam
- Rotterdam
- Hambourg
- Zeebrugge
- Brême
- Dunkerque
- Wilhelmshaven
- Mont-Saint-Michel
- Le Havre
- Anvers
- Venise
- Gênes
- Marseille
- Barcelone
- Valence
- Détroit de Gibraltar
- Algésiras

OCÉAN ATLANTIQUE — MER MÉDITERRANÉE

0 — 500 km

Carte principale

OCÉAN PACIFIQUE

JAPON : Chiba, Yokohama, Nagoya, Osaka-Kobé, Kitakyushu

CHINE : Yinkou, Qinhuangdao, Dalian, Tangshan, Tianjin, Ulsan, Busan, Inchon, Qingdao, Rizhao, Shanghai, Zhoushan/Ningbo, Kaohsiung, Xiamen, Shenzhen, Guangzhou, Hong Kong

Grande barrière de corail

Sunderbans — INDE
Singapour
Port Kelang
Détroit de Malacca
Détroit de la Sonde
Bali
Port Hedland
AUSTRALIE
Sri Lanka

Détroit d'Ormuz — Dubaï
Maldives
OCÉAN INDIEN

Détroit de Bab-el-Mandeb
Seychelles
Maurice
Réunion
Canal du Mozambique

Légende

1. LES LITTORAUX FORTEMENT URBANISÉS ET INDUSTRIALISÉS
- littoral urbanisé, densément peuplé ; environnement dégradé
- grande concentration d'activités industrialo-portuaires

2. LES LITTORAUX AU CŒUR DES ÉCHANGES MONDIAUX
- grande route maritime (épaisseur proportionnelle à l'importance du trafic)
- principaux passages maritimes stratégiques
- Principaux ports mondiaux (en millions de tonnes de marchandises, 2012) : plus de 300 ; de 100 à 300 ; de 40 à 100 (sur carton Europe)

3. DES RESSOURCES LITTORALES FORTEMENT EXPLOITÉES
- grandes zones de pêche
- principaux littoraux touristiques
- exploitation de gisements d'hydrocarbures off-shore

4. UNE VOLONTÉ DE PROTECTION ET DE GESTION DES LITTORAUX MENACÉS
- mangroves tropicales souvent menacées
- sites symboliques de protection de l'environnement littoral

Cours 1 — La concentration des hommes et des activités

*Depuis le XXᵉ siècle, on observe un glissement de la population et des activités des régions intérieures vers les **littoraux**. Ce processus de **littoralisation** est un phénomène planétaire.*

Chiffres clés

Les cinq plus grands ports mondiaux (trafic annuel en millions de tonnes, 2012)

1	Ningbo (Chine)	744
2	Shanghai (Chine)	736
3	Singapour (Singapour)	538
4	Tianjin (Chine)	476
5	Rotterdam (Pays-Bas)	441,5

Source : *Rotterdam Port Authority*, 2013.

Les villes littorales les plus peuplées (en millions d'hab., 2011)

1	Tokyo	37
4	New York	20
5	Shanghai	20
7	Mumbai	20
9	Dhaka	15
10	Kolkata	14

Source : ONU, 2012.

Vocabulaire

Littoral
Espace de contact plus ou moins large entre la terre et la mer.

Littoralisation
Déplacement et concentration d'activités, d'équipements et/ou de population sur les littoraux.

Aquaculture
Élevage d'espèces marines.

Interface
Espace où s'effectuent les échanges entre des acteurs venus de lieux différents.

Hinterland
Arrière-pays. Espace desservi par un port maritime.

Héliotropisme
Attraction pour les espaces ensoleillés.

Balnéotropisme
Attraction pour les activités nautiques (baignade, plaisance, sports nautiques).

1 Des littoraux toujours plus peuplés

● La littoralisation de la population est un processus qui s'amplifie **(doc. 1 et 2)**. Un homme sur quatre vit à moins de 50 km des côtes aujourd'hui, et 20 % à moins de 15 km. Tous les grands foyers de peuplement sont littoraux ou disposent d'une façade densément peuplée : 550 habitants au km^2 en Asie orientale.

● De plus, pour les 4/5, ces populations littorales sont citadines. Dix-sept des vingt-trois mégapoles de plus de 10 millions d'habitants sont littorales. Les chapelets de vastes agglomérations parallèles au littoral expliquent la formation des mégalopoles américaine et asiatique tandis que la Randstad Holland est la fenêtre maritime de la mégalopole européenne.

● Depuis le milieu du XXᵉ siècle, la croissance des villes littorales a souvent été spectaculaire, surtout en Asie. Des flux de population importants en provenance des régions intérieures témoignent de leur attractivité, fondée sur la concentration d'activités et, dans les pays occidentaux, une représentation positive des « bords de mer ».

2 Les littoraux, interfaces majeures de la mondialisation

● La richesse des ressources littorales a permis le développement de nombreuses activités traditionnelles, aujourd'hui modernisées. Les sels nutritifs apportés par les fleuves, les eaux peu profondes et éclairées, les zones humides, comme les marais maritimes et les deltas, ou encore les forêts littorales tropicales (mangroves) sont favorables à la pêche et à l'**aquaculture**, mais aussi aux marais salants et à la riziculture irriguée **(doc. 3)**. Les cultures maraîchères y bénéficient d'un climat plus doux que l'intérieur des terres.

● De nouvelles activités sont venues s'ajouter à ces activités traditionnelles. Les littoraux sont des **interfaces** industrialo-portuaires majeures dans un monde globalisé, traversé par des flux. Points d'arrivée et de départ des matières premières et des marchandises importées, les ports sont attractifs pour les industries, qui ont opéré un glissement des régions intérieures vers les littoraux. Cette « industrie sur l'eau » a entraîné un essor des services liés au transport des marchandises (fonctions de logistique). **(doc. 4)**

● Ce processus profite surtout aux plus grands ports de commerce qui ont pu se doter de gigantesques infrastructures portuaires, de zones industrialo-portuaires concentrant des industries lourdes, et de denses réseaux de transport les reliant à leur **hinterland**.

3 Les littoraux, premier espace touristique mondial

● D'abord réservé aux élites, le tourisme balnéaire connaît un vif succès populaire. Élévation du niveau de vie, image positive du littoral à partir du XIXᵉ siècle dans les sociétés occidentales, variétés des paysages et climats agréables, expliquent que certains rivages sont désormais recherchés pour leur ensoleillement (**héliotropisme**) et pour les activités pratiquées (**balnéotropisme**).

● L'urbanisation touristique peut être massive le long de certains littoraux d'Europe (Espagne), d'Amérique du Nord (Floride) et sur certains littoraux insulaires. Elle prend souvent la forme d'isolats touristiques, pour une clientèle internationale, sur les littoraux des pays en développement.

▶ **La concentration des hommes et des activités augmentant, les conflits pour l'espace, opposant les différentes activités, se multiplient.**

1. Une attractivité récente

« Aujourd'hui, on assiste à une ruée vers les littoraux et on a du mal à se représenter ce que furent les régions côtières au cours des siècles. La diversité des conditions géographiques ne doit pas cacher une réalité : pendant longtemps les côtes sont considérées comme des milieux hostiles, malsains. [...] Elles ont été très longtemps des espaces dangereux car les pirates, les envahisseurs massacraient et / ou rançonnaient les habitants. »

D'après J.-P. Paulet, *L'Homme et la mer. Représentations, symboles et mythes*, Économica, 2006.

Pourquoi les littoraux ont-ils longtemps été perçus comme hostiles ? Malsains ?

2. Un intense peuplement littoral

« Tout aussi attractives sont les façades maritimes (deux humains sur trois vivent à moins de 500 km de la mer) et les littoraux (un quart à moins de 50 km des côtes). La densité des régions littorales a été évaluée en 2000 à 100 hab./km² contre 38 dans l'intérieur des terres, la moitié des villes de plus de 500 000 habitants étant située à moins de 59 km d'une côte. »

G. Baudelle *in* A. Ciattoni, Y. Veyret (dir.), *Les Fondamentaux de la géographie*, Armand Colin, 2013.

Quels chiffres montrent l'intensité du peuplement littoral ?

3. Des marais salants au sud de Bangkok (Thaïlande)

4. Le littoral japonais : une interface maritime majeure (Otaru, Hokkaido)

Cours 2 : La concurrence pour l'espace

La forte concentration d'hommes et d'activités sur un espace limité et fragile pose la question de la mise en danger de certaines activités et de la destruction des paysages littoraux.

Chiffres clés

La disparition des mangroves dans le monde

	1980	2005
Superficie des mangroves (en millions d'hectares)	18,8	12,22

Source : FAO, 2008.

1 Des usages variés et croissants en concurrence

○ L'étroitesse du liseré côtier provoque une compétition pour l'espace entre les activités. Le développement de chacune d'elles s'accompagne d'un besoin grandissant de place qui se réalise souvent au détriment des autres activités.

○ Ce sont souvent les activités traditionnelles comme l'agriculture et la pêche artisanale qui reculent : les terres agricoles subissent un grignotage au profit de l'urbanisation, des infrastructures de transports et des zones industrialo-portuaires de plus en plus gigantesques. Les sociétés littorales cèdent à la pression foncière exercée par les nouveaux usagers de l'espace littoral : résidents permanents ou secondaires d'origine citadine.

○ Cette évolution contribue à accentuer la vulnérabilité des populations littorales car, faute d'espace, on construit même dans les espaces en dessous du niveau marin, donc menacés en cas de tempêtes exceptionnelles. Les complexes touristiques contraignent les villages de pêcheurs à se déplacer. De plus en plus fréquents, les conflits d'usage favorisent le déclin ou l'abandon de certaines activités comme la pêche côtière ou la récolte du sel.

2 Des usages parfois incompatibles

○ En transformant les paysages, en entraînant des pollutions multiples, le développement industriel et urbain peut compromettre le potentiel touristique de certains littoraux. Les rejets polluants, agricoles et industriels, rendent la pêche et le tourisme de plus en plus impraticables.

○ La recrudescence des « marées vertes », invasion des eaux littorales par des algues, s'observe sur les côtes des régions d'agriculture intensive ou fortement industrialisées (Chine, été 2013).

○ Une activité peut même se nuire à elle-même : la bétonisation excessive dégrade irréversiblement des sites initialement recherchés par les touristes pour leur beauté.

3 Développement économique des littoraux et fragilité des milieux

○ Le littoral est un espace instable et fragile, quels que soient les types de côtes : côtes basses sableuses ou à marais maritime, côtes à falaises, estuaires et deltas, spécifiques par leur biodiversité. Les zones humides et les **mangroves** tropicales sont en constant recul à cause du manque d'espace. Leur assèchement et la **poldérisation** compromettent à terme la reproduction de nombreuses espèces faunistiques et floristiques. Leur disparition favorise aussi l'érosion des côtes et aggrave les dégâts provoqués par les catastrophes naturelles qui touchent les littoraux (cyclones, tsunamis). **(doc. 1 et 2)**

○ Les aménagements portuaires ou touristiques déstabilisent les courants côtiers et les processus de sédimentation. Des plages recherchées des touristes peuvent ainsi disparaître. Le manque de place pour l'urbanisation conduit à l'arasement des dunes. Enfin, les paysages sont altérés par le **mitage** de l'espace, par la « **marbellisation** », puissant facteur d'uniformisation des fronts de mer touristiques. **(doc. 3)**

▶ **Comment alors concilier développement économique et social des littoraux et respect des milieux ?**

vocabulaire

Mangrove
Formation végétale caractéristique des marais maritimes tropicaux. Composée de palétuviers, arbres bien adaptés à ce milieu avec leurs racines échasses, elle a été souvent détruite ou surexploitée. Elle est maintenant protégée et replantée.

Polder, poldérisation
Terrain conquis sur la mer ou sur des zones humides littorales.

Mitage
Développement anarchique de l'habitat en maisons individuelles.

Marbellisation
Bétonnage du front de mer qui s'assimile à un mur de hautes tours et barres d'immeubles, du nom de la station de Marbella, sur la côte andalouse (Espagne).

Les littoraux, espaces convoités

1 L'érosion des plages

« L'époque actuelle est caractérisée par une érosion généralisée des plages qui représente une menace de destruction pour les équipements dont elles ont fait l'objet dans leur proximité. Les aménageurs ont le plus souvent ignoré cette évolution régressive des plages, pourtant évidente lorsque l'on voit sur la côte atlantique des blockhaus, construits il y a une cinquantaine d'années par l'armée allemande, basculés par les vagues et parfois même en partie immergés. Cette érosion s'explique par un déficit en sédiments qui tient d'abord à une cause naturelle : l'avant-côte ne fournit pratiquement plus de sables et de galets depuis la fin de la transgression postglaciaire. À cela s'ajoute une cause humaine : les grands fleuves ont fait l'objet de travaux de régularisation qui ont eu pour résultat de diminuer considérablement leur charge solide livrée à la mer. [...]

En détruisant les dunes qui bordent les plages et avec lesquelles elles sont solidaires, pour mettre à leur place des routes ou des édifices, on a fait disparaître une réserve en sable indispensable à l'équilibre sédimentaire d'un système naturel qui englobe aussi l'avant-plage. La pollution des eaux littorales par des effluents [eaux usées] urbains plus ou moins bien traités avant leur rejet en mer entraîne une dégradation des herbiers qui couvrent les avant-plages. Or, ces formations végétales sous-marines freinent les courants littoraux et retiennent les sables qu'ils transportent, contribuant ainsi à l'équilibre sédimentaire du système. Enfin, la multiplication des ports de plaisance sur les plages a profondément perturbé les transferts sédimentaires côtiers, induisant de l'accumulation ici, mais déclenchant ou exacerbant l'érosion là. »

« L'érosion des plages », R. Paskoff, « Aménagement du littoral et protection de l'environnement en France », *L'Information géographique* n° 60, Armand Colin, 1996.

Quelles sont les causes de l'érosion des plages ? En quoi celle-ci est-elle problématique ?

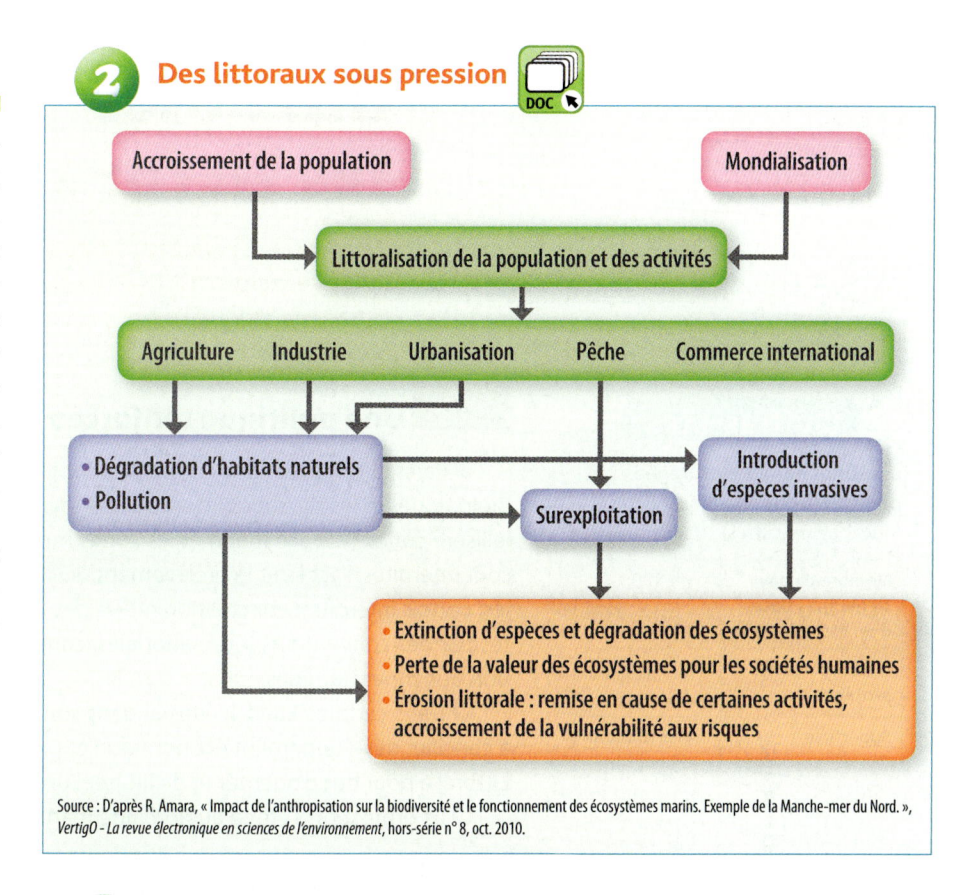

2 Des littoraux sous pression

Accroissement de la population → Littoralisation de la population et des activités ← Mondialisation

↓

Agriculture — Industrie — Urbanisation — Pêche — Commerce international

↓

- Dégradation d'habitats naturels
- Pollution

→ Surexploitation ← Introduction d'espèces invasives

↓

- Extinction d'espèces et dégradation des écosystèmes
- Perte de la valeur des écosystèmes pour les sociétés humaines
- Érosion littorale : remise en cause de certaines activités, accroissement de la vulnérabilité aux risques

Source : D'après R. Amara, « Impact de l'anthropisation sur la biodiversité et le fonctionnement des écosystèmes marins. Exemple de la Manche-mer du Nord. », *VertigO - La revue électronique en sciences de l'environnement*, hors-série n° 8, oct. 2010.

3 La plage de Mar del Plata (Argentine)

Station balnéaire proche de Buenos Aires, l'agglomération compte environ 622 000 habitants. La fréquentation touristique peut atteindre 8 000 à 10 000 personnes par hectare.

241

Cours 3 — Quels aménagements durables pour les littoraux ?

L'Agenda 21 formule des solutions pour assurer le développement durable des littoraux. Pourquoi la gestion intégrée des littoraux doit-elle privilégier l'échelle locale ?

Chiffres clés

Les zones humides protégées par la Convention Ramsar (hors pays enclavés)

Nombre de pays signataires dotés d'un littoral marin	129
Nombre de sites protégés	1 898
Superficie des sites protégés	141,3 millions d'hectares

Source : www.ramsar.org, 2013.

1 Une politique renforcée de protection

○ Parcs et réserves naturels ont pour objectif de préserver la biodiversité, les équilibres biologiques et les paysages littoraux. Leur périmètre, clairement délimité, englobe souvent le liseré côtier, l'espace marin et les zones humides voisines. Les constructions nouvelles y sont interdites, l'accès et le prélèvement de **ressources halieutiques** y sont limités, contrôlés, parfois interdits. Leur création relève des États et des collectivités locales. Ils y sont incités par des conventions internationales, comme la convention de Ramsar pour la protection des zones humides. **(doc. 1, 2 et 3)**

○ Dans certains États, le littoral dans son ensemble est protégé par la loi, qui cherche à concilier développement économique et protection de l'environnement. En France, la loi Littoral a pour but d'orienter et de limiter l'urbanisation côtière.

○ La protection s'étend au domaine maritime grâce aux parcs marins.

2 La gestion intégrée des zones côtières (GIZC)

○ La gestion intégrée promeut un développement durable du littoral en limitant les conflits d'usages. Reposant sur une bonne connaissance du milieu, elle cherche à réguler le partage de l'espace entre les différentes activités dans le respect des écosystèmes. Elle suppose l'intervention de nombreux acteurs.

○ Dans ce cadre, des aménagements et des pratiques nuisibles aux autres usagers peuvent être remis en cause. Des digues, des épis, des polders sont parfois détruits pour laisser libre cours aux dynamiques marines. Des mesures compensatoires peuvent limiter l'impact de nouveaux aménagements portuaires. L'agriculture intensive, polluante, est invitée à modifier ses pratiques pour les rendre plus compatibles avec la pêche et le tourisme.

3 La difficile mise en œuvre de la gestion durable

○ Partout dans le monde, mais de façon inégale, les littoraux restent soumis à de fortes pressions humaines. L'intensité du peuplement aggrave l'ampleur des catastrophes dans ces espaces soumis à des risques importants (tempêtes, cyclones, tsunamis…).

○ Dans les pays développés, les dégradations de l'environnement et des paysages sont fortes et anciennes. Mais le développement d'une conscience écologique a permis la mise en place de mesures de contrôle et de réglementations importantes. Les implantations nouvelles sont limitées, des études d'impact écologique et paysager sont intégrées à tout nouveau projet.

○ Dans les pays en développement, la pression sur les littoraux est très inégale. Des activités nouvelles s'y implantent, plus rémunératrices pour les populations locales mais aussi plus polluantes, souvent destinées à répondre aux besoins des pays développés : tourisme balnéaire, pêche à la crevette et aquaculture, industries portuaires. Déstabilisant populations et activités traditionnelles, elles ne répondent pas à des logiques de développement durable. Sous la pression des communautés autochtones, relayées par des ONG, les projets compatibles avec le développement durable se multiplient.

▶ **Assurer un développement durable pour les sociétés, les économies et les milieux littoraux constitue un défi majeur.**

vocabulaire

Ressources halieutiques
Ensemble des ressources marines (poissons, crustacés, algues…).

GIZC
Gestion intégrée des zones côtières : approche globale des différents usages des espaces marins et côtiers de manière à les rendre compatibles.

Les littoraux, espaces convoités 7

1. Pour une gestion durable des littoraux

Échelle mondiale (ex. : ONU, ONG...)	• Convention internationale faisant de la biodiversité un bien commun de l'humanité : Convention de Ramsar sur les zones humides, 1971. • Sommet de la Terre de Rio de Janeiro (1992), Agenda 21, chapitre 17 consacré à la protection des océans et des zones côtières. Parmi les points majeurs : la gestion intégrée des zones côtières (GIZC).
Échelle régionale (ex. : l'Union européenne)	Principales actions : • Mise en place d'une politique durable de lutte contre l'érosion côtière. • Directives Oiseaux et Habitats (cartographie des zones de protection spéciale dédiées aux oiseaux, notamment dans les estuaires). • Réseau Natura 2000 : réseau s'appuyant sur les deux directives précédentes qui tendent à hiérarchiser les espaces selon leur valeur écologique et à pondérer l'importance des formes de mise en valeur. • Gestion intégrée des zones côtières.
Échelle étatique (ex. : la France)	Mise en application des directives mondiales et européennes. • Création du Conservatoire du littoral (1975). • Loi Littoral (1986). • Création d'aires marines protégées, de parcs naturels marins.
Échelle locale (collectivités territoriales, associations, acteurs économiques...)	Appel à projet en 2005 en vue de déterminer des territoires pour appliquer la GIZC (gestion intégrée des zones côtières) = Projet « modèle » : la Côte d'Opale.

Pourquoi les objectifs de gestion durable des littoraux doivent-ils être définis à toutes les échelles ?

2. Les objectifs des aires marines protégées

« Les aires marines protégées sont des outils au service d'une gestion durable des océans et des espaces littoraux. Elles permettent de :
– protéger les milieux sensibles et les espèces menacées ;
– accroître la productivité des lieux de pêche en protégeant les lieux favorables à la reproduction et l'alimentation des poissons ;
– réguler les différents usages de la mer. L'efficacité de ces zones est reconnue. Celles-ci permettent d'améliorer la qualité de l'habitat, d'augmenter la production halieutique et la biodiversité. Cette fonction est plus importante si la zone protégée est un secteur d'habitat essentiel au renouvellement des populations. Aujourd'hui, on compte 1 000 aires marines protégées dans le monde, dont la surface totale représente à peine 2 % des océans. La plupart des scientifiques et organismes internationaux [...] considèrent qu'il faudrait protéger 10 à 15 % du milieu marin mondial pour assurer sa conservation. »

R. Amara, « Impact de la pollution sur les écosystèmes côtiers : exemple de la Manche orientale », *VertigO - La revue électronique en sciences de l'environnement*, hors-série n° 9, juillet 2011.

3. Un littoral protégé : le parc national des Calanques

Aux abords immédiats de l'agglomération marseillaise, dans une région à la fois très peuplée et très touristique, le parc national, créé en 2012, cherche à concilier forte présence humaine, permanence de l'activité économique et préservation d'un environnement littoral et marin exceptionnel.

Points de vue

La mer monte : une catastrophe pour demain ?

Le niveau de la mer remonte sous l'effet du changement climatique. Certaines îles très basses ont déjà dû être évacuées. Cependant, ce phénomène est bien plus complexe que la présentation qu'en font les médias et il faut en étudier les réalités.

Qu'en pense un géographe ?

« On a, depuis 1880 environ, la certitude que le niveau de la mer se relève, plutôt lentement d'ailleurs et selon les lieux. La multiplication des marégraphes combinés aujourd'hui à l'usage des techniques spatiales donne plus de sûreté au débat scientifique mais ne saurait le clore. Les projections futures restent aléatoires et, prudemment, le dernier rapport du GIEC (bilan 2007) se contente de donner des fourchettes à partir de scénarios fondés sur les modalités du réchauffement climatique. Il précise que, si, de 1961 à 2003, la vitesse moyenne a été de 1,8 mm/an, une certaine accélération marque la dernière décennie (3,1 mm). Ces chiffres ne doivent être extrapolés qu'avec prudence : selon les scénarios, la fourchette pour 2100 varie de 18 cm à 59 cm. Autrement dit, chaque nouveau rapport tend actuellement à diminuer l'écart et ceci à la différence des projections des années 1980 qui donnaient, pour une élévation de 4,5 °C de la température globale, une submersion de l'ordre de 3,50 m. [...]

Il n'en reste pas moins que certains lieux sont plus menacés que d'autres. C'est à partir d'eux qu'il faudra gérer les territoires côtiers. Outre les inévitables conséquences en matière de progressive salinisation des terres, ce sont les zones deltaïques et certaines îles affleurantes qui sont les plus menacées. La planification de la gestion doit proposer des solutions alternatives, optant, selon les cas, pour la résistance au flot avec des solutions techniques et un fort engagement politique comme aux Pays-Bas avec le plan Delta (qui vaudrait sans doute pour le delta du Gange au Bangladesh) ou pour le retrait des terres les plus exposées comme on commence à le pratiquer au Royaume-Uni, en Allemagne, et même en France. »

P. Arnould et Y. Veyret (dir.), *Atlas des développements durables*, Éditions Autrement, 2008.

vocabulaire

Marégraphe Appareil enregistrant les variations du niveau de la mer selon la marée.

Techniques spatiales Ensemble des techniques développées grâce aux satellites, principalement l'imagerie satellitale.

GIEC Groupe d'experts intergouvernemental sur l'évolution du climat.

Salinisation Augmentation de la teneur en sel du sol ou de l'eau des nappes phréatiques.

Îles affleurantes Îles de très faible altitude, dépassant de très peu le niveau de la mer.

Bilan

1. Comment la montée du niveau marin est-elle présentée sur la caricature ?

2. Comment les géographes expliquent-ils ce processus ? Sur quels points y a-t-il débat ?

Exercices et méthodes

Les littoraux, espaces convoités — 7

1. VERS LE BAC — Bâtir un plan et rédiger une introduction

SUJET : Les littoraux, des espaces convoités mais fragiles

ÉTAPE 1 > Définir les termes du sujet

Analyse du sujet

- Espaces de contact plus ou moins large entre la terre et la mer. → **Les littoraux**
- Attention à l'emploi du pluriel : il invite à montrer qu'il existe une diversité de situations → **des**
- Espaces qui font l'objet de nombreux usages, d'une pression humaine et économique → Littoralisation → **espaces convoités**
- Ce terme invite à mettre en relation les deux parties du sujet : « convoités » et « fragiles » → **mais**
- Des milieux fragiles, à protéger → **fragiles**

ÉTAPE 2 > Définir une problématique

1. Quelle est la problématique la plus adaptée au sujet ?
  a. Quels sont les aménagements présents sur les littoraux dans le monde ?
  b. Dans quelle mesure la forte pression exercée sur les littoraux les fragilise-t-elle et comment réussir à les protéger ?
  c. Dans quelle mesure les littoraux sont-ils des espaces fragiles ?

ÉTAPE 3 > Bâtir un plan de composition

2. Complétez le tableau suivant en vous aidant de votre cours et de l'étude de cas réalisée en classe

PLAN	LES IDÉES PRINCIPALES	LE DÉVELOPPEMENT AVEC DES EXEMPLES
1re partie — Les littoraux, des espaces attractifs	▸ Des milieux diversifiés ▸ Des espaces .... ▸ Des espaces attirant de nombreuses	▸ La péninsule du Yucatán (étude de cas 1) : domaine tropical, côte sableuse ▸ Chiffres du peuplement des littoraux dans le monde (carte ....) ▸ Le littoral de la Manche (étude de cas 2)
2e partie — Les littoraux, des espaces aménagés	▸ Des espaces plus ou moins aménagés ▸ Des milieux .... ▸ Des .... liés à ces différentes fonctions	▸ ....
3e partie — Des politiques de développement durable pour concilier attractivité et protection des littoraux	▸ Une protection à l'échelle .... ▸ La mise en application d'une protection à l'échelle .... ▸ Le principe de la gestion	▸ Convention de Ramsar 1971 (p. ....) ▸ Le parc national des Calanques (doc. 3 p. 243) ▸ GIZC (p. 242)

ÉTAPE 4 > Rédiger une introduction

3. Complétez au brouillon cette proposition d'introduction.

Les littoraux sont .... À la surface du globe, on compte .... km de côtes, qui sont très diversifiées tant du point de vue des milieux, que du point de vue de leur peuplement ou de leurs activités. Globalement, les littoraux sont très convoités : on peut y remarquer un processus de .... des hommes et des activités, ce qui conduit parfois à des situations de pression très importantes. Or, ces espaces sont aussi ...., ce qui nécessite parfois de concilier .... et ....

245

Exercices et méthodes

2 Construire un croquis de paysage

L'aménagement du littoral de Cairns en Australie

1. Port de plaisance
2. Aéroport international
3. Plage artificielle, construite suite à l'érosion de la plage naturelle consécutive à la construction du port
4. Grands hôtels internationaux

ÉTAPE 1 > Localiser la photographie

1. Où la photographie a-t-elle été prise ?

ÉTAPE 2 > Analyser le sujet

2. Que signifie le terme « aménagement » ? Tout l'espace étudié est-il aménagé ?

Les littoraux, espaces convoités 7

ÉTAPE 3 > Lire le paysage

3. Observez les différents plans de la photographie.
4. Recherchez les infrastructures de transports sur la photographie. À quelles activités correspondent-elles ?
5. Situez le centre-ville puis les espaces résidentiels.
6. Où sont situés les principaux aménagements touristiques ?

AIDE

Question 3 : Dans une photographie de paysage, il y a toujours un premier plan, un second plan et un arrière-plan.

AIDE

Question 5 : Le centre-ville suit un plan d'organisation orthogonal.

AIDE

Question 7 : Les réponses aux questions 4 à 6 vous indiquent les trois thèmes centraux de votre croquis : donnez un titre à chacun de ces thèmes dans la légende.

ÉTAPE 4 > Réaliser un croquis

7. Complétez la légende fournie. Donnez des titres précis et détaillés aux parties de la légende
8. Réalisez le croquis à partir du fond fourni.

AIDE

Question 8 : Choisissez des couleurs et/ou des hachures pour représenter chaque « unité paysagère » : par exemple, du jaune pour représenter les plages, du violet pour représenter les activités portuaires, etc.

1. Un littoral ....
   ☐ ....
   ☐ ....
   ☐ ....

2. Un littoral ....
   ▇ un port marchand et de croisière qui relie Cairns au reste du monde
   ▇ ....

3. Un littoral ....
   ☐ port de plaisance
   ▇ ancienne plage
   ▦ plage artificielle
   .... complexe hôtelier international

247

Exercices et méthodes

3 Commenter des tableaux

D'un littoral répulsif à un littoral attractif

QUESTIONS

1. Qu'est-ce que le Déluge ? Dans quel livre ce mythe est-il raconté ?

2. Comment la scène du Déluge est-elle représentée dans le tableau de Géricault (doc. 1) ? Quelle image l'artiste donne-t-il du littoral ?

3. Comparez avec le tableau de Dufy (doc. 2) :
   a. Quelles couleurs sont utilisées et qu'évoquent-elles ?
   b. Comment les éléments naturels sont-ils représentés ?
   c. Comment les hommes sont-ils représentés ?

4. Dans le tableau de Dufy, comment le littoral est-il aménagé ? En quoi cela explique-t-il la modification du regard porté par les sociétés occidentales sur le littoral ?

5. Pourquoi et comment les représentations des hommes sur les littoraux ont-elles été inversées entre le début du XIXe siècle et le début du XXe siècle ?

1 *Scène de Déluge*, 1818-1820, Théodore Géricault (1791-1824), huile sur toile, 130 × 97, musée du Louvre, Paris.

2 *Baie des Anges, Nice*, vers 1926, Raoul Dufy (1877-1953), huile sur toile, 50 × 40, collection particulière.

TICE

4 Utiliser un SIG (Système d'Information géographique)

vocabulaire

- **Navire-citerne** Navire utilisé pour transporter des matériaux liquides (pétrole par exemple).
- **Cargo** Navire transportant des marchandises.
- **Navire de plaisance** Navire à usage récréatif (promenades en bateaux pour des particuliers) ou sportif.
- **Route maritime** Itinéraire fréquemment et densément utilisé par les navires transportant des marchandises.

Le site www.marinetraffic.com localise et répertorie les navires du monde entier en temps réel et permet d'observer de manière interactive le trafic mondial. Conçu à partir d'un SIG (Système d'Information Géographique), système permettant d'organiser et de représenter des données numériques, spatialement référencées, le site permet notamment de créer des cartes interactives, où l'on peut sélectionner les informations que l'on souhaite voir apparaître.

● **La Manche sur www.marinetraffic.com**

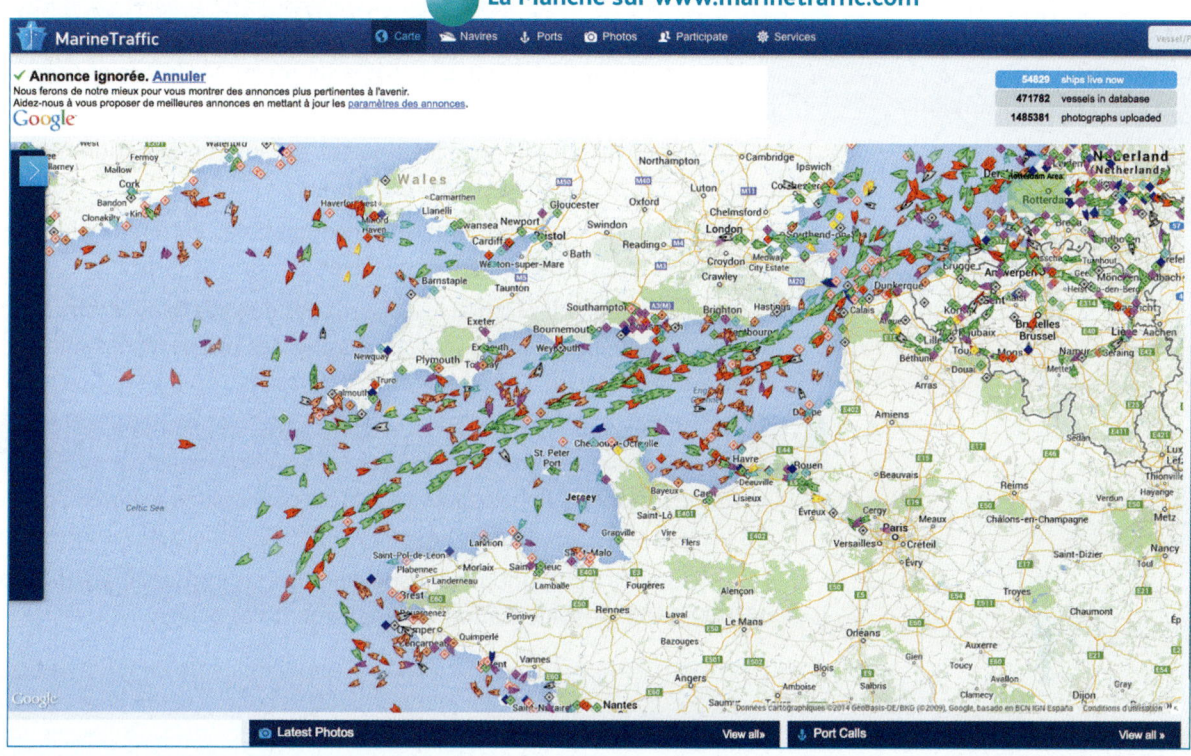

Allez sur le site de Marine Traffic : www.marinetraffic.com.
Dans la colonne de gauche, inscrivez « La Manche » dans la barre de recherche. Ne laissez que les cases « Cargo » et « Navires-citernes » cochées (décochez toutes les autres cases). Lancez la recherche.

1. Caractérisez la densité du trafic des cargos et des navires-citernes dans la Manche. Quelle est la direction principale de ces navires ? Vers quels ports les navires se dirigent-ils ? Pourquoi ?

2. Que transportent les navires-citernes. À quelles activités littorales sont-ils associés ? Quels aménagements littoraux ces activités nécessitent-elles ?

Cliquez sur « Navires de plaisance et autres » (les autres catégories de bateaux ne doivent plus être cochées).

3. Comment se répartit la navigation de plaisance dans la Manche ? Pourquoi ?

4. Quelle activité économique est en lien avec cette navigation ? Citez quelques ports de plaisance dans la Manche.

Cliquez sur « Navires de pêche ».

5. Où se localise la pêche dans la Manche ?

6. Sur cet espace maritime restreint, la pêche, la navigation de plaisance et le trafic des cargos de marchandises et de citernes sont-ils aisément compatibles ? Présentez les problèmes que cela pourrait poser.

7. Quels sont les avantages et les inconvénients, voire les risques d'un tel trafic (de marchandises, de plaisance, de pêche) sur les littoraux français et britanniques ?

Réviser : Les littoraux, espaces convoités

1 La concentration des hommes et des activités

- Le processus de littoralisation est un phénomène planétaire. Les littoraux sont toujours plus peuplés ; les grands foyers de peuplement sont littoraux.
- Les littoraux sont des interfaces industrialo-portuaires majeures dans le cadre de la mondialisation.
- Les littoraux sont le premier espace touristique mondial. Ils sont recherchés pour la variété des paysages et des activités pratiquées.

2 La concurrence pour l'espace

- Trop d'hommes et trop d'activités sur un espace fragile et souvent étroit expliquent les concurrences pour l'espace et des formes de dégradation des milieux.
- Les activités traditionnelles reculent devant l'urbanisation massive du liseré côtier, les ZIP, les aménagements touristiques.
- Les usages sont même parfois incompatibles entre eux : les rejets urbains, agricoles et industriels rendent la pêche et le tourisme difficiles.
- Milieu fragile, les littoraux subissent des dégradations : destruction des dunes des côtes basses ou des mangroves, érosion des plages et des falaises, pollutions diverses. Le mitage de l'espace altère les paysages.

3 Quels aménagements durables pour les littoraux ?

- Des solutions globales sont proposées pour assurer le développement durable des littoraux dans le cadre de l'Agenda 21, de réglementations internationales.
- Toutefois les solutions sont souvent locales : Conservatoire du Littoral, Natura 2000, GIZC, dépoldérisation, réensablement des plages...

Notions clés

- Littoralisation
- Littoral
- Interface
- Gestion intégrée des zones côtières (GIZC)

Aller plus loin

Livres

- A. Miossec (dir.), *Dictionnaire de la mer et des côtes*, Presses Universitaires de Rennes, 2012.
- Cyrille P. Coutansais, *Géopolitique des océans. L'Eldorado maritime*, Ellipses, 2012.

Films et documentaires

- *Les littoraux*, Éditions Gulliver, 2009.
- *Les Vacances de Monsieur Hulot*, film de Jacques Tati, 1953.

Sites Internet

- Le site du Conservatoire du littoral : www.conservatoire-du-littoral.fr
- Le site de l'Observatoire national de la mer et du littoral : www.onml.fr
- Le site du Centre de Documentation, de recherches et d'expérimentations sur les pollutions accidentelles des eaux : www.cedre.fr
- Le site du port de Rotterdam (nombreuses statistiques sur les grands ports mondiaux) : www.portofrotterdam.com

vérifier ses connaissances

Entraînez-vous en ligne sur www.geo-hatier.com (corrigés p. 287 du manuel).

● La « riviera française » à Nice

Exercice 1

1. Décrivez la photographie selon les différents plans.
2. Quelle est la fonction dominante de cet espace ?
3. En quoi la photographie est-elle révélatrice d'un processus d'artificialisation du littoral ?
4. Citez d'autres exemples de transformations identiques du milieu littoral.

Exercice 2

Citez :
– cinq grands ports mondiaux ;
– cinq littoraux à forte fréquentation touristique ;
– quatre passages maritimes stratégiques ;
– trois grandes concentrations d'activités industrialo-portuaires ;
– trois secteurs d'exploitation offshore de gisements d'hydrocarbures.

Exercice 3

Définissez les mots suivants.
– Aquaculture
– Mangrove
– Héliotropisme
– Poldérisation
– Convention de Ramsar
– GIZC

Exercice 4

Répondez par vrai ou faux.
a. Les littoraux attirent de plus en plus les hommes.
b. Les littoraux sont, dans certaines régions du monde, des interfaces industrialo-portuaires.
c. Les littoraux sont le premier espace touristique mondial.
d. La « marbellisation » est un dispositif de protection des littoraux contre la remontée du niveau de la mer.
e. Les ports d'estuaires ont progressivement migré vers le littoral depuis le XXe siècle.
f. La poldérisation se poursuit en Europe et en Asie orientale.
g. Le Conservatoire du littoral a été créé en France en 1975.
h. Le chapitre 17 de l'Agenda 21 global est consacré à la protection des océans et des zones côtières.

8 Les espaces exposés aux risques majeurs

Sur la planète, de nombreux espaces sont soumis aux risques majeurs. En fonction de leur niveau de développement, les sociétés restent cependant très inégales face à ces risques. Afin de diminuer leur vulnérabilité, les gestionnaires mettent en place différentes politiques.

▶ **Comment concilier développement durable et meilleure adaptation aux risques ?**

1 Le pont de Barèges, détruit par les inondations (Midi-Pyrénées, 18 juin 2013)

Dans les Hautes-Pyrénées et la Haute-Garonne, les inondations ont fait trois victimes et des dégâts matériels considérables. Plusieurs milliers de personnes ont dû être évacuées.

L'accident minier de Copiapó (Chili, 5 août 2010)

Sauveteurs et familles rassemblés à l'entrée d'une mine d'or et de cuivre où 33 mineurs ont été bloqués pendant 69 jours suite à un effondrement.

2 La catastrophe nucléaire de Fukushima (Japon, 11 mars 2011)

La catastrophe nucléaire de Fukushima I, de même ampleur que celle de Tchernobyl (1986), a été provoquée par un tsunami exceptionnel, lui-même consécutif à un séisme.

Étude de cas 1

Les risques majeurs dans le bassin des Caraïbes

La région est exposée à des aléas naturels (séismes, éruptions volcaniques, cyclones) et industriels (liés à l'exploitation des hydrocarbures). Cependant, les impacts de ces aléas diffèrent selon les pays et les acteurs.

A — Un espace à haut risque

1. Les risques majeurs dans le bassin des Caraïbes

Katrina — 1 836 morts (2005)
Mitch — 9 000 morts (1978)
Ingrid et Manuel — 146 morts (2013)
MEXICO (Mexique) — 10 000 morts (1985)
GUATEMALA — 22 000 morts (1976)
SALVADOR — 3 000 morts (2001)
MANAGUA (Nicaragua) — 10 000 morts (1972)
Deepwater Horizon (2010)
Sandy — plus de 200 morts (2012)
PORT-AU-PRINCE (Haïti) — 250 000 morts (2010)
Hanna — + de 600 morts (2008)
Jeanne — 3 035 morts (2004)

Volcans : Popocatepetl, Tajumulco, Irazú, La Soufrière (Guadeloupe), Montagne Pelée (Martinique)

Plaques : NORD-AMÉRICAINE, DES COCOS, DES CARAÏBES, SUD-AMÉRICAINE

Légende :
1. Des aléas d'origine tectonique et météorologique
   - limite de plaque lithosphérique
   - principales régions volcaniques
   - quelques volcans actifs
   - trajectoire des cyclones
2. Des catastrophes récentes
   - d'origine sismique
   - d'origine météorologique (tempête, cyclone)
   - catastrophe technologique (explosion de la plate-forme pétrolière)

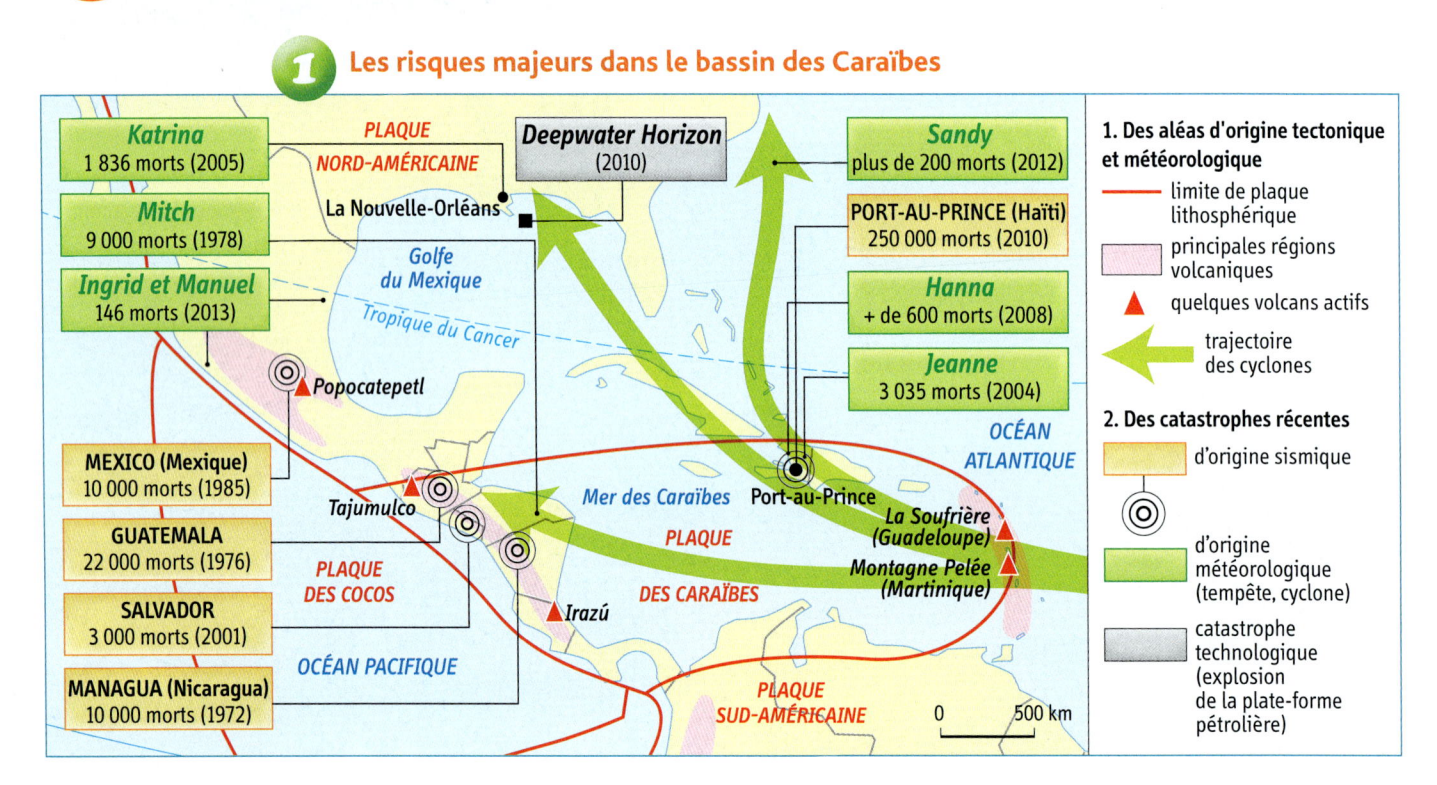

2. Qu'est-ce qu'un cyclone ?

« Un cyclone (ouragan dans la mer des Antilles et le golfe du Mexique, typhon dans l'ouest du Pacifique) est une très forte dépression qui prend naissance au-dessus des mers chaudes et des océans de la zone intertropicale. Il se forme surtout entre le 10e et le 20e degré de latitude. La durée de vie d'un cyclone est de 6 jours, mais certains durent jusqu'à deux semaines. L'ampleur des dégâts cycloniques résulte de la grande envergure du phénomène avec une aire de danger liée aux précipitations de l'ordre d'un millier de kilomètres de diamètre et aux vents très violents autour de l'œil. L'intensité des cyclones est classée sur une échelle (Saffir-Simpson) allant de 1 à 5, la catégorie 5 correspondant à des vents de plus de 250 km/h. »

A. Ciattoni et G. Rigou, © Hatier, 2014.

Questions

1. **Doc. 1 et 2** Quels sont les éléments naturels et humains à l'origine des risques dans le bassin des Caraïbes ?
2. **Doc. 1, 3 et 4** Quels facteurs socio-économiques peuvent expliquer la forte exposition d'Haïti aux risques majeurs ?
3. **Doc. 5** Quelle population a été la plus touchée par les inondations dues au cyclone Katrina ? Comment l'expliquer ?

BILAN Montrez et expliquez l'inégale vulnérabilité des populations aux risques naturels dans le bassin des Caraïbes.

B — Une vulnérabilité forte mais inégale

3 Différents États de la région face aux cyclones

	Haïti	République dominicaine (autre partie de l'île d'Haïti)	Bahamas	États-Unis
Population (en millions, 2012)	10,1	10,2	0,37	313
Revenu national brut par habitant (en dollars, 2012)	760	5 470	21 280	50 120
IDH (rang 2012 sur 186)	161	96	49	3
Densité de population (hab./km², 2010)	365	204	21,4	Non pertinent pour la comparaison étant donné la taille du pays
Impacts de quelques cyclones ou tempêtes récents	• Jeanne : 3 035 victimes, 300 000 sinistrés • Gustav, Hanna et Ike : 800 morts et 400 000 sinistrés • Sandy : plus de 200 morts	• Jeanne : 25 morts	• Jeanne : 9 morts • Sandy : 2 morts	• Jeanne : 5 morts • Katrina : 1 836 morts • Hanna : 7 morts • Sandy : 110 morts (raffineries et plates-formes pétrolières endommagées)

Sources : ONU, Banque mondiale et OMS, 2013.

4 Une reconstruction difficile en Haïti

À Port-au-Prince, trois ans après le séisme, des installations de fortune côtoient le palais présidentiel à moitié effondré.

5 L'ouragan Katrina à La Nouvelle-Orléans (29 août 2005)

« La ville, encadrée par le lac Pontchartrain et le lac Borgne, a été envahie par les eaux quand les digues ont cédé ; 150 000 habitations ont été affectées. La vulnérabilité de la ville était anciennement connue. [...] Une simulation avait été effectuée par l'université de Louisiane à la fin des années 1990, qui montrait la "destruction virtuelle" de la ville par un cyclone de catégorie 4 [comme Katrina, vents entre 210 et 249 km/h]. [...] Le manque de finances pour entretenir les digues explique en partie la situation. »

Atlas mondial, Éditions Autrement-*Courrier international*, 2012.

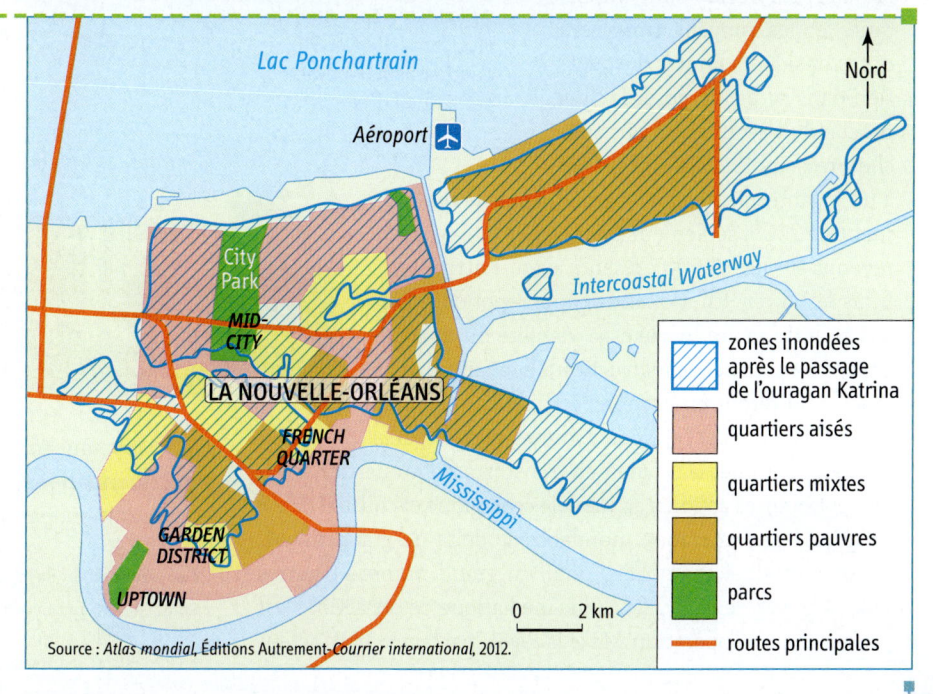

étude de cas 1 — Les risques majeurs dans le bassin des Caraïbes

C Gérer les risques et les catastrophes dans une perspective de développement durable ?

6 Recourir à l'aide humanitaire

« ET MAINTENANT, LE TSUNAMI HUMANITAIRE ! »

Dessin de Hermann paru dans *Courrier international*, 15 janvier 2010.
Selon le département d'État américain, une trentaine de pays participent aux opérations d'aide en Haïti. L'ONU a annoncé qu'elle avait reçu 268,5 millions de dollars de promesses d'aide internationale. Cet afflux très important est cependant difficile à gérer efficacement et rapidement dans un pays pauvre et totalement désorganisé.

7 Reconstruire à La Nouvelle-Orléans

« Dans le Lower 9th, le retour semble encore aujourd'hui difficile tant les dégâts sont importants et les moyens financiers des ex-résidents limités. Le quartier, dans sa partie nord, la plus proche du bayou[1] et la plus touchée, ressemble encore beaucoup à un gigantesque terrain vague. D'après le recensement de 2009, seulement 4 500 habitants seraient revenus sur les 18 000 présents avant Katrina. Mais le Lower 9th a quand même répondu à l'injonction du maire [prouver la viabilité du quartier grâce à un plan de reconstruction]. Il l'a fait non pas grâce à un retour en nombre, comme par exemple à New Orleans East ("Nous sommes viables parce que nous sommes là !"), mais en transformant le quartier, à travers différentes actions, en modèle écologique et culturel d'installation dans une zone inondable de delta de grand fleuve, le rendant ainsi exemplaire pour un grand nombre d'autres villes à travers le monde. La plus médiatique de ces actions est probablement l'opération *Make it Right*, parrainée par l'acteur Brad Pitt, qui consiste à reconstruire des maisons résistantes aux inondations, grâce à diverses innovations techniques (surélévation, panneaux solaires, matériaux, etc.). »

S. Tonnelat, « Rendre publique la durabilité : la plate-forme d'observation du Bayou à La Nouvelle-Orléans », *Métropolitiques*, 1er juin 2011.

L'une des maisons « durables » reconstruites par la fondation *Make it Right* créée par Brad Pitt, dans le Lower 9th, quartier pauvre dévasté par Katrina.

Note : En 2012, La Nouvelle-Orléans n'a retrouvé que 78 % de sa population d'avant Katrina (2005).

1. En Louisiane, une étendue d'eau formée par les anciens bras et méandres du fleuve.

8 — Faire face à de nouveaux risques

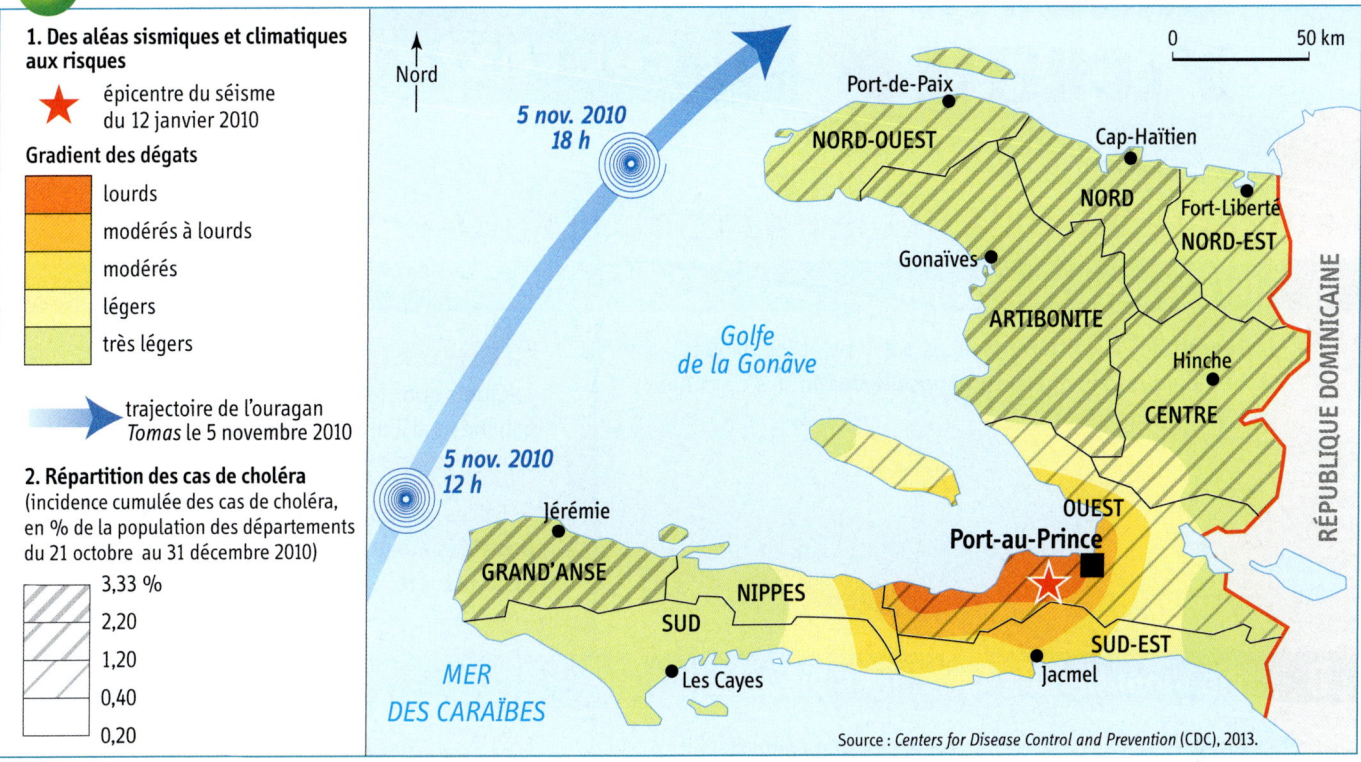

1. Des aléas sismiques et climatiques aux risques
- ★ épicentre du séisme du 12 janvier 2010
- Gradient des dégâts :
  - lourds
  - modérés à lourds
  - modérés
  - légers
  - très légers
- → trajectoire de l'ouragan *Tomas* le 5 novembre 2010

2. Répartition des cas de choléra (incidence cumulée des cas de choléra, en % de la population des départements du 21 octobre au 31 décembre 2010)
- 3,33 %
- 2,20
- 1,20
- 0,40
- 0,20

Source : *Centers for Disease Control and Prevention* (CDC), 2013.

9 — Le choléra en Haïti

« En octobre 2010, une épidémie de choléra s'est déclarée au nord de Port-au-Prince, quelques mois après le séisme (alors que la maladie avait disparu depuis plus d'un siècle). Selon plusieurs experts, des casques bleus népalais de la Mission des Nations unies pour la stabilisation en Haïti (Minustah) – dont les effectifs ont été renforcés suite au séisme pour faciliter la reconstruction du pays – seraient à l'origine de l'épidémie. Une grande partie de la population n'ayant pas accès à l'eau potable et aux installations sanitaires, les cas de choléra se sont rapidement multipliés dans tout le pays (594 198 cas et 7 585 décès entre octobre 2010 et septembre 2012). »

S. Beucher-Aujol, © Hatier, 2014.

Questions

1. **Doc. 7** Montrez que le quartier de Lower 9th à La Nouvelle-Orléans est reconstruit de manière plus durable.

2. **Doc. 6, 9 et 10** Quelles sont les limites de l'aide internationale dans la gestion de la catastrophe ? Pourquoi ?

3. **Doc. 8, 9 et 10** Réalisez un schéma fléché montrant l'enchaînement des catastrophes et les acteurs concernés en Haïti.

BILAN Quels sont les impacts socio-économiques des catastrophes dans le bassin des Caraïbes ?

10 — Le risque cyclonique à Haïti, frein au développement durable

« Comme toutes les autres îles des Caraïbes, Haïti dispose des informations diffusées par le centre de prévision de Miami [...]. Des avis sont diffusés toutes les six heures pour informer les États des caractéristiques du phénomène surveillé, des territoires éventuellement menacés et de l'évolution en cours. Dans les départements français d'outre-mer, les consignes de sécurité et les plans d'alerte mis en place par les autorités préfectorales sont très efficaces ; il existe une véritable "culture du risque" ; chacun connaît les gestes avant, pendant et après le cyclone. Si l'économie locale est fortement perturbée à la suite des dégâts causés aux infrastructures et à l'agriculture, on déplore peu de victimes humaines. [...] En Haïti, les possibilités d'alerte et d'évacuations sont beaucoup plus réduites. Lorsque les informations parviennent aux populations, elles ne peuvent pas être appliquées correctement faute de ressources suffisantes pour se protéger (constitution de stocks, protection de l'habitation...) ou se déplacer. [...]

Après chaque catastrophe, les ONG et les institutions internationales doivent pallier les insuffisances de l'État. [...] L'accumulation de catastrophes et l'ampleur de la tâche finissent par lasser les donateurs et épuiser le système d'aide, repoussant les perspectives et les conditions d'un développement. On entre donc dans une sorte de spirale négative dans laquelle la pauvreté est un facteur aggravant le risque, et le risque renforce à son tour la pauvreté. »

Y. Veyret et J. Jalta, *Développements durables, tous les enjeux en 12 leçons*, Éditions Autrement, 2010.

Étude de cas 1

CHANGER D'ÉCHELLE ▶ Du bassin des Caraïbes au contexte mondial

Rédiger le bilan de l'étude de cas | Mettre en perspective

A — Un espace à haut risque

1• Récapitulez les différents aléas naturels et les risques technologiques auxquels est exposé le bassin des Caraïbes. (p. 254)

carte 1 ci-contre
a. Quels sont les autres espaces de la planète touchés par l'aléa cyclonique ?

carte p. 266-267
b. Faites un tableau récapitulant l'ensemble des aléas auxquels sont soumis les espaces de la planète.

B — Une vulnérabilité forte mais inégale

2• Montrez que la catastrophe révèle et aggrave la fragilité des sociétés pauvres du bassin caraïbe. (p. 255)

carte 2 ci-contre
c. Expliquez pourquoi les catastrophes sont plus meurtrières dans les pays du Sud que dans les pays du Nord.

C — Gérer les risques et les catastrophes dans une perspective de développement durable ?

3• Rédigez un paragraphe qui montre que les risques dans le bassin des Caraïbes constituent un frein au développement durable. (p. 256-257)

carte p. 266-267
d. Identifiez les pays ou régions qui sont dans une situation semblable à celle d'Haïti (forte exposition au risque et faible niveau de développement).

Schéma bilan ▶ La forte vulnérabilité des populations pauvres face aux risques

- **Aléas naturels fréquents** (séismes, cyclones, inondations, etc.)
- → **Catastrophes :** nombreuses victimes, fragilisation des structures sociales et politiques
- → **Faibles capacités d'adaptation des sociétés. Réponses inadaptées lors de l'après-catastrophe**
- → **Renforcement de la pauvreté et de la vulnérabilité**
- → **Populations pauvres d'un pays en développement ou catégories sociales les plus démunies au sein d'une ville d'un pays développé**

8 Les espaces exposés aux risques majeurs

1 L'aléa cyclonique dans le monde

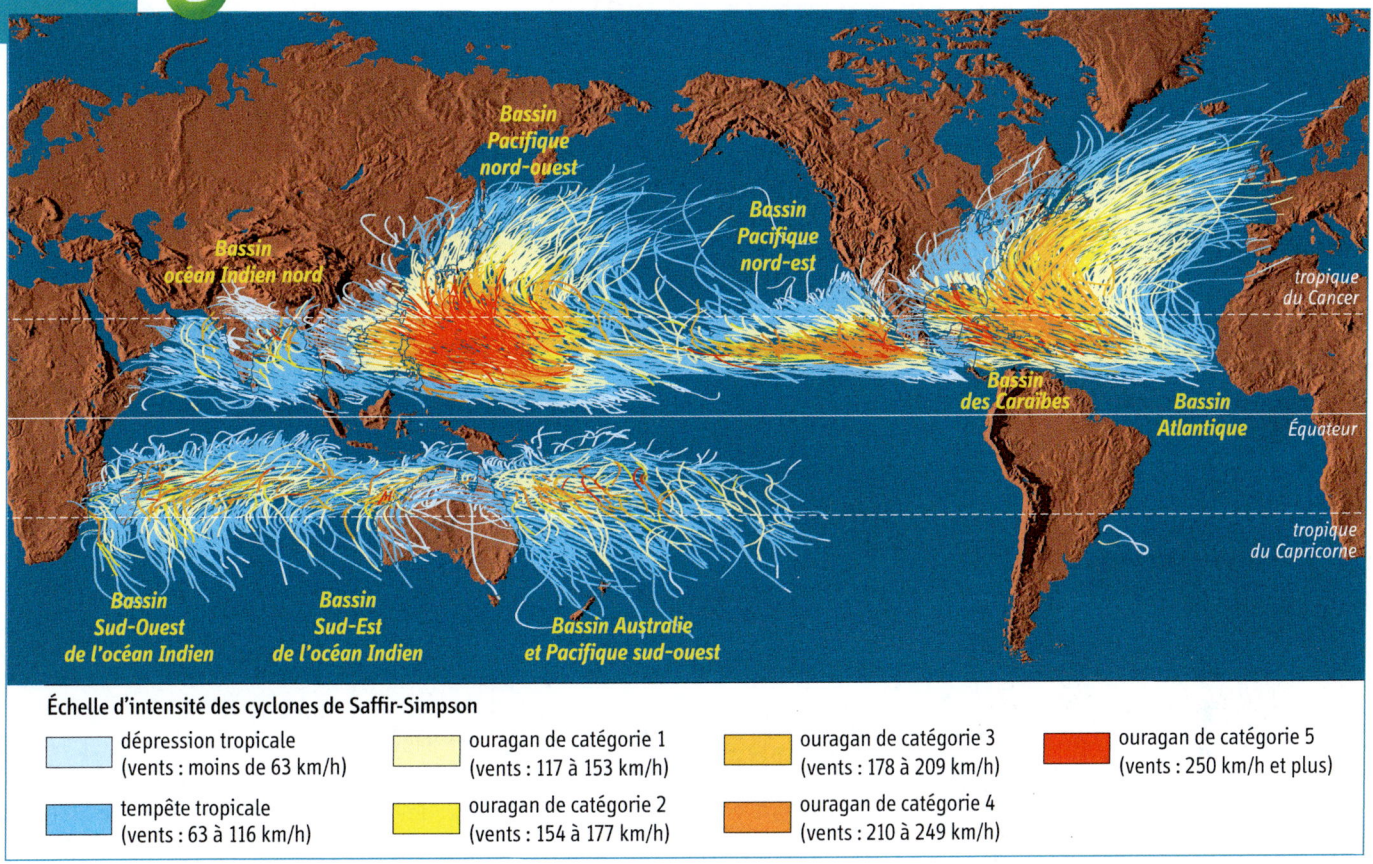

Échelle d'intensité des cyclones de Saffir-Simpson

- dépression tropicale (vents : moins de 63 km/h)
- tempête tropicale (vents : 63 à 116 km/h)
- ouragan de catégorie 1 (vents : 117 à 153 km/h)
- ouragan de catégorie 2 (vents : 154 à 177 km/h)
- ouragan de catégorie 3 (vents : 178 à 209 km/h)
- ouragan de catégorie 4 (vents : 210 à 249 km/h)
- ouragan de catégorie 5 (vents : 250 km/h et plus)

Bassins : océan Indien nord, Pacifique nord-ouest, Pacifique nord-est, des Caraïbes, Atlantique, Sud-Ouest de l'océan Indien, Sud-Est de l'océan Indien, Australie et Pacifique sud-ouest.

2 Niveau de développement et bilan humain des catastrophes naturelles dans le monde

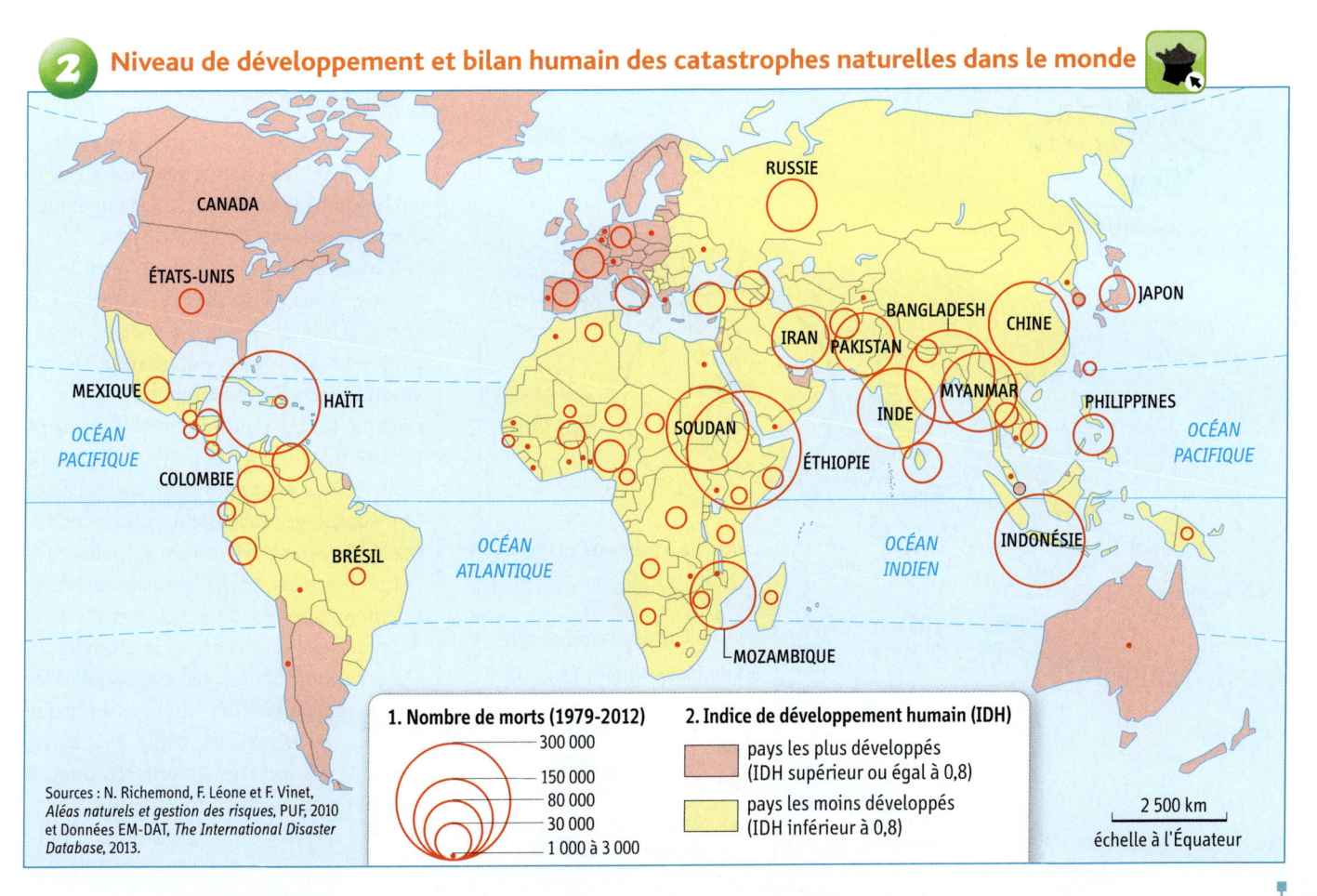

1. Nombre de morts (1979-2012) : 300 000 ; 150 000 ; 80 000 ; 30 000 ; 1 000 à 3 000

2. Indice de développement humain (IDH)
- pays les plus développés (IDH supérieur ou égal à 0,8)
- pays les moins développés (IDH inférieur à 0,8)

Sources : N. Richemond, F. Léone et F. Vinet, *Aléas naturels et gestion des risques*, PUF, 2010 et Données EM-DAT, *The International Disaster Database*, 2013.

échelle à l'Équateur : 2 500 km

Étude de cas 2

Le Japon face aux risques

Le Japon est l'un des pays les plus exposés aux risques, à la fois naturels et technologiques. Le haut niveau de développement du pays lui a permis de développer une gestion exceptionnelle des risques naturels. Le progrès technique est également à l'origine de la catastrophe nucléaire de Fukushima, consécutive à une chaîne de catastrophes associant séisme et tsunami.

A. Un pays confronté à de multiples aléas

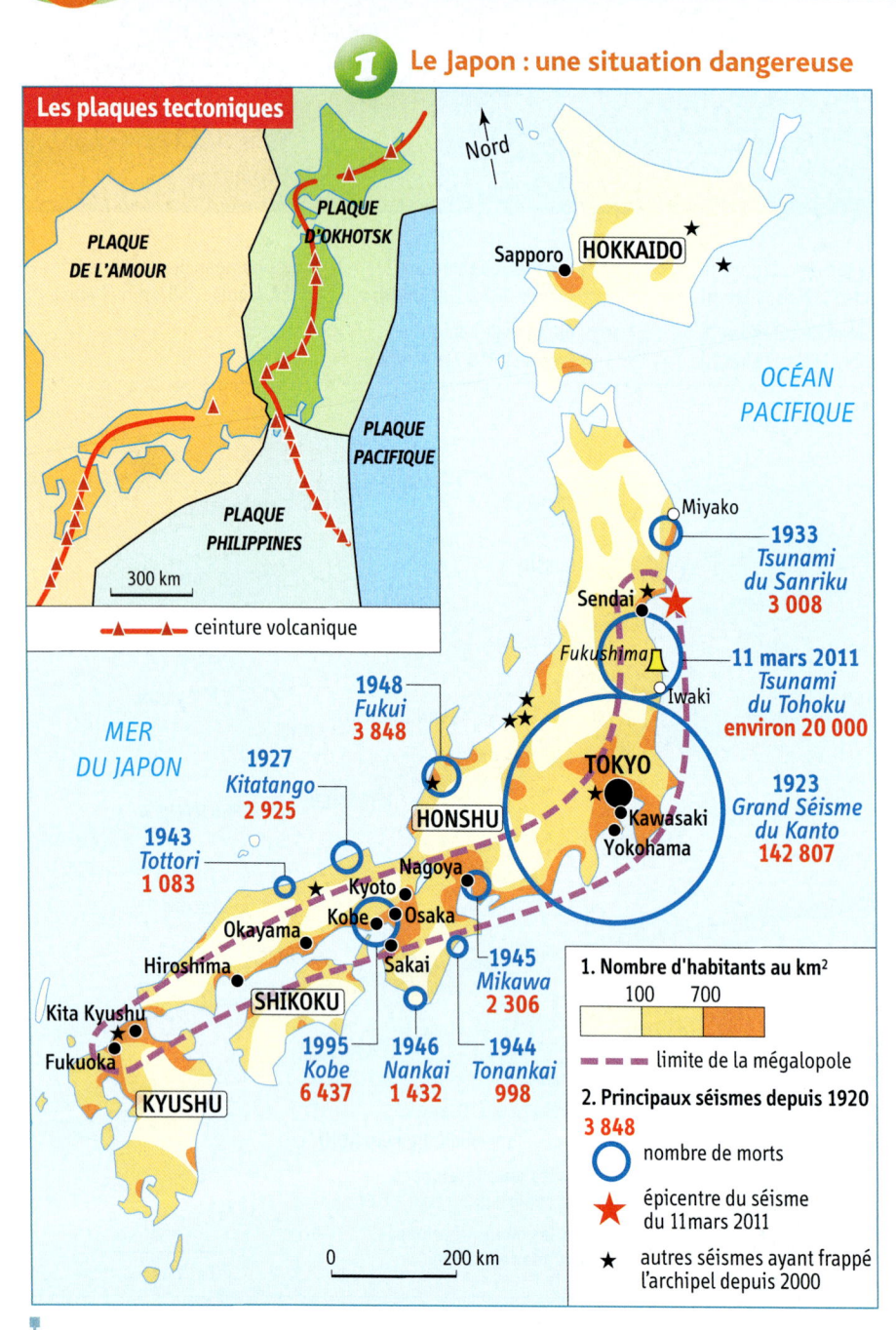

1. Le Japon : une situation dangereuse

Les plaques tectoniques : Plaque de l'Amour, Plaque d'Okhotsk, Plaque Pacifique, Plaque Philippines. Ceinture volcanique.

Principaux séismes depuis 1920 (nombre de morts) :
- 1933 Tsunami du Sanriku : 3 008
- 11 mars 2011 Tsunami du Tohoku : environ 20 000
- 1923 Grand Séisme du Kanto : 142 807
- 1948 Fukui : 3 848
- 1927 Kitatango : 2 925
- 1943 Tottori : 1 083
- 1945 Mikawa : 2 306
- 1995 Kobe : 6 437
- 1946 Nankai : 1 432
- 1944 Tonankai : 998

1. Nombre d'habitants au km² : 100 – 700
   - limite de la mégalopole
2. Principaux séismes depuis 1920 : 3 848 nombre de morts
   - ★ épicentre du séisme du 11 mars 2011
   - ★ autres séismes ayant frappé l'archipel depuis 2000

2. Un tsunami géant

« Le séisme du 11 mars 2011, un des plus forts jamais enregistré sur Terre (magnitude 9 et niveau 6+ sur l'échelle japonaise qui en compte 7), a frappé durement le Nord-Est du Japon. Cette région, le Tohoku, est en plus une des plus pauvres de l'archipel, en déclin démographique et marquée par un vieillissement accéléré.
Le bâti et les infrastructures ont plutôt bien résisté, malgré les incendies spectaculaires dans certaines zones portuaires [...]. Le littoral a, en revanche, subi un affaissement des sols de près d'un mètre, ce qui l'a rendu plus fragile face au deuxième choc : le tsunami. [...] De quelques mètres au niveau de Tokyo, ce fut, d'Iwaki à Miyako, un mur d'eau de plus de 10 mètres. Ainsi, des villes du Sanriku [...] ont été inondées par 14 mètres d'eau, alors que des vagues déferlantes ont pu atteindre 39 mètres, comme à Miyako. Lorsque les ouvrages de protection n'ont pas été détruits par le poids de la masse d'eau et des éléments charriés, les flots ont submergé quasiment toutes les digues, dévastant des zones entières, des petits ports de pêche comme les villes les plus peuplées de l'agglomération de Sendai. Dans ces dernières [...], les digues étaient moins hautes, moins solides et les populations moins sensibilisées au risque de tsunami. Ainsi, en dépit de l'alerte, beaucoup de personnes ont été piégées du fait de ne pas avoir fui à temps. »

P. Pelletier, *Atlas du Japon*, Éditions Autrement, 2012.

B Une vulnérabilité complexe

3 Les échelles de la vulnérabilité

« Il y a le territoire qui a été directement frappé par le séisme et le tsunami. Il s'agit de la façade maritime du Tôhoku, périphérie nord-est de la mégalopole tokyoïte. C'est là que sont les morts (plus de 13 000), les disparus (plus de 14 000) et les destructions. C'est de ce territoire régional qu'ont été évacués, avec une efficacité record, entre 500 000 et 800 000 habitants. [...] La force du séisme de Sendai a été bien plus élevée que celle du séisme qui a frappé Haïti en 2010 [...]. Le bilan humain du séisme est pourtant moins catastrophique [...]. Si l'épicentre du séisme s'était trouvé face à Tokyo, la catastrophe humaine eut été bien pire. [...] Cette ville-centre a été affectée elle aussi le 11 mars par des secousses de forte magnitude, mais moindre qu'à Sendai : [si] on n'y déplore pas de victimes, c'est, en partie, en raison des leçons tirées du tremblement de terre de Kobe (1995).

Il y a les territoires qui subissent les contrecoups du séisme et du raz-de-marée : ceux de la catastrophe industrielle et technologique ; ceux de la catastrophe économique. Et, dans chacun d'eux, des effets sur les hommes et sur les sociétés, qu'on ne peut encore mesurer. Le territoire de la catastrophe nucléaire est pour l'heure inconnu : sera-t-il délimité par un rayon de 50 km, 250 km, de plusieurs milliers de km ? [...] Celui de la catastrophe industrielle sera délimité par le rayon de dispersion et d'épandage des déchets. Le territoire de la catastrophe économique sera à l'échelle de la mégalopole de Tokyo [et de l'économie mondiale]. »

D'après S. Kahn et J. Galaski, « Japon : face à la catastrophe, le recours aux échelles géographiques », www.franceculture.fr, 17 mars 2011.

4 L'impact de la catastrophe nucléaire de Fukushima

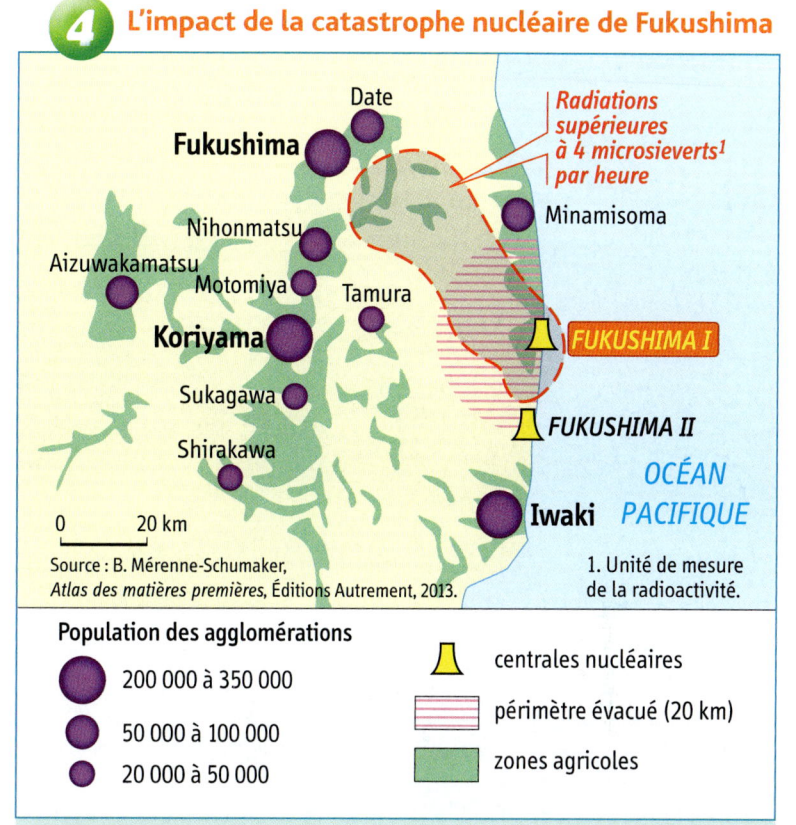

Radiations supérieures à 4 microsieverts[1] par heure

Population des agglomérations
- 200 000 à 350 000
- 50 000 à 100 000
- 20 000 à 50 000

- centrales nucléaires
- périmètre évacué (20 km)
- zones agricoles

Source : B. Mérenne-Schumaker, *Atlas des matières premières*, Éditions Autrement, 2013.

1. Unité de mesure de la radioactivité.

625 km² de terres ont été contaminées. Le périmètre totalement évacué de 20 km entourant la centrale ne couvre que partiellement les zones de contamination.

Questions

1. **Doc. 1 et 2** Quels sont les éléments naturels et humains à l'origine des catastrophes au Japon ?
2. **Doc. 3, 4 et 5** Quels sont les territoires qui ont été les plus exposés lors de la catastrophe de Fukushima ? Hiérarchisez-les en fonction de leur degré d'exposition.

BILAN Montrez que la gravité de la catastrophe technologique de Fukushima résulte d'une combinaison de facteurs naturels et humains.

5 Étalement urbain et vulnérabilité à Sendai

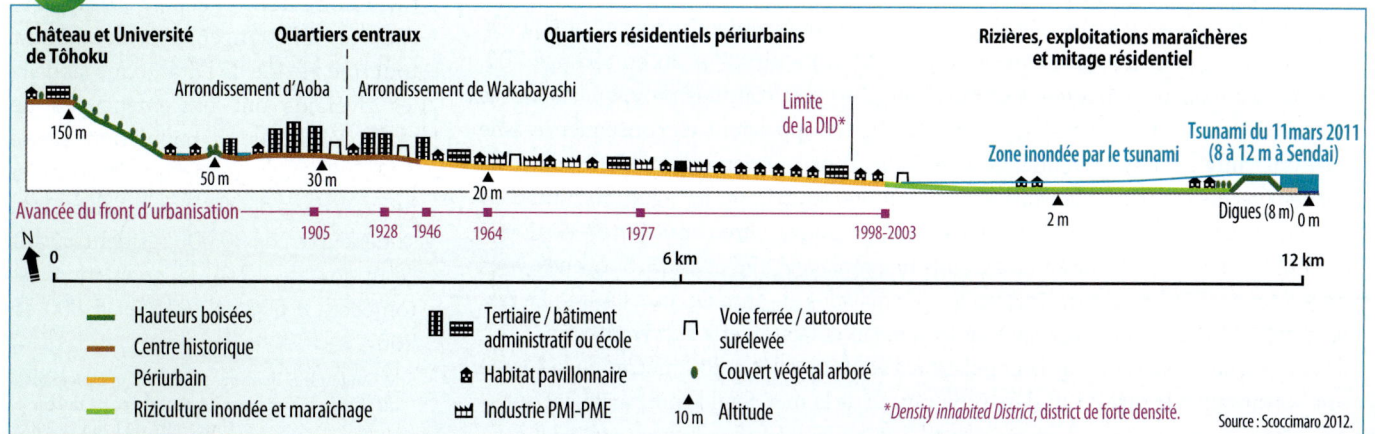

Château et Université de Tôhoku — Quartiers centraux — Quartiers résidentiels périurbains — Rizières, exploitations maraîchères et mitage résidentiel

Arrondissement d'Aoba — Arrondissement de Wakabayashi — Limite de la DID* — Zone inondée par le tsunami — Tsunami du 11 mars 2011 (8 à 12 m à Sendai) — Digues (8 m)

Avancée du front d'urbanisation : 1905, 1928, 1946, 1964, 1977, 1998-2003

- Hauteurs boisées
- Centre historique
- Périurbain
- Riziculture inondée et maraîchage
- Tertiaire / bâtiment administratif ou école
- Habitat pavillonnaire
- Industrie PMI-PME
- Voie ferrée / autoroute surélevée
- Couvert végétal arboré
- Altitude

*Density inhabited District, district de forte densité.

Source : Scoccimaro 2012.

Étude de cas 2 — Le Japon face aux risques

C — Gérer les risques et les catastrophes dans une perspective de développement durable

6 Sensibiliser la population

7 La mémoire du risque

« Dans les zones ravagées par le tsunami, où dominaient les petites villes littorales et portuaires, les autorités appuyées sur les "certitudes" fournies par les savoirs scientifiques et d'ingénierie, avaient mis en place des systèmes de prévention des risques extrêmement sophistiqués qui, de fait, n'ont pas tenu, même si l'urbanisme de la puissance et de la dépense (la maîtrise des risques coûte cher et de plus en plus) a permis de déjouer le séisme, qui fit là peu de dégâts. [...]

Sauf à envisager d'interdire la vie humaine dans des secteurs sismiques très exposés – adieu le Japon et avec lui bien des contrées –, il paraît évident que la sécurisation des constructions (grandes ou petites) contre les séismes est indispensable, ce que prouve le contre-exemple d'Haïti, où le tremblement de terre de janvier 2010, pourtant de bien moins forte intensité, a anéanti [l'organisation du pays].

Cette puissance technique n'a servi à rien contre le raz-de-marée japonais du 11 mars 2011 [...]. On s'est rappelé après-coup qu'il existait, sur les versants boisés de certaines zones littorales dévastées, des bornes qui dataient, pour les premières, du XIVe siècle, pour les dernières du XIXe siècle, voire du XXe — on en recense 260. Ces bornes fixaient la hauteur des plus hautes vagues connues provoquées par les tsunamis (fréquents) qui avaient heurté la côte, et appelaient en conséquence à ne pas construire en dessous d'une certaine limite. Ainsi, à Aneyoshi, un petit village de pêcheur reculé (province de Morioka, au nord de Sendai), où la vague, au fond d'un goulet, aurait atteint 38,9 mètres de hauteur, on pouvait lire sur une stèle cette inscription : "En commémoration des grands tsunamis de 1896 et 1933. Souvenez-vous de ces désastres et ne construisez jamais vos maisons en-deçà de cette limite". Le raz-de-marée de 1933 avait emporté tout le hameau et laissé deux survivants. En 2011, il n'y a pas eu de victime, car la population s'était installée à 800 mètres de la côte, à une soixantaine de mètres au-dessus du niveau de la mer. Seul le port a été détruit. »

M. Lussault, *L'Avènement du monde*, Éditions du Seuil, 2013.

8 Le risque au quotidien

« Au Sakurajima, la gestion des pluies de cendres au quotidien [...], l'adaptation des riverains et des autorités locales est devenu un modèle abondamment décrit à l'étranger. Moyennant une surveillance volcanologique continue, des coûts d'entretien accrus et la bonne volonté de chacun pour tolérer des préjudices parfois lourds, la ville [de Kagoshima] est parvenue à maintenir une vie relativement normale au quotidien, malgré des chutes de cendres qui atteignaient régulièrement, entre 1975 et 1995, le kilogramme par mètre carré et par an en ville. [...]

La mise en place d'infrastructures adaptées (voies et drains élargis) et la logistique de nettoyage de la ville permettent d'achever le déblai des cendres en trois jours [...]. Cela représente une moyenne de 55 000 yens par kilomètre linéaire et par an. La population est tenue de participer au nettoyage sur les terrains privatifs, comme les entreprises commerciales. La municipalité les aide en distribuant des sacs jaunes et en les collectant ensuite [...] dans 5 500 points de ramassage, signalés par un panneau spécifique. [...]

Mais le site sert aussi de laboratoire de recherche appliquée pour les systèmes de contrôle des coulées de débris, destinés à être utilisés ailleurs au Japon et exportés à l'étranger. C'est donc avant tout une vitrine de l'État, dans laquelle les riverains ont finalement peu de place. D'ailleurs, la population baisse parfois les bras : tandis que Kagoshima ne cesse de se développer, le Sakurajima se dépeuple : de 30 000 résidents avant l'éruption de 1914, la population est tombée à 8 500 en 1918, et 5 800 en 2007. »

M. Augendre, *Vivre avec le volcan, une géographie du risque volcanique au Japon*, thèse de doctorat, Université de Lyon 2, 2008.

Les espaces exposés aux risques majeurs

9 Limites des infrastructures techniques de protection à Tarô (près de Miyako)

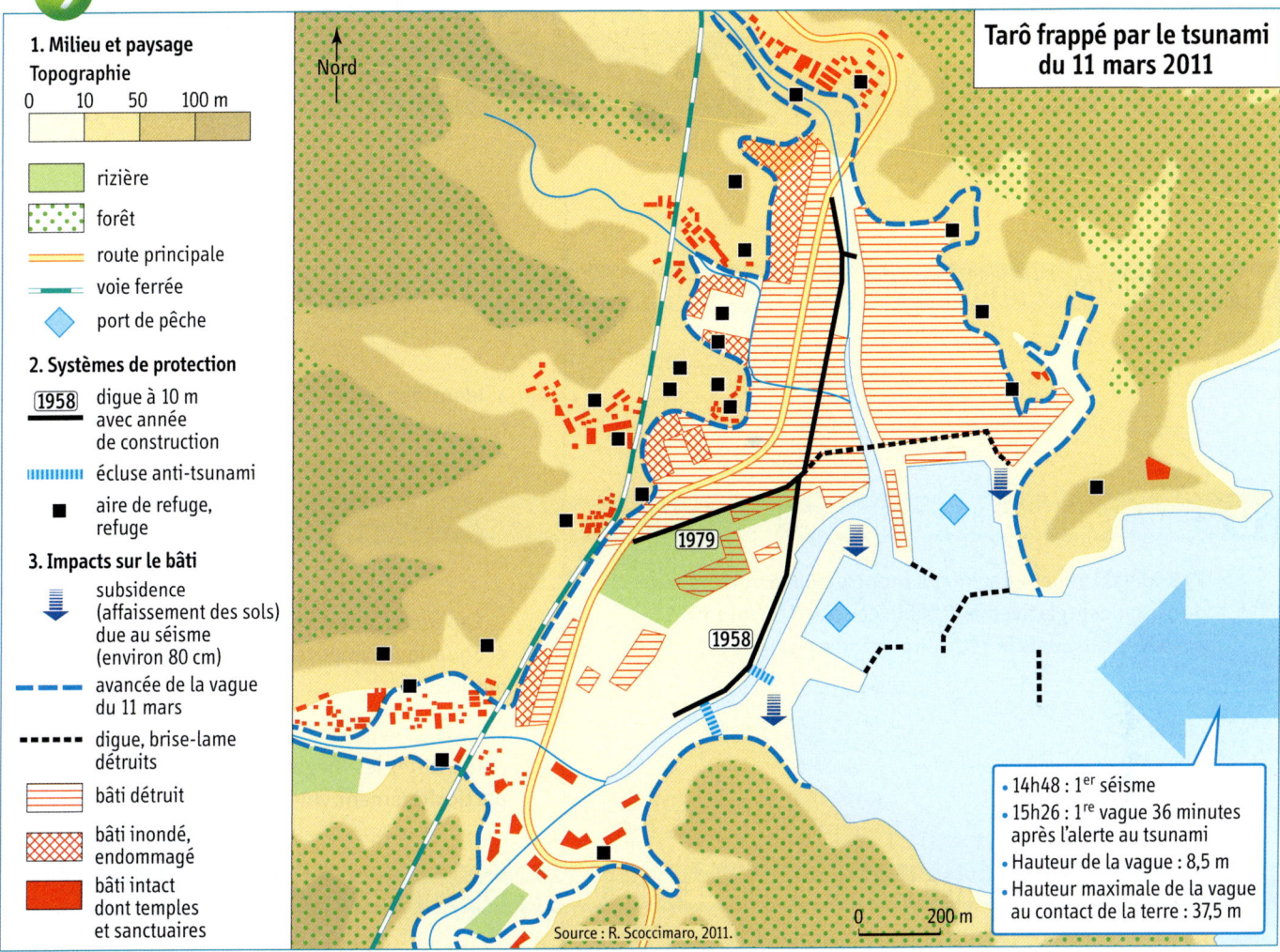

Tarô frappé par le tsunami du 11 mars 2011

1. Milieu et paysage
Topographie : 0 – 10 – 50 – 100 m

- rizière
- forêt
- route principale
- voie ferrée
- port de pêche

2. Systèmes de protection
- 1958 : digue à 10 m avec année de construction
- écluse anti-tsunami
- aire de refuge, refuge

3. Impacts sur le bâti
- subsidence (affaissement des sols) due au séisme (environ 80 cm)
- avancée de la vague du 11 mars
- digue, brise-lame détruits
- bâti détruit
- bâti inondé, endommagé
- bâti intact dont temples et sanctuaires

Source : R. Scoccimaro, 2011.

- 14h48 : 1er séisme
- 15h26 : 1re vague 36 minutes après l'alerte au tsunami
- Hauteur de la vague : 8,5 m
- Hauteur maximale de la vague au contact de la terre : 37,5 m

10 Vers une nouvelle politique énergétique ?

Suite à la catastrophe nucléaire de Fukushima, provoquée par le tsunami, le Japon, pour mener sa transition énergétique, a lancé en juillet 2013 un chantier qui devrait être le plus grand chantier éolien offshore au monde, avec l'ancrage des chaînes géantes qui relieront les 143 éoliennes par 200 mètres de fond.

Questions

1. **Doc. 6, 7, 8 et 9** Relevez les éléments des politiques de prévention des risques mises en place par le Japon.

2. **Doc. 9 et 10** Quelles sont les difficultés rencontrées par le Japon pour gérer les risques et les catastrophes ?

BILAN Montrez la complexité et les limites des politiques de gestion des risques au Japon.

Étude de cas 2

CHANGER D'ÉCHELLE ▶ Du Japon au contexte mondial

Rédiger le bilan de l'étude de cas | Mettre en perspective

A — Un pays confronté à de multiples aléas

1• Récapitulez les différents risques naturels et technologiques auxquels est exposé le Japon. (p. 260)

> **carte 1 ci-contre**
> **a.** Identifiez les activités qui génèrent les risques technologiques dans le monde.

B — Une vulnérabilité complexe

2• Rédigez un paragraphe qui montre que la vulnérabilité du Japon est relativement faible comparé à l'intensité des aléas auxquels le territoire est soumis. (p. 261)

> **carte 2 ci-contre**
> **b.** Expliquez le contraste Nord-Sud des pertes économiques imputables aux catastrophes naturelles.
>
> **carte p. 266-267**
> **c.** Identifiez les mégapoles de la planète particulièrement vulnérables.

C — Gérer les catastrophes et les risques dans une perspective de développement durable

3• Rédigez un paragraphe montrant que, malgré la catastrophe nucléaire, le Japon peut constituer un modèle en matière de gestion des risques. (p. 262-263)

> **carte p. 266-267**
> **d.** Donnez des exemples de pays soumis aux risques majeurs qui sont en mesure comme le Japon de mettre en place des politiques de gestion des risques performantes.

Schéma bilan ▶ Un pays développé face aux risques

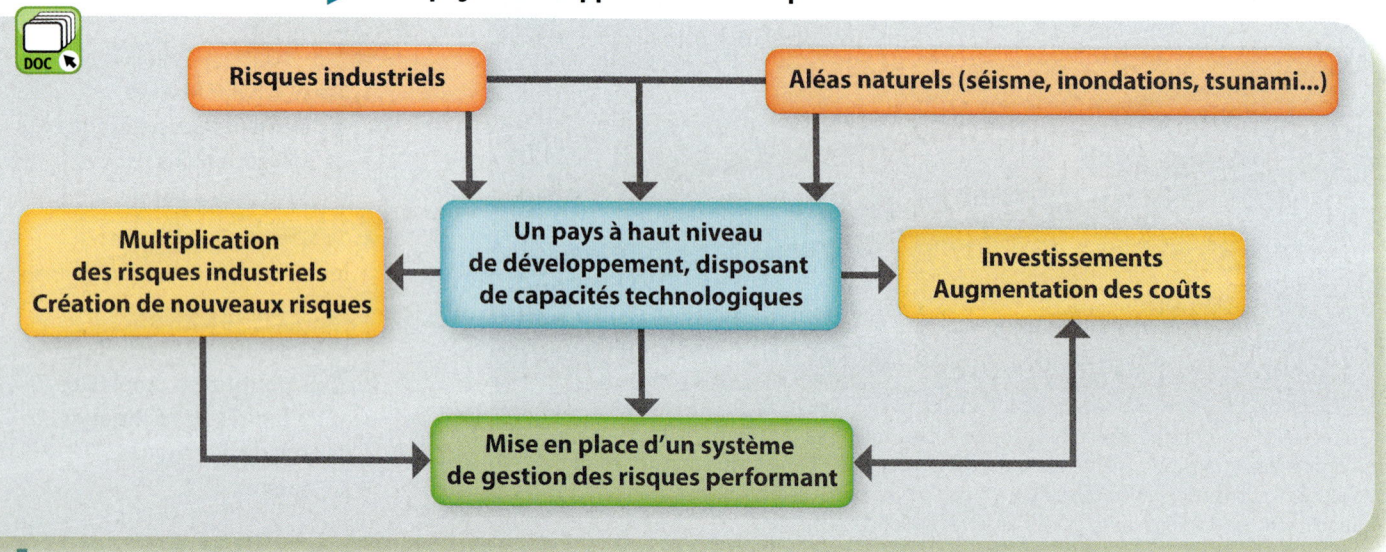

- Risques industriels
- Aléas naturels (séisme, inondations, tsunami...)

→ Un pays à haut niveau de développement, disposant de capacités technologiques

- Multiplication des risques industriels / Création de nouveaux risques
- Investissements / Augmentation des coûts

→ Mise en place d'un système de gestion des risques performant

Les espaces exposés aux risques majeurs

1. Les principales catastrophes technologiques dans le monde

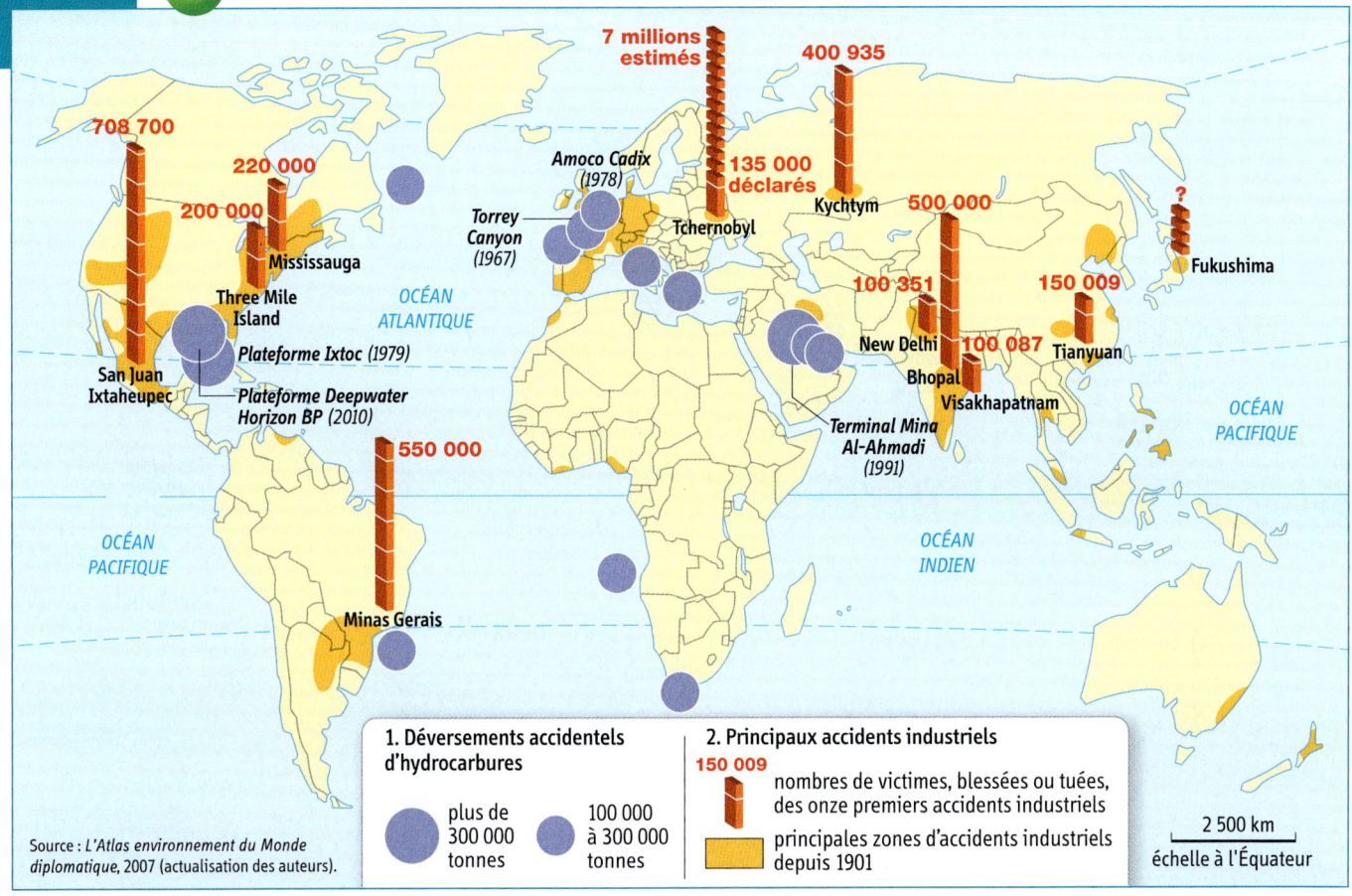

Déversements accidentels d'hydrocarbures :
- plus de 300 000 tonnes
- 100 000 à 300 000 tonnes

Principaux accidents industriels :
- 150 009 : nombres de victimes, blessées ou tuées, des onze premiers accidents industriels
- principales zones d'accidents industriels depuis 1901

Sites et chiffres indiqués :
- San Juan Ixtaheupec
- Three Mile Island : 200 000
- Mississauga : 220 000
- 708 700
- Plateforme Ixtoc (1979)
- Plateforme Deepwater Horizon BP (2010)
- Minas Gerais : 550 000
- Torrey Canyon (1967)
- Amoco Cadix (1978)
- Tchernobyl : 7 millions estimés / 135 000 déclarés
- Kychtym : 400 935
- New Delhi : 100 351
- Bhopal : 500 000
- Visakhapatnam : 100 087
- Terminal Mina Al-Ahmadi (1991)
- Tianyuan : 150 009
- Fukushima : ?

Source : *L'Atlas environnement du Monde diplomatique*, 2007 (actualisation des auteurs).

échelle à l'Équateur : 2 500 km

2. Développement et conséquences économiques des risques liés aux aléas naturels dans le monde

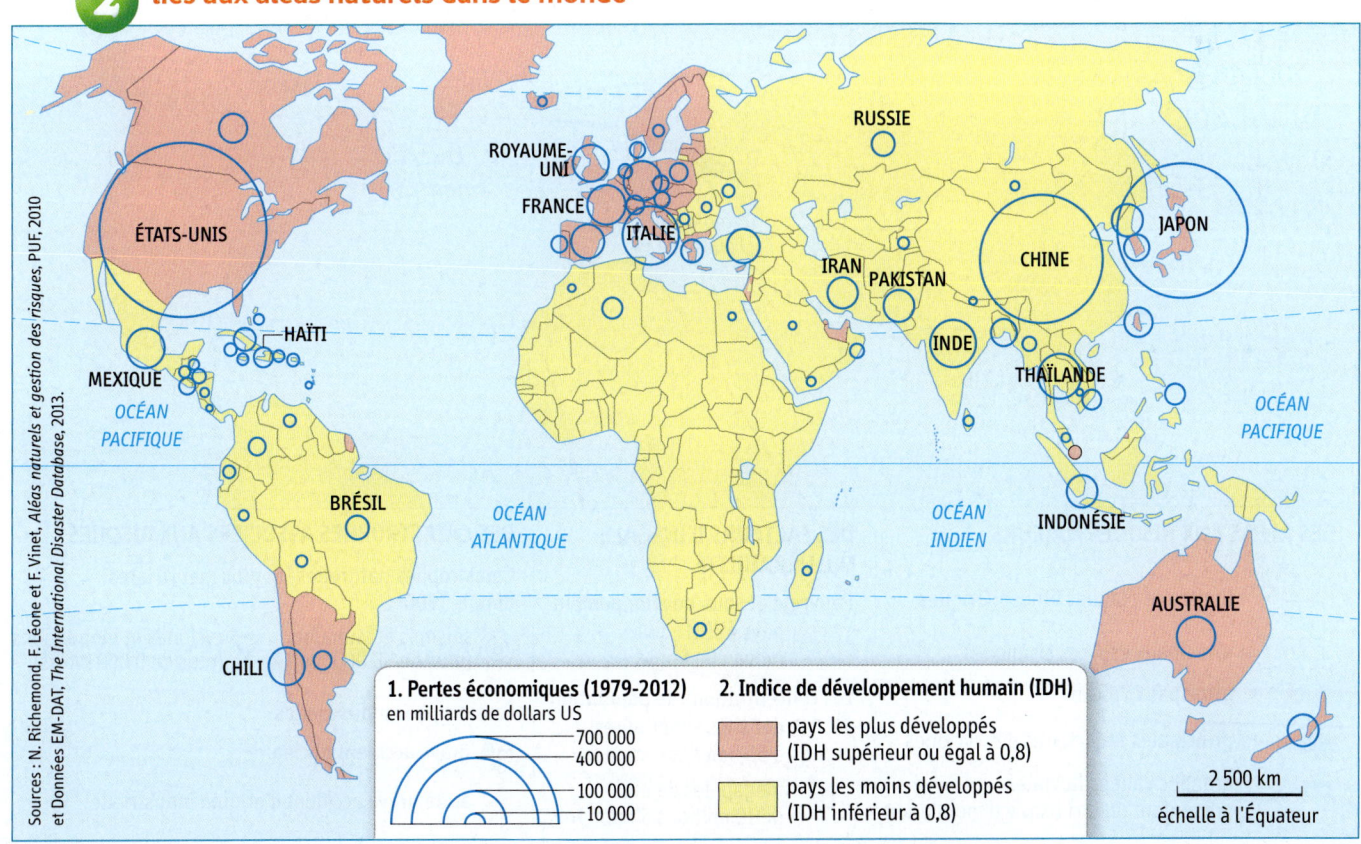

1. Pertes économiques (1979-2012) en milliards de dollars US : 700 000 / 400 000 / 100 000 / 10 000

2. Indice de développement humain (IDH) :
- pays les plus développés (IDH supérieur ou égal à 0,8)
- pays les moins développés (IDH inférieur à 0,8)

Pays cités : ÉTATS-UNIS, MEXIQUE, HAÏTI, BRÉSIL, CHILI, ROYAUME-UNI, FRANCE, ITALIE, RUSSIE, IRAN, PAKISTAN, INDE, CHINE, JAPON, THAÏLANDE, INDONÉSIE, AUSTRALIE.

Sources : N. Richemond, F. Léone et F. Vinet, *Aléas naturels et gestion des risques*, PUF, 2010 et Données EM-DAT, *The International Disaster Database*, 2013.

échelle à l'Équateur : 2 500 km

265

Carte — Les espaces exposés

DES ALÉAS AUX RISQUES MAJEURS
- limites de plaques lithosphériques
- principaux espaces sismiques
- principaux volcans
- principales trajectoires des cyclones
- grandes vallées fluviales présentant un fort risque d'inondation

DES FACTEURS D'INÉGALE VULNÉRABILITÉ
- Pauvreté et sous-développement
  - pays à IDH moyen ou faible
- Les concentrations de population
  - densités supérieures à 50 hab./km²
  - mégapoles de plus de 10 millions d'habitants

DES CATASTROPHES ASSOCIÉES AUX RISQUES
Catastrophes naturelles les plus meurtrières depuis 1900
- séismes et tsunamis (plus de 50 000 morts)
- cyclones et inondations (plus de 5 000 morts)

Catastrophes industrielles
- grave accident nucléaire
- autre grave accident d'origine industrielle

Lieux repérés sur la carte : Windscale 1953, Londres, Paris, AZF 2001, Seveso 1976, Moscou, Tchernobyl 1986, Kychtym 1957, Istanbul, Etna, Le Caire, Muzaffarabad 2005, Karachi, Delhi, Bhopal 1984, Mumbai, Dhaka, Kolkata, Tangshan 1976, Pékin, Shanghai, Sichuan 2008, Fukushima 2011, Séoul, Tokyo, Osaka/Kobe, Minamata 1953/61, Pinatubo, Leyte 2013, Manille, Sumatra 2004, Krakatoa, Merapi, Jakarta, Lagos 2002, Lagos, Kilimandjaro, Piton de la Fournaise

266

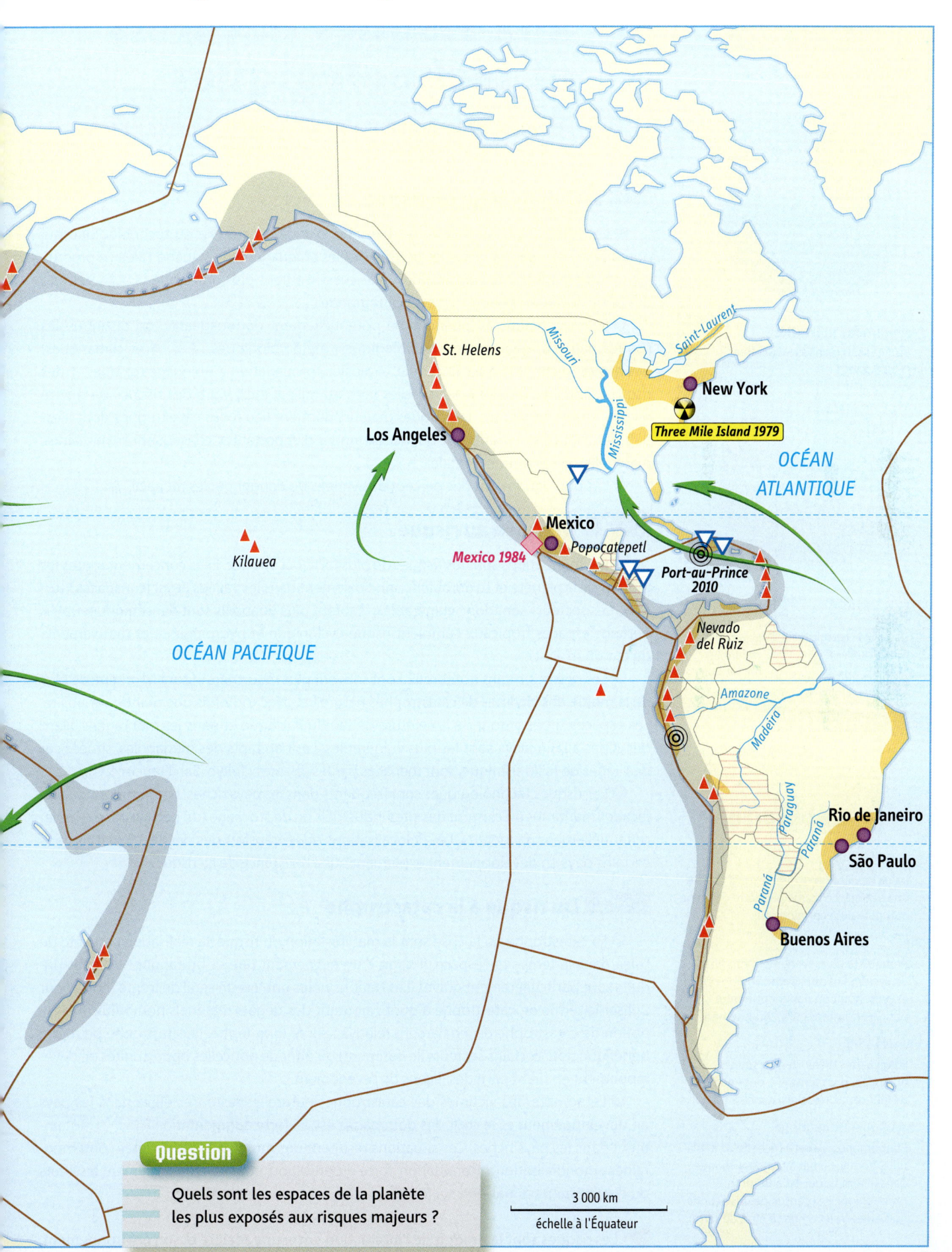

aux risques majeurs

Les espaces exposés aux risques majeurs 8

Question

Quels sont les espaces de la planète les plus exposés aux risques majeurs ?

3 000 km — échelle à l'Équateur

267

Cours 1 — L'exposition aux risques naturels et technologiques

Les sociétés sont soumises à des risques majeurs variés et à des catastrophes qui y sont associées.

1 Qu'est-ce qu'un risque ?

○ Le **risque** suppose l'existence d'un **aléa** d'origine naturelle ou technologique qui potentiellement peut affecter les hommes et les aménagements. Quand l'aléa se produit, il engendre parfois une catastrophe. Celle-ci est d'autant plus grave que la **vulnérabilité** des populations et des territoires est plus grande.

○ Selon la nature du phénomène potentiellement dommageable, on distingue les risques naturels (géologiques, hydrologiques, météorologiques **(doc. 3)** et climatiques) des risques technologiques (incendie, explosion, propagation d'un nuage toxique…), des risques sanitaires (épidémies, maladies liées au milieu, etc.), voire des risques de guerre ou des risques terroristes. Les risques majeurs donnent lieu à des catastrophes dont il est difficile d'anticiper les effets et qui occasionnent d'importantes conséquences humaines, matérielles et environnementales.

○ Les populations ont des perceptions variées du danger qui les menace.

2 De l'aléa au risque

○ Les inondations sont les risques de plus forte occurrence. Elles concernent toutes les régions de la planète et se déroulent principalement dans les vallées et sur les espaces littoraux. Ces secteurs sont donc vulnérables, d'autant plus quand ils sont densément peuplés. Certains espaces tropicaux cumulent risque cyclonique et hydrologique et mouvements de terrain **(doc. 1)**.

○ Les séismes, moins nombreux, sont souvent plus meurtriers et sont à l'origine de plus de la moitié des victimes de catastrophes naturelles, avec toutefois une grande variabilité. Les espaces situés autour de la ceinture de feu du Pacifique et dans les montagnes allant des Alpes à l'Himalaya sont les plus vulnérables. Les habitants des mégapoles, situées sur des lignes de faille sismique, sont menacés par les séismes (Tokyo, San Francisco…).

○ Les risques technologiques sont fréquents dans les pays riches, notamment sur leurs façades maritimes où existent des sites industriels ou de stockage (du pétrole par exemple) potentiellement dangereux. Les délocalisations ou le transfert des déchets toxiques dans certains pays en développement expliquent aussi l'existence de ce risque.

3 Du risque à la catastrophe

○ La catastrophe ou la crise sont la manifestation du risque, la réalisation concrète de l'aléa dans le temps et l'espace. Il s'agit d'un événement rare et brutal dont les effets induits sont particulièrement graves. Les Nations unies ont fixé un seuil de trente morts pour utiliser le terme de catastrophe à quoi s'ajoutent des dégâts matériels nombreux. Mais la notion de catastrophe est également relative : sur le long terme, la catastrophe peut être bénéfique pour certains secteurs (le bâtiment) ou offrir de nouvelles opportunités de développement en tirant parti des leçons de l'événement.

○ Le nombre des victimes des catastrophes naturelles reste très élevé dans les pays en développement et le coût des dommages est en forte augmentation **(doc. 2)**, notamment dans les pays riches. Ces situations résultent des mutations des sociétés contemporaines : mondialisation, littoralisation, forte urbanisation, et peut-être localement les effets du **changement climatique** sur les très petites îles tropicales basses.

▶ **Les risques sont le produit de l'interaction entre une société et son environnement.**

Chiffres clés

Occurrence des catastrophes naturelles (1993-2012)
- 4,72 %
- 9,20 %
- 1,79 %
- 7,98 %
- 28,52 %
- 5,57 %
- 42,22 %

Nombre de morts liés aux catastrophes naturelles (1993-2012)
- 0,17 %
- 1,40 %
- 11,95 %
- 17,95 %
- 11,59 %
- 56,83 %
- 0,17 %

Légende :
- Sécheresses
- Inondations
- Autres catastrophes climatiques
- Autres catastrophes hydrologiques
- Tremblements de terre et tsunamis
- Tempêtes
- Autres catastrophes telluriques

Source : EM-DAT International Disaster Database.

---

vocabulaire

Risque
L'aléa devient un risque lorsqu'il touche une société. Le risque peut être d'origine naturelle ou technologique.

Aléa
Probabilité d'un événement modifiant un système naturel ou technologique et présentant un danger potentiel pour les hommes et l'environnement.

Vulnérabilité
Fragilité des biens, des personnes ou encore d'un territoire, dépendant de leur capacité de résistance à l'aléa.

Changement climatique
Phénomène naturel à l'échelle de la planète, dont le climat a toujours changé dans le temps, qui est aujourd'hui probablement accentué par les actions humaines (rejet de gaz à effet de serre).

① Un glissement de terrain au Mexique

La Pintada, un village de l'État du Guerrero, sur la côte Pacifique, est la localité la plus touchée par les tempêtes tropicales qui ont balayé le Mexique en septembre 2013. Les fortes pluies associées à l'ouragan ont provoqué un énorme glissement de terrain qui a détruit de nombreuses maisons et tué plus de 50 personnes.

② Les dommages économiques causés par les plus grandes catastrophes récentes

Date	Nature de l'événement et lieu	Pertes économiques (en milliards de dollars)
1980	Séisme dans la province de Naples (Italie)	55
1994	Séisme Northridge (États-Unis)	46
1995	Séisme Kobe (Japon)	150
1998	Séisme Izmit (Turquie)	27
2004	Séisme Niigata (Japon)	34
2005	Ouragans Katrina, Rita et Wilma (États-Unis)	182
2008	Séisme du Sichuan (Chine)	90
2010	Séisme de Concepción (Chili)	31
2011	Séisme/Tsunami, Tohoku (Japon)	214
2012	Ouragan Sandy (États-Unis)	50
2013	Tempête Manuel, ouragan Ingrid (Mexique)	11 (estimations en cours)
2013	Typhon Haiyan (Philippines)	estimations en cours

Source : Données du CRED (*Centre for Research on the Epidemiology of Disasters*).

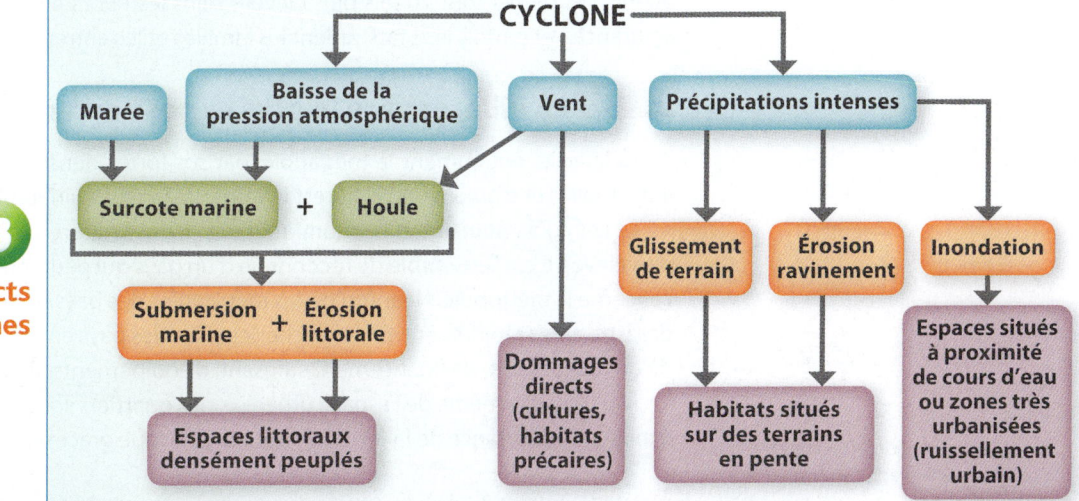

③ Les impacts des cyclones

CYCLONE
- Marée → Surcote marine
- Baisse de la pression atmosphérique → Surcote marine
- Vent → Houle ; Dommages directs (cultures, habitats précaires)
- Précipitations intenses → Glissement de terrain, Érosion ravinement, Inondation

Surcote marine + Houle → Submersion marine + Érosion littorale → Espaces littoraux densément peuplés

Glissement de terrain, Érosion ravinement → Habitats situés sur des terrains en pente

Inondation → Espaces situés à proximité de cours d'eau ou zones très urbanisées (ruissellement urbain)

Source : D'après F. Leone, N. Meschinet de Richemond, F. Vinet, *Aléas naturels et gestion des risques*, PUF, 2010.

Cours 2 — L'inégale vulnérabilité des sociétés

L'exposition aux risques majeurs est d'autant plus forte que les sociétés sont pauvres.

1 La notion de vulnérabilité

○ Confrontées à un aléa de type et d'intensité identique, les sociétés vont pourtant subir des dégâts humains et matériels d'ampleur inégale. Leur vulnérabilité aux risques est donc très variable. Elle relève de l'interaction de multiples facteurs techniques, sociaux, géographiques, économiques, politico-administratifs, culturels, historiques **(doc. 1)**.

○ Certains témoignent d'une politique de prévention des risques insuffisante ou inexistante. L'autorisation de l'installation de personnes dans des zones à risque, la construction de bâtiments inadaptés, l'absence d'investissement dans des ouvrages de protection ou des systèmes d'alerte et d'information rendent vulnérables un espace ou une société et constituent un frein à leur développement durable. D'autres relèvent d'une mauvaise perception du risque : les ouvrages de protection, mis au point pour des aléas d'intensité moyenne, donnent une fausse impression de sécurité, qui peut s'avérer dramatique en cas d'aléa exceptionnel. De même, la perte de la mémoire des catastrophes passées favorise l'aménagement d'espaces potentiellement dangereux.

○ La **résilience** des sociétés varie aussi en fonction de leur culture, de leur niveau de développement, de leur histoire. Diminuer la vulnérabilité permet d'augmenter la résilience. Mais une société peut être à la fois vulnérable dans la mesure où elle peut subir des pertes très élevées, et résiliente si elle parvient à se relever rapidement d'une catastrophe, voire à en tirer des bénéfices.

2 La pauvreté aggrave la vulnérabilité des sociétés

○ La vulnérabilité est proportionnelle au niveau de développement. Les pays les plus développés, qui subissent environ un quart des catastrophes naturelles, déplorent moins de 5 % du total mondial des victimes. Les pays les moins développés, affectés par moins de 20 % des désastres, concentrent plus de 60 % des victimes de catastrophes naturelles.

○ Ainsi, les cyclones sont plus meurtriers en Haïti que dans les îles ou sur les rivages les plus développés du bassin caraïbe, plus dévastateurs aux Philippines **(doc. 2)** qu'au Japon.

○ Le lien entre niveau économique et vulnérabilité est avéré. Il l'est aussi sur le plan des conséquences économiques : les pays les plus développés enregistrent les pertes économiques les plus importantes suite à des catastrophes naturelles mais, en pourcentage du PIB, ces pertes sont 20 fois plus élevées dans les PED. En effet, dans les pays riches, les assurances, et parfois les États, aident les familles et les entreprises à reprendre leur activité.

3 La ville, espace le plus exposé aux risques majeurs

○ La ville, notamment la mégapole, par ses fortes densités de population, d'activités industrielles et d'aménagements, est le territoire le plus vulnérable **(doc. 3)**.

○ Les coûts humains et économiques des risques naturels et technologiques y sont les plus élevés. C'est l'ensemble de l'économie d'un pays qui peut être affectée si la catastrophe concerne la métropole. Néanmoins, les métropoles des pays riches pourraient se relever du désastre assez rapidement. En revanche, les villes des pays en développement auraient plus de difficultés faute de financement suffisant, d'équipements adaptés.

○ À l'échelle même de l'espace urbanisé, des quartiers sont plus ou moins exposés. Ceci explique l'importance de la territorialisation du risque grâce à la carte.

▶ **Aujourd'hui, la vulnérabilité est pensée en lien avec la résilience.**

vocabulaire

Résilience
Capacité d'un individu, d'une population de récupérer après une forte perturbation.

❶ Les facteurs de vulnérabilité

Facteurs biophysiques	• Degré d'exposition directe et indirecte • Nature de l'aléa • Intensité et fréquence de l'aléa
Facteurs techniques	• Qualité du bâti • Qualité des systèmes d'alerte et de défense • Qualité des infrastructures critiques
Facteurs organisationnels	• Organisation de la sécurité civile • Existence de plans de secours et de continuité d'activités
Facteurs sociaux	• Âge, genre et niveau d'études • Insertion dans une structure sociale ou un groupe
Facteurs socio-économiques	• Indice de développement • Revenus, pauvreté, emploi
Facteurs cognitifs	• Connaissance et conscience du risque • Refus de prendre un risque • Mémoire du risque
Facteurs politiques	• Transparence de la prise de décision • Participation des populations • Corruption
Facteurs institutionnels	• Assurance • Accès au système juridique
Facteurs spatiaux	• Organisation spatiale du territoire • Insertion du territoire dans des systèmes spatiaux plus vastes

Source : M. Reghezza *in* Y. Veyret et R. Laganier, *Atlas des risques en France*, Éditions Autrement, 2013.

Montrez que l'importance de chacun des facteurs de vulnérabilité varie en fonction du niveau de développement.

❷ Philippines : le fardeau des catastrophes naturelles

« Les Nations unies craignent le pire aux Philippines, ravagées par le typhon Haiyan. [...] Avec ses 7 000 îles dispersées, ses 36 000 km de côtes et se 97 millions d'habitants, l'archipel est l'un des pays les plus exposés de la planète aux catastrophes naturelles et au réchauffement climatique. Typhons, tremblement de terre, éruptions volcaniques, inondations ou à l'inverse dramatiques sécheresses. [...] Entre 2000 et 2012, les phénomènes naturels ont coûté chaque année aux Philippines quelque 252 millions de dollars, soit 0,7 % du PIB. [...] Un pic a été atteint en 2009 quand deux typhons meurtriers ont frappé l'archipel. [...] Cette année-là, 2,7 % du PIB sont partis en fumée. L'agriculture est le secteur qui souffre chaque fois le plus, suivi par les infrastructures. [...] Outre des pertes en vie humaines et un coût économique élevé, ces désastres naturels provoquent chaque fois un coup d'arrêt à la lutte engagée par le pouvoir contre la pauvreté. Or, 40 % des Philippins vivent avec moins de 2 dollars par jour. »

F. Beaugé, *Le Monde*, 13 novembre 2013.

❸ Melk inondée par le Danube (Autriche, juin 2013)

En juin 2013, les inondations en Europe centrale ont fait 16 victimes et entraîné le déplacement de plusieurs dizaines de milliers de personnes.

Cours 3 — Comment les sociétés s'adaptent-elles aux risques ?

La gestion des risques permet-elle de contribuer au développement durable des sociétés ?

1 La gestion des risques naturels et technologiques

○ Selon le type d'aléa, il est plus ou moins aisé de prévoir et de prévenir les risques. Les phénomènes climatiques et météorologiques peuvent être relativement anticipés grâce aux moyens modernes de détection, tout comme les éruptions volcaniques, précédées de signes avant-coureurs. Les espaces exposés au risque de tsunamis sont, depuis 2004, mis sous surveillance et des systèmes d'alerte des populations ont été élaborés. Par contre, le risque purement sismique, le risque industriel ou les chaînes de risques (comme dans le cas de la catastrophe de Fukushima) sont plus difficiles à prévoir.

○ La prévention des risques naturels passe surtout par l'information et l'éducation des populations, par la construction de bâtiments adaptés, paracycloniques ou parasismiques, par des ouvrages de protection (barrages, digues…) **(doc. 2)** et la prise en compte du risque dans les projets d'aménagement notamment par la cartographie de zones à risque. Afin de diminuer les impacts des risques technologiques, les sociétés des pays riches ont mis en place des mesures législatives pour renforcer la sécurité. Des réglementations sont mises en place (**directive Seveso**) et le risque est territorialisé (**PPR** et **PPRT (doc. 3)**). L'ensemble de ces opérations forme la **cindynique**.

2 Les acteurs de la gestion des risques

○ La gestion des risques mobilise un grand nombre d'acteurs, au premier rang desquels figure l'État, notamment dans les pays riches. En effet, le coût élevé des aménagements décrits ci-dessus les met souvent hors de portée de certains PED qui ont recours aux aides internationales et aux ONG. Les pays émergents voient leur potentiel technologique augmenter mais souvent sans le souci de prévenir les risques.

○ Les scientifiques, les aménageurs, les acteurs politiques locaux, les assurances et, dans les pays démocratiques, les populations regroupées parfois en association, interviennent de plus en plus dans les négociations autour du risque. La gestion est d'autant plus complexe que ces acteurs ont souvent des intérêts contradictoires, ce qui peut entraîner des conflits. L'articulation des acteurs et des échelles de risques est indispensable, notamment lorsque plusieurs États sont concernés par un même risque **(doc. 1)**.

3 Vers une gestion durable et globale ?

○ Sous la pression grandissante des opinions publiques, des partis écologistes, des ONG, des voix s'élèvent pour dénoncer les atteintes à l'environnement et les aménagements humains sources de nouveaux risques. Mais il est difficile de faire prendre conscience à des nations indépendantes de la réalité d'intérêts transnationaux et de trouver les moyens de financer des mesures efficaces.

○ À l'échelle locale, des opérations de développement durable permettent de lutter efficacement contre les risques majeurs : reboisement de pentes et des rives fluviales, plantation de mangrove sur les littoraux tropicaux soumis aux tsunamis. L'objectif de ces aménagements n'est plus tant de lutter contre le risque que de vivre avec celui-ci.

▶ Gérer les risques implique pour les sociétés de faire des choix d'aménagement sachant que le risque « zéro » n'existe pas.

---

vocabulaire

Directive Seveso
Directive européenne qui définit ce que l'on doit entendre par accident majeur. Elle concerne les installations classées utilisant des substances dangereuses.

PPR et PPRT
Plan de prévention des risques naturels et Plan de prévention des risques technologiques, instaurés respectivement en 1995 et 2003. Ils définissent des espaces dangereux où sont imposés des contraintes à l'aménagement. Ils sont établis par la commune.

Cindynique
Nouvelle discipline dont l'objet est l'étude des risques naturels et technologiques et des moyens de protection.

1. La gestion internationale des risques : l'exemple du Rhin

« La concentration en industries et en populations fait qu'à partir des années 1970 le niveau de pollution [du Rhin] entraîne la progressive mise en œuvre de mesures contraignantes. Près de 20 millions d'hommes sont aujourd'hui dépendants du fleuve pour leur eau potable. [...]

Le pire accident industriel, qui servit de révélateur de l'ampleur de la pollution et de catalyseur pour sa contestation, eut lieu à la centrale de Sandoz à Bâle-Scheizerhalle en 1986. L'incendie de l'usine chimique se traduisit en effet par la destruction de l'écosystème rhénan de Bâle jusqu'au Rhin inférieur.

Dans les faits, la Commission internationale pour la protection du Rhin était établie depuis 1950 mais son action reste d'abord limitée. [...]

Un tournant intervient à partir de 1976 quand, sous l'égide de la CIPR, sont signées une série de conventions pour réduire la pollution. [...]

Après 1986 les ministres compétents des États riverains du Rhin et la Commission redoublent leurs efforts d'assainissement, dont le principal résultat est le plan d'action pour la réhabilitation écologique de 1987.

Enfin, en 1999, les États riverains signent un nouvel accord : la Convention pour la protection du Rhin, qui entre en vigueur en 2003. Elle ajoute deux nouvelles tâches à l'agenda : la protection écologique et le contrôle des inondations. »

Site de l'ENS, Département de Géographie, www.geographie.ens.fr, 2013.

2. S'équiper face au risque d'inondation

The Thames flood barrier (barrière anti-inondation de la Tamise) a été construite entre 1974 et 1984 en travers du fleuve pour protéger Londres des inondations. Le fonctionnement permet, lorsque la barrière est ouverte, de laisser passer la navigation.

3. Gérer les risques technologiques en France

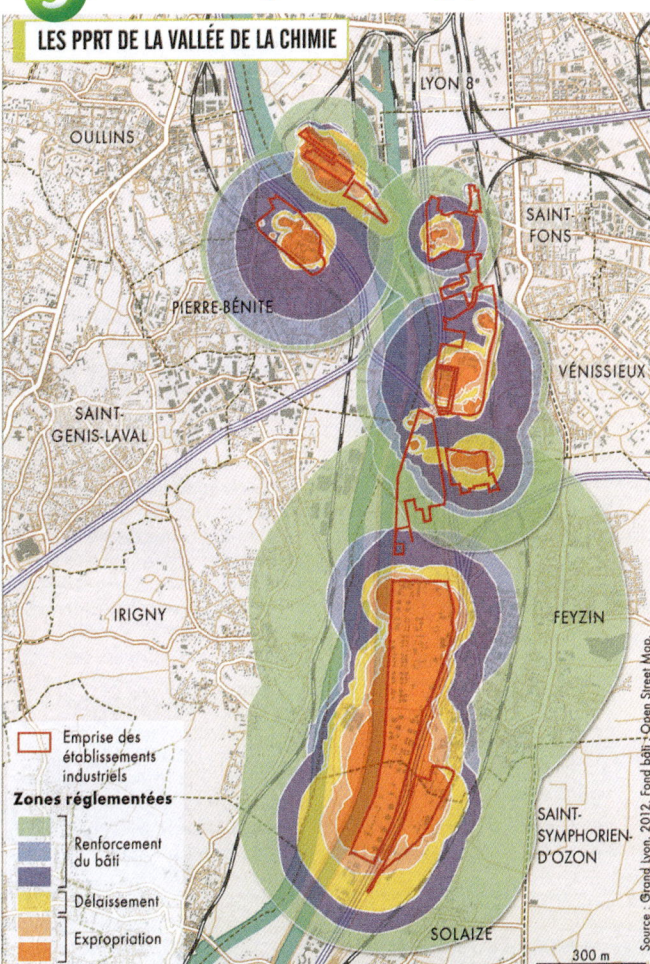

LES PPRT DE LA VALLÉE DE LA CHIMIE

Emprise des établissements industriels
Zones réglementées :
- Renforcement du bâti
- Délaissement
- Expropriation

Source : Grand Lyon, 2012. Fond bâti : Open Street Map.

Au sud de Lyon, dans le couloir de la chimie, 40 % de la population est soumise aux risques technologiques. Des PPRT, comme celui-ci, ont donc été établis.

4. Des sociétés innovantes face au changement climatique

« Avant d'envisager [l'exil], les petites îles multiplient les initiatives. Le PROE[1] – qui rassemble 23 États – a adopté un "cadre d'action" pour dix ans, jusqu'en 2015, qui met l'accent sur la formation (des diplômes universitaires à la sensibilisation aux catastrophes naturelles), la recherche appliquée, et les actions locales : plantation de mangrove pour stabiliser la côte ; construction de digues et de maisons sur pilotis ; amélioration du stockage de l'eau ; mais aussi diversification des cultures vivrières, avec des variétés mieux adaptées à la salinisation des sols. »

A. Bolis, « Les habitants des atolls poussés à l'exil par la montée des eaux », *Le Monde*, 6 septembre 2013.

1. Programme régional océanien de l'environnement.

---

1. **Doc. 1, 2, 3 et 4** Quelles sont les différentes échelles de gestion du risque ?
2. **Doc. 3** Comment protéger la population des risques industriels en ville ?

Points de vue

Existe-t-il un lien entre catastrophes naturelles et changement climatique ?

Dans la presse, on affirme qu'il y a une augmentation des catastrophes naturelles à l'échelle mondiale à cause du réchauffement climatique. Qu'en penser ?

Ici, près d'Ancenis en Loire-Atlantique, la terre est craquelée à cause de la sécheresse (22 mai 2011).

« En ne parvenant pas à limiter suffisamment leurs rejets de gaz à effet de serre, directement responsables du réchauffement climatique, les hommes jouent avec le feu. Un degré de plus et déjà nos vies changeront. Canicules, pluies torrentielles, nouvelles maladies, voilà ce qui nous menace. »

M. Quenet, *Le Journal du Dimanche*, 27 mai 2013.

Qu'en pense un géographe ?

« Les modèles convergent sur une hausse modérée voire sur une quasi-stagnation des températures. [...] Si l'on ajoute ces hausses aux températures de quelques villes françaises il apparaît que la température de Brest en été serait au plus celle de Paris, celle de Paris serait alors celle de Lyon aujourd'hui. En hiver, Strasbourg atteindrait presque la température de Brest et Paris celle de La Rochelle. Le changement n'est pas radical ! [...]

Ces modifications pluviométriques et thermiques restent dans la fourchette des événements possibles des climats actuels. [...]. Si l'on se place dans un "scénario haut" (+ 4 °C), les événements extrêmes [...] n'auront ni la même fréquence, ni la même intensité mais ils ne devraient pas être de nature très différente, ce qui permet d'imaginer comment s'en prémunir.

La quasi-simultanéité de l'émergence du concept de développement durable et du changement climatique planétaire souligne la place majeure que jouerait le climat dans l'environnement. [...] Pourtant, le climat n'est pas tout l'environnement et l'environnement ne conditionne pas toute l'économie ni toutes les caractéristiques d'une société. Le surdéterminisme est dangereux car c'est un facteur de négation des capacités d'adaptation des sociétés. Dès l'âge du fer, les sociétés ont tenté de s'adapter aux crises climatiques en évitant la fuite (migrations) par des innovations techniques et par des modifications des systèmes sociaux facilitant la prise de décision. [...] »

M. Tabeaud, « Variabilité climatique et évolution des espaces : s'acclimater aux changements durant le XXIe siècle », *Territoires 2040* n° 5, 2012.

vocabulaire

Surdéterminisme
Courant d'idées qui fait des facteurs naturels la causalité fondamentale de l'explication géographique

Bilan

Selon la géographe Martine Tabeaud, quel est réellement le lien entre réchauffement climatique et augmentation des catastrophes naturelles ?

Exercices et méthodes

Les espaces exposés aux risques majeurs — 8

1 — Exploiter un corpus documentaire

Les conséquences économiques d'un aléa climatique : la vague de froid en Amérique du Nord (janvier 2014)

1 — Un événement d'une ampleur exceptionnelle

« Plus de la moitié de la population américaine continuait mardi à endurer une vague de froid historique, du Minnesota (nord) à la Géorgie (sud-est).
Il faisait mardi matin – 22 °C à Chicago, avec un ressenti de – 33 °C en raison du vent, – 15 °C à New York, – 28 °C à Embarrass (Minnesota, nord, – 37 °C en ressenti), la ville la plus froide des États-Unis lundi. Le sud n'était pas épargné, avec – 14 °C à Nashville et – 12 °C à Atlanta, des températures qui n'avaient pas été vues depuis 20 ans.
Les écoles sont restées fermées mardi dans le Minnesota, à Chicago, Atlanta et Nashville notamment, en raison de ce "vortex polaire", vents froids venant du pôle Nord en raison d'un affaiblissement du courant chaud, le *jet stream*. [...]
Un peu partout, les autorités ont mis en garde la population, soulignant que combinées à des vents en rafales, les températures ressenties pouvaient être mortelles. "La police patrouille pour aider les sans-abris à trouver le centre d'accueil le plus proche". Dans le comté de Cook, qui englobe la majeure partie de Chicago, des centres d'accueil ont été ouverts pour tous ceux qui pourraient en avoir besoin, par exemple en cas de chauffage défectueux. »

© AFP, 7 janvier 2014.

2 — La paralysie de l'activité à Indianapolis

Le centre-ville d'Indianapolis, habituellement embouteillé, le lundi 6 janvier 2014

3 — Quelques chiffres

Population affectée	59 % de la population des États-Unis (environ 185 millions de personnes)
Température	49 villes ont connu leur record de froid depuis 20 ans
Nombre de morts	15 morts
Impact sur le transport	– 20 000 vols annulés ; pertes estimées de 50 à 100 millions de dollars par les compagnies aériennes – Trains bloqués par la neige et la glace
Impact sur le secteur énergétique	– Augmentation du prix du pétrole – Fermeture de centrales électriques – Difficultés d'approvisionnement en électricité, pétrole, propane
Coût estimé pour les assurances	1,4 milliard de dollars (explosion de canalisations par le gel, accidents de la route...)
Impact sur la production agricole	Baisse attendue de production céréalière estimée à - 2,5 %
Coût total estimé pour l'économie états-unienne	5 milliards de dollars

Sources : www.theguardian.com, 9 janvier 2014 ; www.revenuagricole.com et www.actualites-news-environnement.com, 8 janvier 2014.

ÉTAPE 1 > Mobiliser ses connaissances

1. De quel type d'évènement climatique s'agit-il ?
2. Quel pays est ici concerné et quel est son niveau de développement ?
3. Pourquoi est-il pertinent d'évoquer les conséquences économiques d'un tel aléa dans ce pays ?

ÉTAPE 2 > Trier les informations

4. Dans un tableau, classez les différents types de conséquences économiques : sont-elles toutes immédiates ? Quels sont les secteurs touchés ?
5. Rédigez un paragraphe répondant à la question : « Quelles sont les conséquences économiques de la vague de froid aux États-Unis (janvier 2014) ? »

Exercices et méthodes

2 VERS LE BAC
Réaliser un croquis

Sujet : Un espace exposé aux risques majeurs, l'espace méditerranéen

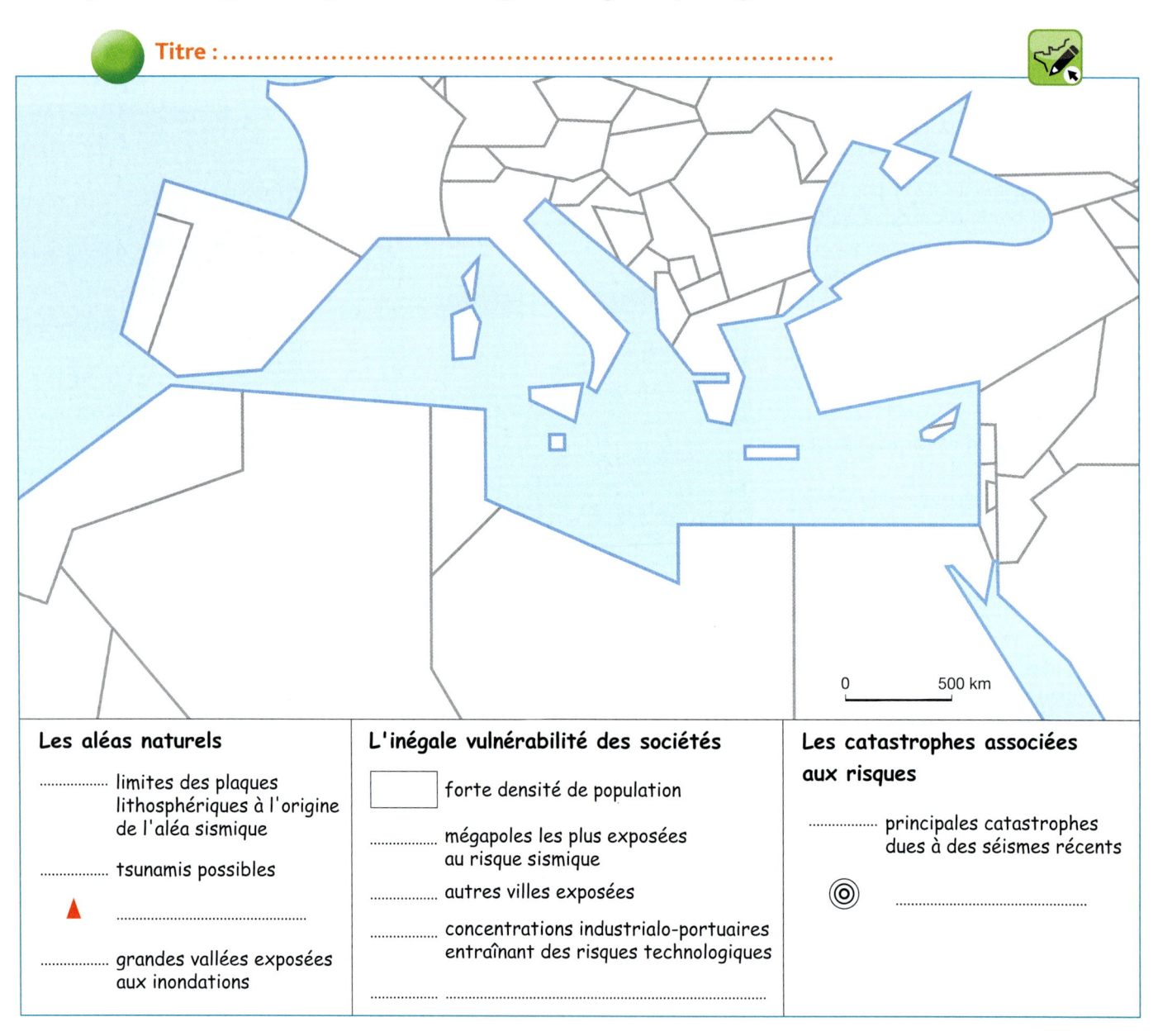

🟢 Titre : ....

0 — 500 km

Les aléas naturels

.... limites des plaques lithosphériques à l'origine de l'aléa sismique

.... tsunamis possibles

▲ ....

.... grandes vallées exposées aux inondations

L'inégale vulnérabilité des sociétés

☐ forte densité de population

.... mégapoles les plus exposées au risque sismique

.... autres villes exposées

.... concentrations industrialo-portuaires entraînant des risques technologiques

....

Les catastrophes associées aux risques

.... principales catastrophes dues à des séismes récents

◎ ....

QUESTIONS

1. Pour réaliser le croquis :

– 1re étape : sélectionnez les informations en observant la légende ci-dessus.
– 2e étape : préparez la légende en veillant à la lisibilité des figurés (*cf.* p. 9).
– 3e étape : réalisez le croquis en reportant les figurés et certains noms (États, villes, mers…) ; n'oubliez pas le titre.

2. Quelle information peut être prise en compte pour compléter la représentation de l'inégale vulnérabilité des sociétés ? (*cf.* planisphère page de garde 1).

3. Pouvez-vous la cartographier par un figuré de surface ? Proposez deux choix de figurés cartographiques pour la représenter.

8 Les espaces exposés aux risques majeurs

1 Le peuplement et les villes de l'espace méditerranéen

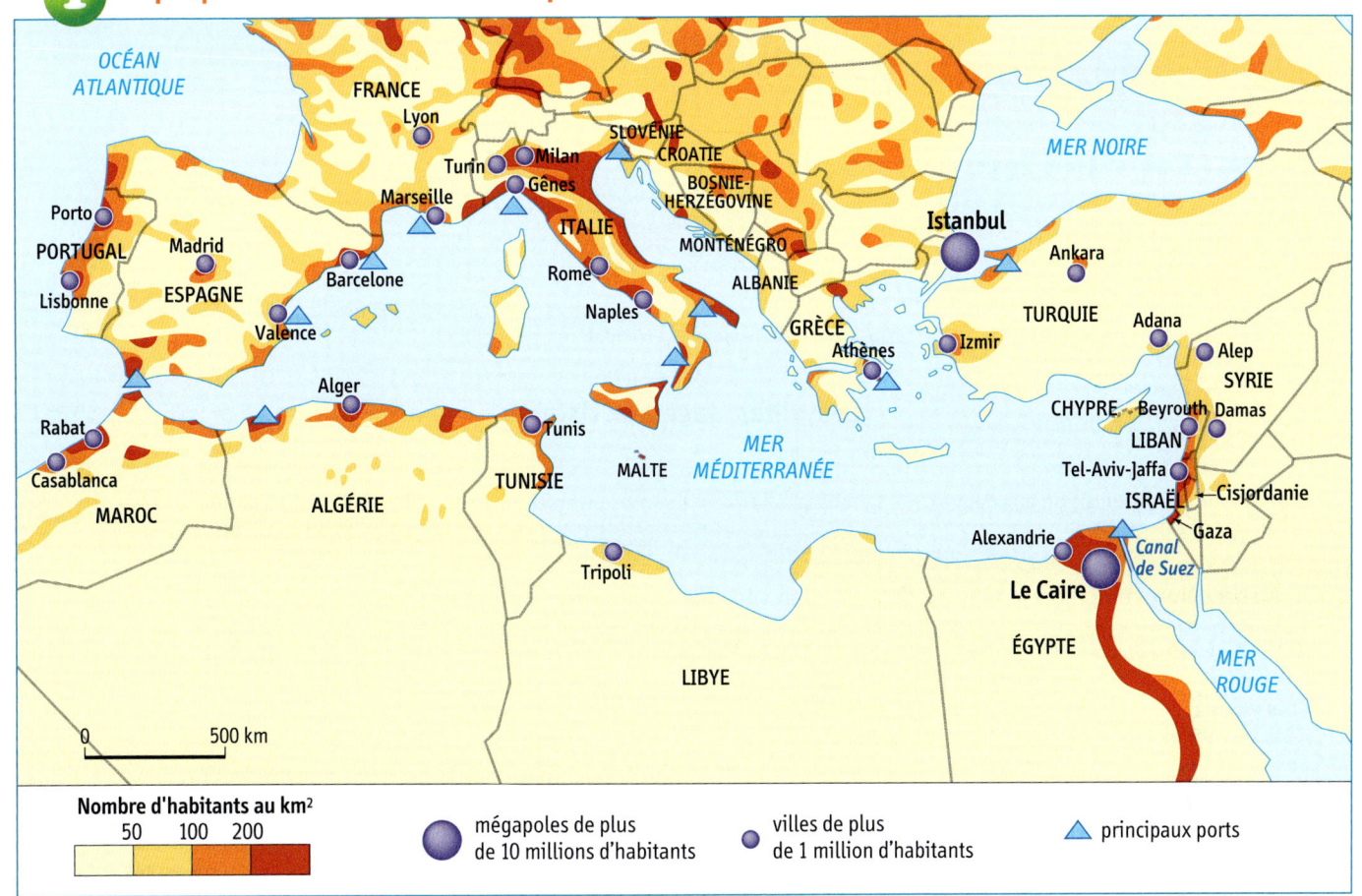

Nombre d'habitants au km² : 50 – 100 – 200

- ⬤ mégapoles de plus de 10 millions d'habitants
- • villes de plus de 1 million d'habitants
- ▲ principaux ports

2 Les risques sismiques dans l'espace méditerranéen

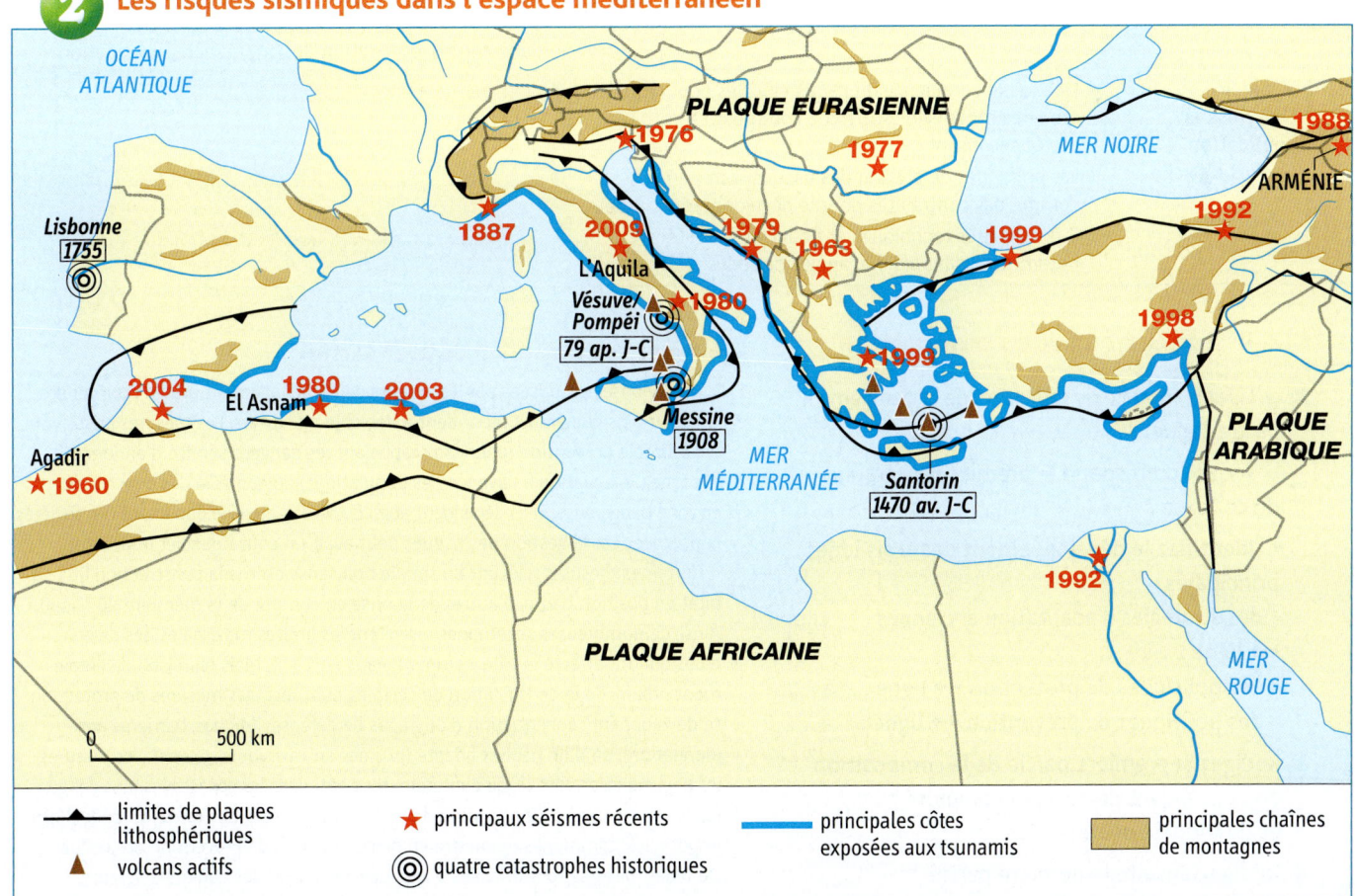

- ▲▲▲ limites de plaques lithosphériques
- ▲ volcans actifs
- ★ principaux séismes récents
- ◎ quatre catastrophes historiques
- ━━ principales côtes exposées aux tsunamis
- principales chaînes de montagnes

277

Exercices et méthodes

3 VERS LE BAC — Rédiger une composition

Sujet : Les villes face aux risques

ÉTAPE 1 > Mobiliser ses connaissances pour rédiger

Analyse du sujet

- Des territoires de forte concentration d'hommes, de biens, d'activités
- Des territoires très exposés aux risques : naturels, technologiques, sanitaires

Les villes face aux risques

Devant cette exposition aux risques → la mise en place de réponses diverses, mais des difficultés d'application

Mobiliser ses connaissances

1. Au brouillon, complétez le tableau ci-dessous en vous aidant de votre cours et de l'étude de cas réalisée en classe.

PLAN	LES IDÉES PRINCIPALES	LE DÉVELOPPEMENT AVEC DES EXEMPLES
1re partie Les villes, des territoires exposés aux risques	▸ Des territoires très vulnérables aux : – risques naturels ; – risques technologiques ; – risques sanitaires. ▸ Une urbanisation qui aggrave les risques ▸ La vulnérabilité s'accroît avec la taille de la ville	→ .... → .... → .... ▸ ....
2e partie Les réponses des villes face aux risques	▸ Des stratégies d'adaptation anciennes ▸ Des politiques de protection ▸ Des politiques de prévention	▸ Construction sur des points hauts par exemple, mémoire du risque ▸ Digues, barrière anti-inondation, habitat antisismique ▸ Contrôle du développement urbain, périmètres de sécurité autour d'activités industrielles très dangereuses, évacuation des populations, vaccination
3e partie Une mise en application parfois difficile	▸ Une faible conscience du risque chez les populations urbaines car la ville est perçue comme un territoire plutôt sécurisant ▸ Les politiques de gestion des risques sont perçues comme des contraintes pour le développement urbain ▸ Des capacités techniques et financières limitées notamment dans les mégapoles des pays pauvres	▸ .... ▸ .... ▸ ....

ÉTAPE 2 > Rédiger une composition

2. a. Lisez le modèle de rédaction de la deuxième partie ci-contre.

b. À quoi correspond le premier paragraphe de ce texte ?

c. Identifiez le développement des trois idées principales :
- des stratégies d'adaptation anciennes → ligne ..... à .....
- des politiques de protection → ligne ..... à .....
- des politiques de prévention → ligne ..... à .....

3. Rédigez la première partie de la composition en vous aidant du tableau complété et du modèle de rédaction.

4. Rédigez ensuite la dernière partie.

Exemple de rédaction de la 2e partie

Les réponses proposées par les acteurs de l'aménagement urbain pour rendre la ville moins vulnérable répondent à des objectifs divers. Les mesures prises vont de la simple prévention (panneaux rappelant les dangers, service d'annonces des crues, évacuation à l'avance des populations) au contrôle des constructions
5 en zone dangereuse. Elles dépendent aussi du niveau de développement des sociétés concernées car la gestion des risques peut avoir un coût financier important.

Certaines mesures relèvent du simple bon sens comme la construction de l'habitat en position haute, d'autres de la prise en compte de la mémoire du risque. Ainsi, de nombreuses communes inscrivent les limites maximales des diverses
10 crues qui ont affecté la ville, comme à Paris en 1910. Mais en raison de l'étalement urbain, de la densification de certains quartiers, des mesures de protection se développent : construction d'ouvrages de défenses (digues, barrières anti-inondation), ou d'un habitat adapté (normes antisismiques, pilotis). Les mesures les plus radicales vont jusqu'à interdire tout bâti dans les espaces les plus dangereux
15 (zones inondables ou à proximité d'usines dangereuses). En France, la loi de 1995 impose aux communes de mettre en place des Plans de prévention des risques. De telles mesures sont difficiles à appliquer en raison des conflits d'acteurs.

TICE

4 Réaliser un exposé

Le cyclone Bejisa à La Réunion (janvier 2014)

PAGE 1 > La couverture

1. La page de couverture comprend le titre de votre présentation (par exemple, le lieu et la date de la catastrophe) et la problématique de votre exposé.

Créer un diaporama
Dans votre logiciel de diaporama, choisissez le type de mise en page approprié (vous pourrez changer d'une diapositive à l'autre).

PAGE 2 > La présentation du risque

2. Cherchez sur internet une photographie de l'aléa (par exemple sur le site www.ipreunion.com), puis enregistrez-la. Placez-la dans votre page.

Créer un diaporama
Dans votre diaporama, allez dans le menu **insérer**, puis cliquez sur **diapositive**. Toujours dans le menu **insérer**, cliquez ensuite sur **image → à partir d'un fichier** pour importer votre photographie.

3. Légendez ensuite votre photographie :
- dans une première couleur, fléchez les éléments illustrant les dommages matériels ;
- dans une deuxième couleur, indiquez et légendez la nature de l'aléa (si celui-ci est visible sur la photographie).

Créer un diaporama
Pour légender, vous pouvez utiliser les outils de dessin de votre logiciel. Pour distinguer les différents éléments et les faire apparaître les uns après les autres, vous pouvez les animer (menu **diaporama → animation personnalisée**).

PAGE 3 et suivantes > Les facteurs explicatifs de la catastrophe

4. Listez les facteurs expliquant le caractère limité des dégâts.

Créer un diaporama
Un diaporama ne doit pas être trop chargé en texte afin de rester lisible. Vous pouvez faire un schéma avec les outils de dessin.

5. Présentez les acteurs impliqués dans la prévention et la gestion du risque.

Acteurs	Rôles et attributions

Créer un diaporama
Pour insérer un tableau dans votre diapositive, allez dans le menu **insérer → tableau**.

6. Vous classerez les acteurs selon leur échelle d'action. Vous pouvez illustrer le rôle d'un acteur avec une image, un logo…

7. Dans votre conclusion, vous dresserez un bilan des vulnérabilités révélées par le cyclone.

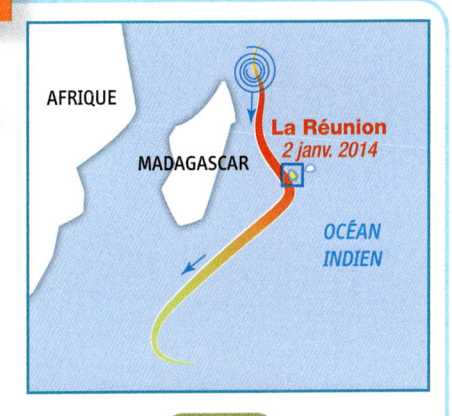

AIDE

Un exemple de problématique :
Pourquoi l'impact limité du cyclone Bejisa à La Réunion reflète-t-il l'efficacité de la politique de prévention ?

AIDE

Sites à consulter :

• **Le site de Météo France sur les cyclones de la Réunion :** Centre des cyclones tropicaux de La Réunion, www.meteo.fr/temps/domtom/La_Reunion/webcmrs9.0
Vous pouvez notamment consulter l'onglet « Le coin de l'éducation » pour des renseignements généraux sur les cyclones et l'onglet « Production opérationnelle » pour consulter les bulletins du 5 janvier 2014 décrivant le cyclone Bejisa.

• **Un site de suivi en temps réel des cyclones dans l'océan Indien :** http://cycloneoi.com/. Pour disposer d'informations sur le cyclone Bejisa, voir l'onglet « Océan Indien », puis la rubrique « Saison cyclonique 2013-2014 ».

Réviser : Les espaces exposés aux risques majeurs

1 L'exposition aux risques naturels et technologiques

- Un risque majeur est la potentialité d'une catastrophe. Il suppose la présence d'un aléa d'origine naturelle ou technologique. Le risque majeur donne lieu à des catastrophes qui peuvent entraîner des pertes humaines et d'importantes destructions.

- Toutes les sociétés sont concernées par les risques majeurs. Le nombre de catastrophes a augmenté depuis le début du XXe siècle par suite de l'accroissement de la vulnérabilité des sociétés.

- Les inondations sont le risque de plus forte occurrence. Les séismes, moins nombreux, peuvent être très meurtriers. Les risques technologiques sont plus nombreux dans les pays riches, plus industrialisés.

2 L'inégale vulnérabilité des sociétés

- Des risques de même ampleur peuvent provoquer des catastrophes au bilan très différent. Ceci traduit l'inégale vulnérabilité des sociétés.

- La vulnérabilité est très largement proportionnelle au niveau de développement du pays. Plus le pays est pauvre, plus les bilans sont lourds.

- Le territoire le plus vulnérable est la ville, notamment la mégapole. Les quartiers les plus pauvres étant les plus exposés.

3 Comment les sociétés s'adaptent-elles aux risques ?

- La gestion des risques s'impose dans la mesure où les catastrophes peuvent être un frein au développement durable.

- Des systèmes d'alerte des populations sont élaborés. La prévention passe aussi par l'information et l'éducation des populations, par des constructions adaptées et par la mise en place de plans de protection territorialisés. Ce sont des aménagements coûteux difficilement accessibles aux pays les plus pauvres.

- Les espaces soumis aux risques technologiques, notamment dans les pays riches, sont l'objet de directives à des échelles variées (directive Seveso dans l'UE).

- La prévention et la gestion des risques sont maintenant prises en compte dans une démarche de développement durable.

Notions clés
- Aléa
- Risque
- Prévention
- Vulnérabilité

Aller plus loin

Sites Internet
- Portail de la prévention des risques majeurs : www.prim.net
- Site du CEPRI, Centre européen de prévention de risque d'inondation : www.cepri.net
- Sur la catastrophe de Fukushima, le site internet de Rémi Scoccimaro : japgeo.free.fr
- Statistiques sur les catastrophes naturelles et technologiques, *The International Disaster Database* (en anglais) : www.emdat.be

Films et documentaires
- *Flood* de Tony Mitchell, docu-fiction sur Londres face aux inondations (2014)
- *Assistance mortelle* de Raoul Peck, sur la reconstruction à Haïti (2012)
- *Paris 2011 : la Grande Inondation* de Bruno Victor-Pujebet (2006)

vérifier ses connaissances

Entraînez-vous en ligne sur www.geo-hatier.com (corrigés p. 287 du manuel).

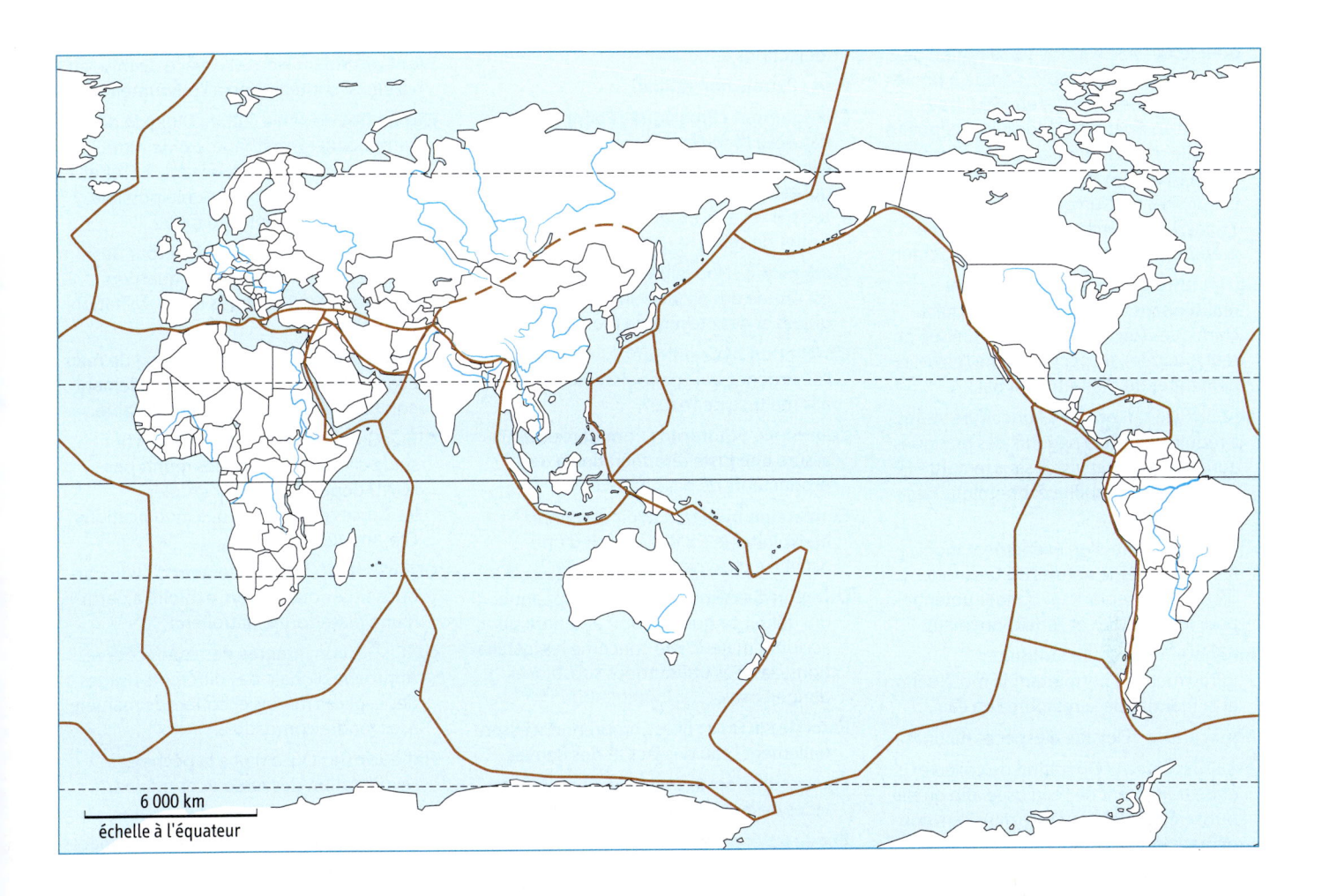

6 000 km
échelle à l'équateur

Exercice 1

__ Localisez sur la carte ci-dessus :
– plusieurs mégapoles littorales vulnérables au risque cyclonique ;
– deux exemples de trajectoires de cyclones ;
– quatre régions de volcanisme actif ;
– trois régions littorales exposées aux tsunamis ;
– quatre grandes vallées fluviales exposées au risque d'inondation ;
– le site de la catastrophe de Tchernobyl et celui de celle de Fukushima.

Exercice 2

__ Définissez les mots suivants.
– Échelle de Saffir-Simpson
– Magnitude
– Résilience
– Directive Seveso
– Chaîne de risques

Exercice 3

__ Répondez par vrai ou faux.

a. Les cyclones tropicaux frappent majoritairement les littoraux situés sur les façades occidentales des continents.
b. Les tsunamis sont provoqués par les marées accentuées par le réchauffement climatique.
c. Ce sont les éruptions volcaniques qui provoquent le plus grand nombre de victimes.
d. Le coût des dommages matériels et économiques provoqués par les séismes est plus élevé dans les pays développés (pour des séismes d'intensité équivalente).
e. Le bilan humain des séismes et des cyclones est plus élevé dans les pays les moins développés.
f. Le coût des catastrophes rapporté au PIB est plus élevé dans les pays les plus développés.
g. L'État est le seul acteur intervenant dans la mise en place de politiques de gestion du risque.
h. Les catastrophes peuvent constituer des opportunités pour certains acteurs économiques.

Lexique

Agenda 21 : L'Agenda 21 global constitue un « code de bonnes pratiques » pour le XXIe siècle fondé sur la notion de développement durable, adopté à l'issue de la conférence de Rio en 1992. Il se décline en Agendas 21 locaux appliqués à l'échelle d'une région, d'un département, d'une ville, d'un regroupement de communes ou d'un quartier sur 10 à 15 ans. La démarche vise à associer et à prendre en compte l'ensemble des acteurs.

Agriculture biologique : Agriculture réalisée sans le recours à des produits chimiques (ou de manière très limitée et réglementée), respectueuse de l'environnement et du bien-être animal.

Agriculture raisonnée : Agriculture visant à réduire les effets négatifs des pratiques agricoles productivistes sans remettre en cause la rentabilité économique des exploitations.

Aléa : Probabilité d'un événement modifiant un système naturel ou technologique et présentant un danger potentiel pour les hommes et l'environnement.

Aménagements hydrauliques : Infrastructures permettant la mobilisation et la maîtrise de la ressource en eau.

Aquaculture : Élevage d'espèces marines.

Assainissement : Opération de collecte et de traitement de l'eau usée afin qu'elle puisse être rejetée propre dans l'environnement et réutilisée.

Balnéotropisme : Attraction pour les activités nautiques.

Banquise : eau de mer gelée dans les régions polaires

Bassin-versant : Étendue drainée par un fleuve et ses affluents et délimitée par une ligne de partage des eaux. Il sert de plus en plus de cadre territorial pour la gestion de l'eau.

Besoins : Les besoins se composent de « besoins primaires » indispensables à la vie de l'homme, voire à sa survie (alimentation, eau, air de qualité, éducation, santé), mais aussi plus largement des besoins d'une bonne qualité de vie, de démocratie, de respect des droits de l'homme. Ils varient avec les niveaux de développement.

Bien collectif : Bien qui n'est pas divisible et dont le coût de production ne petu être imputé à un individu en particulier.

Bien premier : Bien dans son état d'origine.

Bien public : Bien dont il est impossible d'interdire la consommation, même gratuite.

Biogéographie : Branche de la géographie qui étudie la répartition des espèces (animales et végétales).

Biomasse : Énergie utilisant des ressources végétales (bois par exemple) et animales (déjections).

Brut : Pétrole non raffiné.

Changement climatique : Phénomène naturel à l'échelle de la planète, dont le climat a toujours changé dans le temps, qui est aujourd'hui probablement accentué par les actions humaines (rejet de gaz à effet de serre).

Cindynique : Nouvelle discipline dont l'objet est l'étude des risques naturels et technologiques et des moyens de protection.

Civilisation hydraulique : Civilisation dont l'émergence et l'épanouissement sont liés à la maîtrise de l'eau.

Commerce équitable : Commerce qui assure une juste rémunération à des producteurs de pays pauvres.

Concession minière : Droit d'explorer et exploiter le sol dans le but d'une activité extractive.

Directive Seveso : Directive européenne qui définit ce que l'on doit entendre par accident majeur. Elle concerne les installations classées utilisant des substances dangereuses.

Eaux de surface : Elles comprennent essentiellement l'eau des lacs et des fleuves.

Eaux souterraines : Nappes d'eau dans les vides de la roche, appelées aquifères.

Écoquartier : Nouveau quartier construit de toutes pièces dans l'espace urbain. Il tente à l'échelle microlocale d'illustrer ce que pourrait être la ville en satisfaisant les exigences du développement durable.

Efficacité ou intensité énergétique : Produire plus et mieux avec moins d'énergie.

Empreinte écologique : Système de calcul qui convertit le prélèvement biologique des activités humaines et leur impact sur les écosystèmes en superficie. Elle se mesure en hectares globaux (gha).

Énergies de stock : Énergies issues de gisements de combustibles (charbon, pétrole, gaz naturel) et d'uranium. Les stocks sont plus ou moins importants mais par définition limités.

Énergies fossiles : Énergies produites à partir de roches issues de la fossilisation des êtres vivants : pétrole, gaz naturel et houille. Elles sont présentes en quantité limitée et non renouvelables.

Énergie primaire : Énergie disponible dans l'environnement, non transformée mais directement exploitable (pétrole, charbon…).

Énergies renouvelables : Énergies générées par des processus naturels (force de l'eau, du vent, rayonnement solaire, biomasse, géothermie). Elles sont peu polluantes.

Fracture énergétique : Inégalités d'accès à l'énergie en raison de difficultés sociales.

Front pionnier : Nouvel espace de mise en valeur et d'intégration à l'œkoumène.

Gaz à effet de serre (GES) : Dioxyde de carbone (CO_2), méthane, oxyde nitreux dénoncés comme responsables « l'effet de serre additionnel », source possible d'un réchauffement climatique.

Gentrification : Processus de retour des populations aisées dans les quartiers centraux des villes après la réhabilitation de l'habitat.

Gestion durable de l'eau : Gestion de l'eau économiquement rentable, socialement équitable et écologiquement durable.

GIEC : Groupe international d'experts sur le climat. Scientifiques réunis par l'ONU depuis 1988 pour étudier les causes et les effets des modifications climatiques.

Gisement offshore : Gisement d'hydrocarbure situé sous l'océan, exploité à partir d'une plate-forme pétrolière.

GIZC : Gestion intégrée des zones côtières. Approche globale des différents usages des espaces marins et côtiers de manière à les rendre compatible.

Halieutique : Qui a trait à la pêche et à l'exploitation des ressources marines vivantes.

Héliotropisme : Attraction pour les espaces ensoleillés.

Hinterland : Arrière-pays. Espace desservi par un port maritime.

Huerta : Espace agricole du milieu méditerranéen irrigué et spécialisé dans la production de fruits et légumes.

Hutong : À Pékin, habitat traditionnel détruit ou rénové.

Hydrocarbures non conventionnels : Cf. doc. 2 page 130.

Îles affleurantes : Îles de très faible altitude, dépassant de très peu le niveau de la mer.

Indice de développement humain (IDH) : Indicateur composite intégrant, sur une échelle allant de 0 à 1, le PIB/habitant, l'espérance de vie et le pourcentage d'adultes analphabètes.

Indice de fécondité : Nombre d'enfants par femme en âge de procréer.

Indice de pauvreté multidimensionnelle (IPM) : Indice qui identifie les difficultés auxquelles sont confrontées les personnes pauvres dans trois domaines (santé, éducation, niveau de vie).

Inlandsis : Grands glaciers continentaux des régions polaires situés dans l'Antarctique, le Groenland et sur les archipels

Interdit alimentaire : Tabou portant sur la consommation de certains produits, propre à une société, une culture, une religion.

Interface : Espace où s'effectuent les échanges entre des acteurs venus de lieux différents.

Land grabbing : Politique d'acquisition de terres à l'étranger menée par des États ou des entreprises.

Littoral : Espace de contact plus ou moins large entre la terre et la mer.

Littoralisation : Déplacement et concentration d'activités, d'équipements et/ou de population sur les littoraux.

Malbouffe (synonyme *junkfood*) : Terme populaire pour désigner une nourriture jugée mauvaise pour la santé car trop grasse, trop sucrée.

Malnutrition : Déséquilibre en protéines, en lipides et/ou en vitamines lié à une sous ou à une surnutrition.

Mangrove : Formation végétale caractéristique des marais maritimes tropicaux. Composée de palétuviers, arbres bien adaptés à ce milieu avec leurs racines échasses, elle a été souvent détruite ou surexploitée. Elle est maintenant protégée et replantée.

Marbellisation : Bétonnage du front de mer qui s'assimile à un mur de hautes tours et barres d'immeubles, du nom de la station de Marbella, sur la côte andalouse (Espagne).

Marégraphe : Appareil enregistrant les variations du niveau de la mer selon la marée.

Mégalopole : Espace urbanisé réunissant plusieurs aires urbaines sur des centaines de kilomètres.

Mégapole : Ville géante comptant plusieurs millions d'habitants.

Mitage : Développement anarchique de l'habitat en maisons individuelles.

Œkoumène : Espace occupé par l'homme.

OGM : Organisme génétiquement modifié qui possède une combinaison de matériel génétique inédite obtenue par le recours à la biotechnologie (FAO).

ONG : Organisation non gouvernementale. Regroupement d'individus relevant de la société civile et prêts à s'engager dans une action d'envergure locale, nationale ou internationale.

Pandémie : Épidémie qui s'étend sur plusieurs continents et qui s'inscrit dans la durée.

Pays émergent : État en développement connaissant une croissance économique et un développement humain assez élevé (IDH souvent supérieur à 0,7).

Périurbanisation : Mouvement d'étalement urbain au-delà des limites des agglomérations, dans les communes rurales situées à leur périphérie.

Permafrost (ou pergélisol) : Sous-sol gelé en permanence. Seule la surface dégèle pendant l'été.

Peuple autochtone : Peuple indigène.

Plate-forme multimodale : Équipement qui permet de passer rapidement d'un mode de transport à un autre (mer / route, route / rail…).

Polder, poldérisation : Terrain conquis sur la mer ou sur des zones humides littorales.

PPR et PPRT : Plan de prévention des risques naturels et Plan de prévention des risques technologiques, instaurés respectivement en 1995 et 2003. Ils définissent des espaces dangereux où sont imposés des contraintes à l'aménagement. Ils sont établis par la commune.

Précarité énergétique : Difficulté à disposer de l'énergie nécessaire à la satisfaction des besoins élémentaires ou lorsque les dépenses énergétiques absorbent plus de 10 % du budget d'un ménage.

Prélèvements d'eau : Eau captée dans les cours d'eau ou les nappes phréatiques pour les usages agricole, industriel ou domestique. Une partie de l'eau prélevée est rendue au milieu.

Productivisme agricole : Ensemble de techniques, de moyens chimiques et de politiques agricoles utilisés pour accroître la production agricole.

Prospection : Recherche des gisements d'hydrocarbures et de minerais.

Réserves : Ressources identifiées et économiquement exploitables.

Résilience : Capacité d'un individu, d'une population, d'une activité de récupérer après une forte perturbation.

Ressources halieutiques : Ensemble des ressources marines (poissons, crustacés, algues…).

Risque : L'aléa devient un risque lorsqu'il touche une société. Le risque peut être d'origine naturelle ou technologique.

Sables bitumineux : Sables imprégnés de bitumes, mélange d'hydrocarbures lourds très visqueux qu'il faut traiter pour les transformer en un produit équivalent au pétrole brut (pétrole non raffiné) avant de pouvoir les raffiner pour obtenir des carburants.

Salinisation : Augmentation de la teneur en sel du sol ou de l'eau des nappes phréatiques.

Sécurité alimentaire : Fait de disposer de denrées alimentaires en quantités suffisantes toute l'année

Ségrégation socio-spatiale : Séparation dans l'espace de différentes catégories sociales en fonction de leurs revenus.

Solde migratoire : Différence entre les entrées et les sorties d'hommes dans un espace donné.

Solde naturel : Différence entre le nombre de naissances et le nombre de décès dans un espace donné.

Sous-nutrition : Situation résultant d'un apport calorique insuffisant pour mener une vie saine et pratiquer une activité.

Souveraineté alimentaire : Définie par la FAO en 1996, elle renvoie aux politiques mises en place par un pays ou un groupe de pays pour nourrir sa population.

Stress hydrique : Situation dans laquelle la demande en eau est supérieure à la quantité disponible.

Système agroalimentaire : Ensemble des activités relatives à la production, la transformation et la consommation des aliments.

Taux d'accroissement naturel : Différence entre le taux de natalité et le taux de mortalité.

Taux de récupération du pétrole : Part de pétrole ou de gaz que l'on peut récupérer dans un gisement lors de son exploitation, par rapport à la totalité des hydrocarbures qu'il contient.

Taux d'urbanisation : Pourcentage de la population urbaine par rapport à la population totale.

Techniques spatiales : Ensemble des techniques développées grâce aux satellites, principalement l'imagerie satellitale.

Tiers-monde : Expression d'Alfred Sauvy pour désigner les pays pauvres « exclus » du développement.

Transfert d'eau : Aménagement permettant d'acheminer l'eau d'un fleuve vers un autre.

Transition alimentaire / nutritionnelle : Passage d'un régime alimentaire reposant principalement sur les céréales à un régime où la consommation de protéines d'origine animale (viande et lait) est importante.

Transition démographique : Passage d'une situation démographique « traditionnelle » à une situation dite « moderne » dans laquelle le taux d'accroissement naturel retrouve des valeurs faibles après être passé par un maximum pendant quelques générations.

Transition énergétique : Changement de système énergétique, de sources et de formes d'énergie utilisées, d'usages et de besoins, d'accès à l'énergie.

Transition urbaine : Passage d'une société rurale, à une société urbaine.

Vulnérabilité : Fragilité des biens, des personnes ou encore d'un territoire, dépendant de leur capacité de résistance à l'aléa.

Zonage : Politique consistant à diviser l'espace urbain en secteurs distincts et à affecter une fonction particulière (industrie, entrepôts, commerce, résidence…) à chacun de ces secteurs.

Atlas des cartes mondiales

1 Le relief dans le monde

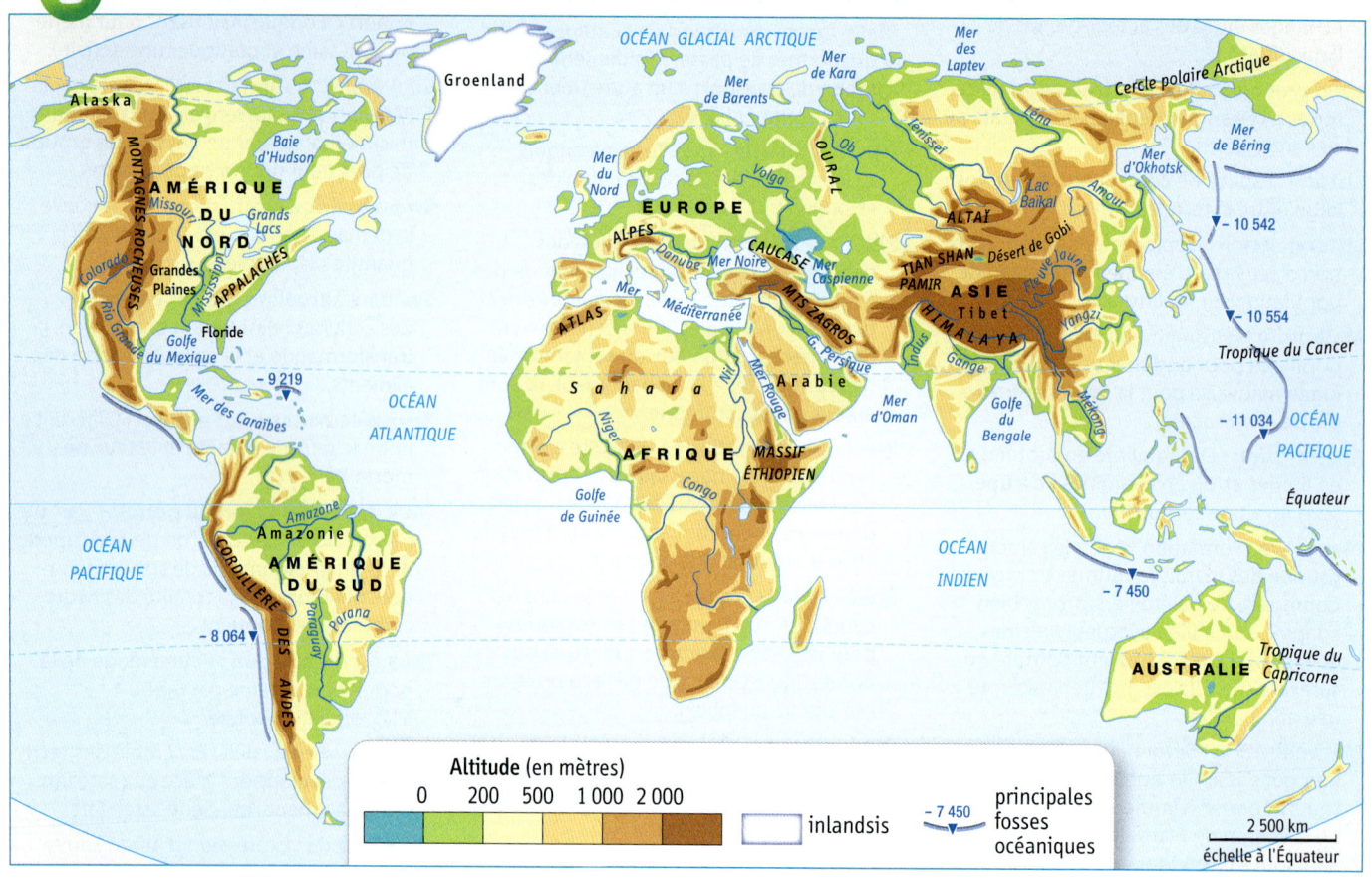

Altitude (en mètres): 0 – 200 – 500 – 1 000 – 2 000

inlandsis

−7 450 principales fosses océaniques

2 500 km — échelle à l'Équateur

2 Les parcs nationaux dans le monde

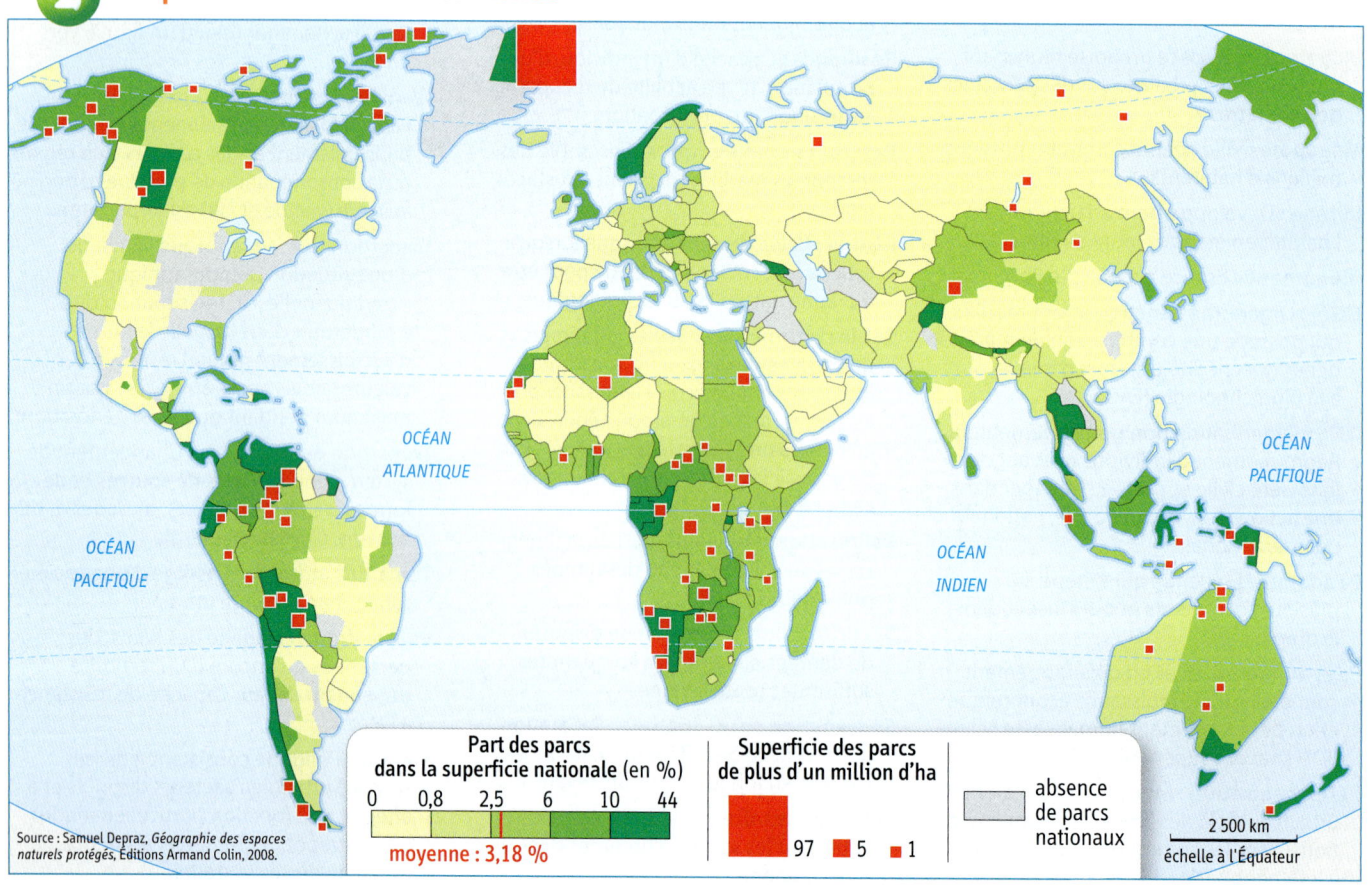

Part des parcs dans la superficie nationale (en %): 0 – 0,8 – 2,5 – 6 – 10 – 44

moyenne : 3,18 %

Superficie des parcs de plus d'un million d'ha: 97 – 5 – 1

absence de parcs nationaux

Source : Samuel Depraz, *Géographie des espaces naturels protégés*, Éditions Armand Colin, 2008.

2 500 km — échelle à l'Équateur

3. Le climat dans le monde

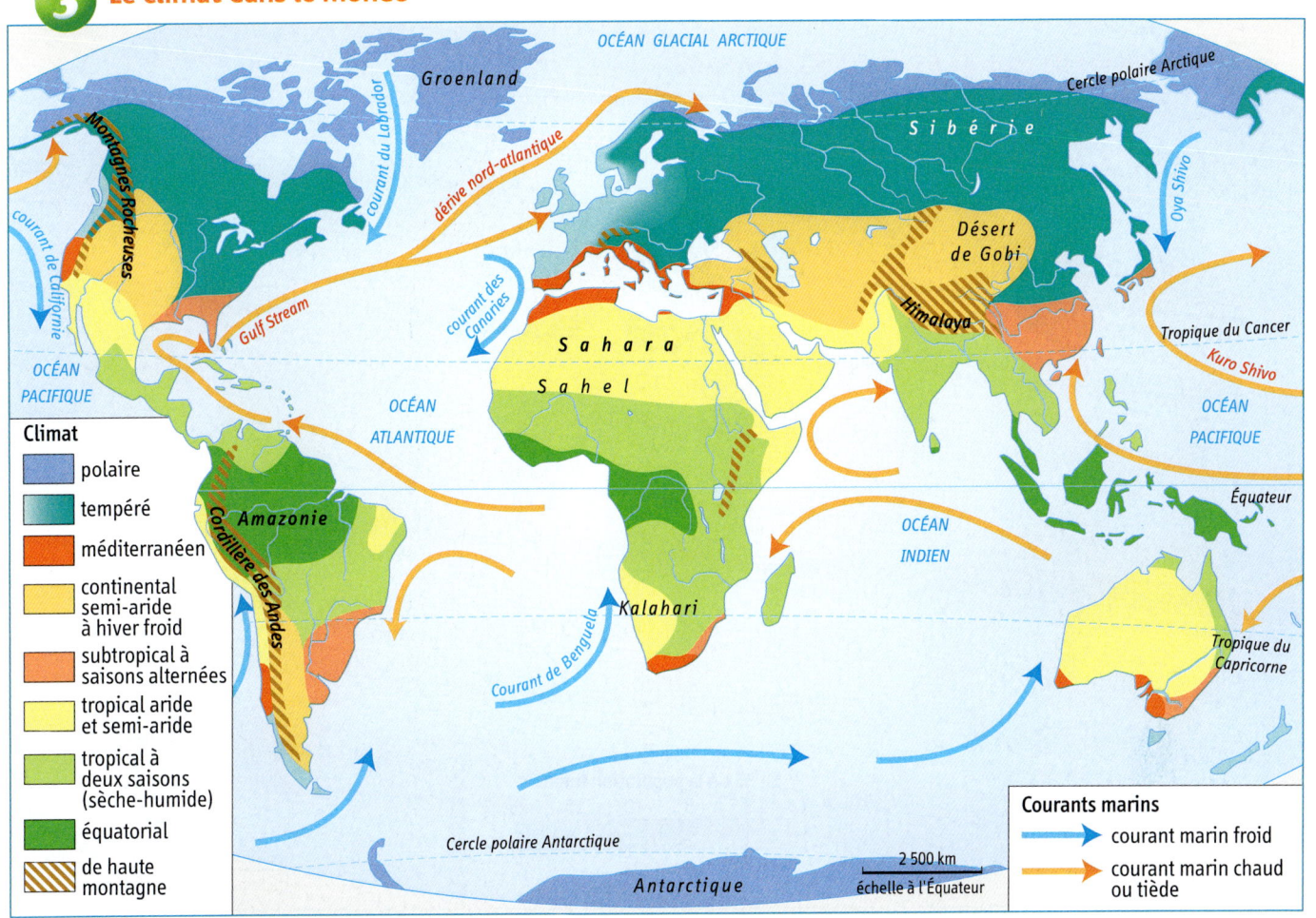

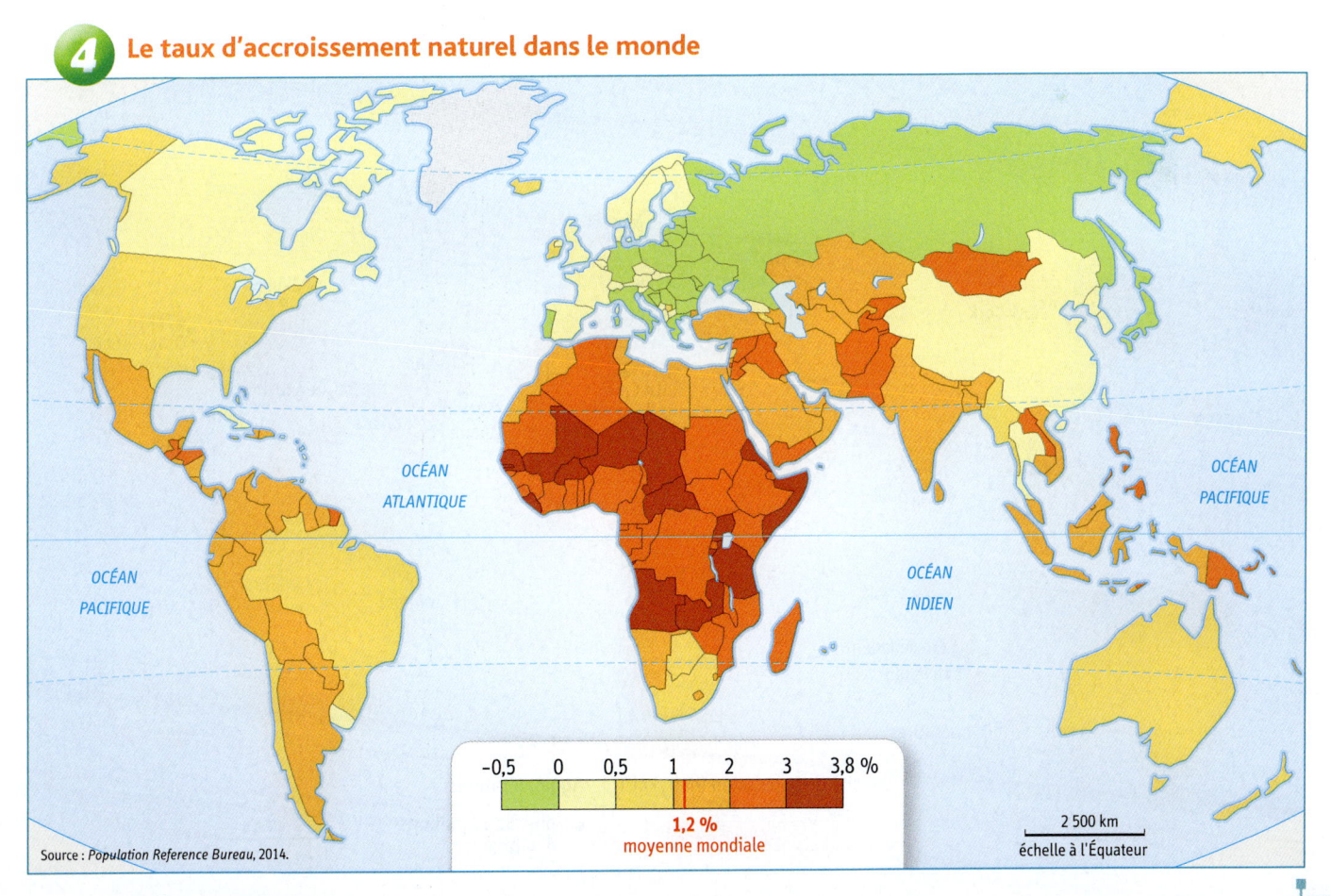

Climat
- polaire
- tempéré
- méditerranéen
- continental semi-aride à hiver froid
- subtropical à saisons alternées
- tropical aride et semi-aride
- tropical à deux saisons (sèche-humide)
- équatorial
- de haute montagne

Courants marins
- courant marin froid
- courant marin chaud ou tiède

Labels on map: OCÉAN GLACIAL ARCTIQUE, Groenland, Cercle polaire Arctique, Sibérie, courant du Labrador, dérive nord-atlantique, Oya Shivo, Montagnes Rocheuses, courant de Californie, Gulf Stream, courant des Canaries, Désert de Gobi, Himalaya, Tropique du Cancer, Kuro Shivo, OCÉAN PACIFIQUE, OCÉAN ATLANTIQUE, Sahara, Sahel, OCÉAN INDIEN, Équateur, Amazonie, Cordillère des Andes, Kalahari, Courant de Benguela, Tropique du Capricorne, Cercle polaire Antarctique, Antarctique.

échelle à l'Équateur : 2 500 km

4. Le taux d'accroissement naturel dans le monde

Échelle : −0,5 | 0 | 0,5 | 1 | 2 | 3 | 3,8 %

1,2 % moyenne mondiale

Source : *Population Reference Bureau*, 2014.

échelle à l'Équateur : 2 500 km

Atlas des cartes mondiales

5 Personnes de plus de 65 ans dans le monde

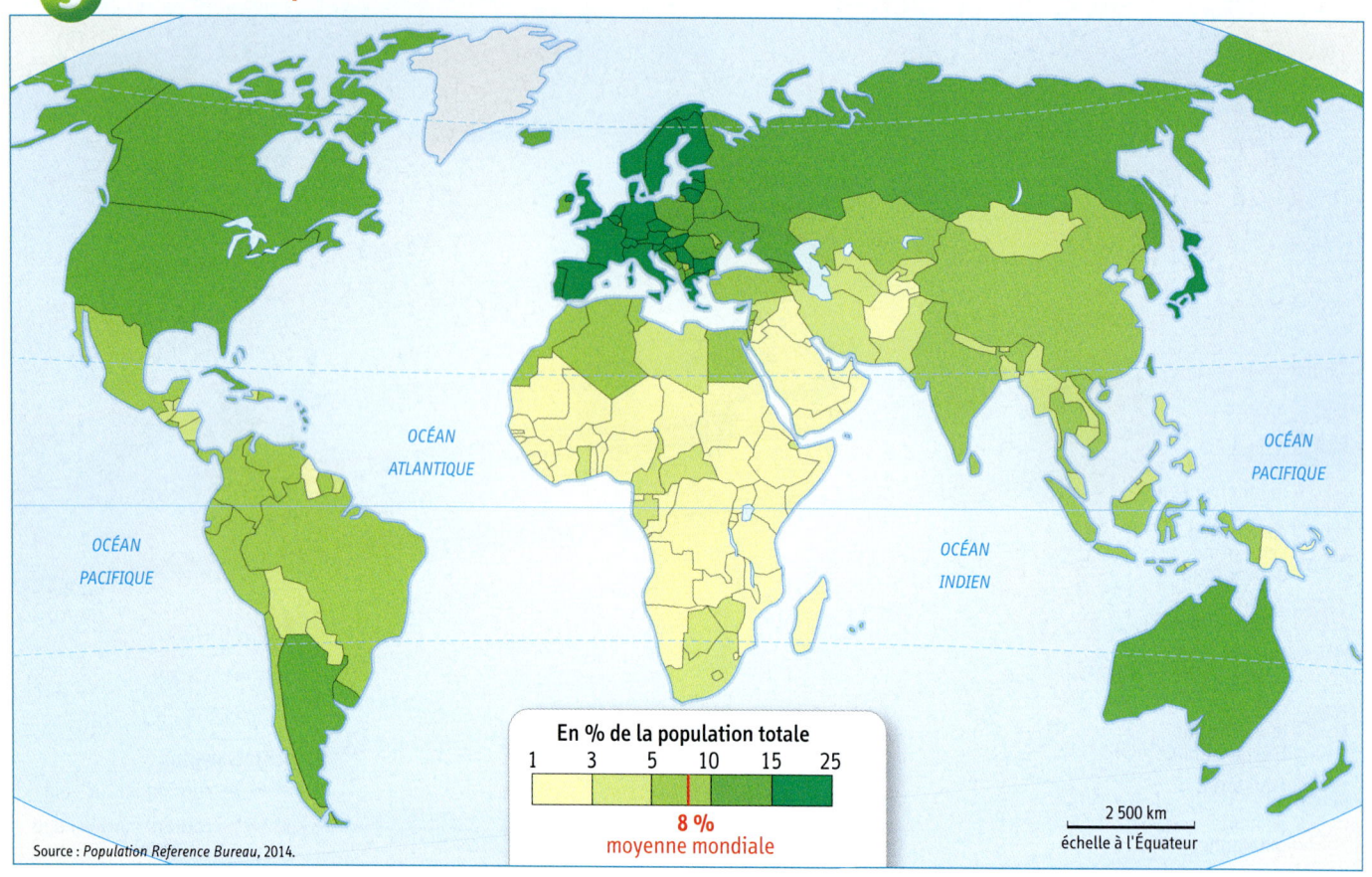

En % de la population totale : 1 – 3 – 5 – 10 – 15 – 25
8 % moyenne mondiale

Source : *Population Reference Bureau*, 2014.

2 500 km — échelle à l'Équateur

6 Densité de population et principales villes dans le monde

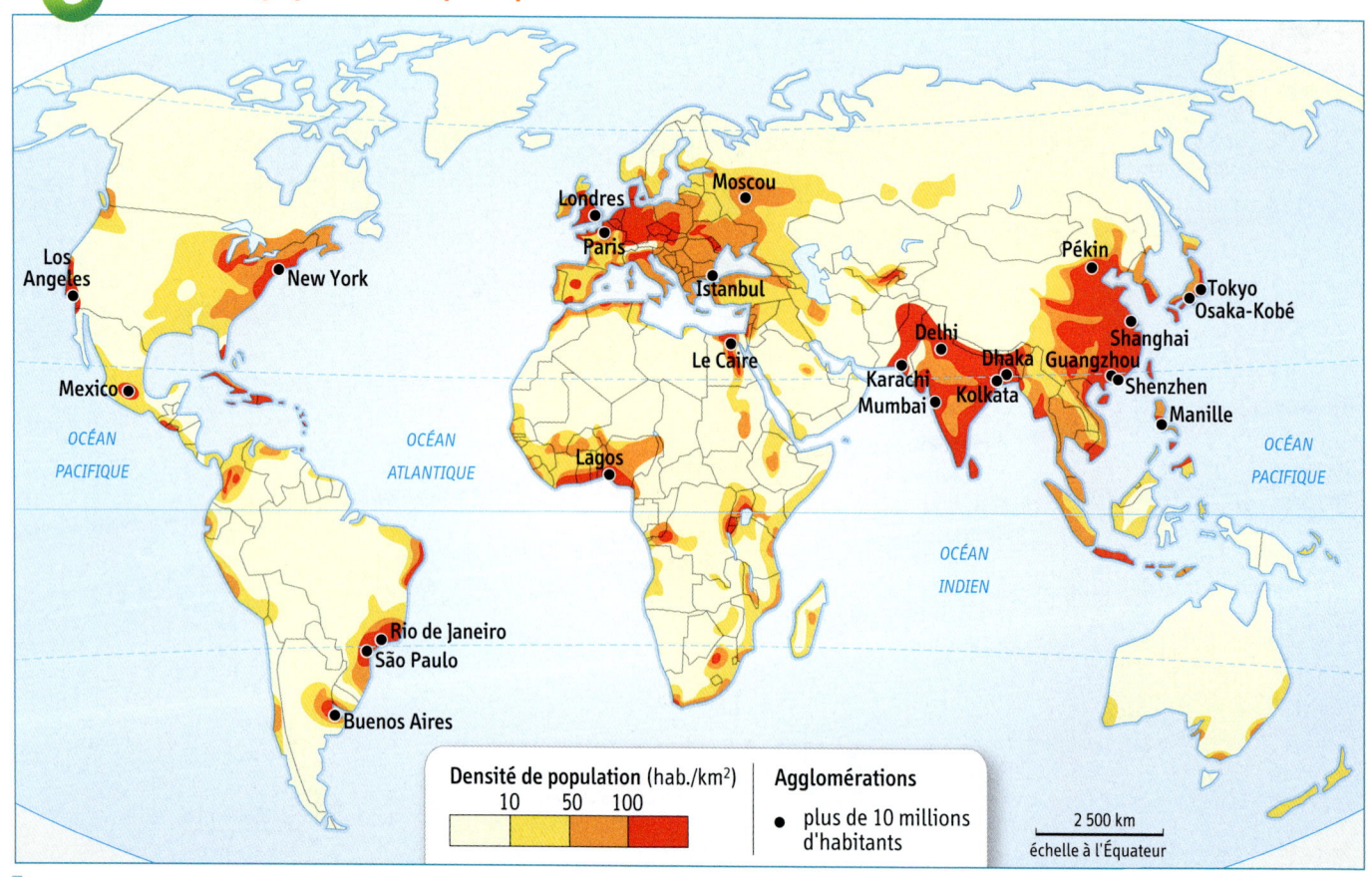

Villes indiquées : Los Angeles, New York, Mexico, Rio de Janeiro, São Paulo, Buenos Aires, Londres, Paris, Moscou, Istanbul, Le Caire, Lagos, Karachi, Delhi, Mumbai, Dhaka, Kolkata, Pékin, Shanghai, Guangzhou, Shenzhen, Tokyo, Osaka-Kobé, Manille

Densité de population (hab./km²) : 10 – 50 – 100

Agglomérations : ● plus de 10 millions d'habitants

2 500 km — échelle à l'Équateur

286

7. Les taux d'urbanisation et les 30 premières villes mondiales en 2025

Population urbaine (en % de la population totale) : 25 / 50 / 75 — **58 % moyenne mondiale**

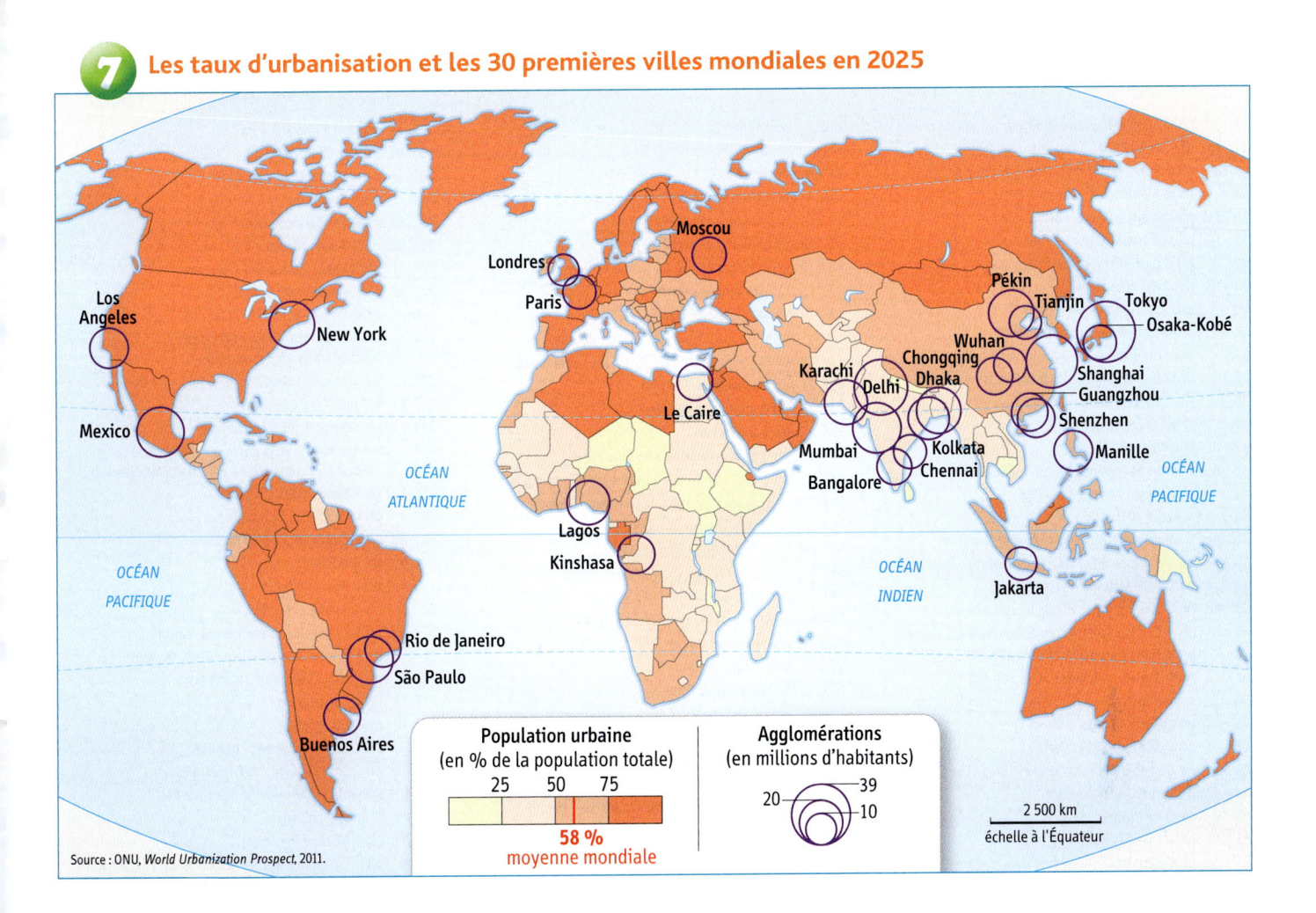

Agglomérations (en millions d'habitants) : 10 — 20 — 39

Source : ONU, *World Urbanization Prospect*, 2011.

Réponses aux exercices des pages RÉVISER

Chapitre 2, page 83
Exercice 1 Dans l'ordre : 8 Niger. 6 Inde. 4 Sibérie en Russie. 10 Amazonie. 9 Pays-Bas. 2 Chicago. 3 États-Unis. 7 Indonésie. 1 et 5 Argentine, Australie.
Exercice 2 a. vrai. b. faux. c. vrai. d. faux.
Exercice 3 a. vrai. b. faux. c. vrai. d. vrai. e. vrai. f. vrai.
Exercice 4 La sous-nutrition touche environ 800 millions de personnes.

Chapitre 3, page 115
Exercice 1 Voir la carte p. 100-101.
Exercice 2 a. faux. b. faux. c. faux. d. faux. e. vrai.
Exercice 3 Reportez-vous au lexique p. 282.
Exercice 4 a. irrigation gravitaire, irrigation par aspersion, transferts d'eau. b. Irak. c. Nil, Euphrate. d. l'agriculture. e. entre 60 et 80 %.

Chapitre 4, page 147
Exercice 1 1 Gisements off shore. 2 Producteurs de pétrole. 3 Charbons polygone gris. 4 Émetteurs de CO_2. 5 Énergie éolienne. 6 Réserves de gaz. 7 Passages maritimes.
Exercice 2 Reportez-vous au lexique p. 282. Agrocarburants : carburants à base de végétaux.
Exercice 3 Énergie renouvelable, propre, disponible partout / Energie de stock, énergie polluante / Économiser, améliorer les conditions d'exploitation, captage et stockage du carbone / Irak, Venezuela.
Exercice 4 a. faux. b. faux. c. vrai. d. faux. e. vrai. f. vrai.

Chapitre 5, page 187
Exercice 1 1 Los Angeles. 2 Chicago. 3 New York. 4 Mexico. 5 Lima. 6 Rio de Janeiro. 7 São Paulo. 8 Buenos Aires. 9 Kinshasa. 10 Lagos. 11 Le Caire.

12 Londres. 13 Paris. 14 Istanbul. 15 Moscou. 16 Karachi. 17 Mumbai. 18 Delhi. 19 Kolkata. 20 Dhaka. 21 Chongqing. 22 Pékin. 23 Canton. 24 Shenzhen. 25 Shanghai. 26 Séoul. 27 Tokyo. 28 Osaka-Kobe. 29 Manille. 30 Jakarta.
Exercice 2 a. faux. b. vrai. c. vrai. d. faux. e. faux. f. faux
Exercice 3 Reportez-vous au lexique page 282.
Exercice 4 a. environnemental. b. social. c. économique, social et environnemental. d. économique et social. e. social et environnemental. f. social. g. social. h. économique et social. i. environnemental. j. économique et social. k. environnemental et social.

Chapitre 6, page 219
Exercice 1 1 Pôle nord. 2 Groenland. 3 Mer de Beaufort. 4 Mourmansk. 5 80° de latitude nord. 6 détroit de Béring. 7 Nunavut. 8 Nuuk. 9 Terre de Baffin. 10 Cercle polaire.
Exercice 2 a. vrai. b. faux. c. faux. d. faux. e. vrai.
Exercice 3 a. États-Unis. b. Norvège. c. Danemark. d. Russie. e. Canada.
Exercice 4 a. faux. b. faux. c. faux. d. faux.
Exercice 5 d. Russie
Exercice 6 Banquise saisonnière : mer gelée qui fond en été. Le passage du Nord-Est est la voie maritime ouverte l'été qui relie l'Asie à l'Europe.

Chapitre 7, page 251
Exercice 1 1 Littoral aménagé (aéroport et aménagements touristiques) / front de mer très urbanisé (grands hôtels, immeubles d'habitation) / arrière-pays : périurbanisation. 2 fonction dominante : activités tertiaires. 3 L'aéroport est construit sur la mer. 4 Nombreux exemples au Japon.
Exercice 2 Ports mondiaux : Osaka – Kobé / Shanghai / Hong Kong / Singapour / Rotterdam / Long Beach. **Littoraux :** méditerranéen / atlantique/ manche / aux Antilles / de la Floride, indonésien. **Passages maritimes :** Malacca, Ormuz, Suez, Gibraltar, Panama. **Concentrations d'activités :** littoraux d'Asie orientale / littoral de la Manche et de la Mer du Nord / littoral atlantique des États-Unis / littoral du golfe du Mexique. **Gisements exploités :** Golfe de Guinée, Golfe du Mexique, côte brésilienne.
Exercice 3 Reportez-vous au lexique page 282.
Exercice 4 a. Vrai. b. Vrai. c. Vrai. d. faux. e. faux. f. vrai. g. vrai. h. vrai.

Chapitre 8, page 281
Exercice 1 Voir carte page 266-267.
Exercice 2 Échelle de Saffir-Simpson : échelle de classification de l'intensité des cyclones tropicaux. **Magnitude :** énergie libérée par un séisme, permet de mesure sa puissance. **Résilience** et **Directive Seveso**, voir le lexique page 282. **Chaîne de risques :** lorsque la survenue d'un aléa entraîne à son tour d'autres aléas qui rendent encore plus vulnérables les populations (par exemple, la population haïtienne fragilisée par les cyclones et le tremblement de terre n'arrive pas à faire face ensuite à l'épidémie de choléra).
Exercice 3 a. faux. b. faux. c. faux. d. vrai. e. vrai. f. faux. g. faux. h. vrai.

287

Table des illustrations

11 h	ph © Camille Moirenc / hemis.fr	
11 m	ph © Nasa / GSFC / Novapix	
12-13	ph © Robert Harding Images / Masterfile	
14	ph © Alex Hofford / Sinopix-REA	
15 hd	ph © Patricia Danna / Biosphoto	
15 b	ph © Florent Demoraes / IRD	
21	ph © Balkis Press / Abacapress.com	
23 1	ph © AFP ImageForum	
23 4	ph © Joël Saget / AFP Photo	
24	ph © Yasuyoshi Chiba / AFP Photo	
25	© cartoons@courrierinternational.com.	
29	ph © Pius Otomi Ekpei / AFP Photo	
33	ph © Wieck / Honda / ITH-REA	
35	© CCFD-Terre Solidaire	
37 h	© WWF	
37 b	© www.agirpourlenvironnement.org	
41	ph © David Rose / Panos-REA	
49 mg	© Areva 2010	
49 bg	© Infographie Nicolas Gaultier © Sirtomra	
50-51	ph © Philippe Roy / Hoa-Qui / Gamma - Rapho	
52	ph © Pete Mcbride / Getty-Images	
53 hd	ph © Jorgen Shytte / Still Pictures / Biosphoto	
53 b	ph © Carl Lacasse / National Geographic / Corbis	
56	ph © John Stanmeyer / VII / Corbis	
57	ph © Andrew Aitchison / Cini / Corbis	
58	© Monoprix	
59	ph © Getty-Images	
63	ph © James Leynse / Corbis	
64	Cll. Christophel / © Kathbur Pictures / The Con / DR	
65 8	ph © Yuri Gripas / Reuters	
65 9	ph © Ari Burling	
65 10	ph © Éloïse Libourel	
71	ph © Reuters	
73	ph © Antonio Suarez / Dpa / Corbis	
75 1	ph © Marco Gualazzini / The New York Times-Redux-REA	
75 2	ph © l'Express 2012	
76	ph © Adam Reynolds / Corbis	
77	ph © 2005 Peter Menzel / Hungry Planet : What the World Eats / www.menzelphoto.com	
78	ph © wwwleanature.com	
84	ph © Still Picture / Biosphoto	
85 hd, b	ph © Alamy / Photo12	
86	ph © Alamy / Photo12	
88	ph © Alamy / Photo12	
89	ph © Nic Bothma / Epa / Corbis	
91 15	ph © Dieter Telemans / Cosmos	
91 16	ph © Patrick Robert / Sygma / Corbis	
96	ph © Georges Gerster / Gamma - Rapho	
97 9	ph © André Humbert - Cerpa	
97 10	ph © Alamy / Photo12	
105 2	© Ruf Thierry / IRD	
105 4	ph © Wen Zhenxiao / XinHua / Xinhua Press / Corbis	
108	© France Libertés	
112	ph © Falco / Vision Project / Redux-REA	
116	ph © Allan Baxter / Radius Images / Corbis
117 hd	ph © IFC International Finance Corporation
117 b	ph © Nasa / GSFC / DMSP / Novapix
119	ph © Aurora Photos / Alamy / Photo12
121	ph © Saul Loeb / AFP Photo
122 12	ph © Alamy / Photo12
122 13	ph © Mix et Remix
123	© 2013 Wright's Media
127	ph © Pius Utomi Ekpei / AFP Photo
128	ph © George Osodi File / AP Photo / Sipa Press
129 10	ph © Sunday Alamba / AP Photo / Sipa Press
129 11	ph © Iwan Baan / Studio
135 2	© Fondation Abbé Pierre 2011
135 4	ph © Biosphoto
137	ph © Paul Chiasson / AP / Sipa Press
139	ph © Pierre Huguet / Biosphoto / AFP ImageForum
148-149	ph © Francis Demange / Gamma – Rapho
150	ph © Danny Lehman / Corbis
151 hd	ph © Meigneux / Sipa Press
151 b	ph © Yann Arthus-Bertrand / Altitude
153	ph © Xinhua / Zuma / REA
154 6	ph © Atlantide Phototravel / Corbis
154 7	ph © Adam Rountree / AP / Sipa Press
155 8	ph © Andria Patino / Corbis
155 9	© Coney Island Creek
157 3	ph © Dan Kitwood / AFP ImageForum
157 4	ph © Yann Arthus-Bertrand / Altitude
158	ph © Pius Utomi Ekpei / AFP Photo
159	© www.ekoatlantic.com
163	ph © Dominique Berbain / Gamma - Rapho
165	ph © Kamran Jebreili / AP / Sipa Press
166	ph © Marcus Brandt / Dpa / Corbis
167 4	ph © Ron Giling / Biosphoto
167 5	ph © Alamy / Photo 12
168	ph © Alexandre Diener
169	ph © IPPUC / Reginaldo Luiz Reinert
175	ph © Getty-Images
177 1	ph © Frédéric Reglain / Ask Images
177 3	ph © Bertrand Rieger / hemis.fr
179	ph © Angot / Colorise
180	© Editions La découverte / www.editionsladecouverte.fr
181	ph © Eka Nickmatulhuda / OnAsia.com
182	ph © John Harris / Report-Digital-REA
184-185	www.geoportail.gouv.fr
188-189	ph © Corbis
190	ph © Geoff Robins / STR / AFP Photo
191 hd	© Gouvernemnt du Nunavut
191 b	© Itar-Tass / Abacapress
192	ph © Alamy / Photo12
194 7	ph © James Balog / Aurora / Cosmos
194 8	ph © Alamy / Photo12
195 9	ph © Mike Macri
195 10	ph © Jan Greune / Look / Photononstop
197 14	ph © AFP ImageForum
197 15	ph © Staff Photographer / Reuters
201 4	ph © Dimitry Chistoprudov
201 7	ph © Sipa Press
202 8h	ph © Lev Fedoseev / Itar-Tass
202 8b	ph © Alexei Nikolsky / AP / Sipa Press
203 11	ph © Vasily Fedosenko / Reuters
203 12	© Courrier International
209 2	ph © Doug Allan / NPL / Gamma - Rapho
209 4	ph © Bryan and Cherry Alexander / alexander@arcticphoto.co.uk
211	ph © Natalie Fobes / Science Faction / Corbis
213 2	© Arctic Council
213 4	ph © Peter Arnold / Biosphoto
214	© Reprinted with permission of IFAW-the International Fund for Animal Welfare © 2014,www.ifaw.org
216 1, 2	© Nasa / GSFC / Novapix
220	ph © Paisajes Españoles
221 hd	ph © Superstock / Sipa Press
221 b	ph © G.P.M.H.
223 4	ph © Aflo / hemis.fr
223 5	ph © Alamy / Photo12
224 h	ph © Charles & Josette Lenars / Corbis
224 b	ph © Photos Images / Taxi / Getty-Images
226	ph © Israel Leal / AP / Sipa Press
227 14	ph © SuperStock
227 15	ph © Dreamstime
231	ph © Camille Moirenc / hemis.fr
232	ph © Smit Salvage / AFP ImageForum
233 h	© Syndicat Mixte Mont-Saint-Michel
233 m	© imagence3d.com
239 3	ph © Alamy / Photo12
239 4	ph © Tsukioka Youichi / Amanaimages / Corbis
241	ph © Daniel Garcia / AFP Photo
243	© Ferreira Fernando
244	© Sabine Nourrit
246	ph © Above Photography Aerial Photo / Mike Swaine
248 1	ph © Christian Jean / RMN
248 2	ph © The Bridgeman Art Library / Coll. particulière / © Adagp, Paris 2014
251	© photo-aerienne-France.fr
252	ph © Guillaume Collet / Sipa Press
253 hd	© LatinContent / Getty-Images
253 b	ph © 2011 DigitalGlobe via Getty-Images
255	ph © Spencer Platt / Getty-Images / AFP ImageForum
256 6	© cartoons@courrierinternational.com
256 7	ph © Cedric Faimali / Picturetank
262	ph © Roslan Rahman / AFP ImageForum
263	ph © The Asahi Shimbun via Getty-Images
269	ph © Pedro Pardo / AFP Photo
271	ph © Roland Schlager / EPA
273 2	ph © Scar / Camerapress / Gamma - Rapho
273 3	© Grand Lyon 2012
274	ph © Frank Perry / AFP Photo
275	ph © Steve C. Michell / EPA

Édition : Sophie Huttepain
Conception de maquette : Laurence Durandau
Mise en page : Thomas Winock
Iconographie : Dominique Stanguennec
Cartographie : Noël Meunier
Infographie : Thomas Winock et Hugues Piolet
Photogravure : Turquoise

Les lieux étudiés dans le manuel

p. 192 Chapitre 6 — L'Arctique américain

p. 118 Chapitre 4 — L'Alberta canadien, un front pionnier énergétique

p. 230 Chapitre 7 — Les littoraux de la Manche

p. 152 Chapitre 5 — New York, une mégapole de pays développé

p. 94 Chapitre 3 — L'eau en Espagne

p. 62 Chapitre 2 — Les États-Unis face au défi de la qualité alimentaire

p. 222 Chapitre 7 — Le littoral de la péninsule du Yucatan

p. 254 Chapitre 8 — Les risques dans le bassin des Caraïbes

p. 156 Chapitre 5 — Lagos, une mégapole de pays en développement

p. 126 Chapitre 4 — Le Nigeria : entre abondance pétrolière et pénurie énergétique

p. 24 Chapitre 1 — L'inégal développement au Brésil

p. 166 Chapitre 5 — Curitiba, une expérience pionnière de ville durable

OCÉAN GLACIAL
Cercle polaire Arctique
CANADA
ÉTATS-UNIS
Tropique du Cancer
MEXIQUE
ESPAGNE
OCÉAN ATLANTIQUE
OCÉAN PACIFIQUE
Équateur
BRÉSIL
NIGERIA
Tropique du Capricorne

Légende :
- Les enjeux du développement
- Gérer les ressources terrestres
- Aménager la ville
- Gérer les espaces terrestres